마오쩌둥을 다시 생각한다

문화과학 이론신서 77

마오쩌둥을 다시 생각한다

Rethinking Mao:

Explorations in Mao Zedong's Thought

닉 나이트 지음

피경훈 옮김

감사의 말

내가 처음 마오쩌둥 사상에 흥미를 가지게 된 것은 1971년이었다. 당시 나는 퀸즐랜드(Queensland) 대학의 학부생으로서 정치과학(political science)을 전공하고 있었다. 나는 운 좋게도 마오쩌둥 연구자인 추(邱) 박사(Dr. C. L, Chiou)에게 가르침을 받을 수 있었다. 추는 자신의 연구 주제에 대한 열정을 학생들에게 전달하는 재주를 가지고 있었다. 나는 중국의 마르크스주의자들이 마르크스주의를 어떻게 이해했고 또 사용했는지를 이해하는 도전에 매료되었고, 특히 '문화대혁명'이라는 최후의 단계에서 마르크스주의가 어떻게 이해되고 사용되었는지에 관심을 가지게 되었다.

추 박사가 촉발한 이와 같은 흥미는 런던 대학의 SOAS(School of Oriental and African Studies)에서의 박사 과정으로 이어졌고, 나는 그곳에서 서구에서 가장 저명한 마오쩌둥 연구자인 스튜어트 슈람(Stuart Schram) 교수의 지도를 받았다. 비록 슈람 교수와 나는 서로 의견이 달랐고 현재에도 그러하지만, 마오쩌둥의 해석과 관련한 여러 주제에 대해 그는 나에게 여러 가지 중요한 가르침, 즉 마오쩌둥의 텍스트에 대한 자세한 분석에 근간해 마오쩌둥과 그의 사상을 해석할 토대를 구축하는 것의 중요성을 전달해 주었다. 슈람은 마오쩌둥에 관한 기존의 저술들이 분명히 존재하고 있는 증거들을 무시하는 일반적인 관행을 참지 못했다. 마오쩌둥의 사상에 대한 슈람의 해석은 마오쩌둥의 텍스트에서 결코 벗어나지 않았고, 이것은 이데올로기가 불가피하게 개입할 수밖에 없는 이 분야에서 좋은 모범 사례가 되었다. 슈람은 또한 마오쩌둥의 텍스트들을 전문적인 수준을 갖춘 영문판 버전으로 번역하는 것의 중요성을 일깨워주었다. 비록 이 분야에 대한 나의 공헌은 그의 엄청난 업적에 절대로 미치지 못하지만 말이다. 특히 그의 *Mao's road to Power* 시리즈는 굉장한 업적으로, 이것은 영어권 세계가 1949년 이전의 널리 알려진 모든 마오쩌둥의 텍스트에 접근하게 해주었다. 이 시리즈는 마오쩌둥과 그의 사상에 대한 제대로 된 토론이 좀 더 쉬워지게 해주었기 때문에 이 주제에 관심이 있는 이들은 모두 그에게 상당한 빛을 지고 있는 셈이다.

추 박사와 슈람 교수는 마오쩌둥 사상에 대한 나의 초기 연구에 중요한 영향을 끼쳤다. 나는 그들이 베풀어준 영감과 도움에 깊은 감사를 드리고 싶다. 나는 또한 다음의 사람들에게 심심한 감사를 표하고자 한다. 그리피스 대학 언어 및 응용언어학부의 왕위핑(Yuping Wang) 박사는 거의 20년 동안 나에게 중국어에 관한 도움을 주었다. 지금은 거의 은퇴한 듀크 대학의 아리프 딜릭 교수 (Arif Dirlik, 2017년 12월 1일 사망 – 옮긴이)는 지속적으로 나의 연구를 지지해 주었고 나의 글을 읽어주었다. 런던 대학의 마이클 듀턴 (Michael Dutton)과 뉴잉글랜드 대학의 폴 힐리(Paul Healy) 박사는 내가 간절히 필요로 할 때마다 나의 연구에 중요한 이론적 영감을 보태주었다. 그리고 그 수가 너무 많아 일일이 열거할 수 없는 중국의 마오쩌둥 연구자가 나의 연구를 도와주었다. 그들 모두에게 감사하지만 그 중에서 특히 세 분에게 감사를 표하고 싶다. 쓰촨 대학의 란창광(冉昌光) 교수, 리융타이(黎永泰) 교수, 쓰촨 사회과학원의 비젠헝(畢劍橫) 교수는 내가 마오쩌둥 사상의 철학적 차원과 씨름할 때 상당한 도움을 주었다.

여러 동료 역시 나의 연구를 구체적인 방법을 통해 도와주었다. 콜린 머케러스(Colin Mackerras)는 교학과 연구에서 모두 훌륭한 멘토이자 조력자였다. 내가 1981년 현대 아시아 연구원(School of Modern Asian Studies)에 부임하게 되었을 때 콜린이 연구원장으로 있었던 것은 대단한 행운이었다! 또한 나는 진정으로 나에게 영감을 주는 선생이자 동료인 조교수 존 부처(John Butcher)의 도움에도 감사를 표한다. 그리고 나를 위해 도서관과 교실에서 상당한 솜씨를 보여준 더그 스미스(Doug Smith)에게도 감사한다. 또한 최근 몇 년간 나의 연구 조교를 맡아준 류셴에게도 감사를 표한다.

그리고 변함없이 가장 큰 빚을 진 이는 지난 30년간 나의 인생에서 가장 중요한 부분을 차지하고 있는 아내 질 케니(Jill Kenny)일 것이다. 그녀의 사랑과 지지는 교학과 연구 부분에서 모두 나의 목표를 달성하게 해주었다. 그 어떠한 말로도 그녀에게 충분한 감사를 표할 수 없을 것이다.

본서의 각 장은 다음의 논문들에 근거한 것으로, 각각 논문들을 완전히 수정, 보완, 확장한 것들이다.

"The Form of Mao Zedong's 'Sinification of Marxism'," *The Australian Journal of Chinese Affairs* 9 (January, 1983): 17~34; "Mao and History: Who Judges and How?" *The Australian Journal of Chinese Affairs* 13 (January, 1985): 121~36; "Mao Zedong and the Chinese Road to Socialism," in *Marxism in Asia*, eds. Colin Mackerras and Nick Knight (London and Sydney: Croom Helm, 1985), chapter 4; "The Marxism of Mao Zedong: Empiricism and Discourse in the Field of Mao Studies," *The Australian Journal of Chinese Affairs* 16 (July, 1986): 7~22; "*On Contradiction and On New Democracy:* Contrasting Perspectives on Causation and Social Change in the Thought of Mao Zedong," *Bulletin of Concerned Asain Scholars* 22, no. 2 (April~June, 1990): 18~34; "Politics and Vision: Historical Time and the Future in Mao Zedong's Thought, 1936~1945," *Journal of Oriental Studies*

29, no. 2 (1991): 139~71; "From Harmony to Struggle, From Per-petual Peace to Cultural Revolution: Changing Futures in Mao Zedong's Thought," *China Information* 11, nos. 2/3 (Autumn/Winter 1996): 176~95; "Mao Zedong and Working Class Leadership of the Chinese Revolution, 1927~1930," *China Information* 12, no. 3 (Winter, 1997~1998): 28~45; "Working Class Power and State Formation in Mao Zedong's Thought, 1931~1934," *Journal of Contemporary Asia* 32, no. 1 (2002): 29~46. 본 논문들의 판권 사용을 허락해 준 편집자들과 출판업자들에게 감사를 표한다.

4장은 본래 *China Report*에 게재된 다음의 논문을 기반으로 한 것이다. "Mao Zedong and the Peasant: Class and Power in the Formation of a Revolutionary Strategy," *China Report* 40, no. 1 (January~March, 2004): 49~76. Copyright Centre for the Study of Developing Societies, Delhi, 2004. 모든 판권은 보호되며, Sage Publications, India Pvt. Ltd., New Delhi의 판권 보유자와 출판업자의 허가 아래 재출판한 것임을 밝혀둔다.

차례

1장

서론: 마오쩌둥을 다시 생각한다

마오쩌둥이 사망한 지 30여 년이 지난 지금 다시 그를 생각해야 하는 데에는 몇 가지 이유가 있다. 첫째, 지난 30년 동안 중국의 지도층 인사들은 마오쩌둥이 쓴, 잘 알려져 있지 않거나 아예 알려져 있지 않던 막대한 양의 문건을 지속적으로 공개해 왔다. 중국 내에서 이루어진 이러한 문건들의 간행과 광범위한 배포, 마오쩌둥에 대한 중국 미디어와 학술 저널들의 평가는 내가 곧이어 이야기하려고 하는 내부적인 정치적 동기 없이는 가능하지 않은 것이다. 배포의 동기가 무엇이었든 간에, 마오쩌둥의 문건들에 쉽게 접근할 수 있게 된 것은 마오쩌둥과 그의 사상에 대한 그간의 연구가 의존해 온 문건의 영역을 극단적으로 확장시켰을 뿐만 아니라, 그러한 영역들의 윤곽을 너무도 드라마틱하게 바꾸어놓았기에 기존에 존재하던 몇몇 합의된 해석은 의문에 부쳐질 수밖에 없었고, 앞선 논쟁들 역시 다시 펼쳐보아야 하는 지경에 이르게 되었다. 새롭게 공개된 문건들은 문학, 철학, 이데올로기, 군사, 정치, 경제에서부터 개인적인 문제에 이르기까지 마오쩌둥 사상에서 중심적 위치를 차지하는 여러 주제에 대한 새로운 증언들을 포함하고 있다. 이 새로운 문건들은 아직 분류되지 않은 영역으로 등장했고, 새로운 탐색을 필요로 하고 있기에 일종의 해석에 대한 도전으로서 존재하고 있다고 할 수 있을 것이다.

둘째, 다소의 모호함을 감수하고 말한다면, 마오쩌둥이 발을 딛고 서 있던 세계가 그간 여러 차례 변화했다는 이유를 들 수 있다. 중국 내에서도 국제적으로도, 세계적인 차원의 전환과 함께 근본적인 변화가 도래했고, 그것은 필연적으로 우리가 마오쩌둥을 사유하는 방식에도 영향을 줄 수밖에 없었다. 마오쩌둥 인생의 후반기는 비록 심각한 내분에도 불구하고 국제 공산주의운동이 여전히 회자되고 있던 시대였다. 또한 냉전이 조성한 긴장감이 여전했던 것처럼 소비에트 연방 역시 존재하고 있었다. 당시 중국은 여전히 마오쩌둥의 통치 하에 있었고, 이후 1980년대와 1990년대의 급진적인 개혁을 떠받치게 되는 생각들은 당시 이단으로 취급받았고, '문화대혁명' 시기의 맹렬한 비판으로 인해 위축될 수밖에 없었다. 하지만 몇 년 지나지 않아, '문화대혁명' 시기 이단으로 규정되었던 생각들은 새로운 교조적인 법칙이 되었다. 그리고 그러한 법칙들은 어쩌면 마오쩌둥의 야심 찬 정치운동보다 더욱 드라마틱하게 중국의 경제와 사회 구조에 상당한 변화를 초래하였는지도 모른다. 중국의 자본주의로의 방향 전환, 소비에트 연방의 약화와 1991년의 궁극적 붕괴는, 수많은 나라에서의 공산당의 몰락과 함께 서구 좌파 진영의 사실상의 몰락을 초래하였고, 부분적으로는 이를 촉진했다. 사회주의로부터의 후퇴와 함께 등장한 개혁개방 어젠다의 승리는 경제적 합리주의를 신조로 삼아 공공 문화에 대한 지속적인 공격과 시민 복지에 대한 국가 책임의 전면적인 재검토를 정당화하는 서구 국가들의 신보수주의적 사조의 승리와 흐름을 함께했다. 중국과 서구에서 모두 인간의 평등을 성취하기 위한 의식적인 정치적 행동의 가능성은 심각하게 훼손당했다. 그리고 결과적으로 이러한 흐름들은 이전 세대의 순교자적인 사회주의적 이상들을 이해하기 어려운 것으로 만들어버렸고(그러한 이상들에 대한 정당화는 말할 것도 없거니와), 특히 혁명적인 수단을 통해 사회주의를 성취하려고 한 마오쩌둥 세대의 생각 역시 이해하기 힘든 것으로 만들어버렸다. 한때 잠재력을 갖춘 이데올로기적 기표였던 '사회주의'는 이제 구식이 된 것이다. 정치적 운동으로서의 사회주의의 쇠퇴와 그 이데올로기적 호소력의 선명한 소진은 그 단어가 사용되는 경험적인 의미뿐만 아니라 그 개념이 끌어들인 가치의 위치(좋음/나쁨, 이성적/비이성적, 상관성/비상관성)마저 바꿔버렸다. 그러나 현재의 세대들에게 동기를 부여하는, 사회주의와는 완전히 다른 가치들만큼이나 마오쩌둥과 혁명적이었던 동시대인들을 가슴 뛰게 했던 사회주의적 가치들은 그들에게 분명히 실재하는 것이었고 또 실현 가능한 것이었다.

하지만 마오쩌둥의 인생과 사상을 연구해 온 수많은 주석가가 마오쩌둥이 품었던 마르크스주의와 사회주의에 대한 공개적인 믿음을 더 이상 심각하게 고려하고 있지 않음은 분명하다. 이전 세대와는 상이한 의식적 가치와 형식들을 포함한 현재의 제약 조건들이 현재 주류를 이루는 세계관과는 다른 종류의 가치들에 대한 인식을 방해하고 있는 것이다. 만약 '지금' 마르크스주의와 사회주의가 아무런 의미가 없는 것이라면, '과거' 이전 세대들은 어떻게 그것을 전유한 것일까? 마오쩌둥 사상에 대한 해석은 그 의미와 가치가 시간의 흐름에 따라 바뀌고 요동쳐 온 '사회주의'와 같은 여러 개념을 사용할 수밖에 없다. 이 때문에 사회주의와 마르크스주의에 대한 마오쩌둥의 헌신을 심각하게 사유하려는 학자들은 마오쩌둥의 문건들에 적당한 친밀함을 확보해야 한다는 상당히 도전적인 과제와 더불어, 최근 견해들에 대항하여, 30여 년의 세월에도 불구하고 사회주의라는 개념이 여전히 마오쩌둥의 사유와 행동을 이해하는 데서 중요한 범주로 남아 있다고 주장해야 하는 부담을 안고 있다고 할 수 있다.

결국 최근 몇 년간의 흐름들은 마오쩌둥의 인생과 사상을 굴절시키는 모종의 프리즘을 만들어냈다고 할 수 있다. 프리즘이 변화하면서 나타나는 이미지 역시 바뀌게 된다. 마오쩌둥과 그의 사상에 대한 연구 역시 이어지는 최근의 맥락과 무관할 수 없는 것이다. 마오쩌둥을 연구하는 학자들이 차지하고 있는, 일시적으로 유리한 위치가 그들의 관점과 해석을 규정짓고 윤색할 수밖에 없다. 마오쩌둥 연구가 진행되는 과정에서 지속적으로 변화하는 정치적 환경과 지식 환경을 고려한다면 마오쩌둥의 인생과 사상에 대한 논쟁이 종결되는 것은 불가능하다고 해야 할 것이다. 어떠한 역사적 맥락에서 자명한 것으로 여겨지던 결론이 또 다른 맥락에서 그 타당성을 완전히 상실할 수도 있다. 한 시대의 학문적 유행은 특정한 가치와 관점에 대한 선호와 함께 또 다른 지식적 유행에 의해 대체되면서 그 빛을 잃게 되는 것이다. 이러한 의미에서 마오쩌둥에 대한 평가는 항상 더욱 심도 깊은 재해석을 기다리고 있다고 할 수 있을 것이다.

마오쩌둥에 관한 연구가 특정한 역사적 맥락에서의 지배적인 가치관을 반영하는 일종의 과정으로서 존재하고 있었다는 사실은 포스트 마오쩌둥 시대의 중국에서 가장 분명하게 드러난다. 1981

년 마오쩌둥의 성취와 실패를 균형 있게 평가하기 위한 「건국 이래 당의 역사적 문제에 관한 몇 가지 결의(關於建國以來黨的若干歷史問題的決議)」[1](이하 「결의」)가 발표되면서 중국의 학자들과 공산당 이론가들은 이전까지 금단의 영역으로 존재해 온 마오쩌둥의 인생과 사상의 면면을 조사하기 시작했다. 하지만 그들의 연구는 새롭게 등장하고 있는 '진실의 체계(regime of truth)'[2]에 의해 규정된 시각과 가치관에 입각해서 진행되고 있었다. 경제적, 사회적 개혁을 위한 광범위한 어젠다, 중국공산당의 역사와 그 안에서의 마오쩌둥의 역할에 대한 권위주의적 재해석을 포함하고 있는 덩샤오핑 이론은 마오쩌둥의 문건에 대한 검토와 비판이 진행될 수 있는 프레임과 한계를 명확히 규정하고 있다. 또한 대체적으로 중국의 학자와 당 이론가들은 그러한 프레임과 한계에 걸맞게 행동하고 있다. 그들은 주류의 교조적 관점들을 흡수했고, 그러한 교조적 관점이 거의 무의식적으로 학계에 스며들 수 있는 방안을 마련해 왔다.[3] 최근 포스트 마오쩌둥 시대의 중국에서는 마오쩌둥의 "공헌이 그의 착오보다 훨씬 크며" 그의 "장점이 우선이며, 착오는 부차적인 것"이라는 덩샤오핑이 설정한 일종의 금언이 마오쩌둥 연구에 관한 담론 영역에서 광범위하게 준수되고 있음을 목도할 수 있다. 「결의」에서 비판한 마오쩌둥의 사상과 정책의 차원은 비판적인 학계의 공인된 타깃으로 받아들여졌지만, 1980년대와 1990년대에 생산된 마

---

1 *Resolution on CPC History (1949~81)* (Beijing: Foreign Languages Press, 1981).

2 푸코의 개념 '진실의 체계(regime of truth)'에 대해서는 Paul Rainbow (ed.) *The Foucault Reader* (New York: Pantheon Books, 1984), 72~75.

3 1980년대 중국의 마오쩌둥 연구에 대한 분석으로는 Nick Knight, ed., *The Philosophical Thought of Mao Zedong: Studies from China, 1981~1989* (Armonk, New York: M. E. Sharpe, *Chinese Studies in Philosophy*, 1992), introduction.

오쩌둥의 사상과 정책에 대한 학술적 문건 중 압도적으로 많은 수가 긍정적인 태도를 취하고 있다.[4] 결국 포스트 마오쩌둥 시대의 중국에서 마오쩌둥 연구의 일반적인 분위기는 예전보다 더 공개적이고 비판적으로 바뀌었다고 할 수 있지만, 주류적인 정치적 분위기가 형성한 제약 조건들은 여전히 남아 있다고 해야 할 것이다.

서구의 마오쩌둥 연구 경향 역시 정치적, 사회적 분위기의 전환과 함께 변화하였다. 가장 눈에 띄는 변화는 학자들이 더욱 중요한 이슈들에 관심을 돌림으로써 마오쩌둥에 대한 관심 자체가 현저히 줄어들었다는 것이다. 1970년대부터 1980년대 초반까지 홍수처럼 쏟아져 나오던 출판물은 급감하기 시작했고, 마오쩌둥의 사상과 정책, 역사적 위치의 학술적 중요성을 확신하고 있는 필자를 포함한 몇몇 완고한 학자만이 마오쩌둥에 대한 관심의 끈을 놓지 않고 있는 상황이다. 최근 중국과 서구에서 음란하거나 험담으로 가득한(혹은 음란함과 험담을 모두 포함한) 마오쩌둥에 관한 언급과 평전이 대량으로 출판되면서, 마오쩌둥의 중요성을 확신하고 있는 학자들이 짊어져야 할 임무는 더욱 어려운 것이 되고 말았다.[5] 특유의 적나라함으로 무장한 이와 같은 연구들은 보통 마오쩌둥에 관한 모든 신중한 학술적 고찰들을 무의미한 것으로 만들어버리는, 마오쩌둥에 관한 극도로 부정적인 이미지들을 만들어낸다. 마오쩌둥의 성적 취향과 스캔들, 복수심이 강한 성격, 괴짜 같은 행동 등에 관한 이야기들은 중국과 세계의 역사 속에 놓여 있는 마오쩌둥의 인

---

4 Nick Knight, "Mao Studies in China: A Review of *Research on Mao Zedong Thought*," *CCP Research Newsletter* 2 (Spring 1989): 13~16을 볼 것.

5 예컨대 Jung Chang and Jon Halliday, *Mao: The Unknown Story* (London: Jonathan Cape, 2005); Li Zhisui, *The Private Life of Chairman Mao* (London: Random House, 1996)를 볼 것.

생과 사상, 역할의 중요성에 관한 관심이 줄어들고 있음을 방증하는 현상이라고 할 수 있을 것이다. 물론 이러한 이야기들이 인신공격과 동일한 효과를 발휘한다고 말할 필요는 없을 것이다. 하지만 진실이든 아니든, 균형이 잡힌 것이든 편향적인 것이든(대부분 후자 쪽에 가깝지만) 마오쩌둥의 성격과 개인적 삶에 관한 그러한 설명들이 마오쩌둥을 악마화하는 것이 그에 관한 가장 적당한 흥밋거리라고 생각하는 분위기를 만드는 데 일조한 것은 사실이다.

본서는 이러한 흐름을 단호히 거부하고, 마오쩌둥 사상에 대한 학술적인 연구가 여전히 중요하다는 가정에서부터 시작한다. 마오쩌둥 사유의 원천들, 개념구조 그리고 발전에 대한 이해는 정치적인 영역에서 그가 보여준 행동들을 이해하는 데 도움이 될 것이다. 그리고 이러한 이해는 마오쩌둥에게 영향을 주었고 또 그에게 영향을 받은 혁명적 지식인들의 세계관을 어렴풋하게나마 조망할 수 있는 창구를 제공할 것이다. 또한 마오쩌둥의 사유를 학술적으로 이해하는 것은 마오쩌둥 시대 중국공산당과 중화인민공화국의 이데올로기적, 지적 세계를 이해하는 데서도 필수적이다. 이러한 주제들은 분명 중요한 이슈이다. 나아가 마오쩌둥 사상 속의 주제들에 관한 논의는 20세기 중국 역사의 여러 다른 주제와도 연결되어 있다고 할 수 있을 것이다. 예컨대 중국 혁명의 과정에서 농민이 수행한 역할이 중요한 사례가 될 수 있을 것이고, 1950년대와 1960년대 중국에서 진행된 사회주의 건설의 본질과 효과 역시 마오쩌둥 사상과 관련된 또 다른 주요 주제가 될 수 있을 것이다. 또한 마오쩌둥 사상이 20세기 전반기 마르크스주의에 기반한 중국 지식계와 유럽의 사유구조에 끼친 영향 역시 중요한 주제가 된다고 할 수 있을 것이다. 물론 이밖에도 셀 수 없이 많은 주제가 존재한다. 이 때문에 마오쩌둥을 규정했고 또 그에 의해 규정된 지식계, 정치계, 문화계에 대한 필수적인 연구를 수행하는 데서 마오쩌둥 사상을 연구해 온 전통이 존재하지 않았다면 현대 중국의 역사에 대한 여러 논쟁은 그 풍부함을 잃고 말았을 것이다.

한 발 더 나아가 마오쩌둥 사상에 대한 이해는 중국의 과거를 이해하는 데서 중요할 뿐만 아니라 오늘날의 중국을 이해하는 데서도 중요하다고 해야 할 것이다. 1976년 마오쩌둥의 사망 이후 지적, 이데올로기적, 정치적 환경이 급변했음에도 불구하고, 중국의 역사가와 정치 이론가들은 여전히 과거에 기반을 두고 있는 지적 맥락 안에서 활동하고 있다. 인식론적 접근방식을 포함해, 그들의 패러다임은 여전히 중국의 혁명과 사회주의 역사의 이데올로기적, 정치적 영향력을 충분히 조망해 내지 못하고 있는 것이 사실이다. 이데올로기적인 측면에서 보았을 때, 중국공산당은 마오쩌둥의 실패를 비판하면서도 중국 혁명의 승리와 사회주의 건설의 초기 단계에서 이룩한 성공에 굳건한 믿음을 보이는 1981년 「결의」의 틀 안에서 움직이고 있다. 중국공산당은 분명 마오쩌둥과 그의 사상을 폐기하지 않았으며, 당 이론가들은 마오쩌둥의 혁명적 마르크스주의와 중국을 자본주의와 세계화에 개방한 당 지도부의 노선을 화해시키려는 난제와 씨름하고 있다.[6] 마오쩌둥의 이데올로기는 때로는 강하게, 때로는 약하게 중국공산당의 이데올로기적 선언 안에서 울림을 지속하고 있으며, 특히 중국이 여전히 '사회주의' 국가로

---

6 Nick Knight, "Contemporary Chinese Marxism and the Marxist Tradition: Globalisation, Socialism and the Search for Ideological Coherence," *Asian Studies Review* 30, no. 1 (March 2006): 19~39.

남아 있다는 주장을 통해 계속 목소리를 내고 있다. 그리고 정치적인 측면에 보았을 때, 마오쩌둥의 영향력은 레닌의 당 건설 이론에 대한 그의 독특한 이해방식이 중국공산당의 내적 구조와 조직적인 실천방식에 깊이 스며들어 있다는 점을 통해서도 분명하게 드러난다. 지식, 이데올로기, 정치 각각의 영역에서 마오쩌둥은 여전히 긴 그림자를 드리우고 있는 셈이다.

하지만 마오쩌둥이 긴 그림자를 드리우고 있는 곳이 비단 권력층과 지식계에만 국한되어 있는 것은 아니다. '마오쩌둥의 부활'은 시차를 두고 중국 인민들 사이에서 간헐적으로 등장하고 있으며, 이는 곧 민간 의식 안에 지속적으로 현전하고 있는 마오쩌둥의 존재를 가리키는 것이라고 할 수 있다. 이러한 부활의 움직임이 가장 분명하게 드러난 사례 중 하나가 마오쩌둥 탄생 백주년을 기념하는 1993년의 공식행사였다. 이 독특한 '마오쩌둥의 부활'은 다양한 수준에서 등장했다. 가장 피상적이면서도 분명한 현상은 바로 마오쩌둥 기념품〔'동방홍'(東方紅)이라는 글자에 불이 들어오는 마오쩌둥 라이터를 비롯해, 마오쩌둥의 얼굴이 새겨진 엠블럼이 마치 작품 '성 크리스토퍼'(st. Christopher)가 택시의 백미러에 걸리듯 매달렸고, 마오쩌둥 달력, 마오쩌둥 배지 등이 등장하였다.〕의 활발한 거래였다.[7] 이러한 '부활'의 움직임이 더욱 분명하게 드러난 현상은 바로 마오쩌둥의 성격과 그의 성생활에 관한 친숙한 가십거리들을 폭로하는 서적들의 연이은 출판이었다.[8] 마오쩌둥 탄생 100주년을 기념하는 공식적인

---

7 이와 같은 현상에 대한 논의로는 Melissa Schrift, *Biography of a Chairman Mao Badge: The Creation and Mass Consumption of a Personality Cult* (New Brunswick: Rutgers University Press, 2001)를 볼 것. 또한 Michael Dutton, *Streetlife China* (Melbourne: Cambridge University Press, 1998), 242~71.

행사(학술대회, 학술서적의 출판, 전시회, 영화 등)와 함께, 이전 지도자를 향한 대중들의 노스탤지어가 넘쳐흘렀다. 이러한 노스탤지어는 인민들의 복잡한 감정이 표면화된 것이었다고 할 수 있다. 가장 단순한 차원에서 그것은 유명한 지도자의 은밀한 생활에 대한 호기심으로 드러났다. 하지만 좀 더 깊은 차원에서 그것은 변화의 속도와 방향성에 대한 중국 인민의 불안감이 표출된 것이었다고도 할 수 있다. 그것은 또한 과거에 투사된, 상상된 확실성에 대한 갈망이기도 했다. 결국 이처럼 비공식적인 차원에서 등장한 마오쩌둥 부활 현상은 이제 막 시작된, 하지만 그럼에도 분명하게 느낄 수 있는 당의 개혁정책에 대한 반감을 표현하고 있었고, 바로 그러한 이유 때문에 중국의 지도자들에게 일종의 위협으로 받아들여진 것이다.[9] 이와 같은 마오쩌둥 부활 현상에 스며들어 있는 개혁정책에 대한 에두른 비판은 이미 통제할 수 없는 것이었고, 중국의 지도자들을 매우 곤란한 입장에 처하게 했다. 왜냐하면 그들 스스로 마오쩌둥을 그 과실에도 불구하고 업적이 과실보다 많은 '결함이 있는 지도자' 정도로 규정한 1981년의 「결의」에 매여 있었기 때문이다. 또한 마오쩌둥에 대한 대중의 흥미와 숭배는 그의 이데올로기에 기

8 예컨대 Fan Hao, *Mao Zedong he ta de guwen* [Mao Zedong and his adviser] (Beijing: Renmin chubanshe, 1993); Li Zhanping and Li Shuqin, *Mao Zedong lixianji* [A chronicle of dangers experienced by Mao Zedong] (Beijing: Zhongguo shuji chubanshe, 1993); Pang Xianzhi, *Mao Zedong he tade mishu Tian Jiaying* [Mao Zedong and his secretary Tan Jiaying] (Beijing: Zhongguo wenxian chubanshe, 1989); Zheng Yi and Jia Mei, eds., *Mao Zedong shenghuo shilu* [Records of Mao Zedong's life] (Nanjing: Jiangsu wenyi chubanshe, 1989)를 볼 것. 이 작품들에 대한 평가에 대해서는 Thomas Scharping, "The Man, the Myth, the Message—New Trends in Mao-Literature from China," *China Quarterly* 137 (March 1994): 168~79를 볼 것.

9 Edition of Ross Terrill, *Mao: A Biography* (New York: Touchstone, Simon and Schuster, 1980, 1993)의 1993년판 서문 18~23을 볼 것.

반을 두고 있고 또 그것과 불가분으로 얽혀 있는 포스트 마오쩌둥 시대 리더십의 합법성과 중국공산당의 이데올로기적 일관성을 의문에 부치지 않고서는 금지될 수 없는 것이었다.

1993년에 나타난 '마오쩌둥 부활' 현상은 완전히 사라지지 않았고 그에 대한 대중의 관심은 그 이후 수차례 밀물과 썰물처럼 반복되었다. 이 현상은 마오쩌둥이 그의 인생과 사상에 대한 이해방식을 규정한 「결의」의 공인된 패러다임으로 환원되지 않는, 매우 복잡하고도 변화무쌍한 유산을 남겨놓았음을 시의적절하게 일깨워주었다. 마오쩌둥은 각각의 중국인에게 서로 다른 의미로 재현되었고, 그들의 다양한 이해방식은 서로 다른 효과를 위해 이용되었다. 그리고 그 이용과 효과의 범주는 단순한 것(장식 효과를 위해 마오쩌둥 달력을 걸어놓는다거나)에서 복잡한 것(반부패투쟁의 지지를 유도하기 위해 마오쩌둥의 이름을 상기시킨다거나)에 이르기까지 광범위한 스펙트럼을 형성하고 있다. 마오쩌둥과 그의 사유를 이러한 방식으로 재구축하거나 사용하는 방식이 다양한 층위에 걸쳐 진행되는 이유가 비단 마오쩌둥이 썼거나 그에 관해 쓴 텍스트가 수량적인 측면에서 풍부하고 다양하며 또 복잡하기 때문만은 아니다. 그것은 또한 마오쩌둥에 대한 흥미를 불러일으키는 관심 자체가 다양하고 변화무쌍하기 때문이다.

중국을 비롯한 세계 각지(네팔에서 나타난 마오주의자들의 혁명적 행동과 봉기 같은)에서 마오쩌둥과 그의 사상이 보이는 여전한 영향력은 지속적인 마오쩌둥 사상 연구에 힘을 실어주고 있다. 하지만 마오쩌둥 사상은 어떻게 연구해야 하는가? 우리는 그와 같은 복잡한 주제에 어떻게 접근할 것인가? 필자가 2장과 3장을 통해 논한 것처럼, 마오쩌둥 연구자들은 매우 다양한 방식을 통해 이 주제에 접근하고 있다. 그들은 서로 상이한 가치와 방법론을 동원하고 있고, 또 서로 다른 문제의식을 설정하고 있다. 이 때문에 그들이 얻게 된 결론 역시 다양할 수밖에 없으며 절대적인 접근방식이 있을 수 없다는 것은 분명하다. 필자 본인의 마오쩌둥 사상 연구에 관해 말하자면, 나는 몇 가지 사상적인 방법론에 영향을 받았다고 할 수 있다. 첫 번째 방법론은 마오쩌둥 텍스트(미셸 푸코가 언급한 '작업(oeuvre)'으로서의 텍스트)의 광범위한 체계를 일종의 영역으로서 개념화하는 제도법적 접근방식이다.[10] 물리적 영역과 마찬가지로, 이 특정한 영역은 경계와 윤곽, 특정한 표식을 지니고 있다. 그것은 새로운 텍스트와 정보가 나타나거나 저장고에서 기존 텍스트들이 우연히 삭제되면서 바뀌게 된다.[11] 이 때문에 우리는 주기적으로 특정한 영역에 대한 지도를 다시 그려야 하는 것이다. 비록 수많은 학자가 서로 다른 연구 목표를 가지고 있었고, 그로 인해 그들이 그린 지도 역시 서로 상이한, 때로는 서로 모순되는 관점들을 제공해 왔지만, 어쨌든 그들은 마오쩌둥 사상이라는 영역을 탐색해 왔다. 바로 이 영역이 내가 지난 35년 동안 횡단해 온 곳이며, 그 시간 동안 이 영역의 모습 역시 선명하게 변화해 왔다. 내가 탐색하고 또 '지도'를 그려온 몇몇 영역은 현재 매우 다른 모습으로 나타나고 있기 때문에 나는 지난 과거에 도출한 결론들을 수정할 수밖에 없었다. 그리고 여타의 몇몇 영역은 손도 대지 못하고 있는 상황이다.

다음으로 마오쩌둥의 텍스트들을 탐색을 기다리는 영역으로

---

10 Michel Foucault, "What Is an Author?" in Rainbow, ed., *The Foucault Reader*, 103~13.

11 후자에 대한 예로는 Mao Tse-tung, *Basic Tactics*, translated and with an introduction by Stuart R. Schram (New York: Frederick A. Praeger, 1966)를 볼 것. 현재는 일반적으로 마오쩌둥이 이와 같은 군사적 매뉴얼을 쓰지 않았다고 받아들여지고 있다.

개념화하는 방식은 탐색을 위한 '나침반'을 필요로 한다는 점을 언급해 두어야 할 것이다. 진행되는 방향에 대한 분명한 감각이 없다면, 그 여행은 분명한 성과를 도출해 낼 수 없다. 결국 필요한 것은 각각의 텍스트들을 통합할 세련된 패러다임을 마련하는 것이다. 나의 관심사는 주로 마르크스주의와 사회주의 이데올로기의 역사, 이 양자가 중국에 소개되어 중국의 지식인과 활동가들에게 받아들여지고(특히 1920년대와 1930년대) 해석, 발전되어 중국 혁명과 1949년 이후 사회주의 건설에 적용되는 과정이다. 그리고 바로 이것이 나의 마오쩌둥 사상에 대한 연구를 이끌어왔다고 할 수 있을 것이다. 그러므로 나의 관심은 유럽에서 최초로 나타난 급진적인 이데올로기적 전통이 상이한 역사적, 문화적 환경에서 어떻게 발전하였는지에 대해 관심을 기울이는 사상사가(思想史家)의 탐색과 흡사하다고 할 수 있다. 나는 주로 중국의 혁명가와 지식인이 어떻게 자신이 마르크스주의로 전향했고 또 그것에 끌리게 되었는지에 관한 고백을 있는 그대로 받아들이는 연구 방식을 취해왔다. 이러한 연구 경향이 마오쩌둥의 사상과 중국의 혁명적 지식인들을 연구해 온 이들 사이에서 보편적인 것은 아니다. 실상 해당 주제에 관한 연구 영역에서 나의 연구 방향과는 정반대인 바람직하지 못한 연구 경향들, 즉 마르크스주의에 대한 중국인들의 믿음을 거부하거나 경시하는 연구 경향이 존재해 왔다. 이러한 경멸적인 연구 방식은 매우 다양한 양태로 존재하지만 나의 연구 경향과 종종 충돌하는 몇몇 관점이 존재하는데, 그것은 바로 중국인이 유럽 지식인들의 사유체계를 진정으로 이해할 수 있다는 사실을 거부하는 것이다. 그리고 또 다른 관점은 정치적 문제에 기반을 두고 있는 것으로, 이러한 관점은 마르크스주의가 중국에서 적절치 못한 방식으로 사용되었기 때문에 중국인이 마르크스주의를 옹호하는 행동과 이해의 수준을 심각하게 받아들일 필요가 없다고 주장한다. 나는 이러한 접근방식을 모두 거부한다. 나는 오히려 우연히 중국인이 된 혁명가들과 지식인들이 마르크스주의에 상당한 인식론적, 정치적 공헌을 했다고 생각한다. 그들은 마르크스주의라는 매우 이성주의적 색채를 지닌 사상의 개념과 형식을 이해하기 위해 분투했고, 그들 중 많은 이가 곧 마르크스주의에 정통하게 되었다. 물론 이것이 중국의 혁명가와 지식인이 마르크스주의에 기반해 나타난 이상과 가치들을 무조건적으로 받아들였다는 것을 의미하지는 않는다. 또한 그들이 그러한 이상과 가치들에 의해 추동된 정치적 행동을 반드시 받아들였다는 것은 더욱 아니다. 하지만 중국의 혁명가와 지식인이 마르크스주의를 이해하기 위해 애쓰고 또 그것에 정통했다는 사실이 중국의 마르크스주의적 지식인이 스스로 옹호했던 영향력 있는 사유체계를 이해하는 방식을 설명하는 데 매우 유용하다는 것을 부정할 수는 없다. 최소한 나의 관점에서, 연구 대상의 상황을 고려하여 그들의 사유를 이해하려고 노력하는 것은 사상사가의 기본 전제라고 할 수 있다. 하지만 이러한 관점은 마오쩌둥 사상과 중국의 마르크스주의를 연구하는 데서 흔한 관점이 아니다.[12]

내가 볼 때 중국 마르크스주의자들의 마르크스주의에 대한 믿음을 심각하게 받아들이지 않으려 하는 여러 이유 중의 하나는 중

---

12 중국의 마르크스주의자들이 마르크스주의에 진지하게 헌신하지 않았다고 여기는 특별히 좋지 않은 사례로는 Werner Meissner, *Philosophy and Politics in China: The Controversy over Dialectical Materialism in the 1930s* (London: Hurst and Co., 1990)를 볼 것. Meissner에 대한 확장된 비판으로는 Nick Knight, *Marxist Philosophy in China: From Qu Qiubai to Mao Zedong, 1923~1945* (Dordrecht: Springer, 2005), 86~90을 볼 것.

국의 마르크스주의를 마음대로 재단하는 학자들의 마르크스주의에 대한 무지 때문이다. 마르크스주의 이론에 대한 불충분한 이해 방식 탓에 몇몇 학자는 마오쩌둥의 마르크스주의에 대한 이해가 부족하다고 제멋대로 말하곤 한다.[13] 놀랍게도 나는 마르크스주의의 역사와 이론, 텍스트들에 대한 친근함 덕에 여타의 동료 마오쩌둥 연구자들에 의해 공유되지 않거나 혹은 광범위하게 공유되지 않았던 중국 마르크스주의의 역사에 관한 시각을 얻을 수 있게 되었다.[14] 나는 반복적으로 마르크스주의자가 되려고 했던 마오쩌둥과, 마르크스주의에 관한 참조로 가득 차 있는 마오쩌둥의 텍스트들을 연구하기 위해서는 마르크스주의 이론에 대한 상당한 익숙함이 기본 전제라고 생각한다. 하지만 마오쩌둥 연구의 역사가 증명하듯 그간의 사정은 그러하지 못했다.

마오쩌둥 텍스트들의 영역을 탐색하는 나의 연구는 대개 마오쩌둥 사상의 마르크스주의적이고 사회주의적인 차원을 가리키는

---

13 예컨대 Terrill, *Mao: A Biography*, chapter 6, 그리고 David E. Apter and Tony Saich, *Revolutionary Discourse in Mao's Republic* (Cambridge, Mass.: Harvard University Press, 1994), 110~15.

14 몇몇 주목할 만한 예외도 존재한다. 특히 아리프 딜릭은 중국의 마르크스주의를 연구하기 위해 마오쩌둥을 세심하게 이해했다. 그의 견해에 대해서는 Arif Dirlik, "The Predicament of Marxist Revolutionary Consciousness: Mao Zedong, Antonio Gramsci and the Reformulation of Marxist Revolutionary Theory," *Modern China* 9, no. 2 (April 1983): 182~211, Arif Dirlik, *Revolution and History: Origins of Marxist Historiography in China, 1919~1937* (Berkeley: University of California Press, 1978), Arif Dirlik, *The Origins of Chinese Communism* (New York: Oxford University Press, 1989)을 볼 것. 또한 Philip Corrigan, Harvie Ramsay, and Derek Sayer, *For Mao: Essays in Historical Materialism* (Atlantic Highlands, New Jersey: Humanities Press, 1979), Arif Dirlik, Paul Healy, and Nick Knight, eds., *Critical Perspectives on Mao Zedong's Thought* (Atlantic Highlands, New Jersey: Humanities Press, 1997)를 볼 것.

중요 표지들을 찾는 데 할애되어 있다. 하지만 나는 중국의 지적 전통의 영향력 또한 무시하지 않았다. 옌안(延安) 시기 마오쩌둥의 역사철학에 대한 분석은 그의 역사적 시간과 미래에 대한 관념이 중국과 마르크스주의 전통 속에 내재되어 있는 유토피아적 주제에 기대고 있다는 것을 분명하게 보여준다. 서구와는 다르게 유토피아주의가 중국 전통사상의 중심 주제는 아니었지만 마오쩌둥은 광활한 역사적 과정 속에서 중국혁명과 항일투쟁의 과정 중 자신의 태도를 결정할 때 오히려 유토피아주의로 그 방향을 전환시켰다. 마오쩌둥은 과거를 숭배하고 역사를 순환의 움직임으로 받아들이는 중국 전통사상의 지배적인 경향성이 아니라 오히려 그것의 미래지향적이고 낙관적인 차원에 주목했다. 왜냐하면 중국 전통사상의 이러한 성격이 마오쩌둥이 그토록 바라마지 않던 평화와 평등, 풍요와 같은 역사적 목표의 필연적인 미래를 주장하는 마르크스주의의 목적론적 성격을 보충해 주고 있었기 때문이다. 하지만 중국과 마르크스주의의 전통으로부터 이러한 사상적 자원들을 끌어내려는 그의 대담한 시도는 단지 부분적으로만 성공적이었을 뿐이다. 1950년대와 1960년대 그의 유토피아주의가 쇠락하면서, 중국 전통사상과 마르크스주의 사이의 긴장은 그 자체로서 해결되기보다는 서로 무관한 것으로 남게 되었던 것이다.(5장과 9장)

본서에서 논구하려는 주제는 대체로 마오쩌둥 사상의 마르크스주의적, 사회주의적 차원에 관한 내용과 관계되어 있지만 내용 전부가 그러한 것은 아니다. 몇몇의 경우 나는 마오쩌둥의 텍스트들을 새로운 기준을 통해 더욱 엄격하게 해석함으로써 그를 '다시 생각'하려 하였고, 최근에서야 공개된 문건들에 포함된 증거들에 특별한 주의를 기울였다. 이러한 재해석의 대상과 새로운 자료들은 마오쩌둥 사상의 중심 주제라고 할 수 있으며, 그것들에 대한 분석은 중국의 혁명과정과 1949년 이후 사회주의 건설 시기에 관한 사유를 통찰할 수 있는 가장 중요한 시각을 제공한다고 할 수 있을 것이다. 예컨대 1920년대에서 1940년대에 이르는 기간 동안, 그의 혁명전략에 있어 중심적인 주제는 노동자, 농민의 역할과 이 두 계급 사이의 상호관계에 관한 인식이었다. 그간의 마오쩌둥 사상에 대한 연구와 언급들은, 4장을 통해 논의하게 될 것처럼, 이 계급관계에 대한 마오쩌둥의 이해를 잘못 해석해 왔다. 마오쩌둥은 자신을 농민혁명가라기보다 혁명에서 노동계급의 위치를 더욱 강조하는 마르크스주의자로 이해하고 있었다. 그는 마르크스주의적 노선에 따라, 농민이 굉장히 중요하기는 하지만 그 존재 자체의 계급적 조건에 의해 부과된 한계 때문에 혁명 지도자의 역할을 수행할 수 있다고 생각하지는 않았던 것이고, 또 이러한 관점을 뒷받침하는 상당한 증거가 존재하고 있다. 또한 1927년의 농촌으로의 전략적 후퇴가 아니었다면, 마오쩌둥이 그렇게 완벽하게 도시를 포기하지 않았을 것이고 산으로 올라가지도 않았을 것이라는 의견을 뒷받침하는 증거도 존재한다. 결국 마오쩌둥이 농민에게 의존했고, 농촌을 기반으로 한 혁명전략을 발전시킨 것은 분명하지만, 그는 결코 중국의 미래가 도시에 달려 있다는 사실을 부정하지 않았다. 그가 생각한 미래는 사회주의적이고 산업에 기반을 둔 미래였으며, 그러한 미래에 대한 열쇠를 쥐고 있는 계급은 농민이 아니라 노동계급이었다.

　마찬가지로 사회적 변화와 관련된 마르크스주의 이론에 대한 마오쩌둥의 이해 역시 줄곧 왜곡되어 왔다. 통상 마오쩌둥은 마르크스주의의 유물론 철학에 기대어, 사회를 변화시키는 사상의 능력을 과장해 온 것으로 이해되어 왔다. 이 때문에 그는 사회의 이데올로기적, 정치적 상부구조와 그것 안에서의 투쟁을 사회적 변혁의 우선적인 원천으로 간주하는 '이상주의자' 혹은 '의지주의자'로 그려진다. 마르크스의 사유 안에서는 경제가 그러한 위치를 차지하는 데 반해, 마오쩌둥에게 경제적 토대는 오히려 상부구조가 초래하는 압박에 의해 변화하는 것으로 인식되고 있다는 것이다. 그러나 마오쩌둥 사상의 이 층위에 관한 내용을 자세히 살펴보면, 이러한 기존 해석이 옳지 않음을 알 수 있다. 정치, 이데올로기, 문화가 사회적 변화에 미치는 영향력에 대한 그의 강조는 당연히 유물론의 기계적이고 환원론적인 강조를 훨씬 넘어서는 것이고 훨씬 다차원적이다. 하지만 그의 일반적인 시각은 여전히 경제적인 성격을 띠고 있는 것이 사실이다. 마오쩌둥은 지속적으로 사회의 경제적 기초(foundation)인 생산력과 생산관계를 인류 역사에서 매우 결정적인 요소로 생각하고 있었다. 본서의 6장을 통해 옌안 초창기의 마오쩌둥 사상에 나타난 사회적 변화에 관한 다양한 관점을 살펴볼 수 있을 것이다. 당시 마오쩌둥이 정치, 이데올로기, 문화가 역사에서 차지하는 역할에 대해 분명한 개념을 제시해 줄 패러다임을 찾고 있었던 것은 분명하지만, 사회적 변화에 대한 그의 다양한 논의는 경제적 역량의 우선성에 대한 인정에 의해 분명하게 뒷받침되고 있었다. 이러한 측면에서 보았을 때, 옌안 시기의 마오쩌둥은 온전히 마르크스주의적 법칙의 범위 안에 머무르고 있었다고 할 수 있을 것이다.

마오쩌둥 사상과 관련된 또 다른 주요 주제는 마르크스주의가 중국에 적용되는 과정을 그가 어떻게 이해하고 있었는가의 문제이다. '마르크스주의의 중국화'라고 명명된 이 과정은 몇몇 주석가에 의해서 마르크스주의의 보편성을 중국의 문화적, 역사적 특수성과 중국 혁명의 현실에 억지로 꿰맞추려 한 과정으로 해석되어 왔다. 이러한 관점에서 보았을 때, 중국의 마르크스주의가 중국화된 마르크스주의로 전환된 것은 유럽 이데올로기의 별종이자 동양화된 파생물에 불과하다. 엄격한 의미에서 그것은 분명 이단적인 것이다. 마오쩌둥이 혁명적 목표의 달성을 위한 중국공산당의 능력을 제고하기 위해 마르크스주의가 중국적 맥락에 효과적으로 적용되고 있다는 것을 확신시키는 것에 상당한 주의를 기울였다는 것은 분명 사실이다. 동시에 그는 중국공산당의 지식인과 동지들이 중국의 역사와 문화에 대한 확고한 인식을 바탕으로 행동해 줄 것을 줄기차게 요구했다. 마오쩌둥은 마르크스주의의 교리를 끊임없이 읊어대면서 중국의 현실을 조사하고 이해하기 위해 아무런 노력도 기울이지 않는 이들을 용납하지 못했다. 하지만 그는 또한 중국을 이해하고 변화시키는 과정이 마르크스주의의 보편성을 확신하는 방법론에 기반해야 한다는 원칙을 고수했다. 이것은 논리적인 차원에서 보았을 때 상당히 까다로운 문제라고 할 수 있는데, 왜냐하면 그러한 원칙은 특수한 사례로부터 보편적인 법칙이 도출될 수 있다는 과학철학의 사유방식에 호소하는 것이기 때문이다. 마오쩌둥은 분명 이 문제를 해결하지 못했다. 근본적으로 그는 엄격한 의미에서의 과학철학자는 아니었던 것이다. 하지만 그는 마르크스주의의 보편 법칙을 중국 혁명의 구체적인 현실과 통합시키는 것이 마르크스주의의 보편성으로부터 이탈하지 않으면서도 성취될 수 있다고 자신 있게 주장할 수 있는 결론에 다다를 수 있었다. 7장에서 상당한 우여곡절을 겪은 마오쩌둥의 '마르크스주의의 중국화'라는 테제의 논리적 근거를 재구축해 볼 것이며, 특수와 보편을 통합시키려 한 그의 시도가 갖는 개념적 난점들 역시 논구하게 될 것이다.

최근 등장한 사회주의 국가들의 지도자들과 마찬가지로 마오쩌둥이 대면해야 한 여러 가지 문제 중 하나는 어떻게 사회주의 사회가 성립될 것이며, 그것을 어떻게 공산주의로의 이행이 가능할 정도로 공고화할 것인가의 문제였다. 1949년 마오쩌둥이 중국의 혁명을 승리로 이끌었을 때, 그는 국가권력의 장악이 사회의 본질을 전환시키기 위한 길고도 고된 투쟁의 서막에 불과했음을 인식하고 있었다. 어떻게 이 투쟁을 수행할 것인가, 그것의 목표는 무엇인가? 최소한 이 문제에서만큼은 카를 마르크스의 글이 제공할 수 있는 조언은 거의 없었다. 마르크스가 주목한 문제는 주로 유럽적 맥락에서의 19세기 산업 자본주의의 역동성이었다. 비록 마르크스가 전자본주의 경제 형성의 역사적 발전에 상당한 주의를 기울이긴 했지만, 궁극적으로 그는 거의 모든 면에서 봉건사회의 특징을 가지고 있는 나라에 세워진 사회주의 정부가 어떠한 정책을 수행해야 하는지에 대해서는 답을 내놓지 못했다. 매우 일반적인 수준에서 마르크스의 역사철학, 특히 목적론적 철학은 그러한 사회에서의 사회주의 건설에 대한 영감을 제공할 수 있었지만, 마오쩌둥은 다른 곳에서 실천을 위한 가이드라인을 찾을 수밖에 없었다. 가장 직접적인 참조 대상은 바로 소비에트 연방이었다. 그리고 중화인민공화국 성립 초기 마오쩌둥과 그의 동지들은—비록 그들이 옌안에서 획득한 국가 건설의 경험 역시 결코 포기하지 않았지만—소비에트의 경험들을 부지런히 자신들의 처지에 적용했다. 그러나 1950년대 중반에 이르면서 마오쩌둥은 점차 소비에트 모델의 단점들을 참을 수 없게 되었고, 이론적인 수준에서 중국적 맥락의 특수성과 그 가능성들을 발휘시켜 줄 수 있는 더욱 효과적인 사회주의 노선을 고려하게 되었다. 이러한 과정 속에서 마오쩌둥이 준수한 원칙은 바로 옌안 시기에 형성되고 실행된 '마르크스주의의 중국화'였다. 소비에트 모델의 적용을 통해 갈수록 분명해진 것처럼, 사회주의 건설에서 외국 모델에 집착하는 것은 중국의 사회주의를 공고화하는 데 방해가 될 뿐이었다. 이 때문에 마오쩌둥은 일반적인 수준에서는 마르크스주의에서 영감을 받았지만 실행의 세세한 측면에서는 중국적 특성을 바탕으로 수행되는 '사회주의로의 중국적 노선'의 가능성을 생각하게 되었다. '사회주의로의 중국적 노선'에서 중심 주제가 되는 것은 8장에서 논의될 것이며, 대약진운동과 문화대혁명에서 나타난 드라마틱한 징후들은 마오쩌둥 자신의 관점에서 설명될 것이다.

문화대혁명의 발발은 종종 현실로부터 완전히 이탈한, 실현될 수 없는 목표를 달성하려 한 '이상주의'에 의한 것으로 설명된다. 하지만 나는 마오쩌둥의 '이상주의'에 좀 다르게 접근하고자 한다. 9장에서 나는 1950년대 마오쩌둥의 이상주의가 분명 점차 약해지고 있었지만, 그토록 엄청난 규모로 치명적인 정치 캠페인을 벌이기로 결심한 마오쩌둥의 결정은 1960년대에 더욱 강화된 이상주의에 의한 것이라고 주장했다. 1960년대 중반에 이르면서, 마오쩌둥은 공산주의로의 즉각적인 이행의 가능성을 포기했다. 그리고 이제 공산주의로의 이행을 위한 원칙은 중국공산당 안에 숨어 있는 영향력 있는 '주자파(走資派)'들의 약탈로부터 혁명의 성과를 지켜내는 것이었다. 그는 아마도 중국의 길이 사회주의로 통하지 않고, 자본주의의 복벽(復辟)으로 이어질 것이라고 예상한 듯하다. 그리고 그의 주된 관심사는 이제 그러한 만일의 사태를 방지하는 것이 되었다. 그의 인생이 말년에 다다르면서 그의 미래에 대한 전망은 유토피아에서 인간의 장기적 미래에 대한 암울한 평가로 뒤바뀌었다.

위와 같은 문제들이 바로 내가 마오쩌둥을 다시 생각하는 시도 속에서 다루고자 한 주제들이다. 이러한 문제들은 그의 사상을 생각하는 데서 중요한 측면들이라고 할 수 있을 것이지만, 여기서 미처 발견되지 못한 여타의 중요한 문제들도 분명히 존재한다. 특히 마오쩌둥 사상의 철학적 측면은 가장 중요한 주제라고 할 수 있을 것이다. 나는 다른 논문에서 이 문제를 꽤 자세히 다룬 바가 있기 때문에 여기서는 논하지 않았다. 마오쩌둥 사유의 철학적 측면은 너무도 중요하기 때문에 한 장에서 다루는 것은 타당하지 않다.[15] 본서는 마오쩌둥 사상에 대한 전반적인 역사를 다루지 않는다. 본서의 목적은 차라리 더욱 무난한 것이라고 할 수 있는데, 그것은 바로 마오쩌둥의 텍스트에 대한 세밀한 독해에 기초하여 그의 사상에 대한 몇몇 새로운 발견을 되짚어보는 것이다. 본서를 저술하는 것은 곧 마오쩌둥을 다시 사유할 수 있는 기회를 얻는 것이었고, 나는 독자들에게 내가 저술의 과정을 통해 얻은 것과 같은 것을 제공하고자 한다. 그것은 곧 20세기의 가장 위대한 인물 중 한 명인 마오쩌둥의 사유를 그 자신의 입장에서 다시 생각해 보는 것이다.

이어지는 두 개의 장(章)에서 나는 마오쩌둥과 그의 사상을 연

---

15 Knight, *Marxist Philosophy in China*; Nick Knight, "The Laws of Dialectical Materialism in Mao Zedong's Thought—The Question of 'Orthodoxy'," in *Critical Perspectives on Mao Zedong's Thought*, eds. Dirlik, Healy, and Knight, 84~116; Nick Knight, "Soviet Philosophy and Mao Zedong's Sinification of Marxism'," *Journal of Contemporary Asia* 20, no. 1(1990): 89~109; Nick Knight, ed., *Mao Zedong on Dialectical Materialism: Writings on Philosophy, 1937* (Armonk, New York: M. E. Sharpe, 1990); Nick Knight, "Lun Mao Zedong yunyong 'fouding zhi fouding' guilü de 'zhengtongxing'" [The 'orthodoxy' of Mao Zedong's handling of the law of the 'negation of the negation'], in *Mao Zedong de zhihui* [The Wisdom of Mao Zedong], ed. Zhang jingru (Dalian: Dalian chubanshe, 1993), 1549~55.

구하는 과정에서 마주치게 되는 방법론적 문제들을 고민해 볼 것이다. 이러한 시도는 마오쩌둥 연구 분야에 대한 비판적인 도입부가 될 수 있을 것이며, 그러한 도입부는 이어서 전개될 마오쩌둥 사상에 대한 탐색을 맥락화하는 데 도움을 줄 수 있을 것이다.

2장

방법론의 문제 I : 마오쩌둥과
그의 텍스트들에 대한 재고찰

역사는 아무것도 **하지 않으며 무궁무진한 풍부함을 지닌 것도 아니다. 또한**
그 어떠한 전략전술도 아니다. 이 모든 것을 창조하고 소유하며, 이 모든 것을
위해 투쟁하는 것은 인간, 즉 현실적이고 살아 숨 쉬는 인간이다. '역사'는 인간
을 자신의 목적 달성을 위해 수단으로 삼는 독특한 인격이 아니다. 역사는 자신
의 목적을 추구하는 인간의 활동 이외에 그 무엇도 아니다.[1]

마르크스와 엥겔스가 『신성가족(*The Holy Family*)』에서 주장한 것처
럼, 만약 역사라는 것이 '현실적이고 살아 숨 쉬는 인간'으로부터
유리되어 모종의 존재적 독자성을 지닌 것일 수 없다면, 마오쩌둥
과 같은 역사적 인물들에 대한 판단 역시 '역사(History)' 자체에 의
해 만들어지는 것이 아니라 '현실적이고 살아 숨 쉬는 인간'에 의
해 만들어지는 것이라고 해야 할 것이다. 이는 곧 마오쩌둥과 그의

---

1 Karl Marx and Friedrich Engels, *The Holy Family, or Critique of Critical Criticism* (Moscow:
Progress Publishers, 1975, second ed.), 110. 강조는 원문.

사상에 대한 결정적이고도 보편적으로 받아들여지는 판단은 불가능함을 의미한다. 역사적 판단은 역사가들이 만드는 것인바, 그 역사가들 역시 비전문가 못지않게 사회학적, 가치론적, 시대적 영향으로부터 자유롭지 못하다는 것을 확인시켜 주는 여러 요인들, 즉 관점의 시대적 제약, 정치적 편견, 종족적 고려, 문화적·지식적 배경 등에 의해 상당한 영향을 받을 수밖에 없다. 그러므로 모든 역사가가 해석자이기는 하지만 역사적 판단에 대한 최종적인 재해석 혹은 판단을 만들어낼 수는 없다. E. H. 카(E. H. Carr)가 적절하게 지적한 것처럼, "역사는 곧 해석을 의미한다."[2] 마오쩌둥 사후 30년 동안 중국과 서구를 막론하고 그의 정치적 행보와 사상에 관한 전반적인 평가는 매우 극적으로 변해왔다. 1981년 6월에 개최된 중국공산당 제11차 6중 전회가 제출한「건국 이래 당의 몇 가지 역사 문제에 관한 결의」이래로 지난 20년 동안 계승되어 온 마오쩌둥에 대한 역사적 평가는 그의 정책과 사상이 중국의 사회적, 경제적 발전의 수준이라는 '현실'에 총체적으로 들어맞지 않는다는 이유로 마오쩌둥을 날카롭게 비판해 왔다.[3]「결의」는 1949년까지의 중국 혁명과 1950년대 초반 사회주의 건설에 대한 마오쩌둥의 공헌을 내세움으로써 말년의 마오쩌둥에 대한 부정적인 평가와의 균형을 맞추기 위해 노력했다. 간단히 말해「결의」는 중국 현대사에서의 마오쩌둥의 위치와 공헌에 관한 공식적인 평가를 자처한 것이며, 그것의 권위주의적 어투는 마오쩌둥에 관한 중국의 대중적, 학문적 인식에 상당한 영향력을 행사하였다. 그리고 그러한 영향력

---

2 E. H. Carr, *What Is History?* (Harmondsworth: Penguin Books, 1964), p. 8.

3 *Resolution on CPC History (1949-81)* (Beijing: Foreign Languages Press, 1981).

은 지금도 계속되고 있다고 할 수 있는데, 그것은 최근까지도 마오쩌둥에 대한 「결의」의 판단이 한 번도 부인되거나 수정된 적이 없다는 사실을 통해서도 알 수 있다. 더불어 우리는 포스트 마오쩌둥 시대의 이데올로기적 판단과 정치적 발전이 마오쩌둥에 대한 서구 학계의 평가에 분명한 영향을 끼쳤다는 점, 서구의 마오쩌둥 전문가들 역시 다른 영역의 학자들과 같은 정도로 그러한 변화에 상당한 영향을 받을 수밖에 없었다는 사실을 기억해야 한다. 우리가 그것을 의식하든 하지 않든 우리의 관점은 불가피하게 시대적, 정치적 고려에 의해 형성되며, 실상 마오쩌둥을 연구하는 학자들 역시 종종 그들의 판단이 마오쩌둥과 그의 사상에 대한 순전히 경험적인 재구축을 불가능하게 만드는 이론적 요소들로부터 자유로울 수 없다는 사실을 제대로 인식하지 못하고 있다는 점을 그들 스스로 드러내고 있다. 우리의 판단이 1981년의 「결의」보다 더 정확하다고 말할 수 있는 근거는 없다. 또한 「결의」가 정치적인 의미에서는 권위를 갖는다고 할 수 있지만, 그것이 마오쩌둥이라는 매우 논쟁적인 주제에 대해 최종적이고도 절대적인 해답을 내놓았다고 말할 수도 없다.

만약 마오쩌둥의 사상과 정치적 행보를 평가하려는 시도가 영원히 최종적일 수 없고, 수많은 외부적 요인에 의해 영향을 받을 수밖에 없는 것이라면, 이는 곧 마오쩌둥의 사상과 정치적 행보에 관한 더욱 첨예한 인식과 그것에 대한 해석을 촉발하고 뒷받침하는 가설들에 대한 더욱 솔직한 인정이 필요하다는 것을 의미한다. 이 장에서 논의하게 될 것처럼, 마오쩌둥에 대한 기존의 해석자들이 제시한 이론적, 가치론적 가설들—그들이 제기했거나 제기하지 않았던 문제들과 그들이 사용해 왔던 방법론들을 모두 포함해—

은 매우 다양하며 그들이 지금까지 도출해 낸 결론들에 상당한 영향을 끼쳐왔다. 그 진리와 정수에 대한 탐색에서 마오쩌둥은 마치 키메라(chimera)와 같은 존재라고 할 수 있는데, 오히려 마오쩌둥의 그러한 성격이 종종 그에 대한 판단의 신빙성을 높이는 작용을 하기도 한다. 1950년대 초반 이후의 마오쩌둥에 대한 학술적 연구는, 몇몇 예외적인 경우를 제외하고는, 대부분 마오쩌둥과 그의 사상을 분석하고 해석하면서 부딪히게 되는 이론적 문제들을 진지하게 고민하려 하지 않았다. 마오쩌둥에 관한 저작들은 검증되지 않았거나 충분히 검증되지 않은 수많은 가설을 포함하고 있으며, 이 불충분한 가설들이야말로 마오쩌둥의 사상을 탐색하기 전에 반드시 조사하고 비판해야 할 문제라고 해야 할 것이다. 본 장에서 나는 분명한 이론적 반성과 논쟁의 부재가 대부분의 경우 마오쩌둥 연구자들 사이에 매우 광범위하게 퍼져 있는 경험론적 방법론에서 비롯된 것이라고 주장할 것이다. 나는 또한 그러한 경험론에 내재되어 있는 가설들을 검토한 뒤, 그러한 가설들의 논리적 비일관성이 마오쩌둥과 그의 사상에 연관된 문제적 주장들을 신빙성 있는 사실로 둔갑시키고 있다고 주장하려 한다. 그리고 나는 마오쩌둥 연구에 내재된 다양한 문제를 검토함으로써 경험론적 연구의 문제점들을 비판할 것이다. 이러한 작업은 마오쩌둥의 텍스트들에 대한 '독해' 문제를 포함하는 것이며, 마오쩌둥의 인생과 사상에 대한 시기 구분 문제와 그의 사상을 담은 자료들의 확인에 관한 문제를 포함하는 것이다. 마오쩌둥 연구에 대한 이와 같은 비판적 검토로부터 드러나게 되는 것은 적용된 이론적 접근이 해석의 결과를 결정하게 된다는 사실을 사람들이 인정하려 하지 않는다는 점이다. 사람들은 마치 '사실'이 스스로 말하는 것인 양 생각한다. 이 때문에 마오쩌둥을 연구하는 학자의 임무는 공정한 태도로 '사실'을 관찰하고 기록하는 것이라고 생각한다. 하지만 이것은 불가능하며, 이는 오히려 마오쩌둥 연구에서 이론적인 자기 인식이 필수적이고, 분석을 뒷받침하는 가치와 가정들에 대한 좀 더 솔직한 비판이 필요함을 의미하는 것이다. 또한 마오쩌둥에 대한 역사적 평가는 말할 것도 없거니와, 그에 관한 모종의 결론이 절대적 진리일 수 없음을 인정하는 것 역시 필요하다. 그러한 결론들은 이론의 산물이며, 가정과 가치들 그리고 관찰자의 일시적 관점에 의해 형성된 것이라는 점을 인정해야 하는 것이다.

경험론: 설명과 비판

극소의 입자에 관한 것이든 마오쩌둥의 사유에 관한 것이든, 지식 창조에 관한 모든 시도를 떠받치고 있는 것은 사유와 사유의 대상 사이의 관계에 대한 가설들이다.[4] 서구의 지적 전통 속에 깊이 뿌리 내리고 있는 인식론의 문제는 지식이 형성되는 과정 자체를 정식화하려는 시도를 내포하고 있다. '지식'은 비단 현실을 정확하게 묘사할 뿐만 아니라, 보편적으로 사실로서 받아들여지는 현실에 대한 명제를 의미한다. 이러한 목적을 추구하기 위해 인식론은 두 영역 사이의 구분과 호응이라는 측면에서 사유와 대상 사이의 관계

---

4 패러다임에 관한 이와 같은 비판적 관점은 Barry Hindess and Paul Hirst의 *Mode of Production and Social Formation: An AutoCritique of Pre-Capitalist Modes of Production* (London: Macmillan, 1977); Barry Hindess and Paul Hirst, *Pre-Capitalist Modes of Production* (London: Routledge & Kegan Paul, 1975); Barry Hindess, *Philosophy and Methodology of the Social Sciences* (Sussex: Harvester, 1977)의 논의에 의지하고 있다.

를 구축한다. 첫 번째 영역은 사유의 영역으로서, 현실성이라는 영역과 구분 및 분리되어 있다. 두 번째 영역은 사유 속의 표상에 합당한 방식으로 구축되어 있는(혹은 그렇게 가정된) 대상의 영역이다. 결론적으로 말해 인식론의 목적은 사유와 현실성 사이에는 구분이 존재하지만, 두 영역 사이의 호응관계가 어떻게 완성되어 사유가 그 대상의 완벽한 반영을 구축하는지를 보여주는 것이라고 할 수 있다.

인식론은 사유와 현실성이라는 두 영역의 호응관계를 밝혀내기 위해 서로 다른 두 가지 방법론을 사용한다. 첫 번째 것은 인간 주체의 경험을 근본적인 것으로 설정해 사유가 지식을 구축할 수 있다는 것에 반대하는 방법론이다. 두 번째 것은 사유와 대상에 관한 개념이자 관계인 이성을 지식이 형성되는 매개체로 설정하는 것이다. 경험론으로 알려진 전자의 방법론이 바로 본 장의 중심 주제라고 할 수 있으며, 관념론으로 알려진 후자의 방법론은 마오쩌 등에 관한 연구에서 희미한 위치를 차지하고 있을 뿐이었다.

경험론에서 사유와 그 대상의 호응관계를 완성하고, 그렇게 함으로써 지식을 형성하는 것은 인식 주체의 경험이다. 배리 힌데스(Barry Hindess)와 폴 허스트(Paul Hirst)가 언급한 것처럼, 경험론적 인식론에 있어 지식은 "인간 주체의 경험에 무엇이 주어져 있는가를 설정하는 기초적인 진술에 관한 평가로 환원될 수 있거나, 혹은 더 일반적으로 말해, 요약될 수 있는 것으로 생각된다."[5] 감각적 정보와 관찰의 결과들은 대부분 지식에 관한 명백한 기초로 설정되는데, 왜냐하면 그러한 것들이 경험이 지식의 생산을 위해 제공하

---

5 Hindess and Hirst, *Mode of Production and Social Formation*, 10. 강조는 원문.

는 원재료(raw material)—대개 관찰 진술(observation statement)의 형식으로 표현되는—를 만들어내는 형식이 되어주기 때문이다. 인간 주체의 경험은 무엇이 지식을 구축하는지를 판결하는 최후의 법정이다. 세계에 관한 지식은 경험 주체를 경유한 현실성에 관한 사실들로부터 도출되며, 또 그러한 사실에 대비하여 타당성 여부가 가려진다. 이러한 관점에 따르면 현실성이라는 것은 오직 경험이라는 매개체를 통해서만 접근하고 인식할 수 있는 중립적이면서도 보편적인 영역으로 여겨진다.

사유가 지식을 결정할 수 있다는 생각에 반대해 경험을 우선적인 위치에 놓는 경험론적 방법론은 경험을 경유한 현실성에 대한 관찰이 관찰자의 선입견과 가치에 의해 오염되지 않는 방식으로 진행될 수 있다는 전제를 내포하고 있다. 만약 그렇지 않다면 지식의 기초로서 경험이 갖는 권위는 침해될 수밖에 없는데, 그러한 경우 경험이 중립적인 매개체가 되기는커녕, 세계에 관한 관찰자의 가정들에 의해 형성될 가능성이 생겨나기 때문이다. 이것이 바로 카를 포퍼(Karl Popper)가 정교화한 실증주의 비판(관찰에 근거한 경험론적 방법론)이다.[6] 포퍼는 현실성에 대한 관찰이 가치중립적이거나 탈이론적일 수 없다고 주장했다. 왜냐하면 이론의 지도적 작용(질문, 가설, 선입견, 심지어 추측까지도)이 없다면 인간 주체는 어떻게 관찰할 것인지는 물론이거니와 무엇을 관찰해야 할지도 알 수 없기 때문이다. '현실성'(혹은 '사실')과 경험 모두 그 자체로는 이러한 문제에 대답할 수 없다. 오직 이론만이 그러한 문제에 대답할 수 있는 것이다. 막스 베버(Max Weber) 역시 이와 유사한 주장을 제기

---

6 Karl R. Popper, *The Logic of Scientific Discovery* (London: Hutchinson, 1972), 27~111.

했는데, 그에 따르면 "세계가 진행되는 과정의 의미 없는 무한성"
은 현실성 자체가 아닌 관찰자의 문화로부터 도출되는 선택에 관
한 특정한 기준을 요구한다. 이것은 곧 "문화적 현실성에 관한 모
든 지식이 특정한 관점에 근거한 지식임"을 확언하는 것에 다름 아
니다. 사회과학자의 관점이 "'사실 그 자체'로부터 곧바로 도출될
수 있다"고 가정하는 것은 "순진한 자기 기만"이다.[7] 결국 모든 관
찰은 이론에 의존적일 수밖에 없는 것이다. 때문에 경험론은 지식
의 생산과정에 관한 비논리적이고 오도된 설명을 내놓는 것이라고
할 수 있다.

포퍼의 비판이 실증주의의 대략적인 형식에 중요한 수정을 가
한 것은 맞지만, 그에 대한 비판자들은 포퍼의 과학철학에서 중심
적 위치를 차지하고 있는 반증법(反證法) 역시 그가 비판한 실증주
의적 방법론과 동일한 문제를 내포하고 있다고 주장했다.[8] 그것은
포퍼가 어떤 이론이 현실성에 관한 '사실들'과의 대비를 통해 확정
(confirm)될 수는 없지만, 그렇게 함으로써 반증(falsify)될 수 있다
고 주장했기 때문이다. 결국 그의 인식론은 뒷문을 통해 다시 실증
주의를 불러들인 것에 불과하다. 왜냐하면 사실에 대한 이론적으
로 중립적인 요구를 통해 특정 이론의 오류를 증명해 낼 수 있다고
가정하고 있기 때문이다. 하지만 이론들에 대한 검증—즉 그 이론
들이 정확한지 오류인지를 확인하는 것—역시 이론에 의존하고 있

---

7 Max Weber, *The Methodology of the Social Science* (New York: The Free Press, 1949), 80~82.

8 이에 대해서는 Peter Halfpenny, *Positivism and Sociology: Explaining Social Life* (London: Allen & Unwin, 1982), 114~17과 A. F. Chalmers, *What Is This Thing Called Science?* (St. Lucia: University of Queensland Press, 1982, second ed.), 60~76, 그리고 Hindess, *Philosophy and Methodology of the Social Sciences*를 볼 것.

는 관찰에 기댈 수밖에 없다. 포퍼 자신이 효과적으로 증명한 것처럼, 관찰자의 방법론이 귀납적인지 연역적인지와 관계없이, 관찰자가 특정 이론의 타당성을 증명하는지 혹은 그 오류를 밝혀내는지와 상관없이, 관찰자가 본질적으로 이론에 의존적일 수밖에 없다는 딜레마를 피할 수 있는 방법은 존재하지 않는다. 특정 이론에 대한 검증은 오직 이론 자체의 가정들을 경유해서만 진행될 수 있으며, 이는 곧 그러한 검증이 추론의 순환적, 자기-참조적(self-referential) 형식을 내포함을 의미하는 것이며, 그 추론 역시 이론의 경험적 타당성에 관한 독립적이고 비(非)이론적 확증이라고 받아들여질 수는 없는 것이다.

이것이 바로 힌데스와 허스트로 하여금 인식론을 거부하게 한 순환 논증이다. 그들은 인식론이 독립적인 검증이 면제된 권위적인 가설에 호소하지 않고서는 사유와 그 대상 사이의 호응관계를 증명해 낼 수 없다고 주장한다. 경험론적 인식론에서 이는 곧 지식이 만들어지는 중립적 매개체로서의 경험에 대한 의존을 내포하는 것이라고 할 수 있다. 하지만 지식을 만들어내는 경험의 확증된 능력은 불가피하게 경험 자체에 대한 의존을 포함할 수밖에 없다. "나는 경험이 지식을 만들어낸다는 것을 안다. 왜냐하면 지식이 나에게 그렇다고 말해주기 때문이다." 힌데스와 허스트가 지적한 것처럼 "모든 경험론적 개념의 순환성과 궁극적 교조주의는 부정할 수 없는 것이다. 왜냐하면 자신 스스로 권위적인 것으로 자처하는 담론 형식을 통하지 않고서는 이러저러한 담론의 형식들이 진정으로 권위적인지를 밝혀낼 수 없기 때문이다."[9]

---

9 Hindess and Hirst, *Mode of Production and Social Formation*, 13~14.

인식론에 대한 거부가 초래하는 중요한 결과는 '보편타당한 지식'의 포기다. 객관적이고 보편적으로 받아들여지는 지식을 창조할 수 있는 인식론에 의해 뒷받침되는 과학의 통일된 영역 대신, 다양한 방식으로 이론적 가설들을 설정하고, 선택의 기준을 정하며, 각종 증거를 수집하고, 방법론적 질서를 구축할 수 있게 된다. 담론이 만들어내는 것은 '보편타당한 지식'이 아니다. 특정한 가설들은 특정한 담론에 대해서만 타당할 뿐이며, 여타의 담론들은 그러한 가설들을 받아들이지 않기 때문이다. 특정한 담론이 도달할 수 있는 결론은 주장 혹은 예측으로 받아들여질 수 있을 뿐이고, 객관적인 의미의 '지식'이 될 수는 없다. 이러한 관점에 근거하여 힌데스와 허스트는 경쟁 담론의 결론에 대한 비판은 교조적이며 본질적으로 쓸모없는 일이라고 주장한다. 왜냐하면 그러한 경쟁 담론에 대한 비판이 포함하고 있는 것은 경쟁 담론에 의해 유효한 것으로 받아들여지지 않는 이론적 가설들의 동원을 포함하고 있기 때문이다. 그러한 비판은 필연적으로 반대되는 담론에 의해 인정받지 못하는, 주관적으로 가정된 경험적 현실들에 호소하고 있으며, 그러한 주관적으로 가정된 경험적 현실은 담론에 의해 그리고 담론 안에서 구축된 담론의 대상에 불과하다. 경쟁하는 담론들 사이에서 무엇이 타당한 것인지 판단하는 데 직접 적용할 수 있는 보편적이고 중립적이며 극도로 산만한 경험적 영역(보편적 현실)은 존재하지 않는다. 힌데스와 허스트가 주장한 것처럼 "담론의 타당성을 검증하는 데서 (인식론적 개념이 없는 상태에서) 담론 **바깥**에 존재하는 대상을 참조하는 것은 더 이상 가능하지 않다."[10]

---

[10] 같은 책, 19. 강조는 원문.

마오쩌둥에 대한 연구, 특히 그의 사상에 대한 비판에서 이와 같은 비논리적인 경험적 연구방법의 영향이 두드러지게 나타난다. 예컨대 스튜어트 슈람(Stuart Schram)은 마오쩌둥에 관한 자신의 방대한 저술에서 '증거', '사실들', '분명한 사실들', '마오의 저술들'을 강조하고 있는데, 그는 마치 이러한 것들이 마오쩌둥 연구자가 경험이라는 매개를 통해 별 문제 없이 인식할 수 있는 중립적인 영역을 구성하는 것으로 생각하고 있다.[11] 그는 개인적 관찰[12]에 의존하고 있으며 '사실들에 관한 객관적 조사'를 마오쩌둥 연구의 인식론적 기초로 제안하고 있다.[13] 슈람은 자신이 관찰을 위해 선택한 '사실들'이 담론 안에서 구축된 것이며 그것으로부터 독립해서는 존재할 수 없다는 생각을 하지 못하고 있다. 그는 또한 그가 '객관적인' 관찰을 위해 강요하고 있는 '사실들'이 실상 자신 스스로 중요하다고 생각해 선택한 것에 불과하고, 다른 연구자들은 슈람이 제시한 '사실들'과는 전혀 무관한 다른 문제와 가정에 근거해 마오쩌둥 연구에 접근할 수도 있다는 사실을 인식하지 못하고 있다.

뒤에서 확인하게 될 것처럼, 순진한 경험주의라는 미명 하에 진행된 수많은 마오쩌둥의 사상에 관한 연구들이 보여주고 있듯 우리는 마오쩌둥 연구에 관한 영역에서 위와 같은 유형의 경험론

방법론의 문제 I : 마오쩌둥과 그의 텍스트들에 대한 재고찰

---

11 이에 대해서는 Stuart R. Schram, "The Marxist", *Mao Tse-tung in the Scales of History*, ed. Dick Wilson (Cambridge: Cambridge University Press, 1977), 35; Stuart R. Schram, "Mao Studies: Retrospect and prospect", *China Quarterly* 97 (March 1984): 122, 125; Stuart R. Schram, "Some Reflections on the Pfeffer-Walder 'Revolution' in China Studies," *Modern China* 3, no. 2 (April 1977): 171~72를 보라.

12 Stuart R. Schram, *Mao Zedong: A Preliminary Reassessment* (Hong Kong: The Chinese University Press, 1983), 76.

13 Stuart R. Schram, *The Political Thought of Mao Tse-tung* (Harmondsworth: Penguin, 1969, revised ed.), 73.

적 연구방법의 부적절함을 매우 쉽게 확인할 수 있다. 이는 마오쩌둥 연구의 영역에서 다음과 같은 부정적인 결과들을 초래하고 있다. 첫째, 마오쩌둥 사상에 대한 분석이 '사실들에 대한 객관적 조사'를 통해 진행될 수 있으며, 또한 그렇게 되어야 한다고 주장하는 그릇된 이해방식은 지난 시간 동안 분석의 방향을 인도해 온 이론적 전제들의 정교화와 탐색을 불필요한 것으로 만들어버렸다. 만약 마오쩌둥 연구자가 '사실들'에 직접 접근할 수 있다면, 마오쩌둥 사상에 대한 객관적인 설명을 제공하는 연구과정 자체는 이론과의 연관성을 전혀 갖지 않는다는 말인가? 또한 왜 특정한 접근방식이 채택되고 다른 방식은 채택되지 않는지에 대해 시간을 들여 고민하는 것은 아무런 필요가 없다는 말인가? 이에 대한 (경험론의 - 옮긴이) 대답은 이론은 아무런 상관이 없다는 것이다. 다시 말해 어떤 분석의 방향을 결정짓는 관점과 가정에 관한 명확한 설명이 불필요하다는 것이다. 지금까지 마오쩌둥 연구에서 경험론적 접근방식의 첫 번째 결과는 결국 해당 영역에서의 이론의 빈곤이었다. 둘째, 마오쩌둥 사상에 대한 특정한 독해방식 안에 내포되어 있는 이론적 가정들을 인지하고 세공하지 못함으로써 특정한 방식의 해석을 교조적으로 옹호하고, 마찬가지로 경쟁관계에 있는 해석들을 교조적으로 공격하는 결과를 초래하게 되었다. 결국 만약 어느 특정한 마오쩌둥 연구자의 경험이 마오쩌둥 사상에 관한 지식을 결정하는 권위적인 매개가 된다면, 여타의 해석들은 어떻게 자신의 타당성을 주장할 수 있다는 말인가? 립 벌켈리(Rip Bulkeley)가 마오쩌둥의 인식론에 관한 비판에서 지적한 것처럼, 경험론은 "왜 어떤 사람들의 경험이 다른 사람들의 경험보다 선호되는지에 대해서는 전혀 설명할 수 없다."[14] 이러한 딜레마를 피해가기 위해 마오쩌둥 연구자들은 자신들의 해석의 유효성을 교조적으로 반복해 왔고, 대립되는 관점들에 의해 받아들여지지 않는 이론적 가설들에 근거해 경쟁관계에 있는 다른 해석들을 비판해 왔다. 이러한 접근방식의 자기 참조적 성격은 분명하며, 그 교조주의적인 성격 역시 그러하다. 결국 "마오쩌둥 사상에 대한 당신의 해석은 틀렸다. 왜냐하면 당신의 해석은 나의 가설들과 일치하지 않기 때문이다. 하지만 나의 해석은 가설들과 일치한다. 때문에 나는 맞고 당신은 틀렸다."라는 결론이 도출되는 것이다.

지난 반세기 동안 지속된 해당 연구영역의 증거를 둘러싼 논쟁들은 결국 서로 일치하지 않는, 세공되지 못한 혹은 대체적으로 세공되지 못한 이론적 가설들을 포함하고 있는 경쟁 담론들 사이의 다툼이었다고 요약될 수 있을 것이다. 어떤 특정한 담론이 다른 담론들을 완벽하게 압도하는 것은 가능하지 않다. 특정한 관점에 대한 인정과 여타 관점에 대한 거부를 공정하게 결정하는 중립적이고도 보편적인 영역은 존재할 수 없기 때문이다. 그런데도 경험론에 입각한 비논리적이고도 자기 참조적인 인식론에 관한 불필요한 주장들이 지속적으로 만들어지고 있다. 그 결과 얼굴을 붉힌 교수들이 스스로 고립된 채 매우 악의적인 농담을 통해 서로를 향해 '사실들'을 내던지는 상황은 정말 난감하기 그지없다. '진실'을 향해 나아가기보다는 순환논리와 교조적인 주장을 답습하는 것이 바로 이러한 상황을 보여주고 있다. 인식론이 초래한 고립을 새롭게 교정하는 방법은 특정한 관점이 분석을 결정한다는 점을 인정하는 것이다. 또한 이론적 가정들에 대한 세공이 분석의 근거가 된다는

---

14 Rip Bulkeley, "On 'On Practice'," *Radical Philosophy* 18 (Autumn 1977), 7.

것 그리고 비판과 재비판의 한계를 인식하는 것 역시 인식론이 초래한 고립을 새롭게 교정하는 방법이 될 것이다.

마오쩌둥의 텍스트들: 독자의 역할

마오쩌둥 연구에서 경험론의 영향이 가장 분명하게 드러나는 징후들 중 하나는 특정한 해석의 객관적 유효성을 담보하기 위해 마오쩌둥의 텍스트를 그 증거로 내세우는 것이다. 이러한 성향의 연구들은 마오쩌둥의 텍스트를 단지 저자의 의도를 일방적으로 독자에게 전달하는 중립적인 매개체처럼 취급한다. 그리고 텍스트의 메시지를 수동적으로 수용하는 독자는 독해를 통해 자동적으로 드러나게 될 텍스트의 의미를 그저 읽을(혹은 '경험할') 뿐이다. 루이 알튀세르(Louis Althusser)는 독해라는 개념(그의 경우에는 마르크스 독해)에 내재되어 있는 몇 가지 초보적인 오류를 식별해 낸 바 있다.[15] 첫 번째 오류는 텍스트의 표면적 메시지에 대한 축자적(逐字的) 독해가 저자의 의도를 드러내는 데 충분하다는 가설이다. 알튀세르의 주장에 따르면, 이러한 가설은 모종의 텍스트가 서로 다른 여러 층위의 의미에 의해 복잡하게 구조화되어 있다는 것을 인지하지 못한다. 오직 텍스트의 표면적인 의미에만 주목하는 경험론적 독자는 텍스트 속에 존재하는 다층적인 의미의 구조를 알아차릴 수 없는 것이다. 두 번째 오류는 복합적인 텍스트를 모종의 '정수(essence)'로 환원시키는 것이다. 이와 같은 경험론적 독해의 근본적인 동기

---

15 Louis Althusser and Étienne Balibar, *Reading Capital*, translated by Ben Brewster (London: NLB, 1970), 13~34.

가 되는 것은 독자의 경험에 접근할 수 있는 지식의 대상('사실들')을 구축할 필요성이다. 그러한 필요성에 의해 텍스트는 저자의 의도를 담고 있는 통일된 장으로 인식되며, 그 메시지 역시 확정적인 방식으로 도출될 수 있는 것이 된다. 그 결과 텍스트가 내재하고 있는 모순들과 빈칸들은 얼버무려지거나 지워져버리고 만다. 알튀세르는 이와 같은 경험론적 독해전략의 두 가지 측면이 비논리적이며 비과학적이라고 주장한다. 경험론적 독해는 독자와 텍스트 사이에 작동하는 상호관계를 인지하지 못한다. 독자는 결코 텍스트의 메시지를 수동적으로 받아들이는 존재가 아니다. 독자는 차라리 독자 자신의 관점으로부터 텍스트가 가진 상호작용의 가능성을 끌어들인다. 또한 독자는 텍스트로부터 의미를 추출해 내는 능동적인 주체이다. 따라서 읽는다는 것은 독자가 텍스트에 대한 초보적 독해를 넘어 텍스트의 더 깊은 의미를 엄밀하게 검토하게 되는 일련의 과정이다. 더군다나 텍스트 속에서 '정수 중의 정수(essential essence)'를 찾아내려는 시도는 텍스트의 의미에 대한 과학적 재현이라고 할 수 있을 것인데, 그것은 텍스트 속에서 작동하고 있는 문제점을 식별해 내는 데서 중심적인 위치를 차지하는 모순들과 빈칸들을 찾아내야 할 필요성을 알아채지 못하게 한다.

이 때문에 알튀세르는 텍스트에 대한 경험론적 독해에 반대한다. 그의 주장에 따르면 마르크스의 『자본』에 대한 과학적 독해는 오직 이성주의적 인식론의 가정 위에서만 가능하다. 하지만 이러한 독해전략(명확하게 증명된 것이라기보다는 주관적으로 단언된)은 몇 가지 중요한 문제에서 동요하게 된다. 첫 번째 문제점은 이성주의적 독해전략이 이성주의에 기댄 것이며, 결국 모든 인식론을 괴롭히는 순환논증이라는 본래적 문제에 굴복할 수밖에 없다는 것이다. 이성주의의 경우, 이성은 지식에 관한 모종의 주장을 측정하는 권위적 영역이다. 특정한 독해가 과학적인지 그렇지 않은지에 대한 판단을 참조해, 개념에 관한 권위적 영역은 일종의 기준점이 된다. 하지만 경험론의 경험에 대한 의존과 마찬가지로, 이성주의의 이성에 대한 의존 역시 자기 참조적인 논리적 추론을 만들어내고 만다. 이성 자체에 대한 호소 없이는 이성의 객관적 유효성이란 존재할 수 없게 되는 것이다.[16] 두 번째 문제점은 알튀세르가 어떤 특징을 가진 구조로서 텍스트에 접근하고 있다는 점이다. 그의 독해전략에 따르면 올바른 식별과정을 통해 그 텍스트의 문제점과 의미를 밝혀낼 수 있다. 이러한 접근방식은 클로드 레비-스트로스(Claude Levi-Strauss)의 구조주의적 전통에 근거한 것으로, 레비-스트로스는 텍스트를 "반드시 분석적으로 고립되어야만 하는 분명한 속성들을 가진 대상"으로 제시한다. 텍스트는 "그러한 속성들에 근거해 온전히 정의될 수 있고…… 한 번 창조된 이후에는, 말하자면 크리스털과도 같은 완고함을 지니게 된 대상"[17]이라고 할 수 있다. 실상 텍스트를 구조로서 파악하는 개념은 알튀세르가 설득력 있게 제시한 독자의 역동적 역할이라는 관점을 침식하는 것이다. 왜냐하면 그것은 텍스트의 속성들에 대한 인정과 이해라는 전제를 독자 앞에 놓는 것이며, 또한 그 속성들은 독자에 의해 발견되기를 기다리고 있는 것이 되기 때문이다. 하지만 텍스트의 '분명한 속성들'을 식별하고 나열하기 위한 독해전략은 오직 순환적이고 자기 참조적이며

16 Hindess and Hirst, *Mode of Production and Social Formation*을 볼 것.

17 Umberto Eco, *The Role of the Reader: Explorations in the Semiotics of Texts* (Bloomington and London: Indiana University Press, 1979), 4에서 재인용.

교조적인 인식론적 추론에 의해서만 구축될 수 있는 것이다.

독해에 대한 경험론적, 이성주의적-구조주의적 관념에 맞서 우리는 텍스트로부터 추출된 의미가 독자의 담론에 의존한다는 관점을 내세워야 한다. 이러한 관점에 의해 독해라는 행위는 저자의 의도를 정확하게 이해하는 것에 대한 요구이기를 그치게 된다. 그것은 독자가 텍스트에 대한 이해를 위해 자신의 패러다임을 부과하는 과정이며, 이러한 과정을 통해 텍스트는 활성화되고 의미가 만들어지게 되는 것이다. 또한 독자는 저자의 메시지를 수동적으로 받아들이는 수신자가 아니라 독해과정의 능동적이고 역동적인 주체가 된다. 그리고 결과적으로는 텍스트가 만들어내는 다중적인 함의를 구상하는 것이 가능해지고, 그 각각의 구상은 또한 이해를 위한 독자의 패러다임으로서 기능하게 되는 것이다. 움베르토 에코(Umberto Eco)가 주장한 것처럼, "텍스트는 다중적인 (그리고 궁극적으로는 무한한) 독해방식과 해석을 만들어내고 있고 또 만들어낼 수 있다."[18] 그러므로 독해에 대한 경험론적 개념은 텍스트로부터 의미가 추출되어 나오는 과정에 대해 상당한 오해를 불러일으킨다고 해야 할 것이다.

정보 이론가들이 제시한 표준 의사소통 모델(발신자-메시지-수신자라는 과정 속에서 메시지는 양극을 담당하는 발신자와 수신자가 모두 공유하는 코드에 기초하여 해독된다.)이 의사소통적 상호작용의 실제적인 기능을 묘사하는 것은 아니다. 다양한 코드와 서브 코드의 존재, 메시지가 발신되는 사회문화적 환

---

[18] Umberto Eco, *Semiotics and the Philosophy of Language* (Bloomington and London: Indiana University Press, 1979), 4.

경의 다양성(그러한 환경 안에서 수신자의 코드는 발신자의 그것과 다를 수 있다.), 예상과 추론을 만드는 과정에서 수신자가 만들어내는 능동성의 비율—이 모든 것이 텅 빈 형식의 정보를 만들어내고, 가능한 여러 가지 의미들이 그러한 텅 빈 형식의 정보로 귀결되는 것이다.[19]

에코는 또한 어떤 텍스트로부터 의미를 이끌어내는 데서 독자의 이데올로기적 관점을 중요한 요소로 제시한다. 이러한 사정은 "(독자가) 그것을 알아채지 못하는 상황에서도, 그의 이데올로기적 편견이 가치론적 대립의 매우 단순화된 체계인 상황에서도 그러하다." 이는 곧 "텍스트가 내함하고 있는 이데올로기적 구조의 윤곽선이 독자의 이데올로기적 편견에 의해 결정된다는 것을 의미할 뿐만 아니라, 주어진 이데올로기적 배경이 텍스트의 이데올로기적 구조를 발견할 수도, 무시할 수도 있게 한다는 것을 의미한다."[20]

'이데올로기적 편견'이 독해의 본성을 결정한다—즉 무엇이 보이고 무엇이 안 보이는지—는 관념은 마오쩌둥 연구 영역에 대한 방법론적 비판의 맥락에서 분명 유용하다. 이러한 관점으로부터 마오쩌둥 연구자들이 치켜세워 온 이해(Verstehen)라는 기치가 실상 분석의 이데올로기적 편향성을 감추고 도출된 결론의 타당성을 강화하기 위한, 의도가 뻔히 보이는 시도였음이 드러난다.[21] 마오쩌둥

---

19 Eco, *The Role of the Reader*, 5.

20 같은 책, 22.

21 Schram, *The Political Thought of Mao Tse-tung*, 73; Benjamin Schwartz, "A Personal View of Some Thoughts of Mao Tse-tung," in *Ideology and Politics in Contemporary China*, ed. Chalmers Johnson (Seattle and London: University of Washington Press, 1973), 352~53; and Benjamin Schwartz, "Presidential Address: Area Studies as a Critical Discipline," *Journal of Asian Studies* 40, no. 1 (November 1980): 15~25.

의 텍스트에 관한 객관적이고 이데올로기적으로 중립적인 독해란 없으며 있을 수도 없다. 마오쩌둥의 사상에 대한 해석이라는 매우 정치적 색채가 짙은 작업에 '사실들에 관한 객관적 조사'를 요구하는 것은 어리석은 짓이거나 의도적인 곡해라고 해야 할 것이다. 객관성을 불필요하게 또 의도적으로 장려하는 것보다는 차라리 독해—이데올로기적 관점을 포함하여—를 떠받치는 담론적 가설들을 허용하고 정교화하는 것이 새롭고 긍정적인 발걸음을 만들어낼 수 있다. 왜냐하면 어떤 문제를 설정하고, 여타의 다른 문제들을 무시하면서 마오쩌둥의 텍스트들 중 어떤 부분을 유효한 해석을 위한 증거로 삼을 것인지 결정하는 것은 결국 마오쩌둥을 연구하는 연구자의 이론적 패러다임이기 때문이다. 이러한 이론적 가설의 중요성을 보여주는 가장 전형적인 사례로서 마오쩌둥을 농민혁명가로 묘사하는 몇몇 연구자의 주장을 제시할 수 있을 것이다. 이러한 주장의 증거들은 마오쩌둥의 텍스트에서 수집한 것인데, 실상 그러한 증거들과 상충되는 여타의 증거는 무시된 것이다. 그리고 이와 같은 특정한 방식의 '독해'는 결국 마오쩌둥의 마르크스주의가 갖는 이단적 성격을 확인하려는 목적을 가지고 있다. 4장에서 논의하겠지만, 이와는 다른 해석을 뒷받침하는 수많은 증거가 존재한다. 그렇다면 이러한 증거는 왜 무시되었는가? 그것은 비록 마오쩌둥이 단순히 농민혁명가만은 아니었음이 그의 텍스트를 통해 (최소한 나에게는) 분명하게 드러나는데도 마오쩌둥 연구자들의 '이데올로기적 배경'이 그러한 증거를 무시하게 했기 때문이다. 하지만 나의 '이데올로기적 배경'은 그들과 다르다. 이 때문에 마오쩌둥의 사상에 대한 나의 독해와 탐구 역시 결과적으로 그들과는 다르다.

마오쩌둥 사상의 영향: 계보학의 문제

롤런드 루(Roland Lew)는 마오쩌둥과 그의 사상이 내함하고 있는 지적, 문화적 자원을 식별해 내는 데서의 문제점을 적절하게 지적해 낸 바 있다. "마오쩌둥은 농민의 아들로서 처음에는 중국 사상의 영향을, 나중에는 서구 사상의 영향을 받았고, 프롤레타리아 정당의 마르크스주의 당원으로서 오직 농민만을 상대했지만 그것은 프롤레타리아라는 대전제 하에서 수행한 것이었다. 마오쩌둥의 내면에 존재하고 있는 복잡한 '세계관'은 이처럼 다양한 영향의 산물이다."[22] 마오쩌둥 사상에 스며들어 있을 것으로 추정되는 사상적 자원들은 분명 매우 다양하다. 그리고 그러한 자원들은 오랜 시간동안 다양한 방식으로 혼합되었다. 이 때문에 무엇이 마오쩌둥을 특정한 방식으로 생각하고 행동하게 했는가에 대한 수많은 해석 방식이 존재할 수 있게 된 것이다. 마오쩌둥은 중국의 전통과 어린 시절의 사회화 과정 그리고 공식적 교육의 화신인가? 또한 마오쩌둥이 경험한 당시 중국의 현실이 그의 사상적 성장과 실제 행동에 근본적인 영향을 미치고 있었는가? 혹은 마르크스주의자로 자처한 마오쩌둥에게 마르크스주의는 오히려 중국의 문화적, 역사적 전통에 대한 뿌리 깊은 그의 애착을 덮는 얇은 막에 불과했던 것인가? 반대로 마오쩌둥이 우선적으로 유럽적 이데올로기에 그 뿌리를 내리고 있는 마르크스주의의 영향을 받았으므로 그의 사상과 행동은 결국 그러한 사상적 전통의 관념과 사유방식에 대한 참조를 통해 설명될 수 있는 것일까? 마오쩌둥 사상은 중국과 마르크스주의 전

---

22 Roland Lew, "Maoism and the Chinese Revolution," *Socialist Register* (1975): 135.

통의 종합일까? 만약 그렇다면 그 둘의 상호 연관관계는 무엇이란 말인가?

일반적으로 마오쩌둥 연구자들은 마오쩌둥을 중국적 전통과 마르크스주의적 전통의 종합물로 보는 관점을 선택해 왔다. 하지만 이것이 그 양자 사이의 상호관계에 관한 모종의 합의가 있었음을 의미하는 것은 아니며, 이는 종합적인 접근방식을 채택해 온 마오쩌둥 연구자들 사이에도 상당히 다양한 이론적 접근방식이 존재하고 있음을 의미하는 것이다. 마오쩌둥 철학의 기원 문제를 출발점으로 삼아 몇몇 연구 성과를 살펴보도록 하자. 마오쩌둥의 유물변증법을 분석하면서 브세볼로트 홀루브니치(Vsevolod Holubnychy)는 마오쩌둥이 중국과 마르크스주의의 지적 전통에서 영감을 끌어내고 있으며, 철학에 대한 그의 저작들은 마르크스주의적 전통에 자리 잡고 있지만 중국 전통철학과도 연관관계를 맺고 있다고 주장한다.[23] 홀루브니치는 마오쩌둥이 주로 유가와 신유가의 저작, 스탈린과 레닌의 저작을 참조했음—하지만 마르크스와 엥겔스의 저술은 최소한으로 인용되고 있다—을 보여주는 마오쩌둥의 인용들을 경험주의적으로 분석함으로써 자신의 주장을 증명하려 한다.[24] 그는 또한 마오쩌둥과 관련된 중국과 서구의 평론들을 참조하고 있는데, 이 평론들은 마오쩌둥의 철학과 중국 전통철학의 관계에 대해 기록하고 있다.[25] 그의 연구에서 마오쩌둥의 철학적 사유의 기원은 결국 중국과 마르크스주의의 전통, 특히 스탈린주의적 변주 안

---

23 Vsevolod Holubnychy, "Mao Tse-tung's Materialist Dialectics," *China Quarterly* 19 (1964): 3~37.

24 상동, 16~17.

25 상동, 16과 본 논문의 주석 17, 18.

에서 논의되고 있지만, 중국 전통의 영향이 더욱 중요하게 다루어 지고 있다.[26]

존 콜러(John Koller)는 마오쩌둥의 철학적 사유를 마르크스주 의적 전통과 중국적 전통에 모두 근거해 이해해야 한다는 데 동의 한다. 하지만 마오쩌둥의 철학적 사유는 양자의 단순한 혼합 그 이 상이다. 그것은 차라리 '창조적인 종합'인 것이다.

> 마오주의적 사유(Maoist thought)는 마르크스주의를 중국적 토양으로 이식 하는 것, 혹은 중국의 전통 사유를 새로운 마르크스주의적 틀 안에 집어넣 어 수정하는 것 이상의 창조적인 참신함을 보여준다. 다른 한편으로 마오 수의적 사유는 분명 중국의 전통 사유와 마르크스주의라는 원초적 이데 올로기에 그 뿌리를 내리고 있으며, 그것의 독특함은 실상 중국의 전통 사 유와 마르크스-레닌주의 이데올로기의 창조적 종합으로부터 비롯된 것이 다.[27]

결국 콜러는 서로 이질적으로 보이는 지적 전통의 핵심 개념을 탐색함으로써 자신의 주장을 뒷받침하고 있는 셈이다. 이 때문에 그는 매우 자연스럽게 마오쩌둥이 중국의 전통 사유와 마르크스주 의 사이에 존재하는 친연성으로부터 '창조적인 종합'을 만들어내 기 위한 영감을 이끌어냈다는 결론을 도출해 내고 있는 것이다. 예 컨대 그는 "여기에서(마오쩌둥의 철학에서) 우리는 마르크스주의적

---

26 마오쩌둥 철학의 기원에 관한 중국 연구자들의 관점에 대해서는 Nick Knight ed., *The Philosophical Thought of Mao Zedong: Studies from China, 1981~1989* (Armonk, New York: M. E. Sharpe, *Chinese Studies in Philosophy*, 1992), 20~24.

27 John M. Koller, "Philosophical Aspects of Maoist Thought," *Studies in Soviet Thought* 14 (1974): 47.

변증법을 위한 중국 특유의 사상적 기초를 확인할 수 있다. 마르크스주의를 떠받치고 있는 '정-반-합'이라는 헤겔주의적 설명방식은 도가의 음양이론과 유사하다."[28]

반면 다른 학자들은 중국의 변증법과 마르크스주의의 변증법 사이에 존재하는 근원적인 긴장을 강조하기도 한다. 앞서 언급한 학자들이 양자 사이의 조화로운 통일을 강조한다면, 이들은 그들 사이의 투쟁과 충돌에 주목한다.[29] 두 전통의 관계에 대한 서로 다른 해석방식들은 마오쩌둥 사상에 들어 있는 '진정으로' 결정적인 요소들을 확정 지으려는 시도와 연관된 이론적 문제들을 재차 제기하게 되는데, 이는 마오쩌둥이 중국적 전통과 마르크스주의적 전통의 혼합물이라는 연구자들의 분명한 합의가 이러한 이론적 논쟁에 의해 깨져버리기 때문이다. 두 전통의 핵심 개념들, 혹은 그러한 개념들의 의미에 관한 일치된 의견이란 존재하지 않는다. 지적 전통이란 그것이 해석될 수 있는 다양한 잠재적 가능성만큼이나 폭넓고 다양한 것이기 때문이다.

프레더릭 웨이크먼 주니어(Frederic Wakeman Jr.)의 『의지와 역사: 마오쩌둥 사상의 철학적 관점들(*History and Will: Philosophical Perspectives of Mao Tse-tung's Thought*)』[30]은 위와 같은 딜레마에 대한 흥미로운 접근방식을 보여주고 있다. 웨이크먼은 마오쩌둥이 중국과 서구(마르크스주의와 비마르크스주의를 모두 포함한)의 지적 전통 모

---

28 상동, 53.

29 Steve S. K. Chin, *The Thought of Mao Tse-tung: Form and Content*, translated by Alfred H. Y. Lin (Hong Kong: Centre of Asian Studies Papers and Monographs, 1979), 209.

30 Frederic Wakeman Jr., *History and Will: Philosophical Perspectives on Mao Tse-tung's Thought* (Berkeley: University of California Press, 1973).

두로부터 영향을 받았으며, 마오쩌둥 스스로 자신의 사상이 발전하는 데 영향을 끼친 서구와 중국의 철학자들 모두에 대한 일련의 해석을 제시했다는 가설을 내놓았다. 예컨대 몇 명의 예만 들어보아도 왕부지(王夫之), 캉유웨이(康有爲), 칸트, 프리드리히 파울젠(Friedrich Paulsen), 그린(T. H. Green), 헤겔(G. W. F. Hegel) 등 서로 이질적인 사상가들이 마오쩌둥의 사상 속에 혼재해 있다. 그 결과 독자는 마오쩌둥의 철학적 사유의 근간을 이루는 지적 전통들의 조합에 관한 그 어떠한 모양의 몽타주도 그려낼 수가 있는 것이다. 하지만 또 다른 마오쩌둥 연구자들은 웨이크먼이 마오쩌둥 사상의 원류로서 위의 철학자들을 선택한 또 다른 이유가 있다고 생각하기도 하는데, 웨이크먼이 유물론적 전통에 뿌리를 내리고 있는 철학자들(특히 마르크스주의 철학자들)보다는 관념론적 철학자들—중국과 서구 모두 포함하여—에 주목하고 있기 때문이다.[31] 앤드루 왈더(Andrew Walder)는 웨이크먼이 마오쩌둥은 '의지주의자'이자 이상주의자라는 가정에서 출발하고 있으며, 이 때문에 웨이크먼의 목적이 관념론적 철학자들로부터 마오쩌둥 사상의 원천들을 찾아내는 것이라고 주장한 바 있다.[32]

스튜어트 슈람(Stuart Schram) 역시 마오쩌둥이 중국 전통사상과 마르크스주의 전통 모두로부터 영향을 받았다고 주장해 왔다. 하지만 마오쩌둥에 관한 그의 초기 연구에서부터 슈람은 마오쩌둥의 사상과 인격에 중국적 요소의 영향이 더욱 지배적이었다고 주장해

---

31 Andrew Walder, "Marxism, Maoism and Social Change," *Modern China* 3, no. 2 (April 1977): 105.

32 이에 대한 웨이크먼의 대답으로는 "A Response," *Modern China* 3, no. 2 (April 1977): 161~68을 볼 것.

오고 있다.

나는 중국과 서구의 사상적 요소들이 마오쩌둥의 사상과 행동 패턴에 중요한 영향을 끼쳐왔다는 생각을 제시한 바 있다. 그렇다면 중국의 요소들과 서구의 요소들 중 어떤 것이 그의 행동을 설명하는 가장 근본적인 요소일까라는 질문이 자연스럽게 따라 나오게 된다. … 실상 마오쩌둥의 사유를 형성하는 카테고리들이 기본적으로 마르크스주의적이라면, 가장 밑바닥의 감정은 여전히 중화민족적인 것에 매여 있다고 해야 할 것이다. 그리고 만약 마오쩌둥이 중국을 강력한 현대 민족국가로 바꾸기 위해 사회와 문화를 가장 빠른 시일 내에 바꾸려고 했다면, 그것은 무엇보다 마오쩌둥이 중국에게 본래의 위치를 되찾아주고 싶어했기 때문이다. 이러한 의미에서 마오쩌둥은 진정으로 '중국화된(sinified)' 마르크스주의자이다.[33]

마오쩌둥의 "가장 밑바닥의 감정은 여전히 중화민족적인 것에 매여 있다"라는 견해야말로 슈람이라는 영향력 있는 학자가 남긴, 많은 저술의 저변에 깔려 있는 대전제라고 해야 할 것이다. 그리고 이러한 대전제는 철학에 대한 마오쩌둥의 접근, 특히 마르크스주의와 그것의 '중국화' 문제가 중국의 문화적, 지적 전통에 깊이 뿌리 내리고 있다는 슈람의 기본적인 견해를 떠받치고 있다.[34] 그렇다면 슈람은 자신의 견해를 어떻게 입증하고 있는가? 슈람은 주로 마오쩌둥이 사용한 언어 스타일과 그것을 형성하고 있는 원재료를

---

33 Stuart R. Schram, "Chinese and Leninist Components in the Personality of Mao Tse-tung," *Asian Survey* Ⅲ, no. 6 (1963): 272~73.

34 실제로 슈람은 "어떤 이들은 내가 마오쩌둥과 그의 사상을 설명하는 데서 중국적 뿌리에 집착하고 있다고 여긴다."고 말한 바 있다. Stuart R. Schram, "Modernization and the Maoist vision," *Bulletin (International House of Japan)* 26 (1979): 15.

근거로 제시한다.[35] 마오쩌둥이 중국 인민들에게 쉽게 다가가기 위해 사용한 간단하고도 직접적인 글쓰기 방식, 그가 산문을 쓰고 담화를 나눌 때 사용한 중국 고전과 전통 민담에 대한 참조와 인용이 다음과 같은 사실을 위한 증거로서 사용되고 있는 것이다. 다시 말해 마오쩌둥의 의식적 지평이라고 할 수 있는 철학적, 정치적 문제들에 대한 접근방식과 의사소통 스타일 및 기술들이 상당 부분 중국 전통의 뿌리 깊고도 이국적인 토양에 의해 제한되면서도 그로부터 자양분을 얻고 있다는 것이다. 증거 선별의 기준을 이렇게 세우는 것이 위험한 까닭은 그러한 시각 자체가 이미 유럽 중심주의에 빠져 있기 때문이다. 다시 말해 유럽 중심주의적인 시각 속에서 중국인이 아닌 관찰자는 화려한 문장과 함축적인 경구로 이루어진 중국 언어의 고풍스런 성격 탓에, 중국어로 된 텍스트의 겉모습과 그것이 실제로 다루고 있는 내용을 혼동하게 되는 것이다.[36] 그러한 시각은 또한 마오쩌둥이 중국인이기 때문에 외국학자들보다 더 그의 문화적 전통(언어를 포함하는)에 구속되어 있다는 곤혹스런 견해를 도출하기도 한다.[37]

마오쩌둥 사상이 형성된 (좀 더 결과론적인 측면에서의) 중국의 정치적, 사회적 맥락을 동시에 강조하고 있는 슈람의 견해는 당시 중국의 현실에 맞지 않는 그 어떠한 형태의 사상도 문화적 적응이

35 Schram, *The Political Thought of Mao Tse-tung*, 112~16.

36 상동, 113.

37 이러한 견해에 대한 더 자세한 내용은 베르너 마이스너의 접근방식에 대한 나의 비판을 참조하라. 베르너 마이스너의 접근방식은 Werner Meissner, *Philosophy and Politics in China: The Controversy over Dialectical Materialism in the 1930s* (London: Hurst and Co., 1990), in Nick Knight, *Marxist Philosophy in China: From Qu Qiubai to Mao Zedong, 1923~1945* (Dordrecht: Springer, 2005), 86~90 참조.

필요하다는 전제를 내포하고 있다. 슈람의 주장에 따르면, 그러한 문화적 적응이야말로 마오쩌둥의 손 안에 들려 있던 마르크스주의의 운명이었다. 왜냐하면 마오쩌둥의 목표는 "마르크스주의의 정수를 중국적 상황에 맞게 변형시키는 것"[38]이었기 때문이다. 이러한 견해에 대해 우리는 슈람도 인정한, '서구적 요소들'이 '마오쩌둥의 사상과 행동 패턴에 중요한 역할'을 담당했다는 테제가 진정으로 중요한 의미를 갖고 있기는 한 것인지 반문하지 않을 수 없다. 왜냐하면 만약 사유의 '서구적' 신체라고 할 수 있는 마르크스주의가 '중국적 상황에 맞게' 전환되어야 하는 모종의 '정수'를 갖고 있다면, 중국의 전통과 당대 중국의 현실에 대한 마르크스주의의 본래적 영향력이라는 것은 수용자의 의도와 목적에 맞게 마음대로 처분될 수 있는 것이 되어버리기 때문이다. 다시 말해 중국적 맥락에 적용되기 전, 그러한 맥락에 맞게 이질적인 사상체계는 문화적 세탁을 거쳐야 하는 것이다. 결과적으로 마오쩌둥의 사상과 행동을 중국적 본질이라는 측면에서 해석하려 한 학자들보다 슈람의 입장이 더 폐쇄적이라고 할 수 있다. 루시안 파이(Lucien Pye)와 리처드 솔로몬(Richard Solomon) 같은 '문화-정치' 학파에서 이러한 견해가 가장 분명하게 드러난다.[39] 이러한 접근방식은 마오쩌둥의 사상과 행동을 결정하는 요소들을 온전히 중국 특유의 문화-정치적 '정

---

38 Schram, *Mao Zedong: A Preliminary Reassessment,* 35.

39 이에 대해서는 Lucien W. Pye, *The Spirit of Chinese Politics: A Psychocultural Study of the Authority Crisis in Political Development* (Cambridge, Mass: M.I.T. Press, 1968)와 Richard H. Solomon, *Mao's Revolution and the Chinese Political Culture* (Berkeley: University of California Press, 1971)와 Richard H. Solomon, "On Activism and Activists: Maoist Conceptions of Motivation and Political Role Linking State to Society," *China Quarterly* 39 (July~September 1969): 76~114를 볼 것.

신'—예컨대 사회화의 방식, 권위와 그것에 대한 의존 사이의 특이한 관계들, 권위와 갈등에 대한 양가적 태도 등—속에서 찾아낸다. 그리고 이러한 시각 안에서 마오쩌둥은 이러한 문화-정치적 요소들의 산물일 뿐만 아니라, 그의 정치적 목적을 위해 이와 같은 모호함과 모순들을 본능적으로 파악하고 마음대로 이용할 수 있는 인물로 묘사된다. 루시안 파이의 마오쩌둥 평전에서 중국의 광범위한 문화-정치적 조건들은 청년 마오쩌둥이 경험한 가족관계로 축소되고 만다. 성숙한 성인인 동시에 정치 지도자이기도 한 마오쩌둥을 유년기에 겪은 사회화 과정과 어린 시절의 추억, 특히 어머니와의 관계를 통해 이해하고 마는 것이다.[40] ('문화-정치' 학파의 시각 안에서는 - 옮긴이) 오직 이러한 방식을 통해서만 마오쩌둥이 자신의 감정을 다스리는 능력을 이해할 수 있다. 요컨대 마오쩌둥을 이해하는 문제는 곧 '정치심리학'의 문제가 되는 셈이다.[41]

마오쩌둥 연구 스펙트럼의 또 다른 극단에는 마오쩌둥을 마르크스주의의 시각으로 분석하려는 학자들이 존재한다. 예컨대 마이클 듀턴(Michael Dutton)과 폴 힐리(Paul Healy)는 지식 생산에 관한 마오쩌둥의 관점이 마르크스주의, 특히 스탈린주의적 전통에서 유래한다는 사실로부터 쟁점을 찾아낸다. 이 때문에 마오쩌둥의 인식론을 규정하는 핵심 개념들은 중국적 전통이 아닌 마르크스주의에서 그 원류를 찾아내야 한다. 그리고 결과적으로 마르크스, 레닌, 보그다노프(Bogdanov), 스탈린의 저술들이 마오쩌둥의 지식 생산

40 Lucien W. Pye, *Mao Tse-tung: The Man in the Leader* (New York: Basic Books, 1976), 82~83.

41 같은 책, 6~7. 이러한 '정신분석적 접근'에 대한 단호한 거부에 대해서는 Jerome Ch'en, *Mao and the Chinese Revolution* (London: Oxford University Press, 1965), 19~20의 주석 6 참조.

개념과 비교될 수 있는 인식론적 전통으로서 제시된다.[42] 이와 비슷한 맥락에서 폴 힐리는 온전히 마르크스주의적인 시각에서 사회 변혁에 관한 마오쩌둥의 견해들을 분석하면서, 마오쩌둥은 "마르크스주의 교리(orthodoxy)의 전범과도 같은 인물(paragon)"[43]이라고 주장한다. 리처드 레비(Richard Levy) 역시 마오쩌둥은 마르크스주의자이고 또한 그렇게 다루는 것이 "그의 정치경제학적 사유를 이해하고 분석하는 데 핵심적"[44]이라고 주장한 바 있다. 또 다른 예로서, 마르크스의 '결정론(determinism)'적 측면과 마오쩌둥의 '의지주의(voluntarism)'적 측면을 강조하는 중국 학계에 대한 앤드루 왈더의 비판을 제시할 수 있을 것이다.[45] 3장에서 더욱 자세하게 살펴보게 될 것처럼, 왈더는 마오쩌둥의 사회 변혁에 관한 견해를 마르크스의 그것과 비교하는 작업에 집중하면서, 마오쩌둥이 중국 및 서구 철학 속에 존재하는 '의지주의'와 '이상주의'에 강한 영향을 받았다고 주장하는 학자들—특히 웨이크먼 주니어와 슈람—을 비판한다. (왈더의 주장에 따르면 – 옮긴이) 사회 변혁에 관한 마오쩌둥의 견해는 차라리 마르크스와 마르크스주의자들의 저술들에 분명하

---

42 Michael Dutton and Paul Healy, "Marxist Theory and Socialist Transition: The Construction of an Epistemological Relation," in *Chinese Marxism in Flux, 1978–1984: Essays on Epistemology, Ideology and Political Economy*, ed. Bill Brugger (Armonk, New York: M. E. Sharpe, 1985), 13~66.

43 Paul Healy, "A Paragon of Marxist Orthodoxy: Mao Zedong on the Social Formation and Social Change," in *Critical Perspectives on Mao Zedong's Thought*, eds. Arif Dirlik, Paul Healy and Nick Knight (Atlantic Highlands, New Jersey: Humanities Press, 1997), 117~53.

44 Richard Levy, "Mao, Marx, Political Economy and the Chinese Revolution: Good Questions, Poor Answers," 같은 책, 154~83.

45 Andrew G. Walder, "Marxism, Maoism and social change," *Modern China* 3, no. 1 (January 1977): 101~18; and 3, no. 2 (April 1977): 125~59.

게 존재하고 있는 개념과 범주들('총체성(totality)' 개념과 같은)을 참조해 접근해야 한다. 또 다른 일련의 학자들 역시 마오쩌둥의 철학을 마르크스주의의 전통이라는 맥락에 위치시키고 있다. 예컨대 스티브 친(Steve Chin, 중국명 탄쓰위안(覃思源) - 옮긴이)은 중국의 지적 전통이 마오쩌둥 사상의 철학적 토대를 형성했다는 관념을 거부한다.[46] 그의 주장에 따르면, 많은 철학적 영역에서 중국의 전통은 변증법적 유물론과 역사 유물론의 기본 전제들과 일치하지 않는다. 가장 대표적인 예가 바로 인식론이다. 전통적인 중국의 학자들은 "대부분 관념론과 선험론에 그 뿌리를 두고 있다." 더군다나 그들은 마오쩌둥에게 핵심적인 강령이라고 할 수 있는 "실천을 통한 진리의 검증"과 같은 테제를 고수하지 않는다.[47] 다른 여타의 영역에서와 마찬가지로 인식론의 경우에도 마오쩌둥은 중국 전통철학을 방기하고 있으며, 사상의 토대가 되는 영감을 얻기 위해 오히려 마르크스주의로 되돌아가는 경향을 보인다. 결국 친의 결론은 "마오쩌둥 사상은 전통적인 문화적 사유의 계승이라기보다는 마르크스-레닌주의의 내용과 특정한 민족 형식의 결합"이라는 것이다. 그는 이러한 대담한 가설이 "체계적이고 과학적인" 결론을 도출해 내고 있으며, 독자에게 "정확한 접근방식"을 제공하고 있다고 주장한다.[48] 하지만 그가 무엇이 마오쩌둥에 관한 '과학적' 독해이며, 이른바 '정확한 접근방식'이 부정확한 접근방식과 어떻게 구별될 수 있

---

46 Chin, *The Thought of Mao Tse-tung*, esp. 32~41을 보라. 여기서 친은 마오쩌둥 사상에 대한 중국 전통철학의 영향력을 강조하는 홀루브니치(Holubnychy)의 견해를 비판하고 있다.

47 같은 책, 134~35.

48 같은 책, viii.

는지에 대해 명확하게 말하지 못하고 있는 것 역시 사실이다.

이쯤에서 우리는 마오쩌둥 사상에 관한 자료들에 어떻게 접근해 왔고 또 어떻게 접근해야 하는지에 관한 문제로 되돌아가야 할 것이다. 마오쩌둥 연구자들 사이에는 왜 그토록 극심한 견해차가 존재해 왔는가? 우선 마오쩌둥에게 영향을 끼친 요소들의 복잡성이 서로 다른 해석을 낳은 주요 원인이라는 롤런드 루의 언급을 떠올려 볼 수 있을 것이다. 브랜틀리 워맥(Brantly Womack) 역시 이와 유사한 입장이다. "마오쩌둥 사상을 둘러싼 해석들 사이의 충돌은 결국 그의 지적 배경이 복잡하기 때문이다."[49] 하지만 이에 대해 우리는 과연 지적 배경의 복잡성이 견해차의 '주된 원인'이었는지 다시 한 번 물어봐야 할 것이다. 혹 '서로 갈등하는 해석들'의 주된 원인은 마오쩌둥 연구자들이 분석의 토대로 삼고 있는 이론적 가설들('이데올로기적 배경'을 포함한)의 다양성 때문인 것은 아닐까? 설사 마오쩌둥이 단 하나의 지적 전통—예컨대 마르크스주의—으로부터 영향을 받았다는 만장일치의 의견이 도출되었다고 하더라도 이것이 곧바로 논쟁의 끝을 의미하는 것은 아니다. 마르크스주의의 본질이 무엇인가에 관한 논쟁이 존재할 뿐만 아니라, 그에 관한 다양한 이론적 흐름, 개념의 중요성과 의미, 심지어 마르크스가 사용한 특정한 어구들에 부과된 의미에 이르기까지 마르크스주의를 둘러싼 논쟁의 여지는 충분하며, 이러한 논쟁은 마르크스의 텍스트들로부터 비롯되는 것이 아니라(익히 보아온 것처럼 모든 텍스트에는 다수의 해석 가능성이 존재한다.) 그러한 텍스트들을 읽는 연구자의 서

---

[49] Brantly Womack, *The Foundations of Mao Zedong's Thought, 1917~1935* (Honolulu: University of Hawaii Press, 1982), 198.

로 다른 출발점에서 비롯되는 것이다. 결국 상호 경쟁적인 해석들은 서로 충돌하는 가설에 기반을 두고 있는 것이며, 이것이 바로 논쟁의 근원인 것이다.

이 때문에 마오쩌둥 사상을 형성하고 있는 원천들을 재구축하려 시도할 때 그 초점은 마오쩌둥 연구자의 가설에 맞춰져야 한다. 만약 어느 연구자가 마오쩌둥 사상은 중국 사상의 전통적인 패턴과 밀접하게 연관되어 있고 또 그것에 의해 형성되었다는 가설에서 출발하고 있다면, 그러한 입장을 입증하기 위한 충분한 문헌 근거를 발굴할 수 있을 것이다. 마오쩌둥의 텍스트들은 풍부하고 흥미로운 지적 유산에도 불구하고 마오쩌둥의 "가장 밑바닥의 감정은 여전히 중화민족적인 것에 매여 있다"고 믿는 슈람과 같은 학자들에게 그의 사상이 중국 전통사상에서 유래했음을 입증하는 충분한 자료를 제공할 것이다. 마오쩌둥의 저술들은 실제로 중국 고전과 구전 속담, 전설, 민간 공연예술인 설창(說唱)에 대한 참조들과 뒤섞여 있다. 하지만 만약 어떤 연구자가 마오쩌둥은 결국 마르크스주의자이며 그의 사상에 대한 이해는 오직 그의 텍스트 속에 존재하고 있는 마르크스주의적인 개념과 범주들에 의해서만 이해될 수 있다는 가정에서 출발한다면, 앞서 언급한 가설들은 무슨 소용이란 말인가? 이 질문에 대한 대답은 아무 소용이 없다는 것이다. 후자의 관점에서 바라본다면, 텍스트 안에 존재하는 중국 전통에 대한 참조는 '사실'로서의 아무런 지위도 갖지 못한다. 만약 분석의 이론적 초점이 다르다면 여타의 대안적인 자료들을 '사실'로서 새롭게 조합해 낼 수 있을 것이며, 상정된 가설들을 입증하기 위해 그러한 사실들을 사용할 수 있을 것이다. 결과적으로 말해 아무리 충분한 양의 문헌학적 증거라고 할지라도 마오쩌둥의 '가장 깊은 감정적 유대'를 '입증'해 낼 수는 없다. 조셉 에셔릭(Joseph Esherick)이 적절하게 지적한 것처럼, "텍스트의 인용이 이론적 기원을 입증해 내는 것은 아니다."[50] 왈더(Walder) 또한 "그 어떠한 관점도 자신을 지지하는 인용문을 찾아낼 수 있다."고 말한 바 있다.[51] 이러한 입장이 함축하고 있는 것은, 만약 마오쩌둥 사상의 원천에 대한 다양한 해석을 이끌어내는 것이 마오쩌둥의 텍스트들에 담겨 있는 원천적인 무엇이라기보다는 그것을 읽어내는 연구자의 가설이라면, 마오쩌둥 연구자는 마땅히 여태까지의 관행에서 벗어나 그러한 가설을 인정하고 그것을 더욱 정교화해야 한다는 것이다.

본서는 우선적으로 마르크스주의적 관점에서 마오쩌둥 사상을 탐색해야 한다는 입장을 취하고 있다. 비록 내가 (마오쩌둥 사상에 대한-옮긴이) 중국 전통의 영향이라는 주제를 무시하는 것은 아니지만(실제로 나는 5장에서 이 주제를 다루고 있다.), 나는 스스로 마르크스주의자로 자처한 마오쩌둥이 세계를 이해하는 방식에 방점을 두고 있다. 1937년 마오쩌둥은 에드가 스노(Edgar Snow)에게 다음과 같이 말한 바 있다.

> 1920년 겨울 나는 처음으로 노동자들을 정치적으로 조직했고 마르크스주의 이론과 러시아 혁명의 영향 하에서 과업을 수행하기 시작했습니다. 내가 두 번째로 베이징을 방문했을 때, 러시아에서 벌어진 일들에 대해 많은 것을 읽었고, 소량이지만 중국어로 된 공산주의 문학작품을 열정적으로 찾아다녔습니다. 세 권의 책이 내 마음에 깊은 인상을 남겼고 마르크스주의

---

50 Joseph Esherick, "On the Restoration of Capitalism: Mao and Marxist theory," *Modern China* 5, no. 1 (January 1979): 51.

51 Walder, "Marxism, Maoism and Social Change": 116.

에 대한 나의 신념을 세워놓았습니다. 내가 그것을 역사에 관한 올바른 해석이라고 여기게 된 이후부터 나는 동요하지 않게 되었습니다. 그 세 권의 책은 바로 천왕다오(陳望道)가 번역한 『공산당선언』, 카우츠키의 저작이자 중국에서 출판된 최초의 마르크스주의 서적인 『계급투쟁』, 그리고 토마스 커쿱(Thomas Kirkup)의 『사회주의의 역사』입니다. 1920년 여름까지 나는 이론적으로 그리고 어느 정도는 실천적으로 마르크스주의자가 되었고, 그때부터 자신을 마르크스주의자로 여겼습니다.[52]

많은 학자가 마오쩌둥이 스스로 마르크스주의자로 자처했다는 사실을 무시하거나 저평가한다. 물론 마오쩌둥 스스로 제시한 증거를 우리가 표면적으로 받아들일 이유는 없다. 하지만 마오쩌둥이 마르크스주의를 자신의 신념으로 삼았다는 것을 받아들이지 않는 것이 그러한 사실을 뒷받침하는 증거의 부족 때문만은 아니다. 오히려 그것은 연구자가 그러한 증거를 고의적으로 누락했거나 무시했기 때문이다. 내가 보기에 마오쩌둥 사상의 여러 측면 중에서 마르크스주의로부터 영향을 받은 부분이 가장 흥미로우며, 나는 마오쩌둥 텍스트의 광범위하고도 고도로 차별화된 영역들로부터 그러한 부분을 발굴해 왔다. 뒤에서 보여주게 될 것처럼, 이러한 관점에 대한 증거는 충분할 뿐만 아니라, 풍부한 해석의 가능성도 내포하고 있다. 하지만 그러한 근거들이 '근거'로서의 지위를 갖는 것은 내가 이론적 시각을 통해 텍스트로부터 추출하고 식별해 냈기 때문이다. 그러므로 텍스트로부터 추출된 편린들은 그 본래의 맥락과는 다른 담론적 위치에 배치됨으로써 증거로서의 지위를 갖추게

---

52 Edgar Snow, *Red Star over China* (Harmondsworth: Penguin, 1972), 181.

되는 것이다. 이러한 점을 인정하면서 나는 모든 마오쩌둥 연구자가 해왔지만 대다수가 자신의 경험주의적 독해(많은 경우 무의식적으로 사용한) 탓에 말할 수 없었던 것을 실천하려는 것이다.

연속성과 비연속성: 시기 구분의 문제

시기 구분의 문제, 즉 마오쩌둥의 텍스트들과 사상의 발전, 정치적 경력을 별개의 특정한 시기로 나누는 문제는 마오쩌둥 연구자들에게 매우 중요한 과제이다. 하지만 이 문제가 마오쩌둥 연구에 국한된 문제만은 아니며, 역사 해석에 관한 영역은 모두 연속성과 비연속성이라는 문제에 직면할 수밖에 없다.[53] 알튀세르(Louis Althusser)는 이 문제에 관해 "역사 이론에 관한 첫 번째 문제이며 단절들에 관한 문제"[54]라고 언급한 바 있다.

저술가로서의 마오쩌둥의 경력은 60년이 넘는 세월 동안 지속되었다. 그리고 그 세월은 곧 현대사에서 가장 혼란스럽고 피로 물든 장면들과 겹쳐져 있다. 이렇게 극도로 복잡한 환경 속에서 마오쩌둥은 대규모의 기록을 남겨놓은 것이다. 마오쩌둥이 1912년부터 1949년에 걸쳐 쓴, 잘 알려진 거의 모든 텍스트를 담고 있는 총 10권짜리 선집 『마오쩌둥의 권력으로의 길(Mao's Road to Power)』(스튜어트 슈람 편)은 수천 편에 달하는 글을 싣고 있는데, 공식적/비공식적 연설, 시(詩), 군사 지침, 주석(注釋), 인터뷰, 메모, 전보, 명문(銘

---

53 이 문제는 마르크스 연구에도 해당되는데, 특히 청년기 마르크스와 성숙기 마르크스의 구분에 관한 논쟁이 그러하다. 예컨대 Louis Althusser, *For Marx* (London: Verso, 1979), 49~86을 참조할 수 있다.

54 Althusser and Balibar, *Reading Capital*, 209.

文), 잡담, 편지 등이 망라되어 있다. 마찬가지로 해방 이후, 즉 1949년부터 1970년대에 이르는 마오쩌둥의 문건 역시 많은 양을 차지하고 있다. 상당한 편폭의 시간적 길이, 방대한 양의 문학적 결과물의 편린들에 그것들이 쓰인 변화무쌍한 역사적 배경이 더해지면서, 마오쩌둥 연구자는 몇 가지 곤란한 방법론적 어려움에 직면하게 된다. 마오쩌둥의 텍스트들을 읽을 때, 그것을 '본연의' 마오쩌둥을 대변하는 통일된 '작품(oeuvre)'으로 보는 것이 타당한가?[55] 혹 그러한 접근방식은 마오쩌둥이 글을 쓸 때 대응하려 한 역사적, 정치적 맥락의 중요성을 지나치게 저평가하는 것은 아닌가? 마오쩌둥의 경력을 시기적으로 구분하고, 그 사상의 발전과정에 존재하는 단절들을 인정하는 것이 효과적인 방법론인가, 아니면 시기 구분이라는 것은 단지 '본연의' 마오쩌둥을 담고 있는 시대적 제약 조건의 범위를 더욱 좁히는 것에 불과한 것인가? 이러한 질문들에 대한 대답은 자명하지 않으며, 마오쩌둥에 관한 연구들은 모두 이러한 접근방식에 근거한 해석들을 제시해 왔다. 그리고 이들 중 몇몇은 본 절에서 논의할 것이다. 이러한 작업들을 본격적으로 진행하기 전에 우리는 본 절에서 검토한 여타의 방법론적 주제들과 마찬가지로, 마오쩌둥에 관한 연구에서 방법론 문제에 관한 좀 더 확장된 이론적 논의는 존재하지 않는다는 점을 기억해 두어야 할 것이다. 대개의 경우 이 복잡한 문제에 관한 참조사항들은 주요 연구 저서의 서문 혹은 볼륨 있는 논문의 주석에서 한두 문장으로 처리되곤 한다. 이는 일명 '서문 증후군(preface syndrome)'이라고도 할 수

---

[55] '작품의 관념'에 대한 논의에 대해서는 Paul Rabinow ed., *The Foucault Reader* (New York: Pantheon Books, 1984), 103~5 참조.

있을 것인데, 이러한 성향 탓에 해석 작업의 관건이라고 할 수 있는 이론적 문제와 가설들이 가볍게 지나칠 수 있는 자질구레한 문제로 격하되어 버리고 만다. 그리고 이 때문에 마오쩌둥에 관한 학술적인 저작들은 매우 불안정한 이론적 상태에 처하게 되는 것이다.

아마도 존 브라이언 스타(John Bryan Starr)는 마오쩌둥의 텍스트를 그의 '정수'가 담긴 통일된 담론적 유기체로 바라보는 연구경향을 주도한 가장 영향력 있는 인물일 것이다.[56] 스타가 마오쩌둥 사상에 내재되어 있는 불연속성의 영역들을 완전히 무시하는 것은 아니지만, 그 분석의 요지는 연속성에 관한 주제들과 더욱 밀접하게 연관되어 있다. 그리고 그는 마오쩌둥 사상의 '정수'라는 개념을 뒷받침하기 위해 광범위하게 분산된 마오쩌둥의 텍스트들로부터 증거를 수집한다. 그는 다음과 같이 그의 주된 이론적 결정을 정당화하고 있다.

> 마오쩌둥의 정치 관념에 관한 역사적 재현이 아닌 주제에 따른 선택은 굉장히 신중한 고려에 의한 것이다. 비록 그것이 모종의 대가를 치러야 하는 것이긴 하지만 말이다. … 지식에 관한 마오쩌둥의 이론에서 근본적인 개념은 혁명적 이론과 혁명적 실천 사이에 필연적이고도 변증법적인 관계가

---

56 John Bryan Starr, *Continuing the Revolution: The Political Thought of Mao* (Princeton: Princeton University Press, 1979). 스타의 마오쩌둥에 관한 또 다른 연구는 "Mao Tse-tung and the Sinification of Marxism: Theory, Ideology and Phylactery," *Studies in Comparative Communism* 3, no. 2 (April 1970): 149~57; "Conceptual Foundation of Mao Tse-tung's Theory of Continuous Revolution," *Asian Survey* XI, no. 6 (June 1971): 610~28; "Maoism and Marxist Utopianism," *Problems of Communism* (July-August 1977): 56~62; "On Mao's Self-Image as a Marxist Thinker," *Modern China* 3, no. 4 (October 1977): 435~42; "'Good Mao', 'Bad Mao': Mao Studies and the Reevaluation of Mao's Political Thought," *Australian Journal of Chinese Affairs* 16 (July 1986): 1~6.

존재한다는 것이다. … 이러한 근본적인 법칙 때문에 그의 이론적 결론들을 그의 실천적 맥락과 따로 떼어 다루는 것은 적절하지 않다. 그의 정치 관념에 관한 역사적 재현—그의 정치경력을 형성하고 있는 다양한 장면에 관한 기본적인 윤곽선이라고 할 수 있는—을 통해 이론과 실천의 관계에 대한 마오쩌둥 특유의 감각을 좀 더 자세하게 가늠할 수 있을 것이다. (하지만-옮긴이) 다른 한편, 그러한 서술방식의 단점은 그것이 불필요한 번잡스러움을 초래한다는 것이다. 왜냐하면 혁명의 지속을 위한 마오쩌둥의 이론을 이해하기 위해 내가 중요하다고 판단한 주제들은 그가 각각의 시기에 경험한 것들과 관련되어 있거나 그러한 경험들 자체이고, 역사적 서술은 그 각각의 시기에서 몇몇 부분을 계속해서 취사선택할 수밖에 없도록 만들기 때문이다. 방법론적 충실함이 연구의 명확성을 보완할 수 있는 것은 아니다. … 이러한 방식으로부터 도출된 연구는 결코 역사적 맥락과 분리될 수 없지만, 마오쩌둥이 정치적 실천으로부터 얻게 된 몇몇 관념이 시간적 한계를 뛰어넘어 통합된 총체를 이루기 때문에 그 자체로서 유용하게 연구될 수 있다고 가정하고 있다.[57]

마오쩌둥 연구에 관해 많은 것을 생각하게 하는 위의 인용문으로부터 우리는 스타가 잠재적인 인식론적 부적절성(다시 말해, 스타 자신의 접근방식과 마오쩌둥의 인식론 사이의 불일치)을 인식하고 있다는 것을 알 수 있다. 그런데도 그는 마오쩌둥의 텍스트들을 초시간적 총체(supertemporal whole)로 다루는 결정이 주제의 명확성에 대한 요구, 마오쩌둥의 몇몇 중심 관념이 '통합된 총체(integrated whole)'를 이루고 있다는 믿음 때문에 불가피하다고 생각하고 있는 것이다. 스타는 마오쩌둥의 인식론이 앞서 비판한 수많은 경험주의

---

57 Starr, *Continuing the Revolution*, xi~xii.

적 결함을 내포하고 있음에도 불구하고, 왜 우리가 꼭 마오쩌둥의 인식론에 묶여 있어야 하는지를 해명해 주지 않는다. 어쨌든 이러한 인식론으로부터 비롯된 별로 바람직하지 않은 연구 성향 탓에 스타는 마오쩌둥의 정치사상에 대한 대체로 '본질주의'적인 해석을 진행해 나간다. 그리고 그 결과 마오쩌둥 사상을 가장 명확하고 세련된 방식으로 다루게 되는 것이다. 비록 연구자 자신과, 익히 알려진 대로 마오쩌둥의 경험주의적 비논리성에 구애받지 않는 학자들은 분명 자신의 연구가 여전히 마오쩌둥의 텍스트들이 쓰인 구체적 맥락을 충분히 담아내지 못하고 있다고 여길 테지만 말이다.

마오쩌둥과 그의 텍스트들을 통합된 총체로 다루는 또 다른 주요 저작은 레이먼드 화이트헤드(Raymond Whitehead)의 『마오쩌둥 사상의 사랑과 투쟁(*Love and Struggle in Mao's Thought*)』이다.[58] 이 흥미로운 연구는 마오쩌둥 사상에 대한 윤리적 측면에서의 연구라는 상당히 중요한 공백을 메우고 있다고 할 수 있는데, 그럼에도 불구하고 저자는 마오쩌둥의 텍스트들이 담고 있는 상이한 목적과 역사적 원천을 전혀 고려하지 않았다. 일종의 문서고라고 할 수 있는 마오쩌둥의 텍스트들로부터 결론을 이끌어내는 방식의 이론적 문제들에 대해 전혀 주의를 기울이지 않고 있는 것이다. 이와 유사하게 팬(K. T. Fann) 역시 청년기 마르크스의 휴머니즘에 대한 분석에 근거해 마오쩌둥의 혁명적 휴머니즘을 분석한다. 달리 말해 팬은 마르크스를 모종의 정수로 환원시키는 것의 부적절함을 인지하고 있는 것이다. 그럼에도 불구하고 그는 여전히 전혀 망설임 없이 마오쩌둥의 휴머니즘에 관한 '본질주의'적 해석을 진행하고 있다.[59]

---

[58] Raymond L. Whitehead, *Love and Struggle in Mao's Thought* (New York: Orbis Book, 1977).

마오쩌둥 연구에 관한 스펙트럼의 또 다른 한쪽에는 마오쩌둥의 텍스트들이 쓰인 맥락 안에서 그것들을 검토해야만 비로소 마오쩌둥의 사상을 이해할 수 있다고 주장하는 연구자들이 존재하고 있다. 이러한 접근방식을 옹호하는 가장 대표적인 연구자는 브랜틀리 워맥(Brantly Womack)이다. 그는 1917년부터 1935년 사이의 마오쩌둥의 정치사상을 아마도 가장 자세하게 해석한 연구자일 것이다.[60] 마오쩌둥 사상에서 이론과 실천의 통합이 가장 중심적인 위치를 차지한다는 가설에 근거해 워맥은 위에서 언급한 스타의 입장을 거부한다. 대신 그는 "마오쩌둥 사상을 이해하는 데서 가장 중요한 과제는 정치적 맥락을 파악하는 것"이라는 이론적 입장을 취한다.[61] 이 때문에 워맥의 분석은 그의 언급대로 이른바 '내적 해석(in vivo interpretation)'에 기반한다. 그는 이 접근방식을 다음과 같이 설명하고 있다.

연구의 목적은 마오쩌둥의 초기 정치사상을 내적으로 해석해 내기 위해 그의 저술과 그 정치적 맥락의 실질적 본질에 근거하는 것이다. 나는 본래적 상황에 대한 참조를 통해 새롭게 등장하고 있는 (마오쩌둥의 – 옮긴이) 정치

---

59 K. T. Fann, "Mao's Revolutionary Humanism," *Studies in Soviet Thought* 19, no. 2 (March 1979): 143~54.

60 Womack, *The Foundations of Mao Zedong's Political Thought*. 워맥의 마오쩌둥 연구에 관한 또 다른 연구 성과로는 Womack, "Theory and Practice in the Thought of Mao Tse-tung," in *The Logic of 'Maoism': Critiques and Explication*, ed. James Chieh Hsiung (New York: Praeger, 1974), 1~36; "The Historical Shaping of Mao Zedong's Political Thought," in *Contemporary Chinese Philosophy*, ed. F. J. Adelman (The Hague: Martin Nijhoff Publishers, 1982), 27~62; "Where Mao Went Wrong: Epistemology and Ideology in Mao's Leftist Politics," *Australian Journal of Chinese Affairs* 16 (July 1986): 23~40을 볼 것.

61 Womack, *The Foundations of Mao Zedong's Political Thought*, xii.

개념들을 제시할 것이며, 또한 마오쩌둥이 정치 활동가로서 마주한 실천적 결정이라는 측면에서 긴급하고도 중요하다고 주장한 주제들에 관해 논할 것이다. 이러한 접근방식이야말로 마오쩌둥 연구에 특히 적합하다고 할 수 있는데, 왜냐하면 그의 이론적 개념들이 추상적인 과정이 아니라 실제적인 경험의 과정으로부터 등장하기 때문이다. 마오쩌둥 특유의 이론화 과정은 그의 경험의 반영이며, 실천으로부터 잉태된 그의 개념들은 마오쩌둥의 보다 이론적인 언급들에 관한 참조점들과 그것이 내포하고 있는 함축적인 특징들을 드러내준다.[62]

워맥은 나아가 "이론과 실천에 대한 주의는 마오쩌둥 정치사상의 가장 기본적인 원칙이다. … 그러므로 마오쩌둥 사상을 이해하는 데서 가장 중요한 과제는 그 정치적 맥락을 파악하는 것(강조는 인용자)"[63]이라고 주장한다.

서구의 마오쩌둥 연구에서 가장 영향력 있는 연구자인 스튜어트 슈람은 워맥의 '내적' 접근방식을 지지한다. "내게 적합해 보이는 연구방법론은 바로 브랜틀리 워맥의 접근방식이다."[64] 비록 이와 같은 방법론을 연구에 적용한 장본인은 워맥 자신이지만, 아래의 질문은 워맥과 슈람에게 모두 해당되는 것이라고 할 수 있을 것이다. 첫째 질문은 아마도 가장 중요한 질문이라고 할 수 있는데, '어떻게 그 정치적 맥락을 '파악'할 것인가'라는 질문이다. 비록 워맥이 경험론적 역사가들의 가설, 즉 "진실한 상태를 보여준다"[레

---

62 같은 책, xi.

63 같은 책, xii.

64 Stuart R. Schram, "Mao Studies: Retrospect and Prospect," *China Quarterly* 97 (March 1984): 109.

오폴트 폰 랑케(Leopold von Ranke)의 표현을 빌려]는 가설을 공유하고 있다는 사실로부터 그가 마오쩌둥의 사상을 형성시켰다고 추정되는 맥락들을 재구축하려 한다는 것을 짐작할 수 있지만, 워맥은 그 '파악'의 문제에 대해 명확하게 답변하지 않았다. 하지만 앞서 제시한 이유들을 통해 짐작할 수 있듯, "진실한 상태를 보여준다"는 것은 불가능하다. 결국 마오쩌둥의 텍스트들을 분석하는 데서 가장 중요한 과제가 그것의 정치적 맥락을 '파악'하는 것이라는 주장은 핵심적인 이론적 딜레마를 해결해 주기는커녕 새로운 문제를 만들어내는 것일 뿐이다. 그 맥락이라는 것이 (종종 워맥에 의해 전략적으로 인용되고 있는) 마오쩌둥의 텍스트 자체의 관점으로부터 재구축되어야 한다는 말인가? 만약 그렇다면 재구축이라는 것은 혹 현재적 관점을 배제하기 위해 마오쩌둥 자신에게 유리한 관점과 가치, 동기에 좌우되는 것은 아닌가? 또한 설사 '역사적 맥락'을 대체하는 현재적, 회고적 관점들이 광범위한 지지를 얻는다고 할지라도, 역사가는 특정한 지점에서 개입하여 어디에 '진실'이 놓여 있는지를 개인적으로 결정해야 한다. 그리고 이러한 역사가의 개입은 곧장 자신이 선택한 가설과 가치, 특정한 시점에서의 관점—요컨대 이론적 패러다임—을 끌어들일 수밖에 없다. 그 어떠한 결정적인 의미에서도 역사적인 혹은 정치적인 맥락을 결코 완전히 '인식'할 수는 없으며, 과거를 재구축한다는 것은 불가피하게, 마오쩌둥이 자신의 텍스트를 저술할 때 처해 있던 맥락들을 이해하는 데 관건이 된다고 여겨지는, 문건들을 종합하기 위해 우리가 현재 동원하는 가설과 문제의식들에 의존할 수밖에 없다.

두 번째로 물어야 할 것은 워맥의 '내적' 접근방식이 마오쩌둥 사상에 있어 이론과 실천의 통일이 중심적인 위치를 차지하고 있다는 믿음에 전제를 두고 있다는 점이다. 이 전제에 이의를 제기하고 싶은 생각은 없다. 하지만 이 전제는 "마오쩌둥 사상을 이해하는 데서 가장 중요한 과제는 그 정치적 맥락을 파악하는 것"이라는 워맥 자신의 언명과 충돌한다. 실상 워맥이 실천을 이 충돌을 통합시키는 가장 중요한 측면으로 여기고 있다는 것은 분명하다. 다시 말해 그의 관점 안에서 마오쩌둥의 정치적 관점들이 이론 그 자체의 영향보다는 당시 그가 처한 정치적 맥락의 '현실성'에 더욱 크게 빚지고 있다는 전제의 중요성 탓에 이론이 뒤로 밀려나고 있는 것이다. 이러한 접근방식은 추상적인 마르크스주의적 개념 혹은 중국의 전통적 가치들이 마오쩌둥 사상의 독창적인 원천들을 표현해 준다는 관점을 수정하는 데 매우 유용하다. 하지만 실천에 대한 과도한 강조는 그와는 정반대의 실수를 범하게 되는데, 매우 추상적인 수준에서 이론으로부터 상당한 영감을 얻고 있는 마오쩌둥 사상이 발전과정에서 보여주고 있는 중요한 변화들을 설명할 수 없게 되는 것이다. 예컨대 아무리 '정치적 맥락'에 주의를 기울인다 하더라도, 1920년 마오쩌둥이 왜 계급 분석과 계급투쟁을 혁명의 주요 기능으로 여기는 마르크스주의적 역사 개념으로 전환했는지를 설명해 주지 못한다. 1920년대 초부터 중국 사회에 대한 마오쩌둥의 분석은 상당 부분 마르크스주의적 범주들로부터 이끌어낸 것으로 보이는 용어들로 표현되고 있다. 그리고 계급이라는 용어를 통해 역사를 인식하는 방식은 실천을 통해 얻게 된 계시라기보다는 이론적 전환으로부터 유래한 것이라고 보는 편이 타당하다. 마찬가지로 정치적 문제에 관해 통일전선의 적용을 선호하는 마오쩌둥의 방식(예컨대 노농연합)은, 전(前) 마르크스주의적 단계의 저술들에서는 분명 포퓰리즘적 동기들(populist impulses)에 근거한 것이었지만, 이후에는 의심의 여지 없이 레닌의 저작들과 코민테른의 지시에 선명하게 담겨 있는 이론적 공식으로부터 영감을 받은 것이다. 정치 조직과 행동에 대한 마오쩌둥의 접근방식(당 건설, 소비에트, 대중노선과 같은 개념들)은 마르크스주의 이론에 강하게 착근되어 있는 주제들에 크게 의존하고 있다. 결과적으로 말해, '정치적 맥락'에 주의를 기울이는 것은 마오쩌둥이 위와 같은 관점들을 취하게 된 방식을 고찰하는 시좌(視座)를 제공해 주지만, 반면 이론이 가지고 있는 지도적 역할을 무시하거나 경시하는 것은 이론과 실천의 통일에 담겨 있는 매우 중요한 측면을 간과하게 한다. 마오쩌둥은 공식적으로 "혁명이론 없이 혁명운동 없다."[65]는 레닌의 정식을 지지했다. 이는 곧 마오쩌둥 사상을 분석할 때 이론에 대한 강조가 실천의 영향만큼, 혹은 그보다 더 중요할 수 있다는 것을 의미하는 것이다.

　　세 번째로 인식론에 관한 문제가 있다. 마오쩌둥은 종종 경험주의자로 해석되어 왔다. 경험을 모든 지식의 원천으로 여기는 그의 태도와 함께, 「실천론」을 비롯한 여타의 텍스트[66]에서 드러나는 그의 인식론은 지식의 획득에 관한 경험주의적 접근방식으로 보이기 쉽다. 워맥은 마오쩌둥의 자기 인식에 근거를 두는데, 때에 따라서는 마오쩌둥이 주장한 "농민 주도의 포퓰리즘적 경험주의(peasant-oriented populist empiricism)"[67]를 참조한다. 하지만 자신의 인식론(다른 주제들도 마찬가지로)에 대한 마오쩌둥 본인의 이해를

---

65 *Selected Works of Mao Tse-tung* (Peking: FLP, 1967) Ⅰ, 304 그리고 Ⅱ, 382.

66 *Selected Works of Mao Tse-tung* Ⅰ, 295~310. 또한 "Where Do Correct Ideas Come From?" In Mao Tse-tung, *Four Essays on Philosophy* (Peking: FLP, 1966), 134~36.

67 Womack, *The Foundations of Mao Zedong's Political Thought*, 32, 77.

염두에 두는 것이 중요하다고 할지라도 마오쩌둥의 주장을 그의 행동을 설명하는 유력한 혹은 일반적인 근거로 받아들여야만 하는 필연적인 이유는 없다. 이렇게 마오쩌둥의 주장을 있는 그대로 받아들이는 것은 특히 경험주의자로 자처하는 이들의 경우에 해당된다.[68] 위에서 살펴본 것처럼, 경험주의는 지식 생산에 대한 비논리적 접근방식일 뿐이다. 현실에 대한 관찰은 항상 이론 의존적이다. 현실에 관한 이론 혹은 가치중립적 관찰이라는 것은 존재하지 않는다. 지식을 획득함에 있어 우리는 현실에서 출발하는 것이 아니라, 여타의 현상들을 무시하면서 특정한 현상으로 우리의 주의를 이끄는 이론적 경향으로부터 출발하는 것이다. 그러므로 경험주의자들이 말하는 '사실'이라는 것은 관찰자의 이론적 프레임에 내재하는 것이며, 결코 이론으로부터 독립적인 것이 아니다.[69] 결국 마오쩌둥의 '경험주의'를 표면적인 수준에서 손쉽게 받아들이고 그것을 그의 행동과 사상을 평가하기 위한 범주로서 사용하는 것은 논리적으로 결함이 있는 인식론을 사용하는 함정에 빠져드는 것이며, 그것은 필연적으로 마오쩌둥 사상이 발전하는 과정에서 '실천'과 '정치적 맥락'을 과도하게 강조하는 결과를 초래하게 된다. 실상 이러한 접근방식은 마오쩌둥의 지식 생산 과정을 드러내준다기보다는 그러한 접근방식을 사용하고 있는 연구자의 인식론적 가정에 대해 더 많은 것을 말해주고 있는 셈이다.

워맥이 정교화하고 슈람이 지지를 표한 '내적(*in vivo*)' 접근방식

---

68 예컨대 Han Hak and Erik Van Ree, "Was the Older Mao a Maoist?," *Journal of Contemporary Asia* 14, no. 1 (1984): 85와 같은 연구가 있다.

69 Hindess, *Philosophy and Methodology in the Social Science*를 볼 것.

은 상당한 문제점을 노정하고 있다. 더군다나 저자 역시 자신의 접근방식을 일관성 없이 사용하고 있는데, 두 사람 모두 마오쩌둥 사상에 대한 시기 구분을 사용하면서도, 그러한 시기 구분 속에 존재하고 있는 텍스트들(그리고 그러한 연유로 특정한 '정치적 맥락들'로 가정되는)을 초월하는 일반화 작업을 진행하고 있기 때문이다.[70] 그러한 방식으로 그들은 주류 마오쩌둥 연구자들과 협력하면서 이러저러한 방식의 시기 구분을 널리 확산시키고 있다. 또한 특정한 방식의 시기 구분 방식을 구축하고 그것의 적용을 결정하면서 이론적 이슈들에 대한 함구령이 내려졌다. 특정한 방식의 시기 구분은 마오쩌둥의 사상과 경력의 발전과정 속에 담겨 있는 비연속성에 대한 인식에 근거한 것으로, 그 근거는 비록 마오쩌둥의 텍스트 혹은 여타의 텍스트에서 수집된 것이지만, 오직 연구자의 이론적 가설들 때문에 상관적인 것이 되는 것이다. 역사에서 시기는 독립적으로 존재하는 것이 아니다. 역사가들에 의해 만들어지는 것이다. 특정

---

[70] 워맥은 1917년부터 1935년 사이의 기간에 집중하고 있는데, 그는 옌안(延安) 시기 (1935~1947) 동안 충분히 숙성된 정치적 행동에 관한 패러다임이 1935년 이전 시기의 위기와 급변 사태에 대한 대응으로 처음 등장하고 발전하게 되었다는 가정에 근거하고 있다. 이 때문에 워맥은 중요한 몇몇 측면에서 '성숙기' 혹은 '노년기'의 마오쩌둥과 질적으로 구별되는 '청년기 마오쩌둥'의 개념을 확립시키고 있다. 그리고 그는 '청년기 마오쩌둥'의 행동과 사상이 향후 그의 경력을 (최소한 어느 정도는) 미리 드러내 주고 있다고 주장한다. 워맥은 또한 1917~1935년의 기간을 몇 가지 하위 기간으로 다시 세분하고 있는데, 마르크스주의자가 되기 전의 마오쩌둥, 1927년까지 마르크스주의자로서의 마오쩌둥, 초기 근거지 시기(1927~1931)와 장시(江西) 소비에트 시기의 마오쩌둥이 그것이다. 스튜어트 슈람의 '예비적 평가'에서 마오쩌둥의 사상과 경력은 크게 세 시기, 즉 1917~1937년 사이의 '형성기', 1937년부터 1962년 사이의 '성취기' 그리고 1962년부터 1976년의 '종결'로 나뉜다. 그리고 이 시기들은 다시 더 세밀한 시기들로 분화된다. Womack, *The Foundations of Mao Zedong's Political Thought*와 Schram, *Mao Zedong: A Preliminary Reassessment*를 볼 것.

한 시기 구분의 사용에 대한 결정은 해석에 매우 중요한 영향을 끼친다. 미셸 푸코(Michel Foucault)는 역사 연구에서 비연속성 개념이 갖는 문제적 속성을 아주 멋지게 포착해 낸 바 있다.

> 비연속성은 … 이제 역사적 분석의 기본적인 요소들 중 하나가 되었다. … 그것은 우선 역사가의 숙고된 조작을 구성한다.(그리고 그가 취급해야 하는 재료의 질(a quality of material)이 아니다.) 왜냐하면 그는, 적어도 체계적인 가설로서, 각자에 고유한 방법들, 분석 가능한 수준들 그리고 그들에 합당한 기간화들을 구분해야 하기 때문이다. … 불연속의 개념은 하나의 역설적인 개념이다. 왜냐하면 그것은 그것의 원인이 되는 장을 나누기 때문이다. 그것은 영역들을 개별화할 수 있도록 해주지만, 이는 오직 그들 사이의 비교에 의해서만 가능하기 때문이다. 그리고 마지막 분석에 있어 아마도 그것은 단순히 역사가의 언설 속에 현존하는 하나의 개념이 아니라 역사가 자신이 비밀스럽게 전제하는 바의 것이기 때문이다.[71]

특정한 시기 구분 방식을 사용하기로 한 결정은 이론적인 것이지만, 연속성을 주요 특징으로 하는 초시간적 작품(oeuvre)으로 마오쩌둥의 텍스트를 다루기로 한 결정 역시 이론적인 것이다. 이 두 종류의 선택지는 모두 본래 이론적이며, 마오쩌둥의 텍스트에 관한 서로 다른 '독해'를 만들어내고 또 매우 다른 해석들을 만들어낼 것이다. 그러므로 이렇게 상이한 '독해'는 각각 근거하고 있는 이론적 가설들과의 관계성 속에서 읽혀야 하는 것이다.

---

71 Michel Foucault, *The Archaeology of Knowledge* (London: Tavistock, 1972), 8~9. [역주] 한국어 번역은 미셸 푸코 지음, 이정우 옮김, 『지식의 고고학』(서울: 민음사, 2002), 29쪽 참조. 영어 원문을 참조하여 번역은 일부 수정.

이제 우리는 마오쩌둥 연구자들이 사용하고 있는 시기 구분의 몇 가지 실제 사례와 그러한 시기 구분들이 기반하고 있는 유용하고도 명확한 가설들을 살펴봐야 할 것이다. 『마르크스, 레닌, 마오쩌둥에 있어서의 '중국'의 기능(The Function of 'China' in Marx, Lenin and Mao)』에서 도널드 로위(Donald Lowe)는 마오쩌둥의 마르크스주의자로서의 발전과정을 5개의 '주요 시기'로 나누었다. 1920년부터 1926년을 전후한 초기 마르크스주의 시기, 농민에 근거한 혁명의 중요성을 강조하던 1927년부터 그의 당에 대한 지도력이 강화되던 1935년까지의 마르크스주의 형성 시기, 1935년부터 1940년 초반 그의 '신민주주의' 개념이 완성되어 가는, 성숙기에 접어든 마오쩌둥주의 시기(Maoist period), 1940년부터 1949년 사이의 내전 시기(civil war period), 그리고 혁명 승리 이후의 '포스트 1949년' 시기.[72] 로위는 주석을 통해 이와 같은 시기 구분에 대해 다음과 같이 언급하고 있다. "모든 시기 구분은 임의적이다. 과거에 정확하게 들어맞는 것이란 없다. 마오쩌둥을 가장 잘 표현한다고 할 수 있는 공직자로서의 경력과 중국 공산주의 운동은 모두 다른 시기 구분 방식에 의해 나뉠 수 있다. 본서의 의도는 마오쩌둥의 사상적 발전 과정의 주요 장면들을 강조하려는 것이다."[73] 그리고 이어지는 그의 해석을 통해 그러한 시기 구분 방식의 근거들이 제시된다. 하지만 주석에서 스치듯이 언급한 "모든 시기 구분은 임의적"이라는 인정은 시기 구분을 위한 결정을 정당화하기 위해 제공된 이론적 논쟁의

---

[72] Donald M. Lowe, *The Function of "China" in Marx, Lenin and Mao* (Berkeley and Los Angeles: University of California Press, 1996), 109.

[73] 상동.

정도를 제한하고 있을 뿐이다. 왜냐하면 그는 마치 비연속성에 관한 가설이 그 근거가 매우 탄탄하고 자명할 정도로 정확한 것이므로 더 이상의 논쟁은 필요 없는 것처럼 말하고 있기 때문이다.

슝제(熊玠, James Chieh Hsiung)가 자신의 저서 『이데올로기와 실천: 중국 공산주의의 진화(*Ideology and Practice: The Evolution of Chinese Communism*)』[74]에서 로위의 시기 구분을 차용하고 있는 것을 통해 알 수 있는 것처럼, 로위의 구분법은 매우 중요하다. 하지만 슝제는 로위의 구분법에 1962년부터 '문화대혁명'까지에 해당하는 시기를 추가하였다. 그는 로위의 언급과 비슷한 어투로 자신의 시기 구분 방식을 설명하고 있다. "시기 구분은 필연적으로 임의적일 수밖에 없지만, 중국의 마르크스주의자인 마오쩌둥의 지적 성장 과정을 추적하기 위해 편의상 설정한 것이다."[75] 로위와 마찬가지로 슝제의 언급에도 시기 구분의 결정을 뒷받침하는 이론적 가설의 정교화 작업은 존재하지 않는다. 이 특정한 방식의 시기 구분이 왜 '편의상의 문제'인지에 대한 이유조차 설명하고 있지 않다. (그렇게 아무런 설명 없이 시기 구분의 문제를 다룬다면 – 옮긴이) 스타와는 정반대되는 주장, 즉 시기 구분이 '명확성의 상실'로 이어질 수 있고 주제 분석에 불편함을 초래할 수 있다는 주장 역시 납득할 만한 것이 되고 만다. 하지만 이 두 입장 모두 이론적 가설에 관한 광범위한 묘사와 정당화의 과정을 갖추고 있지 않다. 설사 그러한 이론적 가설이 충분히 묘사되었다고 하더라도, 그 실천에서 그것들은 스치듯이 언급

---

74 James Chieh Hsiung, *Ideology and Practice: The Evolution of Chinese Communism* (New York: Praeger, 1970).

75 같은 책, 56.

되고 있을 뿐이다.

마오쩌둥 사상의 발전과정에 관한 또 다른 책으로 레이먼드 와일리(Raymond Wylie)의 훌륭한 연구라고 할 수 있는 『마오이즘의 등장(The Emergence of Maoism)』[76]이 있다. 와일리는 1935년부터 1945년 사이에 초점을 맞추고 있는데, 그것은 해당 시기가 마오쩌둥이 권력의 핵심으로 등장하고 마르크스주의에 대한 자신의 해석을 중국공산당의 교리로 확립한 시기이기 때문이다. 결국 이와 같은 시기 구분에 관한 와일리의 기준은 당 내부의 이데올로기 투쟁과 정치적 발전과정에 근거한 것이라고 할 수 있을 것이다. 독자는 연구가 진행되어 나가면서 그것을 어렴풋하게 짐작할 수 있을 뿐 그 기준이 미리 제시되는 것은 아니다. 슈제와 마찬가지로 와일리의 저서에서도 '편의상의 문제'가 시기 구분의 근거로서 제시되고 있다. "편의상 이 10년(1935년부터 1945년 – 옮긴이)이 중국공산당의 역사에서 '옌안 시기'로 알려진 시기와 중첩된다고 볼 수 있다."[77] 또한 와일리는 이 '10년'의 기간을 다시 9개의 하위 기간으로 나누고 각 시기마다 자신이 관심을 두고 있는 주제들을 탐색하고 있다.

마지막으로 아무런 근거 없이 세밀한 시기 구분을 사용하고 있는 몇몇 연구를 간단히 살펴볼 필요가 있을 것이다. 로스 테릴(Ross Terrill)의 마오쩌둥 전기는 마오쩌둥의 인생을 21개 정도의 시기로 구분하고 있는데, 그는 각 시기마다 '투쟁'(1927~1935), '성

76 Raymond F. Wylie, *The Emergence of Maoism: Mao Tse-tung, Ch'en Po-ta and the Search for Chinese Theory, 1935~45* (Stanford: Stanford University Press, 1980). 또한 Raymond F. Wylie, "Mao Tse-tung, Ch'en Po-ta and the 'Sinification of Marxism,' 1936~38," *China Quarterly* 79 (September 1979): 447~80을 볼 것.

77 Wylie, *The Emergence of Maoism*, 4.

숙의 시기'(1945~1949), '유토피아의 분노'(1965~1969)와 같은 회고적인 성격의 제목을 붙이고 있다.[78] 또 다른 연구 성과로는 클레어 홀링워스(Clare Hollingworth)의 『마오쩌둥과 그의 반대자들(*Mao and the Men against Him*)』이 있다. 본서는 마오쩌둥의 인생을 권력의 획득(1893~1965), 문화대혁명(1966~1971), 몰락의 시기(1971~1976)라는 세 개의 주요 시기로 나눈다. 그리고 각각의 시기는 다시 하위 단계로 나뉘는데, 예컨대 권력 획득의 시기는 다시 1893~1920, 1920~1935, 1935~1949, 1949~1959의 소시기로 분할된다.[79] 테릴과 홀링워스 모두 그들의 연구 영역을 구체적인 시기로 나누는 것과 관련된 이론적 주제들에 관해 침묵하고 있다. 하지만 이와 같은 시기 구분 방식이 그들의 실질적인 해석에 결정적인 역할을 하고 있다는 것만은 분명하다.

마오쩌둥 사상의 발전과정에 내재되어 있는 연속성 대 비연속성이라는 문제에 관한 나의 입장은 시기 구분이라는 것이 조사대상의 본래적 특성으로부터 도출되는 것이 아니라 나의 연구가 토대로 삼고 있는 이론적 가설들, 특히 내가 마오쩌둥의 텍스트들을 배치하고자 하는 물음으로부터 도출되는 것이라는 인식을 전제로 삼고 있다.[80] 나는 경험적 정보들에 대한 그 어떠한 호소도 그 자체로서는 시대 구분에 대한 어떤 특정한 방식이 여타 방식에 비해 더 정확하다는 것을, 혹은 최초의 시기 구분 방식이 정확하다는 것

---

[78] Ross Terrill, *Mao: A Biography* (New York: Touchstone, Simon and Schuster, 1993).

[79] Clare Hollingworth, *Mao and the Men against Him* (London: Jonathan Cape, 1985).

[80] 마오쩌둥 사상의 시기 구분에 관한 나의 초기 관점에 관해서는 Nicholas James Knight, *Mao and History: An Interpretive Essay on Some Problems in Mao Zedong's Philosophy of History* (University of London: Unpublished PhD thesis, 1983)을 참조.

을 입증하는 근거로 받아들여질 수 없다는 입장이다. 또한 나는 특정한 시기 구분의 근거는 구분방식 자체의 선험적(a priori) 가설들에 의지할 수밖에 없으며, 이것이 순환논증의 형식을 취하고 있다는 푸코의 관점을 받아들인다. 모든 종류의 역사 연구에서 폭넓게 받아들여지고 있는 비연속성이라는 개념은 그 자체로 문제적이다. 하지만 그것을 사용하지 않을 수 없다. 마오쩌둥 사상을 '탐색'하는 이후의 장에서 나는 종종 자료를 조직하는 수단으로 시기 구분을 사용할 것이며, 그것을 통해 특정 주제들의 발전과정 속에 담겨 있는 연속성과 비연속성을 보여줄 것이다. 독자는 이러한 시기 구분을 다양한 해석 이상으로 받아들일 필요는 없다. 독해의 다른 영역에서와 마찬가지로 이 문제에서 결정권을 가진 이는 바로 독자다.

결론

마오쩌둥을 사유한다는 것은 마오쩌둥이라는 인물 자체에 대해 고민할 것을 요구할 뿐만 아니라 연구의 대상을 구축하는 다양한 방식을 고민하는 것 역시 요구한다. 그 중 몇 가지 특이점이 눈에 띤다. 첫 번째 것은 경험주의적 인식론의 옹호와 적용이다. 경험주의적 인식론은 마오쩌둥 자신이 혹은 마오쩌둥에 관해 다른 이들이 작성한 텍스트들, 또는 그것들이 작성된 '정치적 맥락들'을 포착하고 있다고 여겨지는 텍스트들에 새겨져 있는 '현실'을 경험함으로써 마오쩌둥에 관한 지식이 도출될 수 있다는 관점을 당연하다고 생각한다. 이를 통해 마오쩌둥 연구자의 가치와 이론적 관점에 의해 오염되지 않는 경험은 '진실'을 획득할 수 있는 우선적 매개체가 된다. 내가 주장했던 것처럼 그러한 가설은 논리적 근거를 결여한 것이다. 두 번째 것은 경험주의의 수용과 관계된 것이기도 한데, 마오쩌둥 연구에서 등장하게 되는 이론적, 방법론적 주제들에 대한 탐색을 선호하지 않는 연구 경향이다. 그 결과 마오쩌둥 연구는 이론의 빈곤에 시달리게 되었다.

마오쩌둥과 그의 사상, 역사적 위치에 관한 결정적인 판단은 존재할 수 없고, 존재하지도 않을 것이다. 우리의 마오쩌둥에 관한 이해는 만장일치에 도달할 수 없다. 앞으로 수많은 해석이 계속해서 등장할 것이다. 우리가 마오쩌둥이 생존했던 시기에서 더욱 멀어지고 정치적, 사회적 맥락들이 변화하면서, 마오쩌둥 연구자들의 가치와 관점 역시 필연적으로 바뀌게 될 것이다. '진짜' 마오쩌둥을 찾으려는 노력은 환상에 불과하다. 하지만 20세기의 가장 중요한 역사적 인물 중 한 명인 마오쩌둥에 관한 논쟁을 계속 살아 숨 쉬게 할 수 있는 가능성은 환상이 아니다. 이것이야말로 바로 본서의 마오쩌둥에 관한 탐색이 독자들에게 선사하고 있는 정신인 것이다.

3장
방법론의 문제 II :
마오쩌둥의 마르크스주의

마오쩌둥 연구 영역에서 중요한 주제 중 하나는 마오쩌둥 사상과 '정통'(본문에서 'orthodoxy'는 문맥에 따라 '정통', '교조', '교리'로 옮겼음을 밝혀둔다. – 옮긴이) 마르크스주의의 불일치 문제이다. 혹자들은 마오쩌둥이 마르크스주의의 핵심적인 문제에 있어 자명한 것으로 받아들여지는 근본적인 몇몇 원칙을 따르지 않았기 때문에 그의 마르크스주의가 이단적이라고 주장한다. 그 중 첫 번째 원칙은 바로 경제결정론이다.(6장을 볼 것.) 경제적 토대와 정치적-이데올로기적 상부구조 사이의 관계에 대한 마오쩌둥의 이해는 교조적이지 않은데, 왜냐하면 마오쩌둥은 역사적 변혁에서 경제적 토대의 우선성—정통 마르크스주의가 강조한—보다는 상부구조에서의 발전과 투쟁을 강조했기 때문이다. 그의 관념이 마르크스주의의 '경제결정론'이라는 테제를 벗어났기 때문에 마오쩌둥은 결국 '의지주의자', '관념론자', '이상주의자'로 표상되곤 한다. 루시안 파이가 주장한 것처럼, 마오쩌둥은 "역사적 과정 속에서 의지주의와 인간 의지의 힘을 찬양함으로써 마르크스주의를 전도시켰다."[1] 두 번째 원칙은 '정통' 마르크스주의의 농민에 대한 관점인데, '정통' 마르크스주의는 농민을 혁명적 잠재력이 거의 없는, 본질적으로 보수적인 계급으로 보았다. 그리고 산업 프롤레타리아야말로 사회주의 혁명의 현대화를 선도할 뿐만 아니라 그 주요 동력을 구축할 주체라고 주장했다.(4장을 볼 것.) 농민에 관한 마르크스주의의 비우호적인 견해를 따르지 않음으로써, 마오쩌둥은 "마르크스주의의 근본 교리와 핵심 논리로부터 선명하게 벗어났다."[2] 마오쩌둥이 혁명전략을 수립하는 과정에서 농민에게 의존한 것과 혁명의 주도적인 역할을 농민에게 맡긴 것은 "이단적인 행동"[3]이었다. 세 번째 원칙은 마오쩌둥의 철학에 대한 이해 방식이다. '정통' 마르크스주의에 대한 마오쩌둥의 이해와 충실함의 정도는 몇몇 측면에서 매우 비교조적이다.[4] 스튜어트 슈람이 주장했듯, 마르크스주의의 철학적 법칙들을 다루는 마오쩌둥의 방식은 "그의 사유방식이 마르크스주의, 레닌

1 Lucien W. Pye, *Mao Tse-tung: The Man in the Leader* (New York: Basic Books, 1976), 117. 또한 Stuart R. Schram, *The Thought of Mao Tse-tung* (Cambridge: Cambridge University Press, 1989), 5, 17, 54~55, 67, 96, 113, 168, 200; Maurice Meisner, *Marxism, Maoism, and Utopianism* (Madison: University of Wisconsin Press, 1982); Maurice Meisner, *Mao's China and After: A History of the People's Republic* (New York: The Free Press, 1977, 1986); Benjamin I. Schwartz, *Chinese Communism and the Rise of Mao* (New York: Harper Torchbooks, 1951)을 볼 것.

2 Stuart R. Schram, "Mao Zedong and the Role of Various Classes in the Chinese Revolution, 1923~1927," *The Polity and Economy of China: The Late Professor Yuji Muramatsu Commemoration Volume* (Tokyo: Tokyo Keizai Shinposha, 1975), 235.

3 Benjamin I. Schwartz, "The Legend of the 'Legend of "Maoism"'," *China Quarterly* 2 (April-June 1960): 35~42.

4 Schram, *The Thought of Mao Tse-tung*, 138~40; Stuart R. Schram, "The Marxist," in *Mao Tse-tung in the Scales of History*, ed. Dick Wilson (Cambridge: Cambridge University Press, 1977), 64; Stuart R. Schram, "Mao Tse-tung as Marxist Dialectician," *China Quarterly* 29 (January-March 1967): 155~65; John Bryan Starr, *Continuing the Revolution: The Political Thought of Mao* (Princeton: Princeton University Press, 1979), 20~29를 볼 것.

주의의 논리와 **전체적으로** 일치하는가에 관한 심각한 문제"[5]를 제기하고 있다.

마오쩌둥의 마르크스주의가 정통인지 그렇지 않은지를 판단하는 근거들은 각기 다르며, '정통' 마르크스주의와 상당히 이질적이다. 여기서 문제는 많은 마오쩌둥 연구자가 마르크스주의의 '정설'에 대한 자신의 이해를 정교화하지 않거나 그것에 대해 자세한 설명을 거의 하지 않는다는 데 있다. 대다수 마오쩌둥 연구자는 어떻게 그러한 '정설'들이 나타나게 되었는지, 정설들의 핵심 개념과 그것들 사이의 관계, '정설'이 이설(異說)과 구분되는 방식 등을 이론적인 수준에서 설명하지 않았다. 마오쩌둥의 마르크스주의를 평가하는 데서 시금석과 같은 역할을 하는 '정통' 마르크스주의의 본질은 별도로 설명할 필요가 없는, 당연한 것으로 간주되었던 것이다.[6] 그 결과 마오쩌둥 연구는 이론적으로 매우 낮은 수준에 머물게 되었다. 더욱 심각한 결과는 마오쩌둥 사상에 내재되어 있는 이론적 일관성의 가능성을 거부하게 된다는 것인데,[7] 왜냐하면 분석의 목표가 마오쩌둥의 사상이 '교리'로부터 얼마나 떨어져 있는지를 측정

---

5 Schram, "The Marxist," 64, 강조는 필자.

6 예외적인 사례로서 다음과 같은 연구 성과들을 참조할 수 있을 것이다. Paul Healy, "Reading the Mao Texts: The Question of Epistemology," *Journal of Contemporary Asia* 20, no. 3 (1990): 330~58; Arif Dirlik, "The Predicament of Marxist Revolutionary Consciousness: Mao Zedong, Antonio Gramsci and the Reformulation of Marxist Revolutionary Theory," *Modern China* 9, no. 2 (April 1983): 182~211; Arif Dirlik, "Mao Zedong and Chinese Marxism," in *Companion Encyclopedia of Asian Philosophy*, eds. Indira Mahalingam and Brian Carr (London: Routledge, 1977); Nicolas James Knight, *Mao and History: An Interpretive Essay on some Problems in Mao Zedong's Philosophy of History* (University of London: Unpublished PhD thesis, 1983), chapter 1.

7 루시안 파이는 "마오쩌둥은 분명 일관성이라는 것이 소심한 요물(hobgoblin)에 불과하다고 믿는 그룹에 속해 있었다."고 언급한 바 있다. *Mao Tse-tung: The Man in the Leader*, 44.

하는 것으로 고정되어 버리고, 이러한 이단적 성격에 대한 지속적인 강조가 마오쩌둥 사상 속에 포함되어 있는 마르크스주의적 개념에 대한 체계적 분석의 가능성을 손상시키기 때문이다. 그 자체로 무가치한 것이라고 할 수는 없겠지만, 마르크스주의적 전통의 개념과 관심사들이 마오쩌둥 사상 속의 그것과 어느 정도로 유사한지에 대한 대안적 탐색이 전혀 이루어지지 않고 있는 상황에서 '정통' 마르크스주의와 마오쩌둥 사상의 차이점에만 주목하는 연구는 문제를 안고 있다고 할 수밖에 없다. 그럼에도 불구하고 차이점을 찾는 연구와 유사점을 찾는 연구 모두 평가를 위한 기준을 마련할 필요가 있는데, 이 기준은 곧 '교리'에 관한 정교화된 개념이다. 결국 이것은 지금까지 마오쩌둥 연구자들이 보여준 것보다 훨씬 더 세련된 마르크스주의에 대한 이해를 요구하고 있다고 할 수 있다.[8]

그러므로 나의 견해는 마오쩌둥 연구에서 '교리'의 개념이 중요하고, 어쩌면 중심적인 위치를 차지할 수도 있다는 것이다. 하지만 우리는 그 개념을 어떻게 이해할 것이며, 그것을 마오쩌둥 사상의 분석에 어떻게 이용할 것인가? 이 문제에 답하는 방식에는 분명 여러 가능성이 존재할 것이다. 그러한 여러 가지 가능성 중 가장 확률이 높은 것은 (대체적으로 말한다면) 마오쩌둥 연구자들이 카를 마르크스(Karl Marx)와 프리드리히 엥겔스(Friedrich Engels)의 경전적 텍스트들 속에 단일한 마르크스주의 교리가 존재한다고, 경험주의

---

8 예외도 있다. 예컨대 마르크스주의에서의 사회적 인과관계에 대한 훌륭하지만 이성주의적이지 않은 해석이 그것이다. Andrew G. Walder, "Marxism, Maoism and Social Change," *Modern China* 3, no. 1 (January 1977): 101~18; and 3, no. 2 (April 1977): 125~59.

적 독해를 통해 단일한 교리를 그러모을 수 있다고 생각한다는 것이다. 교리를 이러한 방식으로 이해하는 태도의 가장 분명한 특징은 바로 정태적이라는 것이다. 만약 마르크스주의가 그것과는 적대적인 이론적, 정치적 조류들을 포괄하는 진화적 전통을 가진 것이라면, 고정불변의 '교리'가 존재한다는 주장은 믿을 만한 것이 못된다. 실상 그것은 역사적으로 옹호될 수 없는 것이다. 그러므로 만약 교리라는 개념이 마오쩌둥 사상 연구에 있어 모종의 단일성을 지닌 것이라고 할지라도, 그것을 정의하는 기준들 자체가 역사적이며 변화할 수밖에 없다는 것을 받아들여야 한다. 본 장에서 나는 교리라는 것이 이론적 구축물이며, 모든 이론은 시간의 흐름, 불안정한 세계 속의 정치와 권력의 변화 그리고 지적 유행의 변동에 종속될 수밖에 없다고 주장할 것이다. 오늘의 교리는 내일의 이설이 되게 마련이다. 그러므로 마오쩌둥 사상의 교리와 연관된 판단들은 어떠한 교리가 비교를 위해 사용되어야 하는가에 관한 기준을 세워야 한다. 만약 그 비교라는 것이 의미 있는 것이 되려면, 교리에 관한 이론적 구축의 문제는 필수불가결한 것이다.

'정통' 마르크스주의는 존재하는가?

1960년대와 1970년대 유럽 마르크스주의의 이론적 부흥은 이오시프 스탈린(Joseph Stalin)에 의해 강요된 교조적 형식의 마르크스주의를 네오마르크스주의자들이 거부함으로써 조성되었다.[9] 그 결과

---

9 물론 이전에도 당시의 교조적 마르크스주의에 도전했던 마르크스주의자들이 있었다. 카를 코르슈(Karl Korsch)와 게오르그 루카치(Georg Lukács)는 지노비예프(Zinoviev)로부터 공격을 받았고, 그들의 저서는 이후 데보린(Abram Moiseyevich Deborin)에 의해 비판

이러한 교조적 원리를 우회하여 마르크스로 되돌아가는 것을 목표로 삼는 수많은 이론적 혁신이 등장했다. 스탈린 시대에 널리 퍼진 마르크스주의의 형식은 마르크스의 사상에 대한 일종의 캐리커처에 불과한 것으로 받아들여지게 되었고, 마르크스주의의 이론적 통일성은 오직 마르크스로 회귀함으로써만 회복될 수 있는 것으로 생각하게 되었다. 몇몇 좌파 이론가에게 이성주의 혹은 경험주의에 근거한 인식론적 주장은 이미 사장되어 버린 교리와 도그마의 방해 없이 마르크스의 텍스트를 독해함으로써 마르크스의 '진정한' 의도를 추출할 수 있다는 견해에 힘을 실어주었던 것이다.[10] 이러한 마르크스주의의 부흥에 가장 큰 영향을 준 연구자 중 한 명인 루이 알튀세르는 다음과 같이 마르크스로의 회귀를 강력하게 주장했다.

> 문자 그대로 『자본』을 읽는 것이 핵심이다. 텍스트 자체로, 완벽하게, 네 권 모두, 문장 하나하나를 읽는 것, 그리고 첫 번째 장을 열 번 정도 반복해 읽는 것 … 또한 『자본』을 프랑스어 버전으로 읽을 뿐만 아니라 … 최소한 마르크스의 핵심적인 개념들이 등장하게 되는 근본적인 이론적 챕터들과 모든 문장을 파악하기 위해 독일어 원전으로 읽는 것이 필요하다.[11]

받았다. Karl Korsch, *Marxism and Philosophy* (London: NLB, 1970), 14~15; Georg Lukács, *History and Class Consciousness: Studies in Marxist Dialectics* (London: Merlin Press, 1971).

10 Alex Callinicos, *Is There a Future of Marxism?* (London: Macmillan, 1982), esp. chapter 3; Andrew Collier, "In Defence of Epistemology," in *Issues in Marxist Philosophy: Volume III —Epistemology, Science, Ideology*, John Mepham and David-Hillel Ruben, eds. (Brighton: Harvester, 1979), 55~106을 볼 것.

11 Louis Althusser and Étienne Balibar, *Reading Capital* (London: NLB, 1970), 13~14. 이러한 접근방식의 예는 에르네스트 만델(Ernest Mandel), 마틴 니콜라우스(Martin Nicolaus), 데이비드 페른바흐(David Fernbach) 그리고 루치오 콜레티(Lucio Colletti)가 편찬한, 1970년대에 출판된 펭귄 출판사의 마르크스 선집 서문에서도 찾아볼 수 있다.

알튀세르는 자신의 마르크스 독해가 '순수한 읽기(innocent reading)'는 아니었음을 인정하면서도 마르크스의 텍스트들에 담겨 있는 문제적 작업들에 대한 정확한 모사(模寫)로부터 진리를 찾아내는 이성주의적 인식론의 토대 위에 자신의 독해방식을 올려놓는다. 그리고 그는 텍스트의 표면적 무언급과 사소한 잘못을 좀 더 깊은 이면에 존재하고 있는 모순과 구분함으로써 자신의 독해를 수행한다.[12] 또 다른 좌파 이론가들(배리 힌데스와 폴 허스트와 같은)은 인식론적 범주를 거부함으로써 알튀세르와 거리를 둔다. 그들은 알튀세르의 주장을 거부하면서 마르크스에 대한 단 하나의 '진정한'(그러므로 과학적인) 독해가 존재할 수 있다는 가능성에 도전한다. 다시 말해 독자들이 각각 마르크스의 텍스트에 대해 서로 다른 견해를 만들어낼 수 있다는 것이다.[13] 그러므로 마르크스와 마르크스주의에 관한 해석의 다양성은 비단 가능할 뿐만 아니라 불가피한 것이기도 하다.(본서 2장을 볼 것.)

이러한 이론적, 정치적 분위기에서, 아무리 수용의 폭을 넓힌다고 하더라도, 통일된 총체적 세계관을 고집하면서 다른 해석의 여지를 전혀 남기지 않는 정통 마르크스주의를 받아들이는 것은 쉽지 않아졌다. 그러나 마르크스 본인의 주장에 충실해야 한다는 주

---

12 Althusser and Balibar, *Reading Capital*, 14~15.

13 특히 Barry Hindess and Paul Hirst, *Mode of Production and Social Formation: An Autocritique of Pre-Capitalist Modes of Production* (London: Macmillan, 1977); Barry Hindess, *Philosophy and Methodology of the Social Sciences* (Sussex: Harvester, 1977); Anthony Cutler, Barry Hindess, Paul Hirst, and Athar Hussain, *Marx's "Capital" and Capitalism Today* (London: Routledge and Kegan Paul, 1977), vol. I을 볼 것. 독해과정의 인식론에 대한 이와 같은 거부가 갖는 함의에 대해서는 Umberto Eco, *The Role of the Reader: Explorations in the Semiotics of Texts* (Bloomington and London: University of Indiana Press, 1979)와 Umberto Eco, *Semiotics and the Philosophy of Language* (Bloomington and London: University of Indiana Press, 1979)를 볼 것.

장 때문만이 아니라 정치적 강제와 이데올로기적 설득 때문에 마르크스에 대한 다양한 독해의 가능성과 그로부터 수반되는 도그마에 대한 거부가 보편적인 것으로 받아들여지는 마르크스주의 버전의 가능성 자체를 논리적으로 배제할 수 있는 것은 아니다. 역사적으로 봤을 때 스탈린 치하, 특히 제3인터내셔널의 전성기 시절에 그러한 상황은 분명히 존재했다. 1920년대와 1930년대 국제 공산주의 운동의 맥락에서 제3인터내셔널의 레닌주의 정당들은 소비에트 공산당의 스탈린이 부과한 규율에 복종했다. 레닌주의 정당의 당원들에게 당에 대한 충성(partiinost)은 당 규율의 수용을 명령했고, 그것은 또한 당 규율의 수용을 가능케 하는 조직적 분위기와 복종의 문화를 배태시켰다.[14] 이러한 맥락 속에서 스탈린이 만들어낸 특정한 형식의 마르크스주의가 널리 퍼져나갔고, '교리'로서 선전되었으며, 마르크스주의에 관한 유일하고도 타당한 해석으로 수용되었다. 결국 모든 공산당원은 교리가 검증될 수 있는 하나의 마르크스주의가 존재한다는 것을 받아들였다. 그것이 맞든 틀리든 상관없이 '교조적' 마르크스주의가 존재하게 된 것이다. 그러므로 '정통' 마르크스주의의 가능성에 대한 거부는 곧 국제 공산주의 운동 내부에 존재하고 있던 위계적 권력관계를 무시하는 것일 뿐만 아니라, 각각의 공산당원이 그들 자신의 공산당에 의해 각기 다르게 정의된 마르크스주의의 진리를 신뢰할 수 있다는 정신적 요구를 무

---

14 게오르게 리히트하임(George Lichtheim)은 "(변증법적 유물론에 관한 마르크스주의 철학의) 체계화를 향한 이와 같은 충동의 정신적 뿌리는 분명히 존재한다. 그 결과 '변증법적 유물론'이 가지고 있는 당에 대한 충성이라는 특성 역시 그러하다."고 주장한다. George Lichtheim, *Marxism: An Historical and Critical Study* (London: Routledge and Kegan Paul, 1961), 253. 또한 David Joravsky, *Soviet Marxism and Natural Science*, 1917~1932 (New York: Columbia University Press, 1961), chapter 2를 볼 것.

시하는 것이기도 했다. 하지만 이것이 바로 좌파 이론가들이 무시한 것이기도 한데, 스탈린과 스탈린의 마르크스주의를 무조건적으로 무시하려는 경향 속에서, (정당하게도) 이들은 마르크스에 대한 독해가 다양하게 존재할 수 있다는 가능성을 주장했지만, (부당하게도) 이들은 '정통' 마르크스주의라는 개념 역시 거부해 버리고 말았던 것이다. '정통'이라는 개념을 폐기함으로써 왜 특정한 형식의 마르크스주의가 중국과 같은 나라들에서 뿌리를 내릴 수 있었는지, 왜 당의 지도자들과 이론가들을 비롯해 일반 민중에 이르기까지 수많은 사람이 종종 아무런 의심도 없이 그들의 민족적인 경계 바깥에서 유래한 마르크스주의를 받아들였는지 이해하고 평가하는 것을 불가능하게는 아니지만 어렵게 만들었다.

'정통 마르크스주의'를 가장 분명하게 거부한 이는 바로 폴 허스트다. 에드워드 톰슨(Edward Thompson)의 『이론의 빈곤(The Poverty of Theory)』을 비판하면서 그는 다음과 같이 도발적으로 언급한 바 있다. "'정통' 마르크스주의라는 것은 존재하지 않는다. 모든 '정통'—카를 카우츠키의, 게오르그 루카치의, 스탈린의—은 마르크스와 엥겔스의 복잡한 담론적 총체 속의 가능성들로부터 추려낸 특정한 이론적 구축물들이다."[15] 모든 '정통'이 '특정한 이론적 구축물들'이라는 확신은 그의 초기 관점, 즉 인식론의 폐기라는 논리가 확장된 것이다. 그것은 마르크스주의 담론의 복잡하고도 다양한 본성에 대한 정당한 인식과 마르크스주의가 만들어내는 독해의 다양성에 기반한 것이다. 허스트의 입장이 의미하고 있는 것은 특정한 마르크스주의 담론을 평가하기 위한 '정통'이라는 기준의 적용은

---

15 Paul Hirst, "The Necessity of Theory," *Economy and Society* 8, no.4 (November 1979): 420.

반드시 그 '정통'의 이론적 구축을 수반할 수밖에 없다는 것이다. '정통'은 주어진 것이 아니며, 그런 것일 수도 없다. 모든 담론의 체계와 마찬가지로, 그것은 해석을 포함하는 것이다.

하지만 "'정통' 마르크스주의와 같은 것은 존재하지 않는다."는 허스트의 대담한 주장은 설득력이 떨어진다. 1970년대 후반 허스트가 '정통' 마르크스주의의 존재 가능성을 받아들이지 않았을지 몰라도, 수많은 마르크스주의자(중국의 마르크스주의자들을 포함하여)는 '정통'을 자신들의 신념과 믿음의 전제조건으로 삼았다. 그들은 '정통'에 대한 신념을 고수했는데, 왜냐하면 '정통'만이 정책과 전략이 정확하고 이데올로기적으로 합당하다는 것을 보증해 줄 수 있었기 때문이다.[16] '정통 마르크스주의'를 거부하는 허스트가 놓치고 있는 것은 '정통'에 대한 호소가 가지고 있는 정치적, 심리적 중요성이다. '정통'의 수용을 요구하고 그것을 성취해 내기 위해서는 정치적 강제력과 사회적 압력, 이데올로기적 설득을 적절히 혼합해 그 기본적 교리의 고수(固守)를 강제할 수 있어야 한다. 결론적으로 말해 정통은 셸던 월린(Sheldin Wolin)과 토마스 쿤(Thomas Kuhn)이 사용한 것과 같은 의미에서 일종의 패러다임으로 받아들여져야 한다.[17] 월린과 쿤에게 패러다임은, 그것이 얼마나 강력하게 자신의

100

---

[16] 최근 중국 마르크스주의의 '정통' 마르크스주의에 대한 의존 문제에 관한 분석은 Nick Knight, "Contemporary Chinese Marxism and the Marxist Tradition: Globalisation, Socialism and the Search for Ideological Coherence," *Asian Studies Review* 30, no. 1 (March, 2006): 19~39.

[17] Sheldin S. Wolin, "Paradigms and Political Theories," in *Politics and Experience*, eds. P. King and B. C. Parekh (Cambridge: Cambridge University Press, 1968), 125~52; Thomas Kuhn, *The Structure of Scientific Revolution* (Chicago and London: University of Chicago Press, 1970, second ed.). 월린과 쿤의 생각을 중국에 적용한 시도로는 Robert Marks, "The State of the China Field: Or, the China Field and the State," *Modern China* 11, no. 4 (1985):

과학적인 위치를 주장하는지와 관계없이, 일종의 이론적 구축물이다. 그것의 진실성은 권력기관에 의한 제재의 사용과 위협을 통해 수용되고, 그러한 과정을 통해 패러다임은 사회적, 정치적 이해관계에 의해 발생한 실제 세계 속에 자리를 잡는다. 하나의 패러다임은 그것이 진실을 대변한다는 주장에만 의존할 수는 없다. 비록 그러한 진실을 고수하려는 이들이 일반적으로 그것이 진실이라는 것을 받아들인다고 할지라도, 그들의 믿음은 설득을 위해 사용 가능한 매개체들을 통해 더욱 강화되는 것이다. 헤게모니에 기반한 통제력의 획득이 패러다임의 목표라고 할 수 있으며, 패러다임을 수용하고자 하는 의지가 획득된 만큼 그것의 수용을 강압하기 위한 강제력의 사용은 최소화된다.[18] 패러다임의 고수를 위한 강제력이 부재하다는 것은 곧 그 패러다임을 고수하는 이들 사이에서 해당 패러다임의 주장과 가치가 광범위하게 내면화되고 있다는 것을 가리킨다. 그럼에도 불구하고 직접적인 정치적, 사회적 제재가 필요하다고 간주될 때에는 그러한 수단을 통해 최종적인 제재가 여전히 강제력을 유지하게 된다.

그러므로 '정통'이라는 개념은 왜 관념의 특정한 형태들이 지배력을 획득하게 되는지를 이해하는 데 매우 유용하다고 할 수 있다. '정통' 마르크스주의라는 개념을 유지하는 두 번째 이유는 정통의 교리를 능숙하게 수행하는 것이 권력을 합법화하거나 그러한 주장을 내세우는 데 상당한 도움을 주기 때문이다.[19] 이러한 점

461~509.

18 그람시의 헤게모니 개념에 대한 논의에 관해서는 Joseph Femia, *Gramsci's Political Thought: Hegemony, Consciousness and the Revolutionary Process* (Oxford: Clarendon Press, 1987)를 볼 것.

을 제시하는 것이 자신을 정통의 언어로 표현하는 권력자들 혹은 권력 추종자들이 그러한 정통을 믿는지 그렇지 않은지를 판단하기 위한 것은 아니다. 그것은 다만 그들의 정통에 대한 호소가 당원과 추종자에게 자신들의 합법성을 담보해 준다는 것을 알아차리기 위해 필요한 것일 뿐이다. 중국적 마르크스주의라는 개념과 '정통' 마르크스주의라는 개념 사이의 관계는 중국에서는 매우 중요한 정치적 문제일 뿐만 아니라 이론적 문제이기도 했다. 중국 정치에서 비록 '정통'의 구축이라는 것이 권력을 가진 이들의 입맛에 맞게 요동치기는 했지만, 어찌되었든 많은 것이 '정통'과의 일치성을 보여줄 수 있는지 여부에 따라 판단되었던 것이 사실이다. 이 때문에 정통에 대한 이해가 마오쩌둥과 같은 정치적 지도자의 사상에 대한 이해를 가능케 했다고 할 수 있을 것이다.

'정통'이라는 개념을 유지하는 마지막 이유는 마르크스주의의 전통 속 특정한 개념들이 앞에서 제시한 이유들로 인해 지배력을 얻게 된다는 것을 알아차림으로써 그 계보를 추적하고 평가하기 위해서다. 그러한 개념들이 마르크스의 사상에 대한 '진정한' 해석을 대표하는지는 중요하지 않다. 마르크스주의의 흐름에서 특정한 이론적 조류가 지배적인 위치를 차지한다는 점을 인정하는 것은 다음과 같은 참조점을 제공하는데, 그것은 마르크스주의적 전통에 관한 방대한 양의 텍스트 속에서 발견되는, 상상할 수도 없을 만큼

---

19 불행하게도 마오쩌둥과 중국 연구의 맥락에서 마오쩌둥의 마르크스주의적 언급을 권력 강화의 동기로 치부해 버리는 경향이 존재하기 때문에 이 점을 장황하게 설명할 필요는 없을 것이다. 이에 대해서는 Robert North, *Moscow and Chinese Communists* (Stanford: Stanford University Press, 1953, 1963); Richard C. Thornton, *China: The Struggle for Power, 1917~1972* (Bloomington and London: Indiana University Press, 1973); Arthur A. Cohen, *The Communism of Mao Tse-tung* (Chicago: Chicago University Press, 1964)을 볼 것.

방대한 양의 개념 중 몇몇 눈에 띄는 개념을 서로 비교하고 평가할 수 있게 해준다. 지배적인 이론적 조류와의 통합 혹은 그것으로부터의 분기가 특정한 해석에 대한 승인 혹은 거부를 필연적으로 결정짓는 것은 아니다. 하지만 그것은 마르크스주의적 사유라는, 다양하고 복잡하며 진화하는 몸체 속에 존재하는 개념적 연관관계들을 밝혀내기 위한 실행 가능한 방법을 만들어낸다. 예컨대 중국적 마르크스주의와 관련된 몇몇 주제는 오늘날까지도 1930년대 '정통' 소비에트 마르크스주의와 개념적으로 강력하게 연계되어 있는 모습을 보여주고 있다.[20] 정통성을 담보해 주는 원(原) 역사, 그것을 정통으로 받아들인 중국 마르크스주의 지도자와 지식인, 그들에 의한 정통 마르크스주의의 제고와 보급은 마오쩌둥 사상이 중요한 부분을 차지하고 있는 중국공산당 이데올로기의 역사와 발전을 이해하는 데 매우 중요한 주제라고 할 수 있다. '정통' 마르크스주의라는 개념을 유지하지 않는다면 마오쩌둥 사상의 기원과 발전을 평가하려는 계획은, 불가능하지는 않더라도 매우 어려운 일이 되어 버릴 것이다.

'정통'이라는 개념을 유지하는 것에 관한 논의는 허스트와 같은 네오마르크스주의자들에게 대응하기 위해서일 뿐만 아니라, 마오쩌둥 사상의 정통성을 끈질기게 우겨대는 마오쩌둥 연구자들에게 대응하기 위해서도 필요하다. 정통을 식별해 내기 위해서는 당연히 그것과 반대되는 속성의 개념, 즉 이단이라는 개념이 필요하다. 하지만 영향력 있는 학자인 스튜어트 슈람은 마르크스주의에

방법론의 문제II : 마오쩌둥의 마르크스주의

---

20 Nick Knight, *Marxist Philosophy in China: From Qu Qiubai to Mao Zedong, 1923~1945* (Dordrecht: Springer, 2005)를 볼 것.

관한 마오쩌둥의 글에서 이단에 대한 개념 없이도 정통을 구별해 낼 수 있다고 주장했다. "특정한 시간의 특정한 문제에 대한 마오쩌둥의 입장이 마르크스주의적 정통과 일치하지 않는 것으로 판명된다면 이는 곧 그의 생각이 잘못되었고, 그의 정책이 오도되었다는 것을 의미한다. 내가 일반적인 명제로서 이러한 관점을 취한 적은 없다. 하지만 '정통'이라는 용어 때문에 종종 내가 그러한 관점을 취했다는 인상을 심어주고 있기 때문에, 그 용어는 폐기되었어야 한다."[21] 이와 같은 맥 빠지면서도 솔직하지 못한 언급이 역설적인 까닭은 바로 그 논문에서 슈람이 마오쩌둥 사상과 "마르크스주의 및 레닌주의의 기본적인 논리"[22] 사이의 관계에 대해 중요한 판단을 내리고 있기 때문이다. '정통' 개념에 대한 슈람의 '폐기'는 분명 공허한 수사적 도구에 불과하며, 그러한 수사적 도구들은 마오쩌둥 사상과 마르크스주의의 일치성/비일치성에 관한 판단들(그들 중 몇몇은 꽤 도덕적이고 부정적인 속성을 지니고 있는)로 가득 차 있는 마오쩌둥의 마르크스주의에 대한 차후의 실질적인 분석에 아무런 영향력도 끼치지 못하고 있다.[23] '정통'이라는 개념을 그렇게 불성실하게 다루어서는 안 된다. 그것은 마오쩌둥의 사상을 분석하는 데서 매우 중요한 역할을 맡고 있다. 마오쩌둥 연구에서 '정통'이라는 개념이 대충 처리되어 왔다는 사실은 그와 관련된 몇몇 논쟁을

---

21 Schram, "The Marxist," 36.

22 같은 글, 64; 또한 슈람이 '마오쩌둥의 역사에 관한 전망을 마르크스의 그것과 비교하고 있는' 52~54를 볼 것.

23 예컨대 Schram, *Mao Zedong: A Preliminary Reassessment*를 볼 것; 또한 Schram, *The Thought of Mao Tse-tung*도 볼 것. 후자에 대한 더 확장된 비판에 대해서는 Nick Knight, "Mao Zedong's Thought and Chinese Marxism: Recent Documents and Interpretations," *Bulletin of Concerned Asian Scholars* 25, no. 2 (April~June 1993): 54~63을 볼 것.

통해서도 쉽게 파악할 수 있는데, 그러한 논쟁들 속에서 '정통'이라는 개념은 마오쩌둥의 마르크스주의적 속성을 판단—긍정적이든 부정적이든—하는 데 자주 동원되어 왔다. 이러한 논쟁들을 통해 분명해지는 것은 결국 마오쩌둥 연구자들이 무엇이 '정통' 마르크스주의인지에 대한 서로 다른 관점으로부터 분석을 시작하고 있다는 사실뿐이다. 또한 그들은 각각 대립되는 관점이 결코 받아들이지 않을 증거를 내세우고 있다. 결과적으로 이러한 논쟁의 해결은 불가능하다. 비록 그러한 논쟁의 결과가 마오쩌둥의 마르크스주의에 관한 서로 다른 입장들의 단순한 반복이었음에도 불구하고, 논쟁은 그 자체로 흥미롭고 유익한 것이다. 왜냐하면 그러한 과정을 통해 마오쩌둥 사상을 해석하는 데서 종종 정교화되지 못한 채로 남겨져 있던 마르크스주의에 관한 경쟁적인 관점들이 명확해질 수 있기 때문이다. 이것은 나쁜 일이 아니다. 그러한 논쟁들을 통해 제기된 주제들이 지난 반세기 동안 이어져온 마오쩌둥과 그의 사상에 대한 담론을 규정지어 왔기 때문이다. 우리는 이제 이러한 논쟁들에 관한 대략적인 분석에 돌입해야 한다.

마오쩌둥은 마르크스주의자였는가? 그렇다면 어떠한 종류의?

1957년 모스크바에서의 연설에서 마오쩌둥은 "온갖 종류의 마르크스주의자가 존재한다. 어떤 이는 100% 마르크스주의자이고, 90, 80, 70, 60 혹은 50% 마르크스주의자도 있다. 혹자는 10% 혹은 20%만 마르크스주의자이기도 하다."[24]고 언급한 바 있다. 2년 정도

---

24 Mao Zedong, "A Dialectical Approach to Inner-Party Unity," *Selected Works of Mao Tse-*

지난 후 마오쩌둥은 자신이 "마르크스주의를 완벽하게 학습하지 못했음"[25]을 인정하면서 자신이 '100% 마르크스주의자'가 아닐 수도 있다는 가능성을 제기했다. 이러한 언급들은 마오쩌둥 연구자가 마오쩌둥의 마르크스주의적 본성과 충실도를 판단하는 데서 겪게 되는 어려움을 선명하게 보여주고 있다. 또한 마오쩌둥의 마르크스주의에 관한 시끌벅적한 논쟁에 참여하는 논자들 중에 마르크스 본인 혹은 여타의 마르크스주의자들의 저술들에 의존하는 것이 마오쩌둥의 마르크스주의에 관한 특정한 해석에 경험적으로 혹은 이론적으로 특권을 부여할 수 없다는 점을 깨닫는 이가 거의 없다는 사실이 그 어려움을 배가시킨다. 마르크스와 마르크스주의에 관한 서로 다른 독해방식에도 불구하고, 마오쩌둥 연구자들은 오직 하나의 '올바른' 해석이 가능하다는 근거를 바탕으로 마오쩌둥의 마르크스주의에 관한 자신만의 해석을 끈질기게 추구해 왔다. 이 때문에 여타의 해석은 모두 틀린 것이 된다.

마오쩌둥의 마르크스주의에 관한 첫 번째 주요 논쟁은 카를 비트포겔(Karl Wittfogel)과 벤저민 슈워츠(Benjamin Schwartz) 사이에서 벌어진 '마오주의의 전설(Legend of Maoism)' 논쟁이다.[26] 이 가열찬 의견 교환 속에서 비트포겔은 중국과 유럽의 사회적, 역사적 조

---

tung (Beijing: Foreign Languages Press, 1977) V, 515.

25 Mao Zedong, "Speech at the Enlarged Session of the Military Affairs Committee and the External Affairs Conference," in *Mao Tse-tung Unrehearsed: Talks and Letters, 1956~1971*, ed. Stuart Schram (Penguin, Harmondsworth, 1974), 154.

26 Karl A. Wittfogel, "The Legend of 'Maoism'," *China Quarterly* 1 (January~March 1960), Part 1: 72~86, 그리고 *China Quarterly* 2 (April~June 1960), Part 2: 16~34; Schwartz, "The Legend of the 'Legend of "Maoism"'." 이 주제에 관한 슈워츠의 다른 저술들에 관해서는 *Chinese Communism and the Rise of Mao*와 *Communism and China: Ideology in Flux* (New York: Atheneum, 1970)를 볼 것.

건이 서로 다르기 때문에 마오쩌둥이 정통 마르크스주의와는 다른 '이단적인' 별종의 마르크스주의를 만들어냈다는 슈워츠의 주장을 비판했다. 슈워츠는 '마오주의'를 주류 마르크스주의와는 구별되는 사상체계—정치적, 군사적 전략과 조직의 규율, 경제계획 등—로 인식한다. '마오주의'의 등장은 마르크스 본인이 고민한 사회적 맥락과는 다른 사회적 맥락에 적용되었을 때 '분해'되고 '해체'되기 쉬운 마르크스주의의 일반적 경향성을 반영한다. 비트포겔은 이러한 해석에 반대하는데, 왜냐하면 위와 같은 관점은 세계 공산주의 운동이 단일하고 통일적인 운동이 아니며, 중국의 공산주의 운동이 소비에트 공산주의의 복사본이 아님을 의미하기 때문이다. 비트포겔의 요지는 결국 '마오주의'라는 것은 존재하지 않는다는 것이고, 사실상 중국 공산주의자들의 마르크스주의는 차라리 소련 마르크스주의의 옹호에 불과하다는 것이다.

그렇다면 이 두 학자는 마오쩌둥의 마르크스주의에 관한 서로 완전히 다른 각각의 주장을 어떻게 정당화하고 있는가? 충분히 예상할 수 있듯, 그들은 자신의 입장을 정당화하기 위해 마오쩌둥의 텍스트와 마르크스주의 전통에 대한 서로 다른 독해방식을 근거로 제시하고 있다. 비트포겔은 "마르크스-레닌주의의 원칙적, 정치적 배경에 대해 충분히 이해하지 못했기 때문에 (독해 대상인–옮긴이) 텍스트를 적절하게 선택하지 못했고 그 결과 사건들에 대해서도 적절치 않은 해석을 내놓게 되었다."[27]고 '마오주의자들'—비트포겔은 슈워츠, 콘래드 브랜트(Conrad Brandt), 존 킹 페어뱅크(John K. Fairbank)를 그렇게 부르고 있다—을 비판했다. 결국 비트포겔은

방법론의 문제 II : 마오쩌둥의 마르크스주의

---

27 Wittfogel, "The Legend of 'Maoism'," Part 1: 75.

마오쩌둥이 농민을 중국 혁명의 주력군으로 삼았다는 사실이 그의 '이단적 행동'을 대변한다는 주장을 반박하기 위해 마르크스, 엥겔스, 레닌의 저술과 코민테른의 지시사항 등으로 되돌아가 마오쩌둥의 전략이 "이단적이지 않았음"[28]을 보여준다. 그리고 매우 자연스럽게 그는 이 복잡하고도 다층적인 자료들로부터 매우 탄력적으로 해석될 수 있는 여러 근거를 끌어낼 수 있게 된다. 다시 말해 정통 마르크스주의 역시 농민을 혁명과정에 끌어들이는 것의 중요성을 이미 인식하고 있었고, 이것이 바로 농민들에게 의존하여 농촌에 게릴라전을 위한 근거지를 마련해 지역 소비에트를 건설하는(농민에 대한 마오쩌둥의 관점에 대해서는 4장을 볼 것.) 마오쩌둥의 전략이 타당함을 입증하는 근거가 된다는 것이다. 이어서 비트포겔은 1927년의 「후난 농민운동 고찰 보고(湖南農民運動考察報告)」에 집중해 마오쩌둥과 '정통' 마르크스주의 사이의 친연성을 설명해 낸다.

이와 같은 비판에 대응하기 위해 슈워츠는 일정 부분 비트포겔과 동일한 전략을 취한다. 정통 마르크스주의 저술들로 회귀해 비트포겔의 해석이 틀렸음을 입증하고 비트포겔의 주제와는 모순되는 인용문과 텍스트들로 주의를 돌리는 방식을 취하고 있는 것이다. 그러나 슈워츠는 이러한 접근방식을 뛰어넘어 비트포겔이 마오쩌둥의 「후난 농민운동 고찰 보고」에 의존하고 있다는 점을 공격한다. 슈워츠에 따르면 비트포겔은 이 문건을 지나치게 까다롭게 읽어 마오쩌둥의 의도를 오해하고 말았다. 비트포겔은 1927년과 그 이후의 위기에 대응하는 마오쩌둥의 전략이 어떻게 발전되었는지를 이해하는 데서 분석의 편폭을 넓히지 못해 착오를 범한 것이다.

---

28 Wittfogel, "The Legend of 'Maoism'," Part 2: 26.

요컨대 「후난 농민운동 고찰 보고」는 "마오주의적 전략의 전체적인 측면을 담고 있지는 못하다. 왜냐하면 마오주의적 전략의 몇몇 부분은 보고서가 작성될 당시에는 존재하지 않았던 상황들에 대한 대응도 담고 있기 때문이다."[29] 이는 결국 마오쩌둥 마르크스주의의 정통성을 해석하는 데서 「후난 농민운동 고찰 보고」라는 텍스트가 갖는 중요성과 관련된 논쟁인 것이다.

이러한 논쟁의 밑바탕에는 마르크스주의의 본성에 관한 서로 다른 가설들이 깔려 있다. 비트포겔의 경우 정통 마르크스주의가 혁명과정에서 산업 프롤레타리아트의 특별한 역할을 그리 강조하지 않았으며 19세기 유럽의 맥락에서도 농민의 역할을 매우 중시했다는 가설을 받아들이고 있다. 슈워츠는 마르크스와 엥겔스가 농민에게 역사적 역할을 부여했다는 사실을 부정하지는 않지만,[30] '마오주의'와 마오쩌둥의 '이단적 행동'에 대한 그의 해석은 주로 프롤레타리아트의 역사적 역할과 자본주의적 산업화 과정의 경제적 조건을 현대화 혁명의 전제조건으로 강조하는 방향으로 마르크스주의를 해석하는 관점에 의존하고 있다. 그리고 이러한 관점은 자연히 농촌에서, 넓게는 봉건적 맥락에서 현대화를 추구하는 사회주의 혁명이 일어날 가능성을 배제한다.

이러한 논쟁으로부터 중요한 쟁점이 형성된다. 그것은 바로 위의 두 학자 모두 자신의 해석이 타당하다는 것을 입증하기 위해 서로 다른 종류의 증거를 찾으면서 마르크스주의 전통과 관련된 텍스트들과 마오쩌둥의 텍스트들을 '읽고 있다'는 점이다. 그들은 각

---

29 Schwartz, "The Legend of the 'Legend of "Maoism"'", 40.

30 같은 논문, 37.

109

방법론의 문제 II : 마오쩌둥의 마르크스주의

각 자신의 입장을 강화하기 위해 상이한 텍스트와 인용을 근거로 내세우고 있다. 이 때문에 다음과 같은 질문이 제기된다. 이러한 해석 중 어느 것이 정확한 것인가? 그리고 독자는 마오쩌둥의 마르크스주의에 관한 해석의 타당성을 어떻게 판단할 것인가? 만약 텍스트들 속에 담겨 있는 수많은 '사실들'을 상호 이질적인 해석들을 판단하는 궁극적인 기준으로 삼을 수 있다는 가능성을 배제한다면 (2장 참조), 위의 질문들에 대한 대답은 '올바른' 해석은 존재하지 않는다가 되어야 할 것이다. 다시 말해 텍스트들에 대한 특정한 독해방식의 타당성을 평가할 수 있는 그 어떠한 절대적 기준도 존재하지 않는 것이다. 비트포겔의 입장을 슈워츠의 그것보다 선호하거나, 혹은 그 반대이거나, 혹은 둘의 관점을 모두 거부하는 것 중 하나를 선택하는 것은 두 학자 중 누가 더 경험적인 측면에서 '옳거나' 정확한지가 아니라 이러한 논쟁을 대하는 독자의 이론적, 이데올로기적 관점에 의해 결정되는 것이다. 비트포겔과 슈워츠가 마르크스와 마오쩌둥의 텍스트들에 대한 '독해'를 위해 몇 가지 가설을 동원할 수밖에 없었던 것처럼 그들의 논쟁을 읽는 독자들 역시 그러할 수밖에 없다. 비트포겔과 슈워츠 모두 다른 한 명이 제시하는 증거가 무엇인지와 상관없이 자신과 반대되는 입장의 타당성을 인정하지 않을 것이고, 독자들 역시 자신만의 가설에 근거해 판단할 수밖에 없기 때문에 이들 사이의 논쟁은 결국 사상적 교착상태에 놓일 수밖에 없는 것이다.

1976~1977년 사이 학술지 『현대 중국(Modern China)』에서 벌어진, 마오쩌둥의 사회 변혁에 대한 관점의 정통성을 둘러싼 가열 찬 논쟁 역시 위와 동일한 교착상태에 놓이게 되었다. 본 논쟁은 '중국학 분야' 전반(슈워츠, 슈람, 모리스 마이스너 등이 대표하는)에 대한

리처드 페퍼(Richard Pfeffer)의 공격과 함께 시작되었는데, 페퍼는 사회 변혁에 대한 마오쩌둥의 견해와, 마오쩌둥과 정통 마르크스주의의 관계에 대해 중국학계 전반에 총체적인 오독이 존재한다고 비판했다. 그는 "마오쩌둥 사상을 더욱 깊이 있게 이해하기" 위해서는 "…마르크스의 작업을 이해하고 우리 연구 분야의 주류적 개념들을 넘어서기 위해 노력해야 한다."[31]고 주장한다. 페퍼는 이어서 슈워츠가 "정통 마르크스-레닌주의의 '결정적 요소들'을 자의적으로 범주화했고"[32] 이것이 마오쩌둥이 정통 마르크스주의자가 아니라는 결론을 내리게 한 잘못된 전제가 되었다고 공격했다. 그의 주장에 따르면 슈람 역시 마오쩌둥에 대한 중국 전통의 영향을 강조했고, 그러한 영향으로부터 생겨난 마오쩌둥의 '의지주의'가 "레닌주의와 마르크스주의적 논리"의 위반을 대변하고 있다는 착오적인 주장을 제기한 것이다.[33] 또한 마이스너 역시 마찬가지로 마오쩌둥의 '이상주의'를 강조했다는 이유로 비판당했다.[34] "우리 연구 분야의 주류 개념들"을 넘어선다는 문제에서 페퍼의 "주요 입장은 … 이론과 실천의 측면에서 마오쩌둥 사상을 이해한다는 것은 그것을 공산주의라는 마르크스의 목표를 중국에서 달성하기 위해 마르크스-레닌주의 전통으로부터 진화한 혁명적 발전전략으로 볼 것을 요구한다는 것이다."[35] 그리고 그는 마르크스가 마오쩌둥이

방법론의 문제 Ⅱ : 마오쩌둥의 마르크스주의

---

31 Richard M. Pfeffer, "Mao and Marx in the Marxist-Leninist Tradition: A Critique of 'The China Field' and a Contribution to a Preliminary Reappraisal," *Modern China* 3, no. 4 (October 1976): 421~60.

32 같은 논문, 425,

33 같은 논문, 427.

34 같은 논문, 433. 하지만 페퍼는 마이스너가 '마오주의'를 '마르크스-레닌주의의 발전'으로 받아들였다는 점은 인정한다.

직면한 것과 같은 도전과 문제에 직면했을 때 똑같은 행동을 취했을 것이라고 주장함으로써, 마오주의가 마르크스-레닌주의의 유연한 발전을 대표한다는 자신의 주장을 강화한다. 페퍼는 또한 "마르크스와 마오쩌둥 사이에 놀랄 만한 유사성이 존재한다."[36]는 것을 보여주기 위해 마르크스주의 고전과 당대 중국 이론가들의 저술을 인용한다.

앤드루 왈더는 '중국학 분야' 전반에 걸쳐 있는 오류들을 하나하나 세밀하게 밝혀내고 마르크스와 마오쩌둥 사이의 사상적 친연성을 보여주기 위해 마르크스에 대한 방대한 자료의 분석을 제시함으로써 페퍼의 비판을 계승하고 있다.[37] 왈더는 '중국학 분야' 전반이 마오쩌둥의 '의지주의'를 강조하고 그것을 마르크스와 대치시키기 위해, 마르크스를 경제'결정론자'로 해석하는 방법을 이용했으며, 그러한 방법을 통해 마르크스와 마오쩌둥 사이에 놓여 있는 사상적 차이를 과장했다고 주장했다. 하지만 그의 주장에 따르면 마르크스를 '결정론자'로 해석하는 중국학계의 해석 방식은 마르크스 본인의 저술들을 심도 있게 분석하는 데 실패한 변변치 못한 학문적 수준에 기반을 둔 것에 불과하다. 왈더가 지적하고 있는 것처럼, "마르크스 본인의 저술들에 대한 최소한의 가시적인 연구조차 제대로 되어 있지 않은 상황임에도 이 저자들은 마오쩌둥의 마르크스와 마르크스주의에 대한 관계에 접근하고 있다."[38] 그리고 이러한 마르크스와 마르크스주의에 대한 연구 부족은 결국 사회

---

35 같은 논문, 439.
36 같은 논문, 450.
37 Walder, "Marxism, Maoism and Social Change."
38 같은 논문, 102.

변혁에 관한 마르크스주의 이론을 착오적으로 묘사하게 하는바, 이러한 착오적 소묘는 마오쩌둥의 '의지주의'적 측면에 대한 비판을 더욱 신뢰할 만한 것으로 만드는 데 일조하게 된다. 이와 같은 착오적인 소묘는 서로 분리되어 있으면서도 연계된 두 가지 주제로 구성되어 있다. 첫 번째 주제는 마르크스의 경제결정론에 관한 문제이다.

경제적 토대와 이데올로기적 상부구조 사이의 인과관계에 관한 그의 인식을 오해함으로써 마르크스의 경제결정론은 과장되었다. 그 결과 경제적 토대에는 무조건적으로 인과적 우선성을 부여하면서도, 상부구조는 역사적 추동력을 위한 아무런 자율성 혹은 능력을 갖지 못한, 경제적 토대에 대한 창백한 반영으로 그려내는 속류의 과장된 결정론적 관점이 자리 잡게 되었던 것이다. 마르크스에 대한 지나치게 교조적인 혹은 '속류'적인 독해로부터 비롯된 이러한 해석 방식은 마르크스 사유 속의 토대와 상부구조의 관계를 잘못 표현하고 있다. 마르크스는 토대와 상부구조를 서로 구별된 범주로 받아들이지 않았다. 그는 차라리 사회에 관한 '유기적' 개념을 가지고 있었던바, 그 사회 속에서 토대와 상부구조는 서로 밀접하게 연계된 그리고 역동적으로 움직이는 구조의 어떤 측면을 묘사하는 것으로 인식된다.[39]

왈더는 사회적 '총체성' 속에서 경제적 토대가 일정 정도 인과적 우세를 점한다는 사실을 인정하면서도,[40] 경제적 토대와 상부구조 사이의 관계에 존재하는 변증법적 상호(혹은 내재)관계를 강조한다. 결과적으로 말해 그는 상부구조를 경제적 토대의 작동에 중

---

39 같은 논문, 126~27.
40 Andrew G. Walder, "A Response," *Modern China* 3, no. 4 (October 1977), 387~89.

요한 위치를 차지하는 제도와 실천의 복합체로서 제시하고 있는 것이다. 이 때문에 국가의 법과 다양한 매개체들은 역사적 효과에 대한 실재적인 잠재력을 보유하고 있는 것이 된다. 한 발 더 나아가 왈더는 생산관계 및 계급구조와 실천의 앙상블을 경제적 토대에 그 내핵이 영구적으로 종속된 별개의 개념적 범주로 여겨서는 안 된다고 주장한다. 계급관계는 토대와 상부구조의 변증법적 인과관계를 가능하게 만들면서, 양자 사이의 가설적 경계 사이에 겹쳐져 있는 것이다.

계속해서 왈더는 마오쩌둥 역시 사회를 하나의 '총체성'—경제적 토대와 상부구조 사이의 대체적인 상호관계가 그 속에 존재하고 있는—으로 파악하는 위의 견해를 공유하고 있었음을 보여준다. 그러므로 특정한 역사적 국면에서의 상부구조에 대한 마오쩌둥의 강조를 마르크스주의의 '핵심 논리'로부터의 이탈로 보거나(슈람),[41] 마오쩌둥의 '극단적인 의지주의'(슈람)[42]적 측면의 징조로 보아서는 안 된다.

왈더가 비판하고 있는 중국학 분야의 마르크스에 관한 착오적 소묘와 연관된 두 번째 주제는 역사 발전에 관한 마르크스의 이론이다. 중국학 분야 내에서 마르크스의 역사 발전 단계에 관한 이론은 기계적인 다섯 단계로 해석되었는데(원시 공산주의 – 노예제 사회 – 봉건제 사회 – 자본주의 – 사회주의), 그러한 단계 안에서 사회주의의 달성은 산업 자본주의에 의해 방출된 생산력의 대대적인 발전

---

41 Stuart Schram, "Mao Zedong and the Role of the Various Classes in the Chinese Re-volution, 1923~1927," 235.

42 Schram, *The Political Thought of Mao Tse-tung* (Harmondsworth: Penguin, 1969), 135.

으로부터 필연적으로 도래하는 것으로 여겨진다. 이 때문에 대체적으로 산업과 자본주의가 아직 미성숙한 단계에 머물러 있던 사회 속에서 권력의 혁명적 장악과 사회주의의 수립을 추구한 마오쩌둥을 포함한 아시아의 혁명가들은 자신들이 급진적인 사회 변혁을 위한 '객관적' 조건의 출현을 참을성 있게 기다리지 않았다는 죄책감을 가지고 있었다. 마오쩌둥의 마르크스주의로부터의 이탈 역시 이러한 조건 속에서 형성된 것으로 여겨지는 것이다. 다시 말해 마오쩌둥은 역사의 변화에 있어 상부구조의 역할을 지나치게 강조했을 뿐만 아니라, '정통' 마르크스주의 안에 내포되어 있는 강령에 의한 수동성을 거부했다는 것이다. 쉽게 예상할 수 있듯, 왈더는 다섯 단계로 구분되는 역사적 시간표의 개념을 마르크스주의의 교리로 여기는 것이 타당한 것인가라는 의문을 제기한다. "서유럽에서 조차 자본주의의 발전이 결코 선형적이거나 미리 결정된 것이 아니었던 것과 마찬가지로, 비유럽 국가들의 운명 역시 마르크스의 저술 안에서 미리 결정된 것은 아니다."[43] 만약 미리 결정된 역사의 다섯 단계라는 개념이 마르크스의 역사 이론에 대한 오독을 드러내는 것이라면, 그것에 기반해 마오쩌둥을 '비정통론자', '의지주의자'로 부르는 것 역시 타당하지 않은 것이 된다. 차라리 "마르크스에 대한 마오쩌둥의 관계를 이해하는 데 관건이 되는 것은 종종 잘못 이해되고 있는 마르크스주의의 분석 방법을 마오쩌둥이 어떻게 차용하고 있는지를 조사하는 것이다."[44] 이러한 판단에 근거해 왈더는, 페퍼와 마찬가지로, '중국학 분야'의 여타 연구자들보다 더욱

---

43 Walder, "Marxism, Maoism and Social Change," 141.

44 같은 논문, 144.

적극적으로 마르크스와 마오쩌둥 사이의 이론적, 이데올로기적 친연성을 받아들인다.

그렇다면 왈더는 자신의 입장을 어떻게 뒷받침하고 있는가? 또한 그의 분석에서 사용되고 있는 이론적 접근법은 무엇인가? 우리는 왈더가 마르크스를 읽는 방식에서 1960년대와 1970년대 유럽의 네오마르크스주의자들의 저술 속에 드러나 있는 주제들의 영향을 식별해 낼 수 있다. 인과성의 문제에 있어 그 어떠한 층위도 그 안에서 일방적인 우선성을 점하지 않는 사회적 총체성으로서 사회를 파악하려는 경향성은 네오마르크스주의자들의 이론적 시도에서 영향을 받은 것인데, 네오마르크스주의자들은 토대가 상부구조와의 관계에서 무조건적인 인과적 우세를 점한다는 토대/상부구조에 관한 관례적인 틀 속에 내재되어 있는 개념적, 정치적 난점들을 지적해 왔다.[45] 그리고 이러한 경향성은 또한 안토니오 그람시(Antonio Gramsci), 루카치(Lukács), 헤르만 호르터르(Herman Gorter)와 같은 유럽의 초기 마르크스주의자들의 저술에 뿌리를 두고 있는 것이기도 하다. 이들 초기 마르크스주의자들은 역사적 과정에서 경제적 토대에 압도적인 인과적 우선성을 부여하려고 하지 않았고, 이데올로기가 효과적인 혁명적 투쟁을 수행하는 노동자계급의 능력에 매우 중요한 역할을 한다고 간주했다.[46] 이와 같은 사유방식에 근거해

---

45 특히 Hindess and Hirst, *Mode of Production and Social Formation: An Autocritique of Pre-Capitalist Modes of Production*; Althusser and Balibar, *Reading Capital* 그리고 Louis Althusser, *For Marx* (London: Verso, 1979), 87~128을 볼 것.

46 Antonio Gramsci, *Selections from Prison Notebooks*, edited and translated by Quinton Hoare and Geoffrey Nowell Smith (London: Lawrence and Wishart, 1971); Georg Lukács, *History and Class Consciousness: Stuides in Marxist Dialectics*. 호르터르의 마르크스주의와 그 중국에의 영향 관계에 대해서는 Nick Knight, "Herman Gorter and the Origins of Marxism

왈더는 마르크스주의에 관한 새로운 독해방식을 '중국학 분야'의 그것과 대치시킨다. 하지만 왈더는 무슨 근거로 마르크스에 관한 새로운 독해방식이 자신이 반대하고자 하는 연구자들의 그것보다 더 타당하다고 주장하는가? 실상 그의 대답은 모호하다. 한편으로 왈더는 마르크스의 텍스트들로부터 추출된 몇몇 인용문이 그 자체로서 특정한 독해방식의 근거가 되는 것은 아니라는 점을 인정한다.[47] 하지만 다른 한편으로 그는, 세심한 문서화 작업과 주장의 명료함에도 불구하고, 자신의 해석이 마르크스에 관한 자신의 가설들과 전제들을 반영하고 있는 유일한 해석을 대변한다고 공개적으로 인정한 바도 없다. 왈더의 모호한 입장은 다음과 같은 언급을 통해 드러난다.

> '중국학 분야'에서 마르크스주의를 다루고 있는 방식을 통해서도 드러나듯, 인용문이라는 것은 마르크스의 언급이라고 가정되는 것과 관련된 모든 관점을 뒷받침하는 근거로 사용될 수 있다. 대신 마르크스가 어떠한 방식으로 자신의 변증법적 분석 방법 속의 정의와 개념들을 사용하는지를 구체화하면서, 인용된 문구들을 마르크스의 분석 방법에 관한 **대안적 해석**으로 엮어내는 것이 중요하다.[48]

여기서 알아챌 수 있는 것은 마르크스에 대한 왈더의 독해가

---

in China," *China Information* XIX, no. 3 (November 2005), 381~412를 볼 것.

47 Walder, "Marxism, Maoism and Social Change," 116.

48 같은 논문, 116. 강조는 인용자. 또한 왈더가 "농민의 혁명적 잠재력, 저발전 지역에서의 자본주의의 발전 가능성 그리고 혁명의 '적절한 타이밍'에 관한 마르크스의 단일한 입장을 찾아내려 하는 것은 부질없는 짓"임을 인정하고 있는 같은 논문의 139쪽도 참조할 것.

경험에 근거한 정확한 해석이라기보다는 '대안적 해석'에 불과하다는 점이다. 또한 그것은 그의 인상적인 분석 안에서 일종의 대략적인 스케치로 등장하고 있다. 왈더의 논문이 보여주고 있는 압도적인 인상은 그의 목적이 '중국학 분야'의 (잘못된) 독해방식에 대해 자신의 (올바른) 독해방식을 대치시키는 데 있다는 것이다. 이는 곧 왈더의 접근방식에 존재하고 있는 분명하고도 안타까운 공백을 드러내고 있는데, 왜냐하면 그는 자신이 대적하고자 하는 이들이 범하고 있는 순환논증 및 교조주의의 오류들에 자신을 노출시키면서, 그러한 오류들을 명확하게 기술하는 데 실패했기 때문이다. 그렇다면 마르크스와 마오쩌둥에 관한 왈더의 독해방식을 왜 슈람, 슈워츠, 웨이크먼 주니어(Wakeman Jr.), 마이스너의 그것보다 더 타당하다고 생각해야 하는가? 실상 그 최종적 분석에 있어 이에 대한 대답은 해결되지 않은 채로 남아 있다. 또한 '중국학 분야'에 마르크스에 관한 좀 더 '유연한' 해석을 삽입해 넣으려는 그의 용기 있는 시도 역시 또 다른 '대안적 해석'으로 등장할 뿐이다.(여타의 모든 독해방식이 그러하듯이 말이다.)

왈더의 분석이 이론적 공백을 남기고 있다는 점은 분명하지만, 그가 비판하고 있는 이들의 대응 역시 그러하다. 특히 슈람의 대응은 불쾌한 논조를 보여주고 있다.[49] 슈람은 마르크스와 마오쩌둥에 관한 자신의 독해를 형식적으로 반복하거나 왈더와 페퍼가 '대안적 해석'을 통해 자신이 틀렸다는 것을 증명했을 가능성을 거부하기보다는 왈더와 페퍼가 자신의 마르크스와 마오쩌둥에 관한 해

---

49 Stuart Schram, "Some Reflections on the Pfeffer-Walder 'Revolution' in China Studies," *Modern China* 3, no. 2 (1977): 169~84.

석을 오독했고 적절하지 않게 제시했을 뿐만 아니라 그들 역시 마르크스와 마오쩌둥의 텍스트들을 오독했다고 직접적으로 비판함으로써 자신의 입장을 방어한다. 실상 슈람은 이렇게밖에는 자신의 입장을 변호할 수 없는데, 왜냐하면 (2장에서 이미 확인한 것처럼) 그의 저술들은 철저하게 독해에 관한 경험주의적 접근방식에 근거하고 있기 때문이다. 만약 슈람이 마오쩌둥의 마르크스주의에 관한 '지식'이 '사실들에 대한 객관적 검증' 이외의 자료들로부터 도출된다는 것을 인정하면, 그는 마오쩌둥과 마르크스에 대한 왈더의 독해와 마찬가지로 자신의 독해 역시 '특정한 해석'에 불과하다는 점에 동의할 수밖에 없다. 그리고 그 '특정한 해석'은 아무런 우월적 지위도, 본래적인 타당성도 요구할 수 없게 되는 것이다. 하지만 그의 저술들에 심심치 않게 등장하는 몇몇 오류에도 불구하고[50] 슈람은 마오쩌둥 연구 분야에 널리 퍼져 있는 견해, 즉 '진정한' 독해는 가능하며, 마오쩌둥 연구자의 '정향된 시선'에 종속되어 있는 마오쩌둥의 텍스트들이 저자의 진정한 의도를 드러낼 수 있다는 견해에 매달린다. 하지만 학술지 『현대 중국(Modern China)』의 논쟁을 통해 드러나듯, 논쟁의 심도와 강도를 고려한다면 현실은 그렇지 않다. 마오쩌둥의 텍스트들은 스스로 말하지 않는다. 그것들은 각각의 새로운 독해방식에 의해 쇄신되며, 각 해석의 강조점에 따라, 또 서로 상이하며 때에 따라서는 날카롭게 충돌하는 해석들에 의해 다른 의미를 부여받게 된다. 특정한 해석방식(슈람의 것과 같은)이 해당 분야에서 지배적인 위치를 차지하게 되는 이유는 그 해석이 경험적인 차원에서 당연히 타당한 것이라고 여겨지기 때문이

---

50 예컨대 Schram의 "The Marxist," 35~36을 볼 것.

아니라, 여타의 수많은 요소가 영향을 미치기 때문이다. 예컨대 저자의 논문 편수, 제도적 지원의 수준, 역사 및 사회과학 영역에서의 지적 조류, 각각의 해석이 서로 경쟁관계를 형성하고 있는 사회의 사회적, 정치적 변화의 속성들이 바로 그러한 요소들이라고 할 수 있다.[51] 이러한 요소들이 해석 자체의 질과 관계없이 특정한 해석이 지배적인 위치를 차지하는 데 더욱 강력한 영향을 미치고 있는 것이다. 하지만 경험론적 독해에 경도된 독자들은 이를 인정하지 않을 것이다.

'중국학 분야에서 페퍼-왈더가 수행하고 있는 혁명'에 대한 여타의 반응 역시 본 논쟁이 서로 경쟁하는 담론들 사이의 싸움이며, 이 때문에 최종적인 결론이 가능하지 않다는 것을 깨닫지 못하고 있다. 예컨대 웨이크먼은 마르크스의 독일어 원본으로 회귀함으로써 마르크스의 텍스트 속 왈더의 몇 가지 키워드에 관한 해석을 검증할 수 있다고 주장한다.[52] 하지만 그런 검증이 왈더의 정확성 여부를 진정으로 증명해 낼 수 있는가? 물론 아니다. 다른 판본들과 마찬가지로 독일어판 역시 해석을 필요로 한다. 언어와 그것의 사용은 본래적으로 이론적이며, 단어와 개념 혹은 문장에 부여된 의미들은 그것들에 고정된 의미들로부터 도출되는 것이라기보다는 독자의 담론으로부터 도출되는 것이다. 마이스너는 자신이 마오쩌둥을 "영원한 진리와 정통을 위반한 '이단자' 혹은 '이교도'"[53]로 잘못 판단했다고 비판받는 것에 항의하면서, 곧바로 이어진 다음 페

---

51 Marks, "The State of the China Field: Or, the China Field and the State"를 볼 것.

52 Frederic Wakeman Jr., "A Response," *Modern China* 3, no. 2 (April 1977): 161~62.

53 Maurice Meisner, "Mao and Marx in the Scholastic Tradition," *Modern China* 3, no. 4 (October 1977): 401.

이지에서 다음과 같이 말하고 있다. "'경제적으로 낙후될수록 사회주의로 더욱 쉽게 이행할 수 있다.'는 마오쩌둥의 가정보다 마르크스주의 이론에 대한 더욱 근본적인 수정은 상상하기 힘들다."[54] 마이스너의 자기 입장에 대한 변호가 내포하고 있는 모순적인 측면은 차치하고라도, 여기서도 마오쩌둥 텍스트의 인용이 마치 페퍼-왈더와 마이스너 사이의 견해차를 공정하게 중재할 수 있으며 또한 마이스너의 해석이 타당하다는 것을 판결해 줄 수 있는 근거처럼 여겨지고 있다. 심지어 『현대 중국(*Modern China*)』의 논쟁에 관한 마무리 논평에서 페퍼와 왈더가 제기한 입장에 대체적으로 공감을 표한 존 걸리(John Gurley)마저 자신의 마르크스에 대한 독해를 통해 심포지엄에서 발표된 논문들을 요약한 서문을 쓰면서 다양한 의견을 평가하는 것에 반대를 표명했다.[55] 결국 텍스트들, 지적 전통 혹은 사회적 또는 정치적 '현실'에 관한 서로 다른 독해들을 만들어내는 이론적 요소들에 관한 인정 혹은 토론은 전혀 존재하지 않았던 것이다.

여기서 문제가 되고 있는 것은 논쟁의 쌍방이 제시하고 있는 실질적 해석이 아니라(비록 나는 이어지는 장에서 그들이 제시하고 있는 문제들로 되돌아갈 것이지만), 인식론적 문제들의 함의들 그리고 마오쩌둥 사상에 대한 해석을 독해하는 방식에 대한 이론적 논의가 결여되어 있다는 것이다. 본 논쟁에 참여한 이들은 독해로부터 정확한 하나의 해석이 도출될 수 있다는 가능성을 가정하는 경험주

방법론의 문제Ⅱ : 마오쩌둥의 마르크스주의

---

54 같은 논문, 402.

55 John G. Gurley, "The Symposium Papers: Discussion and Comment," *Modern China* 3. no. 4 (October 1977): 443~63.

의적 입장에 의존하고 있다. 그리고 이러한 이론적 순진함(naïveté)은 마오쩌둥 사상 연구의 교조주의적 성격에 일조하고 있다. (이러한 교조주의적 성격 탓에 – 옮긴이) 마르크스와 마르크스주의에 관한 여러 상이한 독해방식을 받아들인 학자들은 다양한 독해방식 안에 내재되어 있는 이론적 타당성 혹은 유용성을 전혀 고려하지 않고 마오쩌둥의 마르크스주의에 관한 경쟁적 해석을 배제시켜 버리고 만다. 이와 같은 싸움을 통해 드러나고 있는 것은 결국 논쟁에 말려든 학자들이 서로 불화하고 있다는 사실에 불과하다. 상호 배타적인 가정들 그리고 상이한 경험적 현실에 호소하는 것은 생산적인 논쟁을 위한 토대를 구축하는 것이 아니라 서로 반대되는 담론들 사이의 충돌만을 초래할 뿐이다. 더군다나 '우리 영역의 지배적 개념들'에 대한 급진적인 비판자들 역시 대체적으로 다음과 같은 경험주의적 가정들을 공유하고 있다. 텍스트들에 대한 축자적 독해면 충분하다. 상반되는 인용에 대한 반박을 통해 하나의 해석이 다른 해석에 비해 더 유효하다는 것을 입증할 수 있다. '사실들'은 공정한 관찰자의 시선을 내포하고 있는 중립 영역을 구축한다. 이론적 가정에 관한 인정과 평가는 필요하지 않거나 바람직하지 않다. 이와 같은 순진한 경험주의적 가설들이 마오쩌둥 사상 연구의 이론의 빈곤에 기여하고 있는 것이다.

결론

마오쩌둥의 마르크스주의에 대한 평가는 그 본래적인 성격상 이론적인 작업이라고 할 수 있으며, 또한 그것은 상당한 범주의 이론적 가설들에 대한 동원을 내포하고 있는 것이다. 이러한 작업들은 다음과 같은 사항들에 대한 결단을 포함하고 있다. 마르크스주의의 내용과 발전, 마오쩌둥의 마르크스주의적 정통성을 평가하기 위한 기준을 설정하는 문제, 독해과정에서 마오쩌둥 연구자와 마오쩌둥의 텍스트들 사이의 관계, 마오쩌둥의 텍스트들이 쓰인 정치적 맥락의 중요성과 그러한 맥락이 어떻게 형성되었는가의 문제, 그리고 마오쩌둥의 텍스트들이 해석되는 맥락의 역할. 이러한 문제들에 대한 결단은 그 자체로 자명한 것이 아니다. 또한 텍스트들을 종합함에 있어 설정되는 문제들 역시 그 자체로 자명하지 않다.

이 때문에 이어지는 장들에서 다루어질 마오쩌둥 사상에 대한 해석은 '탐색'으로 설정되어야 한다. 이 '탐색'은 결코 그 어떠한 절대적 진리로 이어지는 것이 아니며, 최소한 잠시 동안만이라도 모종의 고민을 담게 될 추측으로 이어지는 것이다. 물론 본 탐색을 통해서 내가 가 닿게 될 결론이 잠정적인 것이라고 생각하지는 않는다. 왜냐하면 마오쩌둥 사상에 대한 나의 이해가 마오쩌둥의 텍스트들에 대한 심각하고도 오래된 고민들에 기반해 있기에 상당한 타당성을 갖추고 있다고 생각하기 때문이다. 그럼에도 불구하고 나의 탐색이 제기된 이슈들에 대한 최종적인 결론을 대표하는 것이라고 할 수는 없다. 나는 오히려 다른 연구자들이 나의 가설들—마오쩌둥 사상의 출처에 관한, 마르크스주의에 대한 마오쩌둥의 이해와 그 수준에 관한—을 공유하지 않을 것이라는 점과 내가 축적한 인용구들과 나의 해석을 뒷받침하는 참조 사항들을 위해 내가 들인 노력과는 상관없이 나의 결론이 타당하지 않다는 결론을 내릴 것이라는 점을 너무도 잘 알고 있다. 그리고 만약 사정이 그러하다면, 그에 대한 나의 대답은 이것이 야수의 본성이며, 인문학과 사회과학 영역의 탐구는 진리에 대한 점증하는 접근이 아니라 논쟁과 활발한 의견 교환을 통한 접근임을 철학적으로 수용해야 한다는 것이다. 이러한 정신이야말로 이어지는 '탐구'가 제시하고자 하는 것이며 또한 받아들여지기를 희망하는 것이다.

다음 장에서 나는 마오쩌둥 사상 연구사에서 가장 중요한 논쟁 중 하나로 되돌아가고자 한다. 그것은 바로 중국 혁명에서의 농민과 노동계급의 역할에 관한 마오쩌둥의 이해이다. 많은 사람이 주장한 것처럼 마오쩌둥은 농민혁명가였는가? 또한 농민에 대한 의존에 있어 마오쩌둥은 '마르크스주의의 핵심 논리'에서 출발하고 있는가? 이제 우리는 이러한 문제들에 대한 세밀한 검토로 되돌아가 보려고 한다.

4장
마오쩌둥 사상 속의
노동계급과 농민, 1923~1945

아마도 중국 공산주의 운동의 역사에서 마오쩌둥이 농민에 심취하기 시작했다는 것보다 많이 쓰인 주제는 없을 것이다.[1]

멕시코의 혁명 지도자인 에밀리아노 사파타(Emiliano Zapata)는 아알라 계획(PLAN DE AYALA)에서 지주들이 멕시코의 농민들로부터 빼앗은 '농지와 목재, 물'을 다시 회수해야 한다고 주장했다.[2] 그는 "억압자들에 의해 훼손된" 농민 재산권의 반환을 요구하면서 "결핍되어 있는 멕시코 민중들의 번영과 복지가 완전히 개선될 수 있도록" 토지를 재분배해야 한다고 요구했다. 문건의 간결하고

---

[1] Stuart R. Schram, "Introduction" to Li Jui, *The Early Revolutionary Activities of Comrade Mao Tse-tung* (White Plains, New York: M. E. Sharpe, 1977), xxxvii. 또한 *The Thought of Mao Tse-tung* (Cambridge: Cambridge University Press, 1989), 35를 볼 것.

[2] John Womack Jr., *Zapata and the Mexican Revolution* (Harmondsworth: Penguin, 1968), 541~45. 또한 Eric R. Wolf, *Peasant Wars of the Twentieth Century* (London: Faber and Faber, 1973), 31~32 그리고 John Dunn, *Modern Revolutions: An Introduction to the Analysis of a Political Phenomenon* (Cambridge: Cambridge Universitry Press, 1972), 58~59를 볼 것.

도 꾸밈이 없는 모습 그대로, 아얄라 계획은 멕시코 사회를 강타하고 있던 혼란 속에서 혁명의 필요성에 대한 드라마틱하고도 강력한 메시지를 표현하고 있다. 또한 사파타의 전기가 보여주고 있는 것처럼 그 문건의 내용들은 혁명과정 속에서 용의주도하게 수행되었다.[3] 아얄라 계획에서 그려지고 있는 비전은 본질적으로 농민의 비전이다. 다시 말해 그것은 멕시코 농민들의 전통적 권리, 특히 토지에 대한 권리를 존중하는 공정하고 정의로운 사회의 재건을 꿈꾸고 있는 것이다. 그런데 이 계획에는 멕시코의 이전 사회와 구별되는, 존재했거나 존재한 것으로 상정되는 사회에 관한 개념이 결여되어 있다. 아얄라 계획에는 산업화와 현대화를 통한 개혁은 물론이거니와 혁명의 목표가 멕시코 사회의 전통적 특징을 근본적으로 바꾸는 것이어야 한다는 제안이 그 어디에도 존재하지 않는다. 또한 멕시코의 계급적 특성이 근본적으로 바뀌어야 한다는 제안도 존재하지 않으며, 놀랍게도 계급투쟁의 매개체로서의 혁명에 관한 개념 역시 존재하지 않는다. 사파타의 좋은 사회에 대한 비전은 멕시코 전통사회에 깊이 뿌리 내리고 있는 것이며, 본질적으로 농업적이라는 한계를 갖는다.

사파타는 농업 혹은 농민 혁명의 성격과 한계를 가장 전형적으로 보여주고 있다. 그의 농민 동료들을 위한 정의라는 의미에서 강한 동력을 얻고 있지만, 그것은 농민 문제에 대한 해결책이라는 측면에서 여전히 원초적인 수준에 머물러 있다. 그는 과거에 존재했던 세계를 갈망하며, 혁명적 행동을 통해 미래가 상상된 과거와 직접적으로 연계될 수 있다고 믿으면서 과거를 미래에 투사한다. 이

---

3 Womack Jr., *Zapata and the Mexican Revolution*, 541~45.

러한 측면에서 보았을 때, 사파타는 농민의 분노와 불만에 호응했던 다른 혁명가들과 좋은 대조를 이룬다고 할 수 있을 것이다. 19세기 러시아의 나로드니키(narodniks) 같은 이들은 사파타와 농민들에 대한 순수한 애착을 공유했는데, 그들의 존재 조건, 특히 토지에 대한 관계에서 보여지는 도시의 영향력과 점차 확산되어 가던 자본주의 그리고 현대적 노동과 생활방식에 의해 오염되지 않은 농민들의 덕성을 받아들였다. 또 다른 이들은 이와는 다른 방식을 취했다. 그들은 농민들의 분노를 인정하면서 그들의 분노 안에서 혁명적 역량을 흡수했던 것이다. 그들은 또한 농민들의 계급적 성격과 그 존재의 농업적 조건을 인정했다. 그러나 그들의 농민에 대한 수용은 농민의 한계에 대한 실용주의적인 평가와 얽혀 있었는데, 농민들이 자신들의 지역주의에 기반한 농업적 지평을 넘어선 세계를 상상할 수 없다는 것을 알아채고 있었다는 점에서 특히 그러했다.

그렇다면 농민들과 그들의 혁명적 잠재력이라는 범주에서 마오쩌둥은 어디에 위치해 있는가? 그는 농민들과 그들의 덕성에 낭만적으로 집착한 농민혁명가였는가? 아니면 그는 중국 혁명을 위한 농민의 유용성을 간파했으면서도, 농민들이 현대화 혁명을 성공시키기 위해 외부적 지도력을 필요로 하고 있음을 알아차린 실용적 마르크스주의자였는가? 마오쩌둥이 자신의 혁명전략을 만들어내고 중국 혁명을 실천하는 데서 농민에게 주로 의존했다는 사실에는 이론의 여지가 없다. 쟁점이 되는 문제는 마오쩌둥의 사유가 완벽하게는 아니더라도 주로 마르크스주의적이었다면, 마르크스주의에 대한 그의 공개적 믿음이 산업 프롤레타리아트의 지도적 역량과 혁명적 잠재력에 대한 중시로 그를 이끌지 않았겠는가라는 점이다. 이 문제에 대한 가장 대표적인 관점으로 모리스 마이스너의 관점을 들 수 있는데, 그는 마오쩌둥이 "농촌 지역에 존재하고 있는 혁명적 창조성과 사회적 진보의 원천들, 진정한 혁명 계급으로서의 농민들"을 신뢰했음을 강력하게 또 반복적으로 강조했다. 마오쩌둥은 "농민들의 태생적 '지혜'에 대한 찬미"로 가득 차 있었으며, "농촌 지역 대중들의 혁명적 창조성에 대한 열정적 신념"을 고백했다. 마오쩌둥의 혁명에 대한 희망은 "농민의 창조적 에너지에 대한 신념"에 뿌리를 둔 것이었고, 그는 "도시 프롤레타리아트의 혁명 능력"은 매우 낮게 평가했다. 실제로 도시 노동자 계급의 혁명 계급으로서의 위치에 대한 그의 관심은 "거의 전무했다." 마오쩌둥 사상은 "강력한 반(反)도시적 성향"과 도시의 퇴폐적 영향에 대한 반감, "상대적으로 순수한" 농촌에 대한 강력한 믿음으로 특징지어진다.[4] 이 때문에 마이스너의 관점에 따르면 매우 견고한, 반(反)현대적이고 유토피아적인 사회주의적 충동이 태생적으로 중국의 농민에 호의적이었고 그들의 역량에 감탄한 마오쩌둥의 혁명 개념을 떠받치고 있었다. 비슷한 맥락에서 아이작 도이처(Issac Deutscher) 역시 1927년 도시로부터의 후퇴라는 결정을 정당화하면서 마오쩌둥이 "사실상 도시 노동자 계급을 버리게 되면서 점점 더 노골적으로 농민을 혁명의 유일한 **능동적** 동력으로 생각하게 되었다."[5]고 주장했다. 벤저민 슈워츠(Benjamin Schwartz)도 "마오쩌둥은 그가 촌락에서 찾아낸 기본적인 역량들을 최대한 이용하기 위해 모든 이론적 고려에도 불구하고 산업 노동자를 등지고 말았다."[6]는

---

4 Maurice Meisner, *Marxism, Maoism and Utopianism* (Madison: University of Wisconsin Press, 1982), 64, 65, 97, 99, 100, 152, 225를 볼 것. 또한 Maurice Meisner, *Mao's China and After: A History of the People's Republic* (New York: The Free Press, 1977, 1986), 44~47을 볼 것.

5 Issac Deutscher, *Ironies of History* (London: Oxford University Press, 1966), 99. 강조는 원문.

결론을 내놓고 있다.

마오쩌둥이 산업 노동자에게 등을 돌리게 된 것에 대한 묘사는 상당히 시사적이라고 할 수 있는데, 왜냐하면 이러한 관점들은 마오쩌둥이 기꺼이 도시에서의 투쟁을 포기한 것이 산업 노동자 계급의 혁명 역량을 얕보았고 농민의 혁명적 잠재력을 중국 혁명의 성공을 위한 유일한 희망으로 보았기 때문이라고 주장하기 때문이다. 그리고 그렇게 함으로써 마오쩌둥은 마르크스주의의 이론 구조에 대한 유일하고도 의식적인 무시를 드러내게 되었고, 혁명전략을 구성하는 데서 농민에게 의존하게 됨으로써 슈워츠가 명명한 이른바 '이단적 행동'을 저지르게 될 것으로 이미 예정되어 있었다는 것이다. 마오쩌둥의 마르크스주의가 지닌 이단적 특징을 강조하는 가장 영향력 있는 학자인 슈람의 말을 빌리면, "마오쩌둥은 농촌에 최고의 중요성을 부여함으로써만이 아니라 농민에게 그들 자신을 조직할 수 있는 능력과 자신들의 역사적 역할을 명확하게 자각할 수 있는 능력을 모두 부여함으로써 마르크스주의의 교리와 핵심 논리로부터 극단적으로 이탈했다."[7] 슈람은 또한 마오쩌둥이 "혁명과정에서 농민이 전위적 역량일 뿐만 아니라 궁극적으로 유일한 역량임"을 확신하게 되었다고 주장했다. 이 때문에 아마도 마오쩌둥은 "중국 혁명의 운명이 궁극적으로 농촌에서 벌어지는 일에 달려 있다."고 믿게 되었고 이러한 확신은 "모스크바에 앉아 있던 레닌이 허

6 Benjamin I. Schwartz, *Chinese Communism and the Rise of Mao* (Cambridge: Harvard University, 1951), 76~77.

7 Stuart R. Schram, "Mao Zedong and the Role of the Various Classes in the Chinese Revolution, 1923~1927," in *The Polity and Economy of China: the late Professor Yuji Muramatsu Commemoration Volume* (Tokyo: Tokyo Keizai Shinposha, 1975), 235~36.

용할 법한 원칙을 훨씬 넘어서는 노동자와 도시에 대한 무관심"[8]을 초래하게 되었다는 것이다.

마오쩌둥을 '농민 혁명가'로 분류하는 관점은 비단 학문적인 견해에 머무르지 않는다. 그의 정치적 반대자들 역시 마오쩌둥이 마르크스주의자로서 실패했음을 공격하기 위해 중국 혁명의 과정 속에서 그가 보여준 노동계급에 대한 부정 혹은 거부를 이용해 왔다. 예컨대 소비에트의 리더 니키타 흐루쇼프(Nikita Khrushchev)는 마오쩌둥의 '진정한 마르크스주의(true Marxism)로부터의 이탈'을 다음과 같이 회상하고 있다.

마오쩌둥은 항상 노동계급이 아닌 농민에게 의존해 왔다. 이것이 그가 (1949년) 상하이에 자리를 잡지 않은 이유이다. 그는 노동자의 복지에 대해 책임지는 것을 원치 않았다. 스탈린은 마오쩌둥의 이러한 진정한 마르크스주의로부터의 이탈에 대해 적절하게 비판한 바 있다. 하지만 마오쩌둥이 농민에게 의존하고 노동자를 무시함으로써 혁명을 쟁취했다는 사실은 여전히 남는다. 그 승리가 프롤레타리아트 없이 성취되었기에 그것은 일종의 기적이 아니라 분명 마르크스주의 철학에 대한 새로운 전환이다. 요컨대 마오쩌둥은 그 이익이 노동자계급과는 이질적인 이방인이며 그 이전부터도 계속 그러했던 쁘띠 부르주아다.[9]

마찬가지로 1930년대 중국공산당에 파견된 코민테른 요원 오

---

8 Stuart R. Schram, *The Political Thought of Mao Tse-tung* (Harmondsworth: Penguin Books, 1969, revised edition), 59~60.

9 Nikita Khrushchev, *Khrushchev Remembers*, with an introduction, commentary, and notes by Edward Crankshaw (London: André Deutsch, 1971), 464~65.

토 브라운(Otto Braun)의 회고록은 마오쩌둥에 대한 공격으로 가득 차 있는데, 특히 마오쩌둥이 농민의 중요성과 역할을 강조한 것과 노동계급을 거부한 것에 대한 공격이 주를 이루고 있다.[10]

하지만 중국 혁명과 그 과정에서 마오쩌둥이 수행한 역할에 대한 연구를 진행하고 있는 몇몇 역사가의 관점은 다소 다르다. 예컨대 필립 황(Philip Huang)은 마오쩌둥이 농민에 대한 낭만적 인식을 가진 농민 혁명가라는 주장을 거부한다. "마오쩌둥은 낭만적이지 않았다. 그는 '농민'을 '쁘띠 부르주아'로 그리는 천두슈(陳獨秀)와 결별했으며, 농촌 혁명을 긍정하면서도 이를 낭만적으로 보지는 않았던 것이다. 다시 말해 마오쩌둥이 모든 농민은 단순하고 선하며 도시 문명은 본래적으로 부패했다고 주장하거나, 시골로 돌아가는 것이 곧 선함으로 돌아가는 것과 같다고 생각한 것은 아니었던 것이다."[11] 차라리 마오쩌둥은 농민 대중의 행동에 담겨 있는 막대한 잠재력을 간파했으면서도, 또한 그들 존재의 계급적 조건, 혁명을 지지하는 그들의 자발성 및 일반적인 이데올로기적 전망이라는 측면에서 농민 속에 다양한 변수가 존재하고 있다는 것 역시 알아차리고 있었다. 황이 지적하고 있는 것처럼, 마오쩌둥은 몇몇 농민의 사고방식에 쁘띠 부르주아적 이데올로기의 특성이 있음을 파악하고 있었다. 농민들이 전적으로 혁명을 지지하는 것이 아니라는 것을 잘 알고 있었던 것이다. 대체적으로 농민을 긍정적으로 바라

10 Otto Braun, *A Comintern Agent in China, 1932~1939*, translated from the German by Jeanne Moore, with an introduction by Dick Wilson (St. Lucia, Queensland: University of Queensland Press, 1982).

11 Philip C. C. Huang, "Mao Tse-tung and the Middle Peasants, 1925~1928," *Modern China* 1, no. 3 (July 1975): 285.

보고 있던 마오쩌둥의 관점은 결국 농민들 속에 존재하고 있는 사회경제적, 정치적, 이데올로기적 차이점들이 그들이 혁명에 참여하는 것에 일정한 한계를 초래하고 있다는 사실에 대한 실용주의적인 평가로 집약된다. 다른 학자들 역시 마오쩌둥 혁명전략의 농민 의존적 성격이 1927년 도시에서 경험한 중국공산당과 노동운동에 대한 무자비한 억압이 아니라 농민에 대한 낭만적 집착에서 비롯됐다는 관점을 거부한 바 있다.[12] 토니 사이치(Tony Saich)가 지적한 것처럼, 마오쩌둥과 중국공산당은 1927년 이후 지속적으로 농민에 대한 노동자의 우위를 강조했고 "여건이 조성되자마자 당은 농촌 공작에 대한 도시 공작의 우선성을 다시 주장했다."[13] 이와 같은 관점에서 보았을 때, 마오쩌둥의 농민에 대한 접근방식은 그동안 일반적으로 인식되어 온 것보다도 더욱 마르크스주의적 교의에 가깝다. 유스투스 판 더르 크루프(Justus Van der Kroef)는 "농민을 마르크스-레닌주의 계급 원리의 안티테제와 동일시하고 있는 것을 통해서도 명확하게 드러나듯 원칙적으로 농민에 대한 마오쩌둥의 관점은 전반적으로 마르크스와 레닌으로부터 유래한 것이다."[14]라고 말하고 있다. 마찬가지로 트레보 수다마(Trevor Sudama) 역시 "전체적으로 보았을 때 … 농민과 혁명에서 긍정적 역할에 대한 그들의 잠재력을 규정함에 있어 마오쩌둥이 마르크스-레닌주의의 패러다

---

12 M. Henri Day, *Máo Zédōng, 1917~1927: Documents* (Stockholm: Skriftserien für Orientaliska Studier, no. 14, 1975), 242~51을 볼 것.

13 Tony Saich (ed.), with a contribution by Benjamin Yang, *The Rise to Power of the Chinese Communist Power: Documents and Analysis* (Armonk, New York: M. E. Sharpe, 1996), esp., il-1, 281을 볼 것.

14 Justus M. Van der Kroef, "Lenin, Mao and Aidit," *China Quarterly* 10 (April-June 1962): 37.

임 안에서 움직이고 있다고 결론 내릴 수 있다."[15]고 주장하고 있다.

그렇다면 누구의 의견이 타당한가? 마오쩌둥은 농민 혁명가였는가? 만약 그렇다면 어떤 종류의 농민 혁명가였는가? 마오쩌둥은 농민에게 어떠한 특성을 부여하였는가? 그리고 그는 자신의 혁명 전략을 구축함에 있어, 특히 중국 혁명 속에서 다른 계급들과의 관계에 있어 농민의 역할을 어떻게 규정하고 있는가? 우리가 익히 보아왔듯이 이러한 문제들이 새로운 것은 아니다. 하지만 마오쩌둥의 정치사상과 중국 혁명의 특징을 이해하는 데서 이들 문제의 중요성은 변치 않는다. 더군다나 농민과 그들의 혁명에서의 역할에 대한 마오쩌둥의 견해를 재평가해야 하는 이유는 1920년대에서 1940년대 사이에 저술된 마오쩌둥의 문건들에 대한 접근이 점점 더 용이해지고 있기 때문이다. 그리고 이 기간은 그의 혁명관이 형성된 가장 중요한 시기이기도 하다. 그렇다면 마오쩌둥의 사유에 접근할 수 있는 문서의 양이 크게 늘었다는 사실이 위와 같이 복잡한 문제들에 대해 새로운 관점을 제공해 주고 있는가? 본 장의 목적은 마오쩌둥과 농민이라는 주제를 다시 검토하고 신구(新舊) 문건들을 통합해, 위에서 대략적으로 살펴본 서로 충돌하는 해석들에 대한 판단을 가능하게 해줄 마오쩌둥 자신의 언설로부터 증거를 찾아내는 것이다. 그리고 이를 위해 네 단계에 걸친 마오쩌둥 혁명전략의 발전 과정에서 드러난 농민에 대한 관점, 특히 농민과 노동계급의 관계를 조사하게 될 것이다. 그리고 이 네 단계는 아래와 같이 구분된다.

---

15 Trevor Sudama, "Analysis of Classes by Mao Tse-tung, 1929~39," *Journal of Contemporary Asia* 8, no. 3 (1978): 361.

1. 농민과의 재결합, 1923~1927

2. 농촌 혁명, 1927~1930

3. 노동계급 권력과 국가 형성, 1931~1934

4. 저항과 개혁, 1937~1945

당연히 이 네 단계 사이(그리고 어떤 경우에는 각 단계 내부에)에는 서로 다른 강조점이 존재하고 있지만, 이 단계들을 떠받치고 있는 공통된 한 가지 전제가 있다. 그것은 마오쩌둥이 사파타의 패턴을 따르는 순수한 농민 혁명가는 아니라는 것이다. 마오쩌둥은 농민의 혁명적 잠재력을 마음속 깊이 존경했고 또 그것을 발굴해 낼 준비가 되어 있었음에도 불구하고, 산업화되고 현대적이며 사회주의적인 중국의 미래를 받아들일 수 없는 농민의 역사적 한계 때문에 중국 혁명에 대한 그들의 공헌이 제한적일 수밖에 없다는 사실을 냉철하게 인식하고 있었다. 이것이 바로 농민이 노동계급의 지도력을 필요로 하는 주된 이유였다. 현대 산업과 자본주의는 노동계급의 경험이었고, 그러한 경험으로부터 조직을 구성하고, 농촌의 지역주의로부터 벗어나 중국을 새롭고 현대적인 단계로 이끌어갈 수 있는 계급은 바로 노동계급이었다. 슈람이 주장한 것처럼, 마오쩌둥은 농민이 그들 자신을 조직화할 능력을 갖추고 있다는 것은 인정했지만, 그 능력이 제한적이라고 믿었다. 농민은 지도력을 필요로 한다. 그리고 그 지도력은 곧 노동자계급과 공산당의 지도력이어야 한다. 왜냐하면 그들의 이데올로기는 노동자를 여타의 억압받는 계급들을 혁명적 투쟁의 과정에서 인도해 모든 계급적 구분이 완전하게 철폐된 사회를 세우는 역사적 임무를 지닌 '보편 계급(universal class)'으로 제시하고 있기 때문이다. 결국 중국 혁명은 농민이 인구의 압도적인 다수를 차지하는 농촌 지역에서 수행될 수밖에 없지만, 마오쩌둥은 노동계급이 중국 혁명의 영도 계급이라는 것을 굳게 믿고 있었다. 또한 그는 자신과 자신의 혁명운동을 노동계급이 주로 거주하고 있는 도시들로부터 유리시키고 있는 역사적 환경에도 불구하고, 가능한 한 모든 곳에서 노동계급의 혁명적 요소들, 특히 그들의 주도적 위치와 역할을 강화하기 위해 노력했다.

결국 핵심 주제는 마오쩌둥이 중국 혁명을 위한 계급적 지도력의 문제를 어떻게 인식했는가의 문제라고 할 수 있다. 이것은 실제로 노동계급이 혁명을 이끌었는가 그렇지 않은가에 관한 문제가 아니다. 내가 관심을 두고 있는 것은 오히려 마오쩌둥 스스로 노동자계급과 농민의 특징과 품성, 이 두 계급 사이의 관계를 어떻게 생각했는가의 문제이다. 이 주제를 탐구하기 위해 나는 노동자계급과 농민, 중국 혁명의 계급 지도력의 문제를 규정하고 분석한 1923년에서 1945년 사이의 마오쩌둥의 저술들을 자세하게 검토한다. 마오쩌둥의 텍스트들에 대한 이와 같은 독해는 위에서 언급한 학문적, 정치적 결론들(그리고 비난들)—마오쩌둥이 "모든 이론적 고려에도 불구하고 산업 프롤레타리아에게 기꺼이 등을 돌림"으로써 정통 마르크스주의의 핵심 사항을 방기했다는—이 상당한 오해였다는 것을 밝혀주고 있다.

농민과의 재결합, 1923~1927

현재 확인이 가능한, 1920년대에 작성된 마오쩌둥의 초기 문건에 대한 상세한 연구(1975)에서 데이(Day)는 마오쩌둥의 '농민과의 재결합'이 1923년에서 1925년 사이의 어느 시점에서부터 시작되었다고 적고 있다.[16] 비록 마오쩌둥이 주로 노동운동 조직가로 활동했고 스스로 '노동자의 시간'[17]이라고 칭한 기간(1921~1923)에도 농민이 그의 의식에서 완전히 사라졌는지가 여전히 의심스러운 것이 사실이지만, 현재 마오쩌둥이 '농민 빈곤화'[18]와 그것의 중국 혁명에 대한 중요성을 인식하기 시작한 것이 1923년이라는 것은 분명해졌다. 중국공산당 제3차 회의(1923년 6월)에서 마오쩌둥은 「농민 문제에 관한 결의안(關於農民問題的決議案)」을 제출하고, 군벌 간의 전쟁과 "토비(土匪, 지방의 무장 도적떼 - 옮긴이)와 부패한 신사계급" 때문에 증가하고 있는 농민들에 대한 경제적 착취로 인해 "농민들의 삶이 점점 더 어려워지고 있다."고 언급했다. 그리고 그 결과 "저항 정신

136

---

16 Day, *Máo Zédōng, 1917~1927: Documents* (Stockholm: Skriftserien für Orientaliska Studier) no. 14, 1975, 42. 슈람은 "1925년 여름에서 초가을에 마오쩌둥이 (농민을) 재발견했다." 고 주장한다. Stuart R. Schram, "Mao Tse-tung and Secret Societies," *China Quarterly* 27 (July~September 1966), 3을 볼 것. 또한 Edgar Snow, *Red Star over China* (Harmondsworth: Penguin, 1972), 185~86에 나와 있는 마오쩌둥 자신의 언급 역시 참조할 것. 여기서 마오쩌둥은 다음과 같이 말하고 있다. "이전까지 나는 농민의 계급투쟁의 정도에 대해 충분히 인식하지 못하고 있었습니다. 하지만 5·30 사건(1925) 이후 그리고 그 이후 이어진 위대한 정치적 행동의 물결 속에서 후난(湖南) 지역의 농민들은 매우 공격적으로 변했습니다." 하지만 마오쩌둥이 1925년 이전 농민의 문제 혹은 그들의 혁명 역량을 완전히 인식하지 못하고 있었다고 말하고 있는 것은 아니다. 이것은 1923년의 언급을 통해 분명하게 드러난다. 차라리 1925년의 사건이 마오쩌둥으로 하여금 농민의 공격성의 정도와 그것이 제공하는 기회를 깨닫게 했다고 하는 편이 타당하다.

17 Day, *Máo Zédōng, 1917~1927: Documents*, 245.

18 '노동자의 시간'은 슈람이 마오쩌둥 사상에 관한 논문에서 해당 시기에 부여한 표제이다. Stuart R. Schram, "Mao Tse-tung's Thought to 1949," in *An Intellectual History of Modern China*, edited by Merle Goldman and Leo Ou-Fan Lee (Cambridge: Cambridge University Press, 2002), 283을 볼 것. '노동자의 시간' 동안의 마오쩌둥의 활동에 대해서는 Lynda Schaffer, *Mao and the Workers: The Hunan Labor Movement, 1920~1923* (Armonk, New York: M. E. Sharpe, 1982)을 볼 것. 또한 Schaffer의 "Mao Zedong and the October 1922 Changsha Construction Workers' Strike: Marxism in Preindustrial China," *Modern China* 4, no. 4 (October 1978): 379~418을 볼 것.

이 농민들 사이에서 자연스럽게 무르익고 있다. 확산되고 있는 농민들의 반(反)조세, 반(反)세금 폭동이 바로 그 증거다."라고 말하고 있다. 「농민 문제에 관한 결의안」은 또한 당에게 "소농(小農)과 소작농을 결집해 중국을 지배하고 있는 제국주의자들에게 저항하고 군벌과 탐관오리들을 타도하며, 토비(土匪)와 부패한 신사계급에 저항해 농민의 이익을 보호하고 민족혁명 운동을 촉진해야 한다."[19]고 요구했다. 장궈다오(張國燾)의 회고에 따르면(완전히 신뢰할 수 있는 것은 아니지만) 제3차 회의의 토론 과정에서 마오쩌둥은 "그 어떤 혁명에서도 농민 문제는 가장 중요한 문제다."라고 주장했고, 중국공산당이 농민을 강조하고 동원해야 한다고 주장했다.[20]

이와 같은 긍정적인 평가가 마오쩌둥이 이후 그의 혁명전략을 형성하는 과정에서 보여준, 농민에 대한 가장 전형적인 태도였다. 비록 마오쩌둥 연구자들에 의해 별달리 주목받지는 못했지만, 당의 제3차 대회가 끝난 후 몇 주 지나지 않아 쓰여진 「지역 헌법 하의 후난(省憲下之湖南)」이라는 문건에서 농민에 대한 다소 덜 긍정적인 언급이 나타난다. "소농의 사고방식은 거의 변한 게 없다. 그들의 정치적인 요구는 단순히 정직한 관리와 좋은 통치자이다."[21] 마오쩌둥과 농민의 재결합이 시작된다고 할 수 있는 이 부분에서 1920년대부터 1940년대까지 전 기간에 걸쳐 지속된, 마오쩌둥의

19 Stuart R. Schram, ed., and Nancy J. Hodes, associate ed., *Mao's Road to Power: Revolutionary Writings 1912~1949: Volume II, National Revolution and Social Revolution, December 1920 ~ June 1927* (Armonk, New York: M. E. Sharpe, 1994), 164.

20 Schram, ed., *Mao's Road to Power: Volume II*, xxxii. 중국어 원문은 中共中央文獻研究室編, 『毛澤東年譜』(北京: 人民出版社, 中央文獻出版社, 1993), 第一卷, 114쪽 주석에서 찾아볼 수 있다.

21 Schram, ed., *Mao's Road to Power: Volume II*, 171.

농민에 대한 태도의 특징을 이루는 두 가지 모순적인 주제가 등장한다. 한편으로 마오쩌둥은 농민의 혁명적 잠재력을 인지하고 인정했으며 중국공산당이 이러한 잠재력을 혁명의 성공을 위해 이용해야 한다고 주장했다. 하지만 다른 한편으로 그는 농민의 사고방식이 전통으로 인해 상당한 제약을 받고 있고, 이러한 제약이 그들로 하여금 이미 지나가버린 시대의 가치와는 완전히 다른 정치적, 경제적 미래를 확신할 수 없게 만든다고 생각했다. 그리고 농민에 대한 마오쩌둥의 생각 속에 존재하는 이와 같은 긴장을 해소할 수 있는 방법은 바로 혁명 과정과 혁명 이후의 국가 건설 과정에서 모두 노동계급이 농민을 지도해야 할 필요성을 끊임없이 주장하는 것이었다. 왜냐하면 현대적인 생산양식은 농민이 아닌 노동계급의 경험이고, 그러한 경험으로부터 비롯되는 조직 감각이 현대성과 사회주의에 관한 세계적 전망을 부여할 수 있기 때문이다. 하지만 역사적으로 제한된 비전만을 가지고 있는 농민은 그러한 것을 만들 가능성을 가지고 있지 않았다. 혁명 과정에서의 농민의 역할에 대한 마오쩌둥의 긍정적인 참조는 결국 농민과 혁명 과정 전체에 대한 노동계급의 지도력이 중요함을 강조함으로써 균형을 맞추게 된다. 또한 마오쩌둥의 농민에 대한 긍정적인 참조에 있어 종종 농민의 이데올로기적, 정치적, 조직적 실패와 이러한 실패가 혁명의 성공적 수행 과정에서 일으키는 문제들에 대해 그다지 낙관적이지는 않은 언급이 수반되기도 한다.

이렇게 서로 충돌하고 있는 주제들은 농민과 노동계급을 언급하고, 중국 혁명에서 계급적 역량들 사이의 권력 배치를 어떻게 할 것인지에 관한 자신의 생각을 드러낸 1925년부터 1927년 사이의 문건을 통해 분명하게 드러난다. 「중국 사회의 각 계급에 관한 분석(中國社會各階級的分析)」(1925년 12월)에서 마오쩌둥은 농민 내부에 균열이 존재하고 있음을 인식하고 있다는 것을 보여준다. 또한 농민 문제를 주로 자경농과 소규모 수공업자, 빈농의 문제로 규정한다. '준프롤레타리아트'에 속한다고 할 수 있는 이 세 계층의 농민들은 각각 어려운 경제적 조건에 처해 있었고, 토지를 조금 소유하고 있거나 전혀 소유하지 못하고 있기 때문에 토지를 소유하고 있는 농민보다 더 혁명적이었다. 그리고 이들 중 빈농은 "혁명 선전을 가장 잘 받아들였다."[22] 결국 중국 농촌 지역의 계급과 계층에 대한 마오쩌둥의 분석은 주로 토지 소유의 문제에 초점을 맞추고 있다고 할 수 있다. 왜냐하면 토지 소유가 곧 농민 속에 존재하는 다양한 계층이 혁명에 어떻게 반응할 것인지를 결정하는 요소였기 때문이다. 결론적으로 말해 빈농이 중국 농촌 지역의 여러 계급과 계층 중 가장 혁명적(혹은 잠재적으로 가장 혁명적)이었다고 할 수 있다. 그들은 '농민들 중에서도 가장 비참했고', 이 때문에 혁명을 위해 '용감하게 싸울 수 있었다.'

1925년 11월 마오쩌둥은 "나는 공산주의를 믿고 프롤레타리아트의 사회주의 혁명을 옹호한다."고 썼다.[23] 그리고 그는 노동자계급이 매우 소수임에도 불구하고 그들의 혁명적 역량을 높게 평가하면서 「중국 사회의 각 계급에 관한 분석」에서 이 주제로 되돌아온다.

---

22 Schram, ed., *Mao's Road to Power: Volume II*, 257; Day, *Máo Zédōng, 1917~1927: Documents*, 196~97; Takeuchi Minoru, ed., *Mao Zedong Ji* [Collected Writings of Mao Zedong] (Tokyo: Hokubosha, 1970~72) I, 168~69.

23 Schram, ed., *Mao's Road to Power: Volume II*, 237.

중국 경제가 낙후되어 있기 때문에 현대 산업 프롤레타리아트의 수는 많지 않다. 200만 정도의 산업 노동자는 주로 철도, 광산, 해운, 방직, 조선 등 5개 산업 부문에 종사하고 있고, 그 중 대부분은 외국 자본이 소유한 기업에서 노역하고 있다. 비록 산업 프롤레타리아트의 수는 많지 않지만, 그들은 중국의 새로운 생산력을 대표하는 이들이며 현대 중국의 가장 진보한 계급으로서 혁명운동의 지도적 역량을 갖추고 있다. 지난 4년 동안 일어난 선원들의 파업, 철도 노동자들의 파업, 카이롼(開灤) 탄광과 자오쭤(焦作) 탄광의 파업, 사몐(沙面) 파업, 나아가 '5·30 사건' 이후 상하이와 홍콩 두 지역에서 일어난 총파업에서 보여준 그들의 역량을 보면, 산업 프롤레타리아트가 중국 혁명에서 차지하는 위치의 중요성을 알 수 있다. 그들이 이렇게 할 수 있었던 첫 번째 원인은 집중이다. 그 어떤 이들도 이들처럼 집중할 수 없다. 두 번째 원인은 경제적 지위의 하락이다. 그들은 생산수단을 잃고 두 손밖에 남은 것이 없다. 돈을 벌 수 있다는 기대는 완전히 사라졌고, 제국주의, 군벌, 자본 계급으로부터 극도로 잔혹한 대우를 받고 있다. 때문에 그들은 더욱 전의에 불타고 있다.[24]

이것이 농민 혁명가의 언설이란 말인가? 모리스 마이스너처럼 막무가내로 다음과 같이 언급한다면 충분히 그렇다고 답할 수 있을지도 모르겠다. "만약 400만에 달하는 잠재적으로 반동적인 '중간 부르주아' 계급에 대해 별다른 신경을 쓰지 않아도 된다면, 이것은 잠재적으로 모든 것을 고려했을 때 3억 9500만의 인구 중 극히 일부분만을 차지하는 도시 프롤레타리아트 역시 무시해도 된다는 것을 의미한다."[25] 여기서 마이스너는 중국 혁명을 위한 계급 역

24 Schram, ed., *Mao's Road to Power: Volume II*, 258~59; Takeuchi ed., *Mao Zedong Ji* I, 170~71.

량의 중요성에 대한 마오쩌둥의 인식에서 노동자계급이 차지하는 중요성을 저평가하기 위해 마오쩌둥 본인의 언급을 직접적으로 반박하고 있다. 또한 마오쩌둥 스스로 인정한, 노동자계급이 매우 적다는 사실에 근거해 마오쩌둥의 언급을 반박하고 있다. 하지만 위에서 제시한 문건을 비롯해 1920년대부터 1940년대에 걸쳐 작성된 여타의 문건을 통해서도 분명하게 확인할 수 있듯, 마오쩌둥은 혁명에 관한 계급적 지도력의 사안을 규모의 문제로 받아들이지 않고, 당시 점차 그 모습을 드러내고 있던 자본주의적 계급관계 안에서 착취에 의해 심화되고 있던 변혁에의 요구를 노동자계급이 어떻게 인식하고 있는지의 문제로 파악하고 있었다. 노동계급의 이와 같은 경제적 경험은 그들을 '조직화되고 집중화된 계급'으로, 그리고 '매우 훌륭한 전사'로 만들 것임에 틀림없었다.

1926년 1월 국민당 제2차 회의에서 제출된 「농민운동 결의안 (農民運動決議案)」에서 마오쩌둥은 중국 혁명에서의 농민의 중요성이라는 문제로 되돌아온다. "중국의 국민혁명은 간단히 말해 농민혁명이다. 만약 국민혁명의 기초를 공고히 하고자 한다면, 우선 농민을 해방시켜야 한다."[26] 또한 그는 1926년 발표한 논쟁적인 성격의 글 「국민혁명과 농민운동(國民革命與農民運動)」에서 좀 더 강렬하게 이 문제를 제기한다. 마오쩌둥은 다음과 같이 직설적으로 시작하고 있다. "농민운동은 국민혁명의 중심 문제이다." 낙후한 반(半)식민지적 경제 상황에 처해 있는 중국의 광범위한 특성 탓에 농촌 지역에 존재하는 봉건계급은 통치계급으로서의 기반을 다지

25 Meisner, *Marxism, Maoism and Utopianism*, 58. 강조는 인용자.

26 Schram, ed., *Mao's Road to Power: Volume II*, 358.

고 있고, 또한 중국에서 분열적이고 억압적인 군벌들을 몰아내기 위해서는 반드시 지주계급을 중국에서 우선적으로 몰아내야 한다. 지주들의 '잔혹한 착취'는 노동자들에 대한 매판계급의 그것보다 더욱 심한데, 그것은 매판계급은 중국의 넓은 해안 지역 도시들에 집중되어 있는 반면, 지주계급은 중국 농촌 전체에 걸쳐 어디에나 존재하기 때문이다. 더군다나 비록 농민들이 그들 스스로를 조직해야 하지만 그렇게 되면 그들은 곧바로 지주계급의 억압에 직면하게 된다. 이러한 이유로 농민의 상황은 도시에서 생활하고 있는 노동자의 그것보다 더 비참하고, 농민에 대한 착취와 억압은 더욱 가혹하다. 마오쩌둥이 지적하고 있는 바와 같이, 결국 도시와 농촌이라는 서로 다른 두 지역에서의 정치투쟁은 각기 다른 단계에 도달해 있다.

이 책을 통해 우리는 농민운동의 성질을 이해할 수 있다. 농민운동은 정치투쟁과 경제투쟁이 서로 합쳐져 있는 일종의 계급투쟁이다. 그 안에서 가장 특별하게 두드러지게 드러나고 있는 것이 바로 정치투쟁인데, 이는 도시의 노동운동과는 매우 다른 것이다. 도시 노동자 계급이 수행하고 있는 현재의 투쟁은 정치적인 차원에서 다만 집회의 완전한 자유를 획득하는 것일 뿐, 그들은 일반적으로 자산계급의 정치적 지위를 파괴하는 것을 원치 않는다. 농촌의 농민들은 지난 수천 년 동안 자신들을 쥐어짜 온 지역의 무뢰배들과 부패한 신사계급, 지주들의 정권을 부숴버리려 한다.[27]

농민운동은 국민혁명에서 중심적인 위치를 차지한다. 그리고

---

[27] Schram, ed., *Mao's Road to Power: Volume II*, 391~92.

그것의 성공적인 수행 없이는 국민혁명은 성공할 수 없는 것이다. 하지만 농민에 대한 억압이 노동계급에 대한 그것보다 더욱 광범위하고 집중적이라는 사실에도 불구하고, 그리고 농민의 수가 노동자의 수보다 훨씬 많다는 사실에도 불구하고, 마오쩌둥이 지적하고 있는 바와 같이, 노동계급은 '모든 혁명 계급의 지도자'로 남아 있다.

> 때문에 나는 도시의 노동자, 학생, 중소 상인이 분연히 떨쳐 일어나 매판계급을 타도하고 제국주의에 직접적으로 저항해야 한다고 생각한다. **특히 진보적인 노동계급은 모든 혁명 계급의 지도자이다.** 하지만 만약 농촌에서 농민이 봉기하여 종법제도와 봉건적 지주계급의 특권을 타도하지 않는다면 군벌과 제국주의 세력은 결코 무너지지 않을 것이다.[28]

슈람의 주장에 따르면 이 문건에서 마오쩌둥은 농촌에서부터 터져나온 혁명적 역량에 고취된 나머지 "노동계급의 영도라는 원칙을 뒤집어버렸다."[29] 물론 여기서 마오쩌둥이 농촌의 중요성을 지나치게 강조한 나머지 그것을 도시에서의 투쟁과 반대되는 것으로 주장하는 데까지 나아간 것은 사실이다. 하지만 그가 자신이 오래도록 간직해 오던 노동계급의 지도에 대한 필요성마저 '뒤집어버렸다'는 것은 사실이 아니다. 슈람이 주장한 것처럼, 노동계급이 '모든 혁명 계급의 지도자'라는 마오쩌둥의 주장은 결코 '의례적인 관용구'에 불과한 것이 아니다.[30] 만약 그렇다면 1920년대에서

---

28 Schram, ed., *Mao's Road to Power: Volume II*, 389. 강조는 인용자.

29 Schram, *The Thought of Mao Tse-tung*, 39. 또한 Schram, "Mao Zedong and the Role of the Various Classes in the Chinese Revolution, 1923~1927", 233을 볼 것.

1940년대에 걸친 마오쩌둥의 문건들에서 그것이 반복적으로 등장할 것이라고 기대할 수 없을 것이다. 하지만 비록 중국의 혁명이 주로 농민의 분노와 억울함에 기반해 구축된 것이지만, 반드시 그 조직화의 기술과 역사적 비전이 목전의 단계를 넘어서서 혁명을 이끌어갈 수 있는 계급에 의해 주도되어야 한다는 마오쩌둥의 믿음이—농민 문제의 해결이 가장 시급한 문제로 어렴풋하게 떠오르고 있는 동안에도—단순한 표현에 그쳤던 것은 아니다.

농민운동이 혁명의 승리를 위한 관건이라는 마오쩌둥의 주장은 그의 가장 유명한 텍스트 중 하나로서 1927년 2월에 쓰인 「후난 농민운동 고찰 보고(湖南農民運動考察報告)」(출판은 3월과 4월 사이에 이루어졌다.)를 통해 매우 강하게 표출되고 있다. 그간 수많은 논의가 이 문건을 근거로 하여 마오쩌둥이 중국 농촌 지역의 농민과 그들의 투쟁에 초점을 맞추고 노동계급에게 '등을 돌려' 도시에서의 투쟁을 포기함으로써 마르크스주의의 교리를 방기했다는 관점을 거부 또는 지지해 왔다.[31] 「후난 농민운동 고찰 보고」의 중요성이 결코 저평가되어서는 안 되며 마오쩌둥의 농민운동에 관한 관점과 열정이 담긴 문건으로서 정당한 평가를 받아야 하는 것은 물론이지만, 그것을 그 즈음에 마오쩌둥이 저술한 좀 더 넓은 범위의 문건들의 맥락에 위치시키는 것이 중요하다. 그렇게 함으로써 우리는 마오쩌둥의 즉자적 인식을 '걷어내고' 그 사상을 떠받치고 있는 좀

30 Schram, *The Thought of Mao Tse-tung*, 40.

31 Karl Wittfogel, "The Legend of 'Maoism'," *China Quarterly* 1 (January~March 1960): 72~86과 no. 2 (April~June 1960): 16~34; Benjamin Schwartz, "The Legend of the 'Legend of "Maoism"'," *China Quarterly* 2 (April~June 1960): 35~42; Benjamin I Schwartz, *Chinese Communism and the Rise of Mao*, 73~78; Arthur A. Cohen, *The Communism of Mao Tse-tung* (Chicago: University of Chicago Press, 1964), 47~50을 볼 것.

더 깊고 장기적인 충돌을 이해할 수 있게 된다. 그리고 그러한 충돌이야말로 마오쩌둥으로 하여금 특정한 혁명 시기에 대한 자신의 인식을 총체적 혁명이라는 좀 더 큰 시간적 틀 안에 위치시키도록 한 것이다. 만약 1926년 11월―당시 마오쩌둥은 분명하게 농민을 중국 혁명의 핵심 역량으로 바라보고 있었다―이후의 두 편의 문건을 살펴보면 앞서 언급한 바의 중요성을 곧바로 알아챌 수 있을 것이다.[32] 첫 번째 문건은 「후난의 농민(湖南的農民)」인데, 이 문건은 후난의 여러 지역에서 나타나고 있는 농민연합들의 활동과 역량에 관한 통계적이고 조직적인 정보를 훌륭하게 제공해 주고 있다. 실상 이 문건은 매우 실용적이고 실천적인 성격의 문건이다. 마오쩌둥은 분명히 농민의 실제적, 경험적 본성 및 특정 지역에서의 조직화 수준과 저항의 정도를 발견하는 데 주의를 기울이고 있다.[33] '좋은 정부를 위한 갈망'이라는 부제 하에 마오쩌둥은 다음과 같은 흥미롭고도 친숙한 관찰을 보여주고 있다.

> 농민의 경제적, 정치적 요구는 매우 미성숙한 상태에 머물러 있다. 현장(縣長) 선거 등의 구호는 농민의 관심거리가 아니다. 다시 말해 농촌의 정치적 요구는 여전히 소극적인 수준에 머물러 있는 것이다. 반동세력에 의해 널리 퍼지고 있는 '토지 몰수', '농민정부 조직' 등과 같은 소문은 그림자조차 보이지 않는다.[34]

---

32 Schram, ed., *Mao's Road to Power: Volume II*, 509.

33 이러한 측면에서 본 문건은 마오쩌둥의 여타 농촌 지역에 대한 조사를 반영하고 있는 문건이라고 할 수 있을 것이다. 中共中央文獻硏究室, 『毛澤東農村調査文集』, 北京: 中央文獻出版社, 1982를 참조. 이 가장 긴 농촌 지역 조사 문건의 영문 번역은 Mao Zedong, *Report from Xunwu*, translated, with an introduction and notes, by Roger R. Thompson (Stanford: Stanford University Press, 1990)을 볼 것.

이와 유사한 1926년 11월의 문건에서 마오쩌둥은 장쑤(江蘇)와 저장(浙江) 지역의 몇몇 현에서 농민들이 겪고 있는 고통과 그들의 저항을 보고한다. 이 문건에서 마오쩌둥은 농민들의 '두려움을 모르는' 본성과 자주 벌어진 무장투쟁에도 불구하고, 기아와 가혹한 세금 때문에 일어난 츠시(慈溪) 현의 농민봉기가 결국 진압되었다고 쓰고 있다. 마오쩌둥은 "이 봉기가 실패한 이유는 인민 대중이 전혀 조직화되어 있지 않았고 아무런 지도력도 갖추지 못하고 있었기 때문이며, 결국 원시적인 봉기가 되어버려 실패한 것이다."[35]라고 결론짓고 있다.

농민의 유치함과 수동성, 비조직화와 지도력의 부재라는 두 가지 문제는「후난 농민운동 고찰 보고」를 읽을 때 반드시 염두에 두어야 할 것들이다. 본 문건에서 마오쩌둥의 초점은 정말로 농촌 지역에 맞춰져 있으며, 빈농이 선봉에 선 혁명의 흥기에 맞춰져 있다. 그리고 그의 주된 목적은 당내 지도층의 저항에도 불구하고 농민운동을 높게 평가하기 위한 것이었지 그들의 실패(이미 살펴본 것처럼 마오쩌둥은 이미 그 실패를 정확하게 인식하고 있었다.)를 암시하기 위한 것이 아니었다. 또한 마오쩌둥이 후난 지역에서 터져나오고 있던 농민운동의 막대한 역량을 분명하게 감지하고 있었기 때문에 문건의 전체적인 분위기 역시 매우 낙관적이다.[36] 그는 그러한 농민

---

34 Day, *Máo Zédōng, 1917~1927: Documents*, 322; Takeuchi, ed., *Mao Zedong Ji* I, 193.

35 Schram, ed., *Mao's Road to Power: Volume II*, 419.

36 로이 호프하인츠 주니어(Roy Hoffheinz Jr.)는 상당히 모순적인 방식으로 결론을 도출하고 있다. 비록 '몇몇 현실주의적인 측면'이 없다고는 할 수 없지만,「후난 농민운동 고찰 보고」가 '완전한 환상'이라는 것이다. 이에 대해서는 그의 저서 *The Broken Wave: The Chinese Communist Peasant Movement, 1922~1928* (Cambridge, Mass.: Harvard University Press, 1977), 35를 보라. 여기서 정작 중요한 문제는 농민운동과 그 역량에 대한 마오

운동에 대해 매우 낙관적인 전망을 가지고 다음과 같이 기술하고
있다.

> 현재 농민운동의 흥기는 극도로 중요한 문제이다. 매우 짧은 시간 내에 수
> 만 명의 농민이 중국 중부, 남부, 북부의 각 성에서 봉기할 것이다. 그리고
> 그 기세가 엄청나 어떠한 힘도 막지 못할 것이다. 그들은 자신들을 묶고 있
> 는 일체의 속박을 깨고 해방의 길로 신속하게 나아갈 것이다. 모든 제국주
> 의, 군벌, 탐관오리, 지방 호족과 부패한 신사계급 모두 그들에 의해 땅에
> 묻힐 것이다.[37]

마오쩌둥은 다시 한 번 혁명적 봉기를 위한 빈농의 중요성을
강조한다. 그들은 농민 중에서도 "가장 혁명적인 그룹"이며 "모든
봉건세력을 타도하는 전위이다." 그렇기 때문에 농민연합의 지도
력은 "극도로 필수적이다. 빈농이 없다면 혁명도 없다. 그들의 역
할을 부정하는 것은 곧 혁명을 부정하는 것이다."[38] 마오쩌둥은 혁
명의 특정한 단계에 이르기까지 빈농이 도시에 사는 사람들보다
더 많은 것을 이뤄냈다는 것을 명확하게 느끼고 있었다. "논공행상
을 진행해 만약 민주혁명에 대한 공헌을 10점 만점이라고 했을 때,
시민과 군사의 점수는 3점, 농민의 농촌 지역에서의 혁명은 7점이
다."[39] 하지만 이러한 언급을 마오쩌둥 사상의 반도시적 경향이 표

쩌둥의 인식이 진짜인지 아닌지의 문제가 아니라, 그가 혁명에서의 농민의 역할, 현
대화 혁명(modernizing revolution)을 수행함에 있어 농민이 노동계급으로부터 독립해
자율적으로 혁명을 수행할 능력이 있는지를 평가하는 마오쩌둥의 방식 그 자체이다.

37 Schram, ed., *Mao's Road to Power: Volume II*, 430.

38 Schram, ed., *Mao's Road to Power: Volume II*, 439.

39 Schram, ed., *Mao's Road to Power: Volume II*, 433; Takeuchi, ed., *Mao Zedong Ji* Ⅰ, 211~12.

출된 것으로 읽어서는 안 된다. 그것은 오히려 도시와 농촌 지역 혁명의 서로 다른 속도와 집중도에 대한 전략적 평가로 읽혀야 한다. 앞으로 보게 될 것처럼, 마오쩌둥은 도시에서의 투쟁의 성공적 결과가 혁명의 궁극적 승리에 필수적이라는 확신을 유지하고 있었다.

이 문건에서 마오쩌둥은 위와 같은 언급 이외에 그 어느 곳에서도 도시 혹은 노동계급의 지도적 역할을 언급하지 않는다. 하지만 1927년 5월의 또 다른 문건에서는 중국 혁명에서 노동계급의 지도력에 관한 문제가 확실히 언급되고 있다. 「태평양노동회의 대표 환영만찬 개회사(太平洋勞動會議代表歡迎宴會上的開會詞)」에서 마오쩌둥은 다음과 같이 언급한다.

> 중국 농민은 혁명 과정 속의 주요 역량입니다. 특히 전세계 노동계급과 손을 잡고 전진해야 하며 노동운동의 영향과 지도에 깊이 의지해야 합니다. 이는 곧 노동자가 당연히 농민의 지도자가 되어야 함을 증명합니다.[40]

앞으로 보게 될 것처럼, 마오쩌둥이 단지 당시의 상황 때문에 위와 같은 마르크스주의적 원칙을 언급하게 된 것은 아니다. 그것은 농민운동에 대한 노동계급 지도의 필요성에 대한 그의 오랜 믿음이었으며, 또한 그가 농촌에서 혁명전략을 발전시키고 이식시킨 황야의 세월 동안 좀 더 분명하게 표출된 그의 신념이었다.

---

40 Schram, ed., *Mao's Road to Power: Volume II*, 509.

농촌 혁명, 1927~1930

1927년 연합전선이 무너진 후 농촌으로의 후퇴가 임박한 시점에서, 중국 혁명의 계급 역량에 관한 마오쩌둥의 인식은 분명 농민 문제가 혁명의 핵심 문제를 구성하고 있으며 농민, 특히 빈농이 '주력'이라는 전제에 근거하고 있었다. 그는 도시보다 농촌에서 혁명이 더욱 급속하게 일어나고 있으므로, 중국공산당이 농민 사이에서 빠르고 넓게 퍼져나가고 있는 봉기가 담고 있는 막대한 기회를 인식하고 또 이용해야 한다고 믿었다. 그는 혁명적 투쟁을 위한 농민의 역량을 인정했으며, 그들의 요구가 자신들이 생활하고 또 노동하고 있는 '켜켜이 쌓인 착취'에 대한 적절한 대응이라는 것을 받아들였다.[41] 하지만 그의 농민에 대한 관점이 완전히 순수한 것만은 아니었다. 마오쩌둥은 그들의 오류와 한계를 인식하고 있었다. 그들의 사고방식과 요구가 담고 있는 복고주의적 성향과 조직화 역량은 산업 자본주의의 강요된 규칙들과 엄격함에 노출되어 있던 노동계급에 견줄 수 없는 것이었다. 마오쩌둥은 자본주의에 내재되어 있는 착취와 억압의 메커니즘에 의해 형성된 노동계급의 의식이 사회주의와 산업화, 현대성을 향한 사회적 변혁의 필요성을 아우르고 있다고 보았다. 이것이 바로 마오쩌둥이 한편으로는 노동자와 농민(특히 빈농) 연합의 가능성이 존재한다고 느끼면서도, 다른 한편으로 그러한 연합이 노동계급의 지도를 받아야 한다고 생각한 이유였다. 1923년에서 1927년 사이의 그 어떤 문건에서도 농민이 혁명을 이끌 것이라거나 혁명의 궁극적인 목표가 농민의 즉자적인 요

149

마오쩌둥 사상 속의 노동계급과 농민

구와 일치한다는 주장을 찾아볼 수 없다.

만약 좀 더 강렬한 표현을 찾아본다면, 농민에 대해 감정이 드러나는 것은 마오쩌둥이 노동계급과 도시에서의 투쟁에 대해 '등을 돌린' 것으로 간주되는 1927년에서 1930년대 사이의 문건을 통해서다. 하지만 마오쩌둥은 결코 자발적으로 도시와 중국의 노동자들로부터 자신을 분리시킨 적이 없으며, 그는 자신이 통일되고 효과적인 혁명적 역량 안으로 통합하고자 한 기구—당, 군대, 대중조직—들 안에서 노동자를 대표하는 수준이 낮다는 사실에 자주 괴로워했다. 마오쩌둥은 대체적으로 농촌이라는 맥락 안에서 자신의 혁명전략을 발전시키는 것을 선택하지 않았다. 마오쩌둥이 농촌을 선택한 것은 오직 환경적인 이유 때문이었을 뿐이다. 그는 이전에 중국 혁명의 주무대가 농촌이라는 것을 받아들였지만 그것은 도시의, 농민의 편에 서 있는 노동자와 당의 지도를 받아야만 하는 것이었다. 하지만 1927년 5월 21일 '마일사변(馬日事變)'과 이후 중국 공산당과 국민당 좌파 연합의 급격한 붕괴를 암시한 탄압은 마오쩌둥으로 하여금 다음과 같은 사실을 받아들이는 것이 불가피함을 깨닫게 했다. 그것은 당은 자신의 독자적인 무력을 갖춰야 하며, 그것은 농민과 농민연합에 근거해야 하고 그를 위해 "산으로 가야 한다."는 것이었다.[42] 도시에 남아 무장세력을 구축한다는 것은 곧 학살과 보복을 불러일으킨다는 것을 공산주의자들과 그 동조자들은 이미 경험했던 것이다. 이 때문에 도시는 당분간 대중투쟁의 장소

---

42 Stuart R. Schram, ed., Nancy J. Hodes, associate ed., *Mao's Road to Power: Revolutionary Writings, 1912~1949: Volume III—From the Jingganshan to the Establishment of the Jiangxi Soviets, July 1927~December 1930* (Armonk, New York: M. E. Sharpe, 1995), 11, 18.

가 될 수 없었다. 잠복 작전이 그곳에서 수행될 수는 있었지만, 가까운 시일 내에 대중투쟁의 초점은 농촌이라는 무대로 옮겨가야 했다. 만약 다른 선택지가 존재했다면 마오쩌둥이 혁명의 지도계급이 거주하고 있는 도시 지역으로부터 자신을 유리시키고 '산으로 가는 것'을 선택했을 것 같지는 않다. 실제로 그는 1939년 "나는 이전에 한커우(漢口)에서 살았지만 당신들이(국민당)이 계속 싸우자고 하니 나는 징강산(井岡山)으로 올라갈 수밖에 없었다. 만약 당신들이 지금 공산당과 싸우려고 하고 다시 우리를 공격한다면 징강산으로 갈 수밖에 없다. 하지만 나는 모두가 도시에 사는 것이 더욱 좋다고 생각한다."[43]고 말한 바 있다. 마오쩌둥은 노동계급에게 '등을 돌리지' 않았다. 노동계급의 지도력이라는 원칙 혹은 사실을 방기한 것이 아니라, 환경적 조건이 농민에 대한 의존을 이끌었을 뿐인 것이다. 그리고 바로 그때에 마오쩌둥은 농촌 혁명이라는 그의 전략을 실행에 옮기기 시작한 것이며, "이 과정(농촌 혁명)은 **프롤레타리아**와 노동자·농민의 군대의 **지도**를 받는 노동자, 농민, 쁘띠 부르주아의 민주적 정치권력을 요구한다."[44]는 관점을 반복하고 있는 문건의 초안 작성에 힘을 보탰던 것이다. 농민에 상당히 의존하고 있음에도 불구하고 이것이 바로 마오쩌둥의 일관된 관점이었던 셈이다.

1927년에서 1930년 사이 마오쩌둥은 농민이 인구에서 압도적인 다수를 차지하는 농촌이라는 맥락 속에서 무장투쟁을 진행하면서 여러 도전과 기회에 직면하게 되고, 그러한 과정을 통해 자신만

마오쩌둥 사상 속의 노동계급과 농민

---

43 Stuart R. Schram, ed., Nancy J. Hodes, associate ed., *Mao's Road to Power: Revolutionary Writings, 1912~1949: Volume VII, New Democracy 1939~1941* (Armonk, New York: M. E. Sharpe, 2005), 153. 강조는 인용자.

44 Schram, ed., *Mao's Road to Power: Volume III*, 13. 강조는 인용자.

의 독특한 혁명전략을 발전시키게 된다. 특히 마오쩌둥에 의해 완성된 게릴라전은 지역 농민이 뒷받침하던 무장세력에 크게 의존하고 있었다. 정보와 물자를 대주고, 토지의 몰수와 재분배, 지주에게 진 빚의 탕감, 지대와 세금의 경감을 위해 싸운 이들도 역시 지역의 농민이었다. 마오쩌둥이 농민의 분노와 억울함을 무장투쟁으로 전환시키고 농촌 소비에트를 구축하려고 시도한 것은 결코 기회주의적인 행동이 아니었다. 기회주의라는 것은 친구와 동맹이 없을 때 가능한 한 모든 지원을 끌어내는 것을 의미한다. 하지만 마오쩌둥은 당시 진심으로 농민과 그들의 문제를 중국 혁명의 핵심 문제로 받아들였다. 그는 '잔혹한 착취'에 대한 농민들의 분노를 진심으로 받아들였고, 당시의 혁명적 단계에서는 농민들의 요구를 충족시키려 노력하였다. 하지만 농민의 욕망으로부터 벗어나야 한다는 것이 마오쩌둥의 혁명에 관한 장기적 관점이었다. 왜냐하면 그는 이미 지나간 과거의 이상적 모습, 즉 전통적인 정치적 신분제에 기반한 '정직한 관리와 훌륭한 황제'가 소농의 사적 토지 소유를 보호하는 방식이 중국의 장기적 이익에 부합한다는 관점에 반대했기 때문이다.

그러므로 마오쩌둥의 농민에 대한 신념과 농촌 지역에서의 혁명에 대한 주목이 그로 하여금 농민의 오류에 대해 눈감게 하고, 역사적으로 분명한 한계를 가진 농민의 요구를 넘어 진행되어야 할 현대화 혁명(modernizing revolution)을 무시하게 한 것은 아니었다. 이는 농민의 계급으로서의 특성에 관한, 1920년대 후반 마오쩌둥의 언급들을 통해 알 수 있는바, 그는 필요에 의해 많은 수의 농민을 조직에 참여시킴으로써 중국공산당과 그 군사조직에 상당한 조직적, 이데올로기적 문제가 초래되고 있음을 분명하게 인식하고 있었다. 그는 "심각한 조직상의 오류들"[45]을 분석하면서 이 문제들을 극도로 부정적인 용어를 통해 반복적으로 언급하고 있다. 「상간 지역당 제2차 대표대회 결의안(湘贛邊界各縣黨的第二次代表大會決議案)」(1928년 10월)[46]이 그 좋은 예다. 이 문건에서 마오쩌둥은 다음과 같이 불만을 토로하고 있다. "과거 모든 현의 당은 짙은 농민당의 흔적을 지니고 있었고, 프롤레타리아의 지도라는 방향으로 향하지 않으려는 경향을 보이고 있었습니다. … 과거 당은 도시 지역의 공작과 노동자 운동을 거의 중시하지 않았습니다."[47] 그는 같은 문건의 후반부에서 이 문제를 다시 강조한다. "노동자는 노동 하층민의 전위입니다. 과거 우리는 노동자의 지도력은 말할 것도 없고, 노동자 운동에도 아무런 주의를 기울이지 않았습니다. 그 결과 농민당의 추세가 출현하게 되었던 것입니다. 이것은 당에 대해 말하자면 매우 심각한 위기입니다."[48] 이 '심각한 위기'를 극복하기 위한 그의 전략은 다음과 같은 언급들 안에 포함되어 있다.

- 가능한 한 많은 수의 노동자 동지가 지도 기구에 가입할 수 있도록 최선의 노력을 기울일 것. 각급 집행위원회와 상임위원회는 반드시 과반수가 넘는 노동자와 농민 동지가 참여해야 함.

- 당을 개조하는 과정에서 우리는 완전히 프롤레타리아적 관점을 취해야 함.

---

45 Schram, ed., *Mao's Road to Power: Volume III*, 71.

46 *Mao's Selected Works*에 포함되어 있는 본 「결의안」의 제목은 "중국의 붉은 정권은 왜 존재할 수 있는가?(中國的紅色政權為什麼能夠存在?)"이다. 이 문건의 공식 판본은 *Selected Works of Mao Tse-tung* (Peking: Foreign Languages Press, 1965) Ⅰ, 63~72를 볼 것.

47 Schram, ed., *Mao's Road to Power: Volume III*, 71~2.

48 Schram, ed., *Mao's Road to Power: Volume III*, 75.

- 동시에 도시 지역 지부의 공작에 특별히 관심을 기울여야 하고, 또한 우수한 노동자 동지가 향촌 지역 당 지부의 서기와 당위원회 성원이 되도록 노력함으로써 노동계급의 지도력을 강화하고 농민당적 경향성을 엄중하게 경계해야 함.
- 각급 당위원회와 소비에트는 노동자를 동원하기 위해 모든 힘을 다해야 하고 그들로 하여금 지도적 지위를 차지하게 하여 투쟁을 이끌어야 함.
- 현재 기회주의, 봉건주의, 쁘띠 부르주아 사상을 일소하고 프롤레타리아적 혁명관을 수립하기 위해 노력해야 함.[49]

마오쩌둥은 "당이 비(非)프롤레타리아 노선을 취하지 못하게 막는" 조직 전략을 추구함으로써만 "프롤레타리아의 지도 여량을 높일 수 있다."[50]고 믿었다.

당과 군대 그리고 '착오적 경향들'에서 나타나는 농민에 대한 과도한 관점을 염려하는 그의 관점은 1928년 11월의 문건에서도 반복해서 강조되고 있다.

프롤레타리아 사상이 당내에서 지도적 위치를 차지하는 것은 매우 중요하다. 변경 지역의 현급 단위에 있는 당 조직은 완전히 농민당이라고 할 정도이다. 만약 그들이 도시 프롤레타리아의 지도를 받아들이지 않는다면, 결국 착오적 경향을 형성하게 될 것이다. 이전의 착오를 수정하고, 노동계급이 향촌의 각 현과 기타 지역에서 주도적인 위치를 차지하는 것 외에, 소비에트에서 노동계급의 대표성을 제고하는 것 역시 매우 중요하다.[51]

49 Schram, ed., *Mao's Road to Power: Volume III*, 72~78.

50 Schram, ed., *Mao's Road to Power: Volume III*, 73~74.

51 Schram, ed., *Mao's Road to Power: Volume III*, 114.

이외에도 1929년 12월 마오쩌둥은 "당내의 착오적이며 비프롤레타리아적인 이데올로기적 경향성"[52]을 바로잡는 것과 관련한, 가장 격렬한 어조의 평론에서 당과 군대 내에 농민 때문에 발생한 각종 폐단을 상세하게 언급하고 있다. "'극단적 민주주의(ultrademocracy)'는 '소농 생산'과 연계되어 있다."[53] "'절대적 평등주의'는 '소자작농'의 환상일 뿐이다."[54] "개인주의의 사회적 원천은 당내에 반영된 쁘띠 부르주아와 부르주아 사상이다."[55] 마오쩌둥이 지적하고 있는 것처럼,

> 홍군(紅軍) 제4군의 당 조직 안에 각종 비프롤레타리아 사상이 존재하고 있으며 이것이 당의 정확한 노선 집행에 상당한 방해가 되고 있다. … 제4군 당 조직의 각종 부정확한 사상의 원천은 당연히 당의 기초 조직들이 대부분 농민과 기타 쁘띠 부르주아 계급 출신 성분으로 구성되어 있다는 사실에서 유래한다.[56]

1930년 10월 마오쩌둥은 재차 "(공산당의) 프롤레타리아적 기초가 취약하다."[57]고 불평하고 있다.

마오쩌둥에게 당과 군대 내의 이와 같은 조직적, 이데올로기적 문제들에 대한 해결책은 분명했다. 그것은 바로 노동계급의 지도였다. 또한 1928년 10월 그는 "이 혁명(부르주아 민주주의 혁명)은 프롤

---

52 Schram, ed., *Mao's Road to Power: Volume III*, 195.

53 Schram, ed., *Mao's Road to Power: Volume III*, 198.

54 Schram, ed., *Mao's Road to Power: Volume III*, 202.

55 Schram, ed., *Mao's Road to Power: Volume III*, 205.

56 Schram, ed., *Mao's Road to Power: Volume III*, 195.

57 Schram, ed., *Mao's Road to Power: Volume III*, 567.

레타리아의 지도 하에서만 수행될 수 있다."[58]고 언급하고 있다. 같은 해 11월에도 그는 중국 혁명을 위해 노동계급의 중심성이라는 문제로 되돌아간다. "현재 중국은 여전히 부르주아 민주주의 혁명의 단계에 처해 있다. … 그러한 민주 혁명의 과정 속에서만 노동자의 정치적 권력을 위한 진정한 기초가 형성될 수 있다."[59] 그리고 1928년 12월 그는 또다시 "이 (부르주아 민주주의) 혁명의 지도자는 프롤레타리아다."[60]라고 반복해서 말하고 있다.

1929년 3월 마오쩌둥은 「전국의 병사 형제들에게 보내는 서신 (告全國士兵兄弟書)」에서 "동지들! 우리의 노동자 공화국을 건설하기 위해 노력합시다. 노동계급이 세계의 주인이 되어야 인류는 비로소 대동(大同)세계로 진입할 수 있습니다."[61]라고 호소하고 있다. 이와 비슷하게 1929년 4월 중앙위원회에 보내는 중요한 서신에서 마오쩌둥은 도시와 농촌의 혁명투쟁의 관계, 노동계급과 농민의 상대적 중요성에 대해 다음과 같이 평가하고 있다.

> 프롤레타리아의 지도는 혁명의 가장 중요한 부분이다. 당의 프롤레타리아적 기초를 수립하고 주요 지역에 존재하고 있는 산업 시설에 당의 지부를 만드는 것이 현재 당의 조직적 측면에서의 최대의 임무이다. 하지만 동시에 농촌투쟁의 발전, 소규모 소비에트의 구축, 홍군의 창설과 확대 역시 도

---

58 Schram, ed., *Mao's Road to Power: Volume III*, 63.

59 Schram, ed., *Mao's Road to Power: Volume III*, 114.

60 Schram, ed., *Mao's Road to Power: Volume III*, 123.

61 Schram, ed., *Mao's Road to Power: Volume III*, 146. 번역은 수정. 원문은 Takeuchi Minoru, ed., *Mao Zedong Ji. Bujuan* [Supplement to the Collected Writings of Mao Zedong] (Tokyo: Sōsōsha, 1983~1986), Vol. 3, 21~25. 인용된 부분은 24쪽에서 발췌한 것임. 마오쩌둥이 중국의 미래를 묘사하기 위해 '대동' 개념을 사용한 것에 대한 분석은 5장을 볼 것.

시에서의 투쟁을 돕고, 혁명적 조류의 촉진을 위해 필요한 조건이다. 그러므로 도시에서의 투쟁을 포기하고 농촌의 유격대 활동에 완전히 빠져드는 것은 가장 큰 실수다. 하지만 만약 당원 중에 농민 세력의 성장을 두려워하고 그들이 노동자의 지도를 넘어서 혁명에 불리하게 될 것이라고 생각하는 자가 있다면 그것 역시 착오적이다. 왜냐하면 반(半)식민지인 중국의 혁명에서 농민투쟁만 존재할 뿐 노동자의 지도를 받지 못한다면 그 혁명은 실패할 것이고, 농민투쟁의 발전이 노동자의 세력을 넘어서지 못하면 혁명 자체에 불리할 것이기 때문이다.[62]

이로부터 우리는 마오쩌둥이 농민투쟁의 중요성을 강조하면서도 그 투쟁에서 노동계급의 중요성을 더욱 강조하고 있다는 것을 분명하게 확인할 수 있다. 그가 지적하고 있는 것처럼 만약 "농민이 노동자의 지도를 받지 않는다면" 혁명은 실패할 수밖에 없다. 이와 같은 언급은 그것을 통해 마오쩌둥이 바람직하다고 생각한 도시투쟁과 농촌투쟁 사이의 균형을 식별해 낼 수 있다는 점에서 매우 중요하다고 할 수 있다. 또한 마오쩌둥이 농촌투쟁에 치중해야 하는 상황이 아니었다면 도시와 농촌이 균형을 이룬 투쟁을 추구했을 것이라는 점을 인식하게 해준다는 점에서도 중요하다. 마오쩌둥이 보기에 중국 혁명의 단계에서 농촌과 도시의 투쟁 사이에는 유기적 관계가 존재하며, 그 관계는 국민당과 그 동맹자들에 의해 취약해진 것이었다. 하지만 그것은 농민투쟁이 '농촌의 유격대식 투쟁'으로 빠져들지 않기 위해 반드시 유지되고 강화되어야 했다.

---

62 Schram, ed., *Mao's Road to Power: Volume III*, 154. 또한 마오쩌둥이 이러한 관점을 반복하고 있는, 린뱌오(林彪)에게 보낸 그의 유명한 편지(241쪽)도 볼 것.

동일한 문건에서 마오쩌둥은 홍군(紅軍)이 점령한 지역에서 지하 노동연합을 조직할 때 사용한 자신의 전략을 언급하고 있다.[63] 이는 곧 프롤레타리아가 농민투쟁을 지도하는 위치에 서도록 하기 위해 도시에서의 노동투쟁을 강화해야 한다는 그의 관점과 일치하는 것이었다.

> 최근 일 년 동안 상하이, 우시(無錫), 닝보(寧波), 항저우(杭州), 푸저우(福州), 샤먼(夏門) 등지에서 프롤레타리아 투쟁의 기초를 구축해 장시(江西), 저장(浙江), 푸젠(福建) 3성(省)의 농민투쟁을 이끌도록 해야 한다. 장시성 위원회는 반드시 온전하게 구축되어야 하고, 난창(南昌), 주장(九江), 지안(吉安) 그리고 난창 주장 철도의 노동조직 기초를 구축하도록 노력해야 한다.[64]

비록 무시할 정도는 아니었지만 마오쩌둥의 지도 하에 있던 군과 당 조직 속의 노동자 수가 너무 적었기 때문에 노동운동은 강화되고 확대될 필요가 있었다. 1929년 6월 「중앙위원회에 보내는 보고」에서 마오쩌둥은 홍군 제4군의 제 1, 2, 3 전략군과 여타의 당 직속 부대 안에 총 당원수가 1329명이라고 밝히고 있다. 그들 중 311명이 노동자, 626명이 농민, 106명이 상인, 192명이 학생, 기타 인원이 95명이었다.[65] 1929년 린뱌오에게 보내는 편지에서 마오쩌둥은 이 숫자를 다음과 같은 지도적 성격의 언급을 위해 사용하고 있다.

---

63 Schram, ed., *Mao's Road to Power: Volume III*, 156.

64 Schram, ed., *Mao's Road to Power: Volume III*, 158.

65 Schram, ed., *Mao's Road to Power: Volume III*, 171. 마오쩌둥의 계산에 착오가 있었던 것으로 보인다. 총 인원수는 1330명이다.

우리는 역사 유물론자이다. 모든 일은 역사와 환경이라는 두 가지 측면에서 고찰할 때 비로소 그 진상을 파악할 수 있다. … 절대로 홍군의 유래와 그 성분을 잊어서는 안 된다. 5월의 통계를 보면 전군(全軍) 1324명의 당원 중, 노동자가 311명, 농민이 626명, 상인이 100명, 학생이 192명, 기타 인원이 95명이다. 노동자 대 비노동자의 비율이 23 대 77이다. 한 사람의 사상을 논할 때, 그의 출신, 교육, 직업 경력을 잊어서는 안 된다. 이것이 공산주의자의 연구 태도이다. 4군의 당 내부에 농민과 유랑민, 쁘띠 부르주아에 근간한 부정확한 사상이 분명히 존재하고 있다. 그러한 사상은 당의 단결과 혁명의 앞날에 불리하며 프롤레타리아적 입장으로부터 유리될 위험성이 있다.[66]

마오쩌둥은 1930년 1월 린뱌오에게 보내는 또 다른 편지에서도 홍군과 농민 소비에트 지역에서 프롤레타리아의 지도가 중요함을 반복해서 강조한다.[67] 그리고 1930년의 한 문건에서는 "공산당은 반드시 프롤레타리아 의식에 의한 지도를 확립해야 한다. … 빈농의 이데올로기에 의해 교착상태에 빠져들어서는 안 된다."[68]고 언급한 바 있다.

1927년부터 마오쩌둥이 도시의 상황에 대한 조사가 충분히 이루어지지 못하고 있다고 믿게 된 것 역시 중요하다. 1930년 5월 「교조주의에 반대함(反對本本主義)」이라는 글에서 그는 "우리의 예전 조사방식에는 상당한 결점이 존재했다. 그것은 바로 농촌에 치우쳐 도시에 주의를 기울이지 않았다는 것이다. … 우리는 농촌을 이해

66 Schram, ed., *Mao's Road to Power: Volume III*, 187~88.

67 Schram, ed., *Mao's Road to Power: Volume III*, 236.

68 Schram, ed., *Mao's Road to Power: Volume III*, 565.

해야 하고 또한 도시도 이해해야 한다. 그렇지 않으면 혁명투쟁의 요구에 적응할 수 없다."[69]고 주장했다. 비슷한 주제가 1930년 10월의 문건에서도 등장한다. 이 문건에서 그는 도시 공작에 대한 관심이 더욱 필요하다고 주장한다. "오늘날 프롤레타리아의 폭동은 이미 대도시를 탈취하는 데 불가결한 기본 역량이 되었습니다. … 우리는 지금 비관주의와 도시 공작에 대한 소홀함을 바로잡고 도시에서 공작을 해나가는 과정에서 부딪히는 모든 어려움을 극복하기 위해 노력해야 합니다."[70] 그는 또한 무역조합 운동을 강화할 것과 무역조합이 무장투쟁과 파업에 참여할 것을 독려했다.[71]

결국 1927년에서 1930년대의 문건을 통해 마오쩌둥이 노동계급을 '배신'하지 않았다는 것을 보여주는 분명한 증거가 존재함을 확인할 수 있으며, 그의 사상이 '매우 강력한 반(反)도시적 성향'의 영향을 받지 않았다는 사실도 알 수 있다. 만약 그러한 영향을 받았다면 상황은 완전히 정반대로 흘러갔을 것이다. 마오쩌둥의 농촌에 근거를 둔 혁명전략이 형성되어 가는 데 가장 핵심적인 기간 동안에도 그는 농민에 대한 노동계급 지도의 중요성과 혁명의 승리를 위한 도시투쟁의 중요성을 확신하고 있었다. 그리고 이른바 장시(江西) 소비에트 시절로 일컬어지는 그 이후의 기간 동안 마오쩌둥은 노동계급의 지도라는 자신의 믿음을 실천에 옮길 수 있는 맹아적인 상태의 사회주의 국가기구들을 창출해 낼 기회를 갖게 되었다.

---

69 Schram, ed., *Mao's Road to Power: Volume III*, 423.

70 Schram, ed., *Mao's Road to Power: Volume III*, 583~84.

71 Schram, ed., *Mao's Road to Power: Volume III*, 583~84, 587.

노동계급 권력과 국가 형성, 1931~1934

마오쩌둥의 혁명전략은 종종 매우 제한된 방식으로 해석되어 왔다. 마오쩌둥의 농민에 대한 강조에 지나치게 초점이 맞춰져 있었을 뿐만 아니라 그의 국가 형성 과정에 대한 공헌을 거의 고려하지 않았던 것이다. 후자는 그의 혁명에 대한 접근방식에서 필수불가결한 차원이라고 할 수 있는데, 마오쩌둥은 국가 권력의 획득이 사회의 혁명적 전환이라는 장기간의 과정 중 초보적인 단계에 불과할 뿐이라는 것을 매우 분명하게 인식하고 있었기 때문이다. 이것이 요구하는 것은 국가 건설이라는 임무에 걸맞은 조직의 창출과 관리였고, 그러한 기구의 본질과 그러한 기구 안에서 누가 권력을 행사할 것인가는 혁명의 장기적 목표의 성공적 쟁취를 위해 핵심적인 것이었다. 그러므로 마오쩌둥 사상을 이와 같은 측면에서 고찰하는 것은 그의 혁명전략 안에서 노동계급과 농민의 역할을 평가하는 데서 필수적이라고 할 수 있다.

마오쩌둥이 농민의 혁명적 잠재력을 높이 평가했고 그들을 혁명의 '주력군'으로 삼았지만, 혁명의 지도적 위치를 그들에게 넘길 준비는 되어 있지 않았다는 것을 우리는 이미 확인했다. 그 역할은 노동계급이 맡아야 하는 것이었다. 1931년에서 1934년까지 공산당의 지도 아래 장시 소비에트의 통치에 힘을 쏟던 시절, 그는 자신이 명목상 지도자의 자리를 차지하고 있던 새로운 국가기구 안에 계급 역량을 통합시켜야 했다.[72] 이 새로운 국가에서 노동계급이 지도

---

72 장시 소비에트에 대한 일반적 분석에 대해서는 Trygve Lötviet, *Chinese Communism, 1931~1934: Experience in Civil Government* (Stockholm: Scandinavian Institute of Asian Studies Monograph Series, 1973); IlPyong J. Kim, "Mass Mobilization Policies and Techniques

적 위치를 차지해야 할 필요성에 대한 마오쩌둥의 확신은 1933년 8월의 언급을 통해 극명하게 드러난다. "중국 역사에서 처음으로 노동자와 농민이 자신들 스스로 국가를 통치하게 되었다. 농민은 통치 계급이 되었고, 노동자는 지도 역량이라고 할 수 있다."[73]

그렇다면 마오쩌둥은 장시 소비에트의 기구 안에 농민과 노동자 사이의 상대적인 계급 권력에 관한 위와 같은 관점을 어떻게 제도화해 놓았는가? 마오쩌둥이 농민과 그들의 문제들에 대한 해결, 특히 토지 재분배와 관련된 이슈를 장시 소비에트 정부의 핵심적인 정책적 고려 사항으로 여겼다는 것은 분명하다. 그는 또한 농민연합(때때로 농민연맹으로 번역되기도 하는)의 공로를 인정했으며 그들의 작업을 실제적으로 작동하게 하는 정책을 실천하기 위해 노력했다. 그러나 마오쩌둥은 농민이 노동계급의 가장 믿을 만한 계급이긴 하지만 제도적, 정책적 수단들을 관통하여 국가기구를 통제

Developed in the Period of the Chinese Soviet Republic," in *Chinese Communist Politics in Action*, ed. A. Doak Barnett (Seattle and London: University of Washington press, 1969), 78~98; Ilpyong J. Kim, *The Politics of Chinese Communism: Kiangsi under the Soviets* (Berkeley: University of California Press, 1973); W. E. Butler, ed., *The Legal System of the Chinese Soviet Republic, 1931~1934* (Dobbs Ferry NY: Transnational Publishers, 1983); Tso-Liang Hsiao, *Power Relations within the Chinese Communist Movement, 1930~1934: A Study of Documents* (Seattle: University of Washington Press, 1961); John E. Rue, *Mao Tse-tung in Opposition, 1927~1935* (Stanford: Stanford University Press, 1966); Warren Kuo, *Analytical History of the Chinese Communist Party* (Taipei: Institute of International Relations, 1968, second edition), Volume 2; Robert C. North, *Moscow and Chinese Communists* (Stanford: Stanford University Press, 1963, second edition), 147~60; 그리고 Derek J. Waller, *The Kiangsi Soviet Republic: Mao and the National Congresses of 1931 and 1934* (Berkeley: Center for China Studies, University of California, 1973)를 볼 것.

73 Stuart R. Schram, ed., Nancy J. Hodes, associate ed., *Mao's Road to Power: Revolutionary Writings, 1912~1949: Volume IV—The Rise and Fall of the Chinese Soviet Republic* (Armonk, New York: M. E. Sharpe, 1997), 466.

할 수 있는 탁월한 계급이 될 수는 없다는 것을 매우 분명하게 밝히고 있다. 국가기구를 통제하는 역할은 노동계급이 맡아야 하는 것이다. 이에 대해 김일평은 결과적으로 "마오쩌둥의 (장시 소비에트에 대한) 개념은 새로운 정치체제를 발전시키고 작동시키는 데서 지속적으로 농민과 노동계급의 평등을 강조했다."[74]는 잘못된 견해를 제시한 바 있다. 오히려 실제 증거들은 다소 다른 방향을 가리키고 있다. 노동계급의 강성함과 농민의 실패가 그러한 평등을 불가능하게 만든다는 것이다. 그에 따라 그들의 역사적 역할 역시 매우 다를 수밖에 없다.

장시 소비에트 기간 동안 노동계급의 대표성이라는 문제와 국가 지도력에 관한 마오쩌둥의 관점을 검토하기 전에, 마오쩌둥의 실제 활동과 그의 명의로 쓰인 텍스트 안에 담겨 있는 맥락에 대해 몇 마디 해둘 필요가 있다. 1931년에서 1934년 사이 중국공산당 지도부 내에서 마오쩌둥의 입지는 취약했다. 실제로 어떤 학자는 당시를 마오쩌둥의 '재야(in opposition)' 시절로 명명하기도 했다.[75] 그의 혁명전략이 발전되어 가고 있던 1927년 무렵부터 마오쩌둥은 자신이 농민에 대한 의존, 게릴라전에 대한 관점, 농촌 소비에트의 구축과 운용 같은 이슈들에서 당 중앙과 상당히 껄끄러운 관계를 유지하고 있다는 것을 발견하게 되었다. 1931년 제6차 4중전회 이후 새로운 지도부가 꾸려졌는데, 이 지도부는 왕밍(王明)의 지도 아래 이른바 '귀국 유학생 분파'('28인의 볼셰비키'라고도 불리는)가 장악하고 있었다. 이들은 소련에서 훈련을 받았고 마오쩌둥의 노선

74 Ilpyong J. Kim, *The Politics of Chinese Communism: Kiangsi under the Soviets*, 6.

75 Rue, *Mao Tse-tung in Opposition*.

과 그의 품성 자체에 대해서도 우호적이지 않았다. 본 회의는 마오 쩌둥의 힘과 영향력을 약화시키는 방식으로 당의 지도 기구를 재 편성하기 시작했다. 소비에트 지역에 중앙 부처와 부속 군사위원회 를 설립하고 이 조직들의 구성원은 상하이의 당 중앙이 결정했다.[76] 그럼에도 불구하고 마오쩌둥은 1931년의 대부분의 시간 동안 중앙 부처의 대리 서리로서, 또 총정치부(군사위원회에 귀속된)의 주임으 로서 지속적으로 상당한 영향력을 행사했다. 하지만 1931년 11월 초 뤼진(瑞金)에서 개최된 중앙 소비에트 지역 제1차 당대회에서 마오쩌둥의 정책, 특히 게릴라전에 대한 정책이 강력하게 비판받 았고, 중앙 부처 대리 서기로서의 직책을 박탈당했다. 스티븐 에이 버릴(Stephen Averill)이 지적한 것처럼, "1931년 가을과 1932년 가을 사이에 마오쩌둥은 당과 홍군 조직의 가장 영향력 있는 위치에서 점차 배제되었다."[77] 하지만 그는 몇 개의 중요한 정부 직책을 유지 했다. 특히 소비에트 정부 중앙집행위원회 주석과 인민위원회 주석 으로 추천되었다.

중앙 소비에트 지역 제1차 당대회의 결과, 비록 새로운 소비에 트 중앙 정부를 건설하고 관리하는 책임은 더욱 커졌지만 당 내에 서 마오쩌둥의 힘은 크게 약화되었다.[78] 한 학자는 "신설된 국가기 구 안에서 마오쩌둥은 강력한 위치를 획득했다."[79]고 결론 내리기 도 한다. 또한 마오쩌둥과 당 지도부는 당과 군사 정책의 일반적인

---

76 Schram, ed., *Mao's Road to Power: Volume IV*, xxxiii~xxxiv.

77 Schram, ed., *Mao's Road to Power: Volume IV*, xlv.

78 Schram, ed., *Mao's Road to Power: Volume IV*, xlvii~xlix. 또한 Stuart R. Schram, *Mao Tse-tung* (Harmondsworth: Penguin, 1966), 154~55를 볼 것.

79 Richard C. Thornton, *China, The Struggle for Power, 1917~1972* (Bloomington and London: Indiana University Press, 1973), 56.

요지에 대해 서로 다른 의견을 피력하기도 했지만, 소비에트 정부의 건립과 운영을 추구하기 위한 전략에 대해서는 서로 의견을 함께했다. 김일평이 결론 내린 것처럼, "당 중앙의 활동을 통제했던 소련파 당 지도자들과 중앙 소비에트 정부를 이끌던 마오쩌둥 사이에는 기초 조직에 접근하는 방식에 대한 필수적인 공통 인식이 존재했고, 그것들을 실제로 운용하는 과정에서 그들이 서로 협력했다는 증거가 있다."[80]

이 두 가지 쟁점, 즉 정부 관리에서 마오쩌둥의 책임이 더욱 확대되었고 기초 조직에 접근하는 방식에서 마오쩌둥과 당내 반대자들 사이에 합의가 있었다는 사실은 아래에서 이어질 논의에서 상당히 중요한 의미를 갖는다. 마오쩌둥이 새로운 국가제도에서 노동계급의 지배를 고집했음을 증명하는 몇몇 문건은 당시 중앙 소비에트 공화국 주석이었던 마오쩌둥의 이름으로 제출된 것이다. 그 문건들은 또한 부주석이었던 샹잉(項英)과 장궈타오(張國燾)의 명의로 제출된 것이기도 하다. 샹잉은 당 지도부 내의 '귀국 유학생 분파'와 상당히 밀접한 연관을 맺고 있었고 장궈타오는 마오쩌둥의 입장에 비우호적인 당내 우파로 분류되던 인물이었다. 이 때문에 그 문건들은 마오쩌둥이 혼자 작성한 것이 아니었다. 하지만 학술적인 견해들은 마오쩌둥이 협박에 못 이겨 그의 이름을 위의 문건들에 넣은 것은 아니었다는 주장을 뒷받침하고 있다. 그는 거시적인 당과 군사 정책, 장시 소비에트의 '초기 국가'[81] 형성에 관한 전략과 관련해 그와 대립했던 이들과 근본적인 수준에서 의견의

---

80 Kim., "Mass Mobilization Policies and Techniques," 80.

81 이 표현은 손턴(Thornton)의 것이다. *China, The Struggle for Power*, 55를 볼 것.

일치를 이루고 있었던 것이다. 더군다나 마오쩌둥은 그러한 전략을 열정적으로 수행했다. 에이버릴이 결론 내린 것처럼, "(국민당에 의한-옮긴이) 포위 활동과 봉쇄로 인한 압박과 불확실성을 고려하면 마오쩌둥의 전반적인 관리 아래 이룩된 정치제도 건설과 경제 건설 작업은 인상적인 것이었다."[82]

장시 소비에트의 건설과 국가 건설 정책들에 대한 코민테른의 영향력에 대해서도 비슷한 의구심이 일어난다. 리처드 손턴(Richard Thornton)에 따르면, "중국 소비에트 정권의 형식과 내용은 코민테른의 정책에서 가져온 것이다."[83] 이러한 정책들은 중국 농촌 지역에서의 혁명에서 농민의 지도력에 과도하게 의존하는 (혹은 그렇게 추정되는) 중국 혁명의 이단적 경향성을 억제해 중국공산당을 '볼셰비키화'하기로 한 코민테른의 일반적 결정의 일환이었다. 그리고 코민테른의 전략에는 이데올로기적으로 코민테른의 사유방식과 일치하고 코민테른의 감독을 원하는, 소련에서 훈련받은 지도자, 즉 귀국 유학생 분파를 중국공산당에 삽입하는 내용이 포함되어 있었다. 1930년 6월 코민테른은 "프롤레타리아의 헤게모니가 굳건하고 지속적으로 관철되는 것"을 주요 임무로 삼는 '중앙 소비에트 정부'의 건설을 주장했다. 중국 혁명에서 프롤레타리아 지도의 중요성은 1931년 코민테른의 결의에서 재차 확인되었다. 노동자들이 모든 지도 기구 안에서 역할을 수행하는 것을 보증하기 위해 당은 "거침없이, 체계적으로, 우선적으로 노동자들 중 최고의 인원들을"[84] 영입해야 한다는 것이었다.

---

82 Schram, ed., *Mao's Road to Power: Volume IV*, 1xxv.
83 Thornton, *China, The Struggle for Power, 1917~1972*, 54.

장시 소비에트가 만들어지고 발전해 가던 당시 중국공산당에 대한 코민테른의 막대한 영향력을 고려했을 때, 노동계급의 지도에 대한 마오쩌둥의 언급들과 정책들이 그 자신의 관점을 진심으로 표현한 것이 아니라 코민테른 노선에 대한 전략적 존중이었을 뿐일 수 있다는 질문이 제기될 수 있다. 이것은 장시 소비에트가 건설되기 전 노동계급의 지도와 농민에 대한 마오쩌둥의 견해를 통해서는 판별할 수 없다. 앞서 살펴본 것처럼, 1927년부터 1930년까지 마오쩌둥은 혁명전략이 형성되어 가고 있던 바로 그 기간 동안 당과 중국 혁명에서 모두 노동계급의 지도가 중요함을 지속적으로 강조했다. 그는 또한 필요성 때문에 당과 군대로 유입된 많은 수의 농민을 해당 조직에 피해를 입히는 수많은 정치적, 조직적, 이데올로기적 문제의 근원으로 보았다. 결국 농민의 혁명적 잠재력에 대한 그의 평가는 계급으로서의 농민의 단점에 대한 실제적인 평가 그리고 그들에 대한 노동계급 및 전위 정당의 지도의 필요성과 균형을 이룬다고 할 수 있다. 그의 언급은 분명 농촌 혁명을 기꺼이 포용하고 농민의 혁명적 잠재력을 무비판적으로 받아들이는 혁명가의 것이 아니다. 그것은 차라리 자신이 강제로 도시와 노동계급들로부터 분리된 것을 발견하고 농민의 불만족스러운 점들을 제거해 그들의 혁명적 충동을 현대화 혁명의 방향으로 맞출 수 있는 전략을 찾아야만 하는 이의 것이다. 그러므로 마오쩌둥은 중국 혁명을 위한 노동계급 지도의 필요성에 관한 자신의 관점을 상실한 적이 없으며, 장시 소비에트 시절 그의 언급들과 정책들은 1927년에

마오쩌둥 사상 속의 노동계급과 농민

---

84 Hélène Carrère d'Encausse and Stuart R. Schram, *Marxism and Asia: An Introduction with Readings* (London: Allen Lane The Penguin Press, 1969), 244~47.

서 1930년 사이의 기간과 일치한다고 할 수 있다. 또한 앞으로 살펴보게 될 것처럼, 이 시기의 언급들과 정책들은 마오쩌둥이 중국 공산당 내에서 절대적인 권력을 차지하게 되는 1937년에서 1945년 사이의 옌안(延安) 시기의 관점과도 일치한다.

장시 소비에트 시절 마오쩌둥의 텍스트들을 고찰함에 있어 확신을 가질 수 있었던 것은 좀 더 확장된 시간 속에서 확인할 수 있었던 마오쩌둥의 일관된 언급들과 정책들 때문이었다. 우리의 목적은 그러한 텍스트들로부터 노동계급과 농민, 지도적 역량과 관련된 잠재력, 이 두 계급의 역할, 그리고 마오쩌둥이 당시 중국에 막 태동하고 있던 사회주의 국가의 노동계급 지도력을 강화하기 위해 마련해 놓은 제도적 메커니즘에 관한 그의 견해를 발굴하는 것이다. (이러한 발굴 과정을 통해 – 옮긴이) 마오쩌둥에게 현대화 혁명을 위한 노동계급의 중심성이 결국 지도력과 이데올로기적 전망이라는 측면에서 농민과 노동계급은 평등할 수 없다는 것을 의미했다는 것이 분명해질 것이다.

농민보다 노동계급이 더욱 중요하다는 마오쩌둥의 인식은 몇몇 제도적, 정책적 영역을 통해 확인된다. 그 중 첫 번째 것은 그가 새로운 국가의 기초를 마련하게 될 소비에트의 다양한 계층을 위해 계급에 기반한 투표 시스템을 시행함으로써 노동계급의 권력을 공고화하려고 했다는 점이다. 소비에트의 계층 구조는 향(鄕)급 소비에트의 구축에 의존하고 있었는데, 향급 소비에트는 여러 촌락과 수백에서 수천에 이르는 인민을 포함하고 있는 지역들을 관리했다.[85] 1931년에서 1934년 사이 향급 소비에트의 구조와 기층 수

---

85 뢰트비에(Lötviet)는 '향'에 대한 관례적인 해석이 'township'이라고 주장한 바 있는데

준의 대중조직과의 관계는 다양한 양태로 존재하고 있었다. 하지만 이론적으로 말했을 때 대표회의는 향 조직의 정점이었고, 대표회의의 인원들로 구성된, 5명에서 7명으로 이루어진 상임간부회가 존재하고 있었다. 그리고 이들은 대표회의의 정책 실행을 감독했다.[86] 노동계급의 지도에 대한 마오쩌둥의 관점에서 보았을 때 향급 대표회의의 가장 큰 특징은 선거다. 1932년 1월에 하달한 지시에서 마오쩌둥은 향급 대표회의의 대리인들이 여러 수준의 선거구로부터 선거로 선출되어야 하며 각 선거구에는 서로 다른 비중치가 주어져야 한다고 명령했다. 각 50명씩의 빈농(貧農), 중농(中農) 그리고 독립 노동자가 한 명의 대리인을 선출할 권리를 갖는 반면, 각 13명씩의 노동자, 쿨리(coolie) 그리고 농장 노동자가 한 명의 대리인 선출의 권리를 가지며 이들은 또한 1933년부터 농민들과는 별도로 선거 회의를 가질 수 있는 권한을 부여받았다. 의도적으로 노동자들에게 유리하도록 고안된 선거제도의 이와 같은 불균형은 향급 대표회의의 계급 구성에 상당한 효과를 발휘하였다. 어떤 향급 회의에서는 대표자들 중 거의 절반에 가까운 수가 '노동자'로 규정되었고, 이와 같은 상황은 '노동자'(그것도 마오쩌둥이 언급한 광의의 노동자)[87]가 전체 인구에서 매우 작은 비율을 차지하는 상황에서 벌

이는 잘못된 것이다. '향'이 반드시 township 혹은 개인 촌락(individual village)에 해당되는 것은 아니다. 그의 *Chinese Communism, 1931~1934: Experience in Civil Government*, 15n을 볼 것. 또한 Waller, *The Kiangsi Soviet Republic*, 37~41을 볼 것.

86 Lötviet, *Chinese Communism, 1931~1934: Experience in Civil Government*, chapter 1.

87 농촌 지역에서 "비록 몇몇은 그들 땅의 아주 조금과 경작지를 운영하기도 하지만 일반적으로 그들(노동자)은 땅 혹은 경작지가 전혀 없다. 그들은 온전히 그리고 우선적으로 자신의 노동력을 팔아 생계를 유지한다. 그런 사람들은 노동자(농장 노동자를 포함해)다. … 만약 가족 중의 누군가가 도시에서 일한다면 그는 노동자다." Schram, ed., *Mao's Road to Power: Volume IV*, 548. 그의 '창강 향 조사(長崗鄉調査)'에서 마오쩌둥

어진 것이었다.[88]

이와 같은 '계급 게리맨더링(class gerrymander)'은 모든 수준의 소비에트에서 반복되었다. 진(鎭)급 소비에트 선거에서 각 20명씩의 '노동자, 쿨리, 농장 노동자'들로부터 한 명의 대표가 선출된 반면, 다른 계급에서는 각 80명의 사람으로부터 한 명의 대표자가 선출되었다. 이와 같은 비율은 성(省)급 소비에트에 부속된 도시 소비에트에도 적용되었다. 여기서 각 100명의 '노동자, 쿨리, 농장 노동자'가 한 명의 대표를 선출한 반면, 400명의 도시 빈민과 지역 농민이 한 명의 대표를 선출했다. 향급보다 상위인 구(區)급 소비에트 (향급, 진급 소비에트로부터 대표가 파견되는)에 대해 마오쩌둥은 '노동자, 쿨리, 농장 노동자'가 전체 대표의 20%를 차지해야 한다고 언급했다. 마오쩌둥은 "구급, 현급의 회의와 마찬가지로 농촌과 도시의 소비에트는 반드시 노동자, 쿨리, 농장 노동자 그리고 홍군을 구성원으로 만들기 위해 모든 주의를 기울여야 한다."고 규정하고 있다.[89]

현(縣)급 소비에트에서 '노동자, 쿨리, 농장 노동자'의 비율은 25%까지 상승하며 진급에 파견된 현급 소비에트의 대표 중에서 '노동자, 쿨리, 농장 노동자'의 비율은 50%에 이른다. 이와 같은 원리는 성급 회의에도 적용되며 성급 소비에트는 소비에트 중앙 정부 바로 밑의 조직이다. 성급 회의에는 각 5000명의 농촌 거주자로부터 선출된 한 명의 대표와 각 2000명의 도시 거주자로부터 선출

은 다음과 같은 직업들을 '노동자'로 언급하고 있다. 목수, 재단사, 미장이, 죽(竹)공예사, 이발사, 단기 노동자. Schram, ed., *Mao's Road to Power: Volume IV*, 619.

88 Lötviet, *Chinese Communism, 1931~1934: Experience in Civil Government*, 27.

89 Schram, ed., *Mao's Road to Power: Volume IV*, 179~80.

된 한 명의 대표가 파견된다.[90] 이러한 비율은 1933년 도시 거주자들에게 더욱 많은 대표성을 부여하기 위해 개정되는데, 이 개정을 통해 각 6000명의 농촌 거주자가 한 명의 대표를 선출하는 것에 비해 각 1500명의 도시 거주자가 한 명의 대표자를 선출하게 된다. 이와 같은 도시 지역 거주자를 위한(그러므로 암묵적으로 노동계급을 위한 것이기도 한) 선거에서의 불균형은 향급 소비에트에서 전국 소비에트 회의에 이르는 모든 소비에트에 구축되었다. 전국 소비에트 회의에서 각 1000명의 도시 거주자가 한 명의 대표를 선출한 반면, 각 5만 명의 농촌 거주자가 한 명의 대표를 선출했다.[91]

1933년 8월에 제정된 「소비에트 임시 선거법」(마오쩌둥이 서명한)은 노동계급의 지도를 공고히 하기 위한 의도를 분명하게 보여주고 있다. 본 선거법에는 각 선거자의 선거권이 다른 선거자와 평등하거나 엇비슷해야 한다는 것에 대한 고려가 전혀 들어 있지 않다. 예컨대 제3조는 다음과 같이 규정하고 있다.

> 프롤레타리아는 소비에트의 전위이며 그들은 농민을 지도해 지주와 부르주아의 국민당 정권을 타도하게 할 것이다. 또한 농민을 지도해 노동자·농민의 민주주의 독재가 이루어지는 소비에트 정권을 건립할 것이다. 프롤레타리아 계급의 소비에트 기구 속에서의 지도적 지위를 강화하기 위해 주민 대비 대표자수의 비율에 있어 노동자는 여타 주민들에 비해 우위를 점해야 한다.[92]

---

90 이러한 정보는 Lötviet, *Chinese Communism, 1931~1934: Experience in Civil Government*, chapter 1과 2, Schram, ed., *Mao's Road to Power: Volume IV*, 179~81, 797~98, Takeuchi, ed., *Mao Zedong ji. Bujuan*, vol.4, 21~23으로부터 인용한 것이다.

91 Schram, ed., *Mao's Road to Power: Volume IV*, 797~98.

92 Schram, ed., *Mao's Road to Power: Volume IV*, 871.

1934년 1월 제2차 전국 소비에트 회의에서 행한 중앙집행위원회와 중화 소비에트 인민위원회에 대한 보고에서 마오쩌둥은 소비에트 선거의 계급적 의도와 지난 2년 동안의 성과에 대해 아래와 같이 언급하고 있다.

그들(소비에트 구성원들)은 노동자들 사이에서 계급투쟁을 일으켜야 하고 농민의 유격전쟁을 발전시켜야 하며 노동계급이 농공연맹을 지도한다는 원칙 하에서 노농 대중의 적극성을 이끌어내야 한다. … 계급 구성의 균형을 고려하고, 소비에트 정권 안에서 프롤레타리아가 지도적 위치를 차지하는 것을 보장하기 위해 우리는 다음과 같은 방법을 사용해야 한다. 각 13명의 노동자와 그 가족이 한 명의 대표를 선출할 수 있고 50명의 빈농과 중농이 한 명의 대표를 선발한다. 이러한 구조를 이용하여 도시와 진급 대표회의를 조직한다. 구(區)에서 중앙에 이르는 모든 각급 대표회의와 집행위원회에서는 노동자와 농민 대표의 적당한 비율을 산출한다. 이로써 소비에트 정권 조직의 노농연맹을 보증하고 노동자의 지도적 위치를 확보한다.[93]

그러므로 향급에서 전국 소비에트 회의에 이르는 소비에트의 위계구조를 구성하는 정부의 주요 기구들은 장시 소비에트와 동일한 방식으로 그 인구를 대표한다고 할 수 없다. 소비에트를 구성하는 선거 절차는 차라리 고의적으로 인구 중 특정한 부분을 위해 구축되었다고 할 수 있다. 그 특정 부분은 바로 노동계급이다. 이것은 부분적으로 노동계급의 적은 수를 충당하기 위한 것이라고 할 수

93 Schram, ed., *Mao's Road to Power: Volume IV*, 671~73; Takeuchi, ed., *Mao Zedong ji* IV, 235~36.

있다. 이것은 소련의 선거방식과 일치하는 것이기도 하다.[94] 하지만 이것은 또한 노동계급이 새로운 국가 건설에서 능동적이고 지도적인 위치를 차지해야 한다는 마오쩌둥의 주장과 일치하는 것이기도 하다. 더군다나 소비에트 구성원들 내부에서는 노동계급 구성원들의 지도위원회 피선(被選)이 중요한 사안이기도 했다. 마오쩌둥이 주장했듯 "집행위원회를 선출할 때 노동자 출신 활동가들의 활동에 특별히 주목할 필요가 있다. 또한 그러한 자원들의 대다수가 소비에트 지역에서의 프롤레타리아의 지도 역량을 강화하기 위해 집행위원으로 선출될 필요가 있다."[95] 그리고 이는 곧 "노농 독재를 위한 소비에트의 정치력을 공고히 하고 프롤레타리아의 지도를 강화시키는 데"[96] 도움을 줄 것이었다.

마오쩌둥이 노동계급의 권력을 강화하는 또 다른 방법은 잠재적인 노동계급 구성원들이 대중조직을 이끌게 되면, 그러한 대중조직들과 장시 소비에트 정부 사이의 정보 전달을 보증해 주고 국가와 사회의 연계를 담당하게 하는 것이었다. 이들 중 특별히 중요한 조직은 빈농연맹이었다. 빈농연맹이라는 명칭에도 불구하고 본 조직은 빈농에게만 제한되었던 것은 아니다. 1933년 7월 마오쩌둥이 지적했듯이 "빈농연맹은 순전히 하나의 계급으로 이루어진 조직은 아니다. 그것은 진급 소비에트 관할권 내의 빈농 대중조직이다."[97] 중요한 점은 본 조직의 지도권, 그리고 더욱 확대된 범주에서 빈농들이 스스로를 통치하는 것이 아니었다는 점이다. 그들을 통치한

---

94 Lötviet, *Chinese Communism, 1931~1934: Experience in Civil Government*, 47, note 3.

95 Schram, ed., *Mao's Road to Power: Volume IV*, 476.

96 Schram, ed., *Mao's Road to Power: Volume IV*, 483.

97 Schram, ed., *Mao's Road to Power: Volume IV*, 455.

것은 노동계급이었다. 마오쩌둥은 만약 이 점이 시행되지 않은 곳이 있다면 이것을 관철시켜야 한다고 주장했다. "농촌 지역의 노동자들은 빈농연맹에 반드시 가입해야 한다. 또한 이 연맹에서 능동적인 지도적 역할을 수행하기 위해 노동자들의 소규모 그룹을 형성해야 한다. 그리고 빈농들로 구성된 폭넓은 범주의 대중들을 프롤레타리아의 지도 아래 연합시켜 이 연맹을 소비에트 정치권력의 가장 믿을 만한 지주(支柱)로 변화시켜야 한다."[98]

비록 토지 조사 운동에 참여한 여러 소비에트 기구 중의 하나에 불과했지만, 장시 소비에트 기간 중 빈농연맹의 가장 중요한 기능 중의 하나도 역시 토지 조사 운동이었다. 김일평이 주장한 것처럼 토지 조사 운동은 비단 1930년부터 소비에트 지역에서 진행되어 온 농촌 혁명 전략의 일환이라는 것에 그치지 않았다. 그 목적은 분명 계급 분석과 계급투쟁을 통해 농촌 문제를 해결하는 것이었지만, 또한 대중 동원을 위해 정부기구와 대중조직을 재정비하고 개혁하는 것을 목적으로 삼는 것이기도 했다. 이 때문에 본 운동은 극도로 중요한 것이었으며 사회경제적, 조직적 목표를 갖는 광범위한 기층 운동이기도 했다.[99] 그럼에도 불구하고 빈농연맹은 토지 조사 운동의 성공을 위해 매우 중요한 조직이었으며 마오쩌둥은 본 연맹 속의 노동계급과 노동연합의 대표성을 강화함으로써 빈농연맹의 정확한 노선 추구를 확보하려 했다. 1933년 7월의 언급은 마오쩌둥이 빈농 스스로 지도하는 빈농연맹의 한계를 명확하게 인식하고 있었음을 보여준다. 여기서 마오쩌둥은 농민 조직으로 간주되

98 Schram, ed., *Mao's Road to Power: Volume IV*, 455.

99 Kim, *The Politics of Chinese Communism: Kiangsi under the Soviets*, 135~43.

는 빈농연맹에 대한 노동계급의 지도가 절대적으로 필요함을 분명하게 밝히고 있다.

> 오직 공산당과 소비에트의 지도 하에서만 빈농연맹은 전체 임무를 정확하게 완성할 수 있다. 또한 절대적 평등주의, 지역주의와 같은 부농의 영향 혹은 각종 낙후된 농민 의식의 지배와 영향으로부터 벗어날 수 있다. … 농업 부문에 종사하는 노동자들과 장인들의 연합은 자신들의 대표회의에서 행동을 통해 그 구성원들이 하나의 통일체로서 빈농연맹에 가입하도록 노력해야 한다. 그리고 빈농연맹 안에서 항상 프롤레타리아의 지도 역량을 발휘해야 한다.[100]

마오쩌둥은 토지 조사 운동의 성공에 가장 중요하다고 할 수 있는 빈농연맹이 빈농들에게 맡겨진다면 성공할 수 없다고 단호하게 주장하고 있는 것이다. 그가 보기에 '농촌 지역에 살고 있는 도시 프롤레타리아의 형제'인 '농장 노동자'를 빈농연맹에 가입하도록 독려하는 것이 특히 중요했다. 이러한 노동자들의 그룹은 "조직의 능동적인 지도자가 되어야 하고" 그들의 존재는 빈농 활동가들을 연합시키고 빈농연맹을 발전시킬 것이라고 마오쩌둥은 믿었다.[101] 그는 산허(山河) 진(鎭)을 예로 들어 설명하고 있다. 이곳에서 빈농연맹은 토지 조사 운동을 시작할 수 없었다. 농촌 지역의 노동자조합과 장인조합이 참여하고 지도력을 발휘하고 나서야 비로소 운동이 시작될 수 있었던 것이다. 마오쩌둥은 산허의 경험이 모든 농촌 지역에 적용되어야 한다고 믿었다. 결과적으로 노동자조합

---

100 Schram, ed., *Mao's Road to Power: Volume IV*, 455.

101 Schram, ed., *Mao's Road to Power: Volume IV*, 396.

의 지도력은 "토지 조사의 임무를 노동연합의 중요한 임무 중 하나로 다루어야 한다."[102] 실제로 빈농연맹에 노동자들이 참여한 목적은 "농촌 지역에 노동계급의 지도력을 구축하기 위한 것이었다."[103] 때문에 마오쩌둥이 주장하고 있는 것처럼, 토지 조사 운동의 '주력'은 여전히 빈농연맹이지만 그는 또한 "토지 조사 투쟁의 발전을 이끌어가기 위해" 농촌 지역의 노동자들에게 빈농연맹에 가입할 것을 호소했던 것이다.[104] 왜냐하면 "빈농연맹은 투쟁의 지주(支柱)가 될 것이지만, 노동연합은 농촌 지역 계급투쟁의 지도자가 될 것이기"[105] 때문이다.

노동계급의 지도와 함께 농민이 '주력' 혹은 '중심'이 되는 공식이 바로 중국 혁명에 있어 농민과 노동계급의 관계 및 각 계급의 역할에 대한 마오쩌둥의 가장 전형적인 이해방식이라고 할 수 있다. 토지 조사 운동이 보여주었던 것처럼(특히 봉건 계급관계의 철폐), 농촌의 변화를 위해 시범적으로 운용된 정책 시범 지역에서조차 마오쩌둥은 농민들에게 지도권을 넘겨주려 하지 않았다. 오직 "빈농연맹에서의 프롤레타리아의 지속적인 지도적 역할"만이 본 연맹이 "온갖 종류의 후진적인 농민의식에 지배되는 것"을 막아줄 수 있었다.[106]

장시 소비에트에서의 국가 형성을 위한 마오쩌둥의 전략에서 노동계급이 갖는 중요성은 중국공산당의 장기적 목표와 관련해 매

---

102 Schram, ed., *Mao's Road to Power: Volume IV*, 512~13.

103 Schram, ed., *Mao's Road to Power: Volume IV*, 396.

104 Schram, ed., *Mao's Road to Power: Volume IV*, 525.

105 Schram, ed., *Mao's Road to Power: Volume IV*, 438~39. 번역은 수정.

106 Schram, ed., *Mao's Road to Power: Volume IV*, 455.

우 중요한 역할을 담당하고 있는 또 다른 대중조직인 노동조합을 확대하고 공고히 하기 위한 그의 접근방식을 통해서도 확인할 수 있다. 마오쩌둥은 노동조합이 "대중을 동원하는 지주이며" 특히 농민을 동원하기 위한 지주라고 믿었다.[107] 마오쩌둥은 노동자의 권리에 주의를 기울였는데 그것이 당의 이데올로기와 일치하는 것이기도 했을 뿐만 아니라 당과 당의 정책을 지지하는 노동자들을 동원하는 데 효과적이었기 때문이다. 이는 "프롤레타리아의 지도력을 강화할 것이다."[108] 이 때문에 중국공산당은 반드시 노동법(1931년 12월 공포되고 1933년 수정된)을 시행해야 한다.[109] 1932년 3월에 작성된 긴 편지에서 마오쩌둥은 서푸젠(西福建) 소비에트 정부 집행위원회의 동지들에게 이 법의 실행을 확보하는 것에 각별한 주의를 기울여줄 것을 호소하고 있다. 이 법의 기본 조항에는 8시간 노동, 급여 인상, 최저 임금, 노동조건 개선, 단체협약과 같은 요소들이 포함되어 있다. 마오쩌둥은 이러한 요소들이 '최소한의 복지'이며, 소비에트 정부가 이와 같은 법률을 시행하는 것이 '도시 노동자 대중'을 동원하는 데 효과적일 것이라고 생각했다. 소비에트 정부는 또한 노동자들이 무역조합을 조직하는 데도 도움을 주어야 했다. 그는 또한 능동적으로 법을 실행하지 않고 노동자들의 실제 생

---

107 Schram, ed., *Mao's Road to Power: Volume IV*, 333.

108 Schram, ed., *Mao's Road to Power: Volume IV*, 66.

109 본 법의 완역은 Schram, ed., *Mao's Road to Power: Volume IV*, 882~96의 번역본을 참조할 것. 본 법이 대다수가 농민이었고 노동자라고 해봤자 수공업자와 장인들밖에 없었던, 경제적으로 낙후된 지역에서는 시행될 수 없었기 때문에 '순전히 선전적인 차원'에 머물렀다는 것이 왈러(Waller)의 결론이다. 하지만 마오쩌둥이 제시하고 있는 일자는 왈러의 주장이 틀렸다는 것을 보여주고 있다. Waller, *The Kiangsi Soviet Republic*, 33을 볼 것.

활조건을 조사하지 않으며 법률을 실행하지도 않으면서 노동자들의 권리를 주장하는 정부 기관원들을 날카롭게 비판했다. 마오쩌둥은 이와 같은 불량한 실천방식이 "노동자들의 투쟁을 향한 열정을 꺾고 그들의 계급의식을 흐리게 한다."[110]고 믿었다. 하지만 노동법의 단호한 적용은 "노동자들 대다수가 신속하게 경제 건설에 참여하게 할 것이고, 농민 지도에 대한 그들의 역할을 더욱 강화시킬 것"[111]이다.

1934년 마오쩌둥이 제2차 전국 소비에트 회의에 제출한 장문의 보고서가 제시하고 있는 데이터는 능동적으로 노동법을 시행하고 노동조합과 조합원들이 효과적인 계급적 지도력을 제공하기 위해 다른 조직들에 참여하는 것이 결실을 맺고 있음을 보여주고 있다. 마오쩌둥은 다음과 같은 언급을 반복적으로 주장하면서 시작하고 있다. "소비에트 정권 하에서 노동자는 곧 주인이다. 농민이라는 광범위한 대중을 지도하는 임무를 띠고 노동자는 소비에트 정권을 공고히 하고 발전시키는 위대한 책임을 지고 있다."[112] 이어서 마오쩌둥은 노동법의 효과를 적시하고 있다. 소비에트 지역에서 8시간 노동은 '보편적으로' 확립되었고, 고용주의 노동법 위반을 방지하기 위한 노동 감독기관이 도시들과 촌락들에 세워졌다. 또한 노동법을 위반하는 고용주를 처벌하기 위한 노동 법정과 직업 소개를 위한 직업소개소도 세워졌다. 이러한 제도들에 의해 도시와 농촌의 모든 지역에서 노동자의 월급은 상승되었고, 그들의 일반적

---

110 Schram, ed., *Mao's Road to Power: Volume IV*, 188.
111 Schram, ed., *Mao's Road to Power: Volume IV*, 490.
112 Schram, ed., *Mao's Road to Power: Volume IV*, 679.

인 노동조건(식량을 포함해) 역시 개선되었다. 마오쩌둥이 이와 같은 업적에 상당한 자부심을 느꼈음은 분명하다. 마오쩌둥은 노동법과 같은 제도들에 의해 "소비에트 지역 노동자들의 삶은 매우 향상되었다."[113]고 언급하고 있다. 더불어 사회 복지 시스템이 구축되면서 실업 노동자들에게 실업급여가 지급되었고, 이것은 관련 기관에 의해 감독되었다.

소비에트 정부가 노동조합 설립을 촉진한 결과, 조합원 수는 엄청나게 불어났다. 전중국무역조합협회의 통계에 근거해 마오쩌둥은 소비에트 지역과 그 인접 지역의 회원수가 22만 9000명에 달한다고 밝히고 있다. 중앙 소비에트 지역만을 놓고 봤을 때 5% 미만의 노동자만이 조합에 가입하지 않았고, 마오쩌둥이 직접 창강(長岡) 진에 대한 자세한 조사를 통해 알아낸 것처럼,[114] 싱궈(興國) 현의 노동자 중 98%가 모두 조합에 가입했다. 이러한 노동조합의 상승세를 목도하면서 마오쩌둥은 노동법이 노동자들의 조합 가입을 독려하고 있고 그들의 소속감을 고취시키고 있다고 확신할 수 있었다. 이에 대해 그는 "이러한 모든 것들에 의해 노동자들의 삶은 매우 향상되었고, 노동자들의 혁명적 행동주의는 크게 고취되었으며, 그들은 이제 혁명전쟁과 소비에트 건설에 엄청난 역할을 하게 되었다."[115]고 결론내리고 있다.

마오쩌둥이 보기에 노동조합의 상승세가 갖는 중요성은 또한 조합원들이 여타 정부 기구, 중국공산당 혹은 대중조직에 가입하게

---

113 Schram, ed., *Mao's Road to Power: Volume IV*, 680.

114 Schram, ed., *Mao's Road to Power: Volume IV*, 584~622.

115 Schram, ed., *Mao's Road to Power: Volume IV*, 684.

되었다는 사실이다. 예컨대 노동조합원(7만 580명) 중 28%가 홍군과 유격대에서 복무했고, 또 다른 10%는 소비에트와 혁명조직에서 근무하고 있었다. 이러한 노동자의 참여는 소비에트 국가 건설에 중심적인 역할을 맡고 있는 조직들에서 그들의 대표성을 높여주었다. 마오쩌둥은 이러한 현상이 곧 "혁명 이래로 농민들이 아무것도 얻은 것이 없으며 노동자의 적극성이 제고되지 않았다고 말하는 이들이 헛소리를 지껄이고 있는 것에 불과함"[116]을 보여주고 있다고 주장했다.

마지막으로 장시 소비에트 시절 마오쩌둥의 군사정책에 대한 장악력이 대폭 감소되었을 때 그가 가능한 한 홍군과 민병대의 지도권이 노동자의 수중에 있도록 함으로써 노동계급의 권력을 확보하기 위해 노력했다는 점에 주목해야 한다. 앞서 살펴본 것처럼, 마오쩌둥은 노동조합의 많은 인원이 소비에트 군사조직의 일원이기도 하다는 사실에서 위안을 얻었다. 1932년 9월 홍군 확대에 관한 지시에서 마오쩌둥은 계급 지위에 관한 조사가 홍군 모집에 매우 중요함을 역설했다. 그는 홍군의 일원이 된 이들이 "노동자와 농민 중에서 가장 건강하고 열정적인 인원들이어야 한다. 이렇게 해야만 홍군이 질적으로 강화될 수 있다."[117]고 말하고 있다. '건강하고' '열정적인' 농민을 홍군에 받아들이는 것을 환영했지만, 최소한 이념적인 차원에서 그들은 홍군을 이끌 준비가 되어 있지 못했다. 홍군의 통제는 곧 노동자계급의 특권이었던 것이다. 이러한 목표를 달성하기 위해 마오쩌둥은 모든 군사 지역에서 많은 수의 노동자 동

---

116 Schram, ed., *Mao's Road to Power: Volume IV*, 684.

117 Schram, ed., *Mao's Road to Power: Volume IV*, 269.

지를 모집해 "홍군에서의 노동계급의 지도력을 강화할 것"[118]을 지시했다. 1934년 1월 제2차 전국 소비에트 회의에 제출한 보고서에서 마오쩌둥은 자신의 정책이 매우 성공적이었다고 말하고 있다. "(홍군에서) 노동자 동지들의 수는 증가하였고, 정치위원 시스템이 보편적으로 구축되었다. 그 결과 홍군의 통제권이 믿을 만한 지도자들의 수중에 놓이게 되었다."[119] 그럼에도 불구하고 여전히 많은 일이 남아 있었고, 이에 마오쩌둥은 홍군이 노동자의 수중에 놓여야 한다는 것을 더욱 강조했다. "모든 수준에서 노동계급의 배경을 가진 사람들이 군대 및 정치 지도자의 위치로 승격되어야 한다."[120] 이것은 착오를 저지르지 않기 위해 사람들로 하여금 "명확한 계급의식을 갖게 하고 강력한 지도력을 갖추게 하는 것"[121]이 필수적인 것과 똑같이 중요한 것이었다.

요컨대 1931년에서 1934년 사이 장시 소비에트 기구의 노동계급 지배에 관한 마오쩌둥의 주장이 노동자가 상위 조직을 차지해야 하고 그들이 이데올로기적 능력을 갖추었다는 믿음에 기반하고 있다는 것은 분명하다. 하지만 그것은 또한 농민이 계급으로서 실패했다는 인식에 기반해 있는 것이기도 하다. 그는 소비에트 정부에서 경험한 수많은 조직의 문제가 농민들에 의해 발생한 것이라고 생각했다. 마오쩌둥은 관료주의가 "소비에트 정부를 감염시켰다."고 불평했고, 그것을 "농민들의 산만한 본성, 프롤레타리아와 같은 조직과 규율의 결여"[122]로 연결시켰다. 또한 마오쩌둥은 농민

---

118 Schram, ed., *Mao's Road to Power: Volume IV*, 272~73.

119 Schram, ed., *Mao's Road to Power: Volume IV*, 670.

120 Schram, ed., *Mao's Road to Power: Volume IV*, 704.

121 Schram, ed., *Mao's Road to Power: Volume IV*, 111~12.

들이 농촌의 봉건적 관계에 깊게 물들어 있고 그것들에 길들여져 있기 때문에 반드시 효과적인 계급 분석의 대상이 될 필요는 없다고 보았다.

> 잠재적인 반혁명적 성질은 곧바로 농민들에 의해 인식될 수 없다. 이외에도 촌락에 뿌리 깊게 박혀 있는 봉건적 관계 때문에 농민의 계급의식을 그러한 봉건 잔재들을 뿌리 뽑는 것이 필요하다고 깨닫는 수준으로 제고시키는 것은 결코 쉬운 일이 아니다. 이러한 임무를 완성하려면 공산당과 소비에트 정부는 농민들에게 인내심을 깊고 해명해야 할 것이다.[123]

농촌의 계급구조가 가진 본성을 판별해 낼 수 없는 농민은 토지 조사 운동을 실행하는 데 커다란 장애가 되었다. 마오쩌둥은 오직 공산당과 노동계급의 지도를 통해서만 빈농연맹이 효과적인 계급 분석을 가로막는 "절대적 평균주의와 지역주의를 비롯한 온갖 종류의 후진적인 농민의식에 지배되는 것"을 막을 수 있다고 주장했다.[124] 농민은 분명 지도력을 필요로 하고 있으며 마오쩌둥은 의심의 여지 없이 노동계급이 그것을 제공해야 한다고 믿고 있었던 것이다.

저항과 개혁, 1937~1945

1937년에서 1945년 사이에 이르는 기간은 통상 공산당의 전쟁 시

---

122 Schram, ed., *Mao's Road to Power: Volume IV*, 333.

123 Schram, ed., *Mao's Road to Power: Volume IV*, 415.

124 Schram, ed., *Mao's Road to Power: Volume IV*, 455.

기 수도라고 언급되는 옌안(延安) 시기로 불린다. 이 기간 동안 마오쩌둥은 주로 항일전쟁을 위한 전략 수립에 몰두하고 있었다. 당시 마오쩌둥이 생각한 전략의 핵심은 공산당이 취해야 할 전략을 결정 짓는 모순의 경중을 재조정하는 것이었다. 중국 본토에 대한 일본의 침략이 가져온 집중적이고도 직접적인 위협은 마오쩌둥으로 하여금 '주요 모순'(해당 역사 시기에 가장 긴급한 해결책을 요하는 모순)[125]이 일본 제국주의와 중국 민족 사이의 모순임을 깨닫게 했다.[126] 민족의 생존이 위협에 처해 있었고 가장 중요한 급선무였기에, 중국 사회를 사회주의로 이끌어갈 혁명적 이행과 같은 여타의 정책은 일본군에 대한 저항이라는 가장 폭넓은 연합전선을 이끌어내기 위해 조정되어야 했다. 만약 애국적인 투쟁에 참여한다면 지주와 자본가들 역시 예의와 존경을 담아 대해야 하는 것이었고, 민족 절멸의 위기로부터 중국을 구해내기 위한 투쟁에 그들이 능동적으로 참여하도록 고취해야 했다. 이전까지 '착취계급'으로 분류되었던 이들은 이제 더 이상 계급투쟁과 몰수의 대상이 아니게 되었다. 마오쩌둥이 주장한 것처럼 "지금은 토지혁명을 수행할 때가 아니"었던 것이다. 기껏해야 "부분적인 조세 경감과 이자율 인하만이 필요할 뿐이다. … 하지만 그 경감과 인하의 폭이 너무 커서는 안 된다."는 것이 마오쩌둥의 의견이었다.[127] 이로써 지난 15년 동안

마오쩌둥 사상 속의 노동계급과 농민

---

125 '주요 모순'과 정책의 우선순위를 결정함에 있어 그것이 수행하는 역할에 대해서는 Nick Knight, ed., *Mao Zedong on Dialectical Materialism: Writings on Philosophy, 1937* (Armonk, New York: M. E. Sharpe, 1990), 178~87을 볼 것.

126 그 예로는 Stuart R. Schram, ed., Nancy J. Hodes, associate ed., *Mao's Road to Power— Revolutionary Writings, 1912~1949: Volume VII— New Democracy, 1939~1941* (Armonk, New York: M. E. Sharpe, 2005), 731을 볼 것.

127 Schram, ed., *Mao's Road to Power: Volume VII*, 579~80.

의 혁명적 레토릭은 개혁적인 성향의 주제로 전환되게 되었다. 그리고 이러한 전환은 공산당의 이전 적들, 즉 지주 및 자본가 계급과 일본의 침략에 대항하기 위해 형성한 연합세력의 잠재적 파트너들에게는 덜 위협적으로 보이는 것이기도 했다.[128]

이와 같은 혁명에서 민족 저항과 개혁으로의 전략적 전환을 감안해 혹자는 농민에게 좀 더 승격된 역할을 부여하기 위해 마오쩌둥이 노동계급과 농민의 지도적 역량과 역할에 대한 자신의 관점을 조정했을 것이라고 생각할 수 있을지도 모른다. 다시 말해 중국 공산당은 자신이 이전보다 다수의 노동자가 살고 있는 대도시와 중소도시로부터 더욱 분리되어 농촌이라는 맥락에 놓여 있음을 발견하게 되고, 결국 농민의 지지에 의존하게 되었을 것이라고 예상하는 것이다. 하지만 1937년에서 1945년 사이 마오쩌둥의 저술들을 자세히 읽어보면 중국 혁명이라는 맥락에서의 노동계급과 농민에 대한 장기적 평가가 그다지 변하지 않았음을 알 수 있다. 왜냐하면 마오쩌둥은 중국 사회의 혁명적 변화에 있어 그 시간이 얼마나 지체되든지 간에 저항과 개혁의 시기는 일시적인 정지에 지나지 않는다고 확신하고 있었기 때문이다.[129] 마오쩌둥은 일본의 패망과 함께 중국은 역사적으로 주어진 미래를 향한 전진의 임무를 다시 시작할 것이고 그 미래는 현대적인 산업과 사회주의에 의해 그려질 것이라고 믿고 있었다. 마오쩌둥은 이것이 "역사의 숙명적인 경로를 그려내는 거부할 수 없는 법칙"[130]이라고 주장했다. 마오쩌둥

128 Schram, ed., *Mao's Road to Power: Volume VII*, 386, 396.

129 마오쩌둥은 에드가 스노(Edgar Snow)에게 "우리는 언제나 사회주의 혁명가입니다. 우리는 결코 개혁가가 아닙니다."라고 말한 바 있다. Schram, ed., *Mao's Road to Power: Volume VII*, 218~19.

의 생각은 줄곧 노동계급이 경제적으로도, 정치적으로도 주도적인 위치를 차지하는 현대적인 미래에 대한 관념으로부터 영감을 받고 있었고, 그 안에서 농민을 포함한 여타의 계급은 상대적으로 부차적인 위치에 놓여 있었다.

1937년에서 1945년 사이의 기간 동안 마오쩌둥이 계속해서 노동계급의 지도적인 역할을 믿고 있었음을 보여주는 증거는 많다. 우선 1937년 발표된 그의 가장 긴 철학 주석에 대한 탐색에서부터 시작해 보기로 하자.

> (중국 혁명의) 지도권에 대한 문제에 있어 프롤레타리아의 의식 수준은 동요하는 부르주아의 그것과 선명한 대비를 이루고 있으므로 프롤레타리아가 지배적인 위치를 차지하게 되는 것이다. 이것은 중국 혁명의 미래에 특별한 영향을 끼친다. … 농민과 프롤레타리아 사이의 모순에서 프롤레타리아가 주요 모순이라고 할 수 있다. 산업 노동자와 수공업자 사이의 모순에서는 산업 노동자가 주요 모순이다.[131]

중국공산당이 항전을 전개하고 있는 곳이 농촌 지역이었음에도 불구하고 마오쩌둥은 1939년 4월 프롤레타리아를 "항전의 전위"[132]라고 언급했고 1939년 7월에는 항일 연합전선의 "근간"이라고 말했다.[133] 그는 중국의 노동계급이 중국의 전체 인구에서 작은

---

130 Schram, ed., *Mao's Road to Power: Volume VII*, 67, 71.

131 Stuart R. Schram, ed., Nancy J. Hodes, associate ed., *Mao's Road to Power—Revolutionary Writings, 1912~1949: Volume VI—The New Stage, August 1937~1938* (Armonk, New York: M. E. Sharpe, 2004), 648, 735~36.

132 Schram, ed., *Mao's Road to Power: Volume VII*, 862.

133 Schram, ed., *Mao's Road to Power: Volume VII*, 153.

비중을 차지하며, 산업 노동자는 더욱 작은 비중을 차지한다는 것을 잘 알고 있으면서도 이와 같은 판단을 내린 것이다. 1939년 말 마오쩌둥은 현대적인 산업 노동계급이 250만에서 300만 정도에 불과할 것이라고 보았고, 그보다 약간 더 많은 도시의 수공업자 역시 1200만에 불과하다고 생각하고 있었다. 이러한 적은 수는 "엄청난 수의 농촌 노동자들"[134]에 의해 부풀려진다. 1940년 1월 마오쩌둥은 "중국에는 수백만의 산업 노동자가 있고, 수천만의 수공업자와 농업 부문 노동자가 있다."[135]고 말하고 있다.

적은 수에도 불구하고, 특히 농민과의 관계에 있어 프롤레타리아는 '특출난 소질'을 가지고 있다고 마오쩌둥은 주장했다. 첫째 그들은 그 어떤 다른 계급보다 "혁명투쟁에서 굳건하고 철저하다." 그리고 이것은 그들이 제국주의, 봉건주의, 부르주아의 자본주의적 억압이라는 중요한 세 가지 형태의 억압에 처해 있기 때문이다. 따라서 그들은 중국 혁명에 참여한 계급들 중 '가장 혁명적'이다. 둘째, 그들은 중국공산당의 혁명적 지도권을 보유하고 있다. 그리고 이 지도권은 노동계급이 '중국 사회에서 가장 정치적으로 의식화된 계급'이 되는 데 일조하고 있다. 셋째, 중국 노동자들 중 대다수가 본래 파산한 농민 출신이기 때문에 그들은 농민과 '자연적 친연성'을 가지고 있다. 때문에 이미 농민들과 혁명 연합을 형성할 수 있는 능력을 갖추고 있다.[136]

(이러한 판단 하에서 – 옮긴이) 마오쩌둥은 비록 '몇 가지 불가피

---

134 Schram, ed., *Mao's Road to Power: Volume VII*, 299

135 Schram, ed., *Mao's Road to Power: Volume VII*, 355.

136 Schram, ed., *Mao's Road to Power: Volume VII*, 299~300.

한 약점'에도 불구하고 프롤레타리아의 지도력이 혁명의 승리에 필수적이라고 결론 내린 것이다.

> 불가피한 몇몇 약점들, 예컨대 적은 수(농민에 비해), 적은 연령(자본주의 국가의 프롤레타리아에 비해), 낮은 교육 수준(부르주아에 비해)에도 불구하고 중국의 프롤레타리아는 중국 혁명의 근본적인 동력이다. 만약 프롤레타리아가 혁명에 참여해 이끌어나가지 않는다면 중국 혁명은 성공할 수 없을 것이다.[137]

다른 곳에서도 그는 "중국은 그들(노동계급)이 없다면 생존할 수 없다. 왜냐하면 그들은 산업경제 부문의 생산자들이기 때문이다. 현대적인 노동계급이 없다면, 혁명은 승리할 수 없다. 왜냐하면 그들이 중국 혁명의 지도자이기 때문이다. 그들은 가장 풍부한 혁명성을 갖추고 있다."[138]고 말하고 있다. 때문에 중국 혁명은 "노동계급의 지도 없이는 수행될 수 없는 것"[139]이다.

그럼에도 불구하고 마오쩌둥은 계속 항전에 대한 농민의 공헌을 극히 낙관적으로 평가했다. 특히 '빈농'에 대한 평가가 그러했는데, 마오쩌둥은 그들이 "프롤레타리아의 태생적인 그리고 가장 믿을 만한 동맹이 될 것이며 중국 혁명 세력의 주력군이 될 것"[140]이라고 보았다. "중국에서의 무장투쟁은 본질적으로 농민전쟁이며" "현재 진행 중인 일본에 대한 저항은 결국 농민의 저항이다." 하지

---

137 Schram, ed., *Mao's Road to Power: Volume VII*, 284, 299~300.

138 Schram, ed., *Mao's Road to Power: Volume VII*, 355.

139 Schram, ed., *Mao's Road to Power: Volume VII*, 366.

140 Schram, ed., *Mao's Road to Power: Volume VII*, 299.

만 농민에 대한 의존의 심화가 지도권을 그들에게 이양한다는 것을 의미하지는 않는다. 그것은 굳건하게 노동계급과 그들의 정치적 정당의 수중에 자리 잡게 될 것인데 "농민전쟁은 프롤레타리아의 지도를 받기"[141] 때문이다. 항전이라는 상황 속에서 핵심으로 남아 있는 노동계급의 지도권은 지속될 것이다. 반면 농민이 '당원의 절대 다수'를 차지하고 있는 '방대한 농촌 지역'은 온갖 문제를 일으키고 있으며, 특히 '개인주의' 문제는 '프롤레타리아 집단주의'의 요구에 장애가 되고 있었다.[142] 1920년대 이후부터 그러했던 것처럼 마오쩌둥은 농민의 계급으로서의 실패를 여전히 인식하고 있었던 것이다.

중국의 정치적 미래를 바라보면서 마오쩌둥은 '오직 프롤레타리아의 정치적 지도 하에서만' 민주공화국이 실현될 수 있다고 주장했다. 그는 또한 이 공화국에서 사회주의가 확립되어 가고 있다는 것을 증명하는 증거들이 점차 늘어나게 될 것이고, 그 증거는 "전국의 정치세력들 중 프롤레타리아와 공산당이 차지하는 비중이 늘어나고, 농민과 지식인, 도시 부르주아가 이미 인정한 혹은 앞으로 인정하게 될 프롤레타리아와 공산당의 지도권이 될 것"[143]이라고 말했다. 더군다나 마오쩌둥은 그의 중요한 문건인 「연합정부를 논함(論聯合政府)」(1945)에서 '수백만의 농민이' 도시의 공장으로 이주하게 되면서 중국 노동계급의 수가 급격하게 늘어날 것이라고 예언하기도 했다. "만약 중국이 강대한 민족 공업을 건설하고 수많

---

141 Schram, ed., *Mao's Road to Power: Volume VII*, 246, 250, 355.

142 Schram, ed., *Mao's Road to Power: Volume VII*, 766~67.

143 Schram, ed., *Mao's Road to Power: Volume VII*, 304~5.

은 현대적인 대도시를 건설하고자 한다면 농촌 인구가 도시 인구로 변하는 기나긴 과정이 필요할 것이다." 그리고 중국이 농업국가에서 산업국가로 변모하는 이 과정은 "정치적으로 가장 각성되어 있기 때문에 전체적인 혁명운동을 이끌어가는 데 최적화된"[144] 노동계급에 의해 감독될 것이다.

이러한 관점은 "도시와 농촌 사이의 모순에서 도시가 우선이다."[145]라는 그의 초기 의견을 반영하고 있다. 중국 산업 도시의 중요성은 곧 중국의 항일운동에서 광대한 농촌적 맥락이 결코 도시에서의 투쟁을 포기하는 것으로 이어져서는 안 된다는 것을 의미하는 것이다. 1939년 마오쩌둥이 지적한 것처럼,

농촌 근거지에서의 공작을 강조한다는 것이 도시에서의 공작과 아직 근거지가 되지 못한 여타 넓은 농촌 지역에서의 공작을 포기한다는 것을 의미하는 것은 아니다. 오히려 도시와 여타 농촌 지역에서의 공작 없이는 우리의 혁명 근거지는 고립될 것이고 혁명은 실패의 위협에 시달리게 될 것이다. 게다가 혁명의 최종 목표는 도시, 적의 점령지를 점령하는 것이다. 그리고 이 목표는 도시에서의 필수적이고도 충분한 공작 없이는 성취될 수 없다.[146]

이와 비슷하게 1944년 그는 "우리는 반드시 … 대도시에서의 공작에 주의를 기울여야 한다. … 그리고 도시에서의 공작을 근거

---

144 *Selected Works of Mao Tse-tung* (London: Lawrence and Wishart, 1956), vol. 4, 294~98.

145 Schram, ed., *Mao's Road to Power: Volume VI*, 736.

146 Schram, ed., *Mao's Road to Power: Volume VII*, 291~92. 또한 *Selected Works of Mao Tse-tung* (Beijing: FLP, 1965), vol. 2, 317을 볼 것.

지에서의 그것과 동일한 지위로 승격시켜야 한다."[147]고 언급한 바 있다. 그리고 1944년 6월 마오쩌둥은 당 중앙 전체에 도시 공작의 중요성을 강조하는 지시를 하달했다.[148]

결론

1920년대부터 1940년대 중반까지 마오쩌둥이 줄곧 산업 프롤레타리아를 중국 혁명의 지도계급으로 여겼고, 도시에서의 투쟁이 중요하다고 주장했다는 것이 나의 주장이다. 그는 도시의 투쟁으로부터 분리되는 것이 매우 심각한 부정적인 결과를 초래할 것이라는 것과 산업 프롤레타리아가 중국공산당으로 하여금 농촌 투쟁을 이끌어갈 수 있게 할 능력을 보유하고 있다는 것을 인지하고 있었다. 그리고 그것은 마오쩌둥이 농민의 계급적 한계를 너무나 명확하게 인지하고 있었기 때문이다. 또한 그는 가능한 곳이라면 어디에서든지 당과 군대, 특히 당의 지부 서기와 같은 요직에서 도시 노동자의 대표성을 끌어올리기 위해 분투했다. 그 결과 마오쩌둥은 농민이 중국 혁명의 주력군이며 토지문제가 당의 농촌 전략의 핵심이라고 생각했음에도 불구하고 농민은 자신들을 대변할 노동계급과 당의 지도가 필요하다는 관점을 견지했다.

이러한 주장의 중요성은 세 가지 측면에서 생각해 볼 수 있다. 첫째, 만약 마오쩌둥이 정말로 농촌혁명을 포함한 중국 혁명의 노

---

147 *Selected Works of Mao Tse-tung*, vol. 3, 171.

148 Takeuchi, ed., *Mao Zedong Ji, Bujuan*, vol. 7, 185~93. 번역은 Saich, *The Rise to Power of the Chinese Communist Party: Documents and Analysis* (Armonk, New York: M. E. Sharpe, 1996), 1157~64를 참조.

동계급 지도의 필요성에 대해 흔들리지 않는 믿음을 유지했다는 사실이 받아들여진다면, 슈워츠와 그에게 호응한 여러 중국학자들의 주장, 즉 "마오쩌둥은 자신이 농촌에서 발견한 초보적인 역량을 극도로 활용하기 위한 이론적 고려에 있어 이미 예정되어 있던 산업 프롤레타리아에 대한 배신을 보여주었다."[149]는 주장은 설득력을 잃는다. 마오쩌둥이 "도시 프롤레타리아의 혁명 능력을 의심했으며" 농민을 "진정한 혁명 계급"으로 받아들였다는 마이스너의 주장[150] 역시 마찬가지다. 내가 마오쩌둥의 저술들로부터 수집한 증거에 따르면 마오쩌둥에 대한 서구의 학설들에 깊게 뿌리 내리고 있는 이와 같은 견해는 잘못된 것이다. 마오쩌둥은 '산으로 가는 것'을 선택하지 않았으며 혁명투쟁에서 농민에게 과도하게 의존하는 것을 선택하지 않았다. 산으로 올라가는 것과 농민에게 의존하는 것은 마오쩌둥이 농민과 농촌 생활에 대한 낭만적 애착을 가지고 기꺼이 선택한 것이 아니다. 그것은 결코 마오쩌둥이 원한 것이 아니었다. 온전히 필요에 의해, 즉 자기 자신과 1927년 중반 자신이 맡고 있던 우한(武漢) 지역 당 지부의 몰락을 피하기 위해 마오쩌둥은 어쩔 수 없이 농촌 지역으로 후퇴했던 것이다. 그러한 강제적 요인 없이 마오쩌둥이 1927년 중반의 노선을 택했을 것이라는 증거는 존재하지 않는다. 실상 그러한 주장을 반박하는 증거가 더욱 설득력이 있다. 마오쩌둥이 언급했던 것처럼 국민당(國民黨)이 계속 싸우고자 했기 때문에 "징강 산으로 가는 수밖에 없었다."[151] 만약

마오쩌둥 사상 속의 노동계급과 농민

---

149 Schwartz, *Chinese Communism and the Rise of Mao*, 76~77.

150 Meisner, *Marxism, Maoism and Utopianism*, 99, 138, 225.

151 Schram, ed., *Mao's Road to Power: Volume VII*, 153.

1927년 국민당이 도시 지역에서의 혁명 활동을 탄압하지 않았다면 마오쩌둥은 좀 더 밀접하게 도시와 농촌을 연합시키는 혁명노선을 택했을 것이며, 이 노선은 농민혁명에 대한 노동계급의 지도와 농촌 지역에 대한 도시의 지도라는 노선보다 훨씬 더 효과적이었을 것이다.

그러므로 1927년 이후 농민에 대한 마오쩌둥의 심화된 의존은 자신이 원한 것이 아니라고 할 수 있다. 그것은 오히려 그가 도시에서의 투쟁으로부터 강제로 분리되면서 억지로 받아들인 것이다. 이처럼 불리한 환경 속에서 마오쩌둥은 농민 대중의 참여와 지지에 의지하는 혁명전략을 구축한 것이다. 하지만 이 전략은 농민이 혁명을 지도하지는 않을 것임을 분명히 하는 것이기도 했다. 마오쩌둥이 몇 차례 언급하고 있는 것처럼, 빈농은 농촌혁명이라는 맥락에서 조직력과 지도력을 갖추고 있었다. 하지만 그들의 비전은 제한되어 있으며 중국이 분투하고 있는 장기적인 역사적 목표(산업화되고 현대적인 사회주의 사회)를 위한 혁명을 받아들일 수 있는 능력을 결여하고 있었다. 마오쩌둥은 자신이 처해 있는 광대한 농촌이라는 환경이 혁명의 최종 목표를 결정할 수 있다는 것을 받아들이지 않았으며, 그 목표 역시 계급으로서의 농민과는 부합하지 않는 것이었다. 결과적으로 그는 가능하면 당 내와 대중조직 내의 노동자들의 지도권을 상승시키기 위해 노력했고, 노동조합과 도시 지역에서의 투쟁을 고취시키기 위해 노력했다. 그리고 그 이유는 현대화와 사회주의화라는 목표를 동시에 포함하고 있는 혁명을 수행하는 과정 속에서 현대적인 노동계급의 사회적, 경제적 특징이 그들로 하여금 조직력과 지도력을 갖추게 하기 때문이었다. 이러한 지도력과 이데올로기야말로 노동계급을—마오쩌둥의 표현을 빌리자면—"특별히 우수한 전사"[152]로 만들 수 있는 중요 요인이었다.

때문에 농민과 그들의 혁명에서의 역할에 관한 마오쩌둥의 관점은 노동자와 그들의 혁명에서의 역할에 관한 그것과 분리될 수 없다. 마오쩌둥 혁명전략의 발전과정 속에는 노동자와 농민 두 계급 사이의 필수적인 연관관계가 내포되어 있다. 그리고 그 관계는, 몇몇 마오쩌둥 연구자의 견해와는 반대로, 분명 농민에 대한 노동계급의 우위다. 농민의 이와 같은 종속적 위치는 수가 적기 때문이 아니다. 그들은 분명 중국의 인구와 혁명 세력에서 다수를 차지하고 있다. 또한 그들이 혁명을 위한 폭력적 행동을 망설이기 때문도 아니다. 그것은 차라리 그들이 현대화 혁명을 이끌 능력을 결여하고 있기 때문이며, 혁명의 궁극적 목표에 대해 제한된 이해를 갖고 있기 때문이다.

둘째, 도시와 농촌 모두에서 중국 혁명의 지도권을 노동계급이 차지해야 한다는 마오쩌둥의 확신을 통해 우리는 그가 현대화라는 차원에서 중국에 대한 비전을 만들어가고 있었음을 알아채야 한다. 실상 이것은 마오쩌둥의 정치적 행동과 사상에 관한 기존의 언급에서 종종 빠져 있던 것이기도 하다. 마오쩌둥은 농민이 만들어낸 송강(宋江)과 같은 가상의 인물이 아니며 멕시코의 혁명가 에밀리아노 사파타와 같은 농촌혁명가도 아니다. 본 장의 도입부에서 언급한 것처럼 농촌혁명에 대한 접근방식은 농민에 대한 의존뿐만 아니라 농민과 농촌 생활을 미화하려는 성향을 갖고 있다. 만약 농민혁명가들이 도시 거주자들을 언급한다면 그것은 경멸적인 어조로 언급하는 것이다. 왜냐하면 그들에게 도시는 곧 사회악의 근원

---

152 Schram, ed., *Mao's Road to Power: Volume II*, 258~59.

이기 때문이다. 그들은 혁명의 목표를 인간의 본래적인 측면에서 설명한다. 혁명은 곧 점차 탐욕스러워지는 지주계급에 의한 토지 수탈과 착취에 맞서 농민이 이전부터 소유하고 있었던 권리를 회복하는 과정인 것이다. 때문에 농민의 혁명에 대한 비전은 전통적인 질서를 회복하는 것에 대한 욕망을 전제로 한 것이며 그러한 전통적인 질서 속에서 공정과 정의라는 것은 농민의 합법적인 요구에 대한 인정 위에 세워지는 것이다. 사회에 대한 농민혁명의 비판에서 결여되어 있는 것은 이전의 사회적 질서와는 확연히 다른 혁명 이후의 사회에 대한 개념이다. 그 안에 현대 사회의 계급과 계급관계는 결여되어 있으며 현대 사회를 만들어내는 산업화 역시 그러하다.

사파타와 같은 농민혁명가와는 다르게 마오쩌둥은 중국의 산업화된 현대적 미래의 필연성 혹은 불가피성을 꿈꾼 현대화론자였다. 그의 삶과 사상에 대한 여러 평가들이 묘사하고 있는 것처럼 만약 마오쩌둥이 낭만적인 농촌혁명가였다면, 1930년 6월 왜 그는 농업의 사회화가 "도시 노동자들의 지도와 도움"[153] 없이는 이루어질 수 없다고 말했겠는가? 또한 왜 1945년 "자신만의 강력한 산업을 구축하고 수많은 현대화된 대도시를 구축할" 필요가 있고, 중국을 "농업국가에서 산업국가로" 전환시켜 대형 산업이 "국가 경제에서 지배적인 위치를 차지해야 한다"[154]고 말했겠는가?

실상 마오쩌둥이 강조한, 혁명과정에서 농민에 대한 노동계급의 지도라는 관점으로부터 우리는 집권 이후 마오쩌둥이 어떠한

---

153 Schram, ed., *Mao's Road to Power: Volume III*, 447~48.

154 *Selected Works of Mao Tse-tung* (London: Lawrence and Wishart, 1956), vol. 4, 295, 298.

접근방식을 취할 것인지를 예측해 볼 수 있다. 1949년 초부터 마오쩌둥 지도 하의 중국공산당은 그 주안점을 주로 농촌과 농민의 지지에 근거한 혁명투쟁에서 도시로부터 정치적, 경제적 지시를 받는 현대적이고 산업화된 민족국가 건설로 이동시킨다. 마오쩌둥이 1949년 3월 언급한 것처럼 "1927년부터 현재까지 우리 공작의 중심점은 농촌이었다. 촌락의 역량을 결집시키고, 촌락으로 도시를 포위해 도시를 쟁취했다. 이러한 공작 방법의 시대는 이제 끝났다. '도시에서 농촌으로' 그리고 도시가 농촌을 지도하는 시대가 시작된 것이다."[155] 바로 이러한 마오쩌둥의 결정에서 중국공산당이 노동계급 출신 당원을 확대하고 농민의 비율을 줄이고 있다는 정책적 전환의 모습이 가장 선명하게 드러난다.[156] 무분별한 당원 모집은 중지되었고 '쓸모없는 농민들'은 쫓겨나게 되었다.[157] 그리고 실제로 노동계급의 참여와 지배력은 새로운 신(新)중국의 정치적, 경제적 삶의 여러 층위에 걸쳐 강조되었다. 이는 곧 현대화를 중심 축으로 삼고 그 과정 안에서 산업과 노동계급이 중심이 되는 마오쩌둥의 중국에 대한 전망과 일치하는 것이었다. 마오쩌둥은 또한 중국공산당의 계급 구성이 공산당은 프롤레타리아의 전위가 되어야 하며 노동계급에 의한, 노동계급을 위한 정당이 되어야 한다는 마르크스-레닌주의의 주장과 보조를 맞추어야 한다고 믿었다. 이러한 관점에서 보았을 때, 당 내 많은 수의 농민은, 농촌에서의 혁명

---

155 "Report to the Second Plenary Session of the Seventh Central Committee of the Communist Party of China" (5 March 1949), in *Selected Works of Mao Tse-tung* IV, 363.

156 *Selected Works of Mao Tse-tung* IV, 364. "우리는 도시에서의 투쟁에서 누구에게 의존해야 합니까? … 우리는 반드시 전심전력으로 노동계급에 의존해야 합니다."

157 Franz Schurmann, *Ideology and Organization in Communist China* (Berkeley: University of California Press, 1971, second edition), 167~69.

투쟁 시기 동안 필요로 했던 그들의 지지를 반영하는 것이기도 했지만, 현대적이고도 산업화된 경제를 갖춘 사회주의 사회를 건설하려는 당의 의도에 방해가 되는 것이었다. 이러한 목표를 성취하기 위해서는 산업 노동자가 신중국의 경제적 노력에 있어서뿐만 아니라 지도권의 계급적 구성에 있어서도 중심적인 위치를 차지해야 했다.

때문에 1949년 마오쩌둥은 노동계급이 중심적인 위치를 차지하는 현대화되고 산업화된 사회를 만들기 위한 장기적 비전을 실천에 옮기게 된다. 그는 또한 수백만에 달하는 중국 농민의 삶과 노동조건을 위한 혁명적 전환을 실행에 옮긴다. 1920년대와 1930년대 그의 농민 동료들 중 이와 같은 혁명적 전환을 예상했거나 기대한 이는 거의 없었다. 하지만 앞서 살펴본 것처럼, 마오쩌둥은 자신의 결심을 숨긴 적이 없었다. 혁명은 현대적이고 산업화된 사회주의 중국을 건설하는 것이었고, 오랜 시간 동안 이어져 온 농촌의 생활방식, 특히 소유관계는 철폐되어야 하는 것이었다. 그리고 그 자리는 집산화된 농업이 차지해야 하는 것이었다. 1949년 이후 마오쩌둥이 여러 차례에 걸쳐 언급한 것처럼 이와 같은 필수적인 변화 없이 농민은 결국 "농민으로 남게 될 것"이다. 왜냐하면 그들은 사회주의에 대해 양면적인 태도를 취하고 유지하고 있기 때문이다. 따라서 마오쩌둥의 농민에 대한 관점은 일관되게 유지되었다고 할 수 있는 것이다.[158]

---

[158] *Mao Zedong sixiang wansui* (n.p.: n.p. 1967), 12, 27과 *Mao Zedong sixiang wansui* (n.p.: n.p. 1969), 247을 볼 것. 마오쩌둥은 또한 계속해서 농민을 중국에서의 사회주의 성취에 대한 주요 문제로 여기고 있다. "심각한 문제는 농민 교육의 문제이다. 농민 경제는 분산되어 있으며 소비에트의 경험을 통해 판단해 볼 때 농업의 사회화는 장기간의

셋째, 마오쩌둥이 중국 혁명을 노동계급이 지도해야 할 필요성을 굳게 믿고 있었다는 것을 인정하게 되면 기존에 널리 받아들여져 온 마오주의적 혁명 모델에 관한 개념을 바꿀 수 있다. 기존의 개념은 마오쩌둥을 기꺼이 농촌에 투신하고, 농민의 혁명적 잠재력에 대해 무한한 확신과 낙관을 가지며, 해롭고 타락한 도시로부터 분리되기를 갈망하는 농민혁명가로 그려왔다. 때문에 그가 이끄는 혁명은 마오쩌둥의 농민과 농촌 생활에 대한 호감을 기반으로 그려졌으며, 그 혁명의 궁극적 목적 역시 억압과 착취라는 쓰디쓴 경험으로부터 조직력과 지도력을 갖추게 된 농촌과 농민에 초점을 맞춘 마오주의적 모델에 기반하고 있다는 관점이 강화되었다. 이것이 마오쩌둥에 대한 일반적인 인식이다. 하지만 우리가 살펴보았듯이 마오쩌둥은 '산으로 올라가는 것'을 선택하지 않았을 뿐만 아니라 지속적으로 중국의 농촌혁명에 대한 노동계급의 지도를 강조했고, 당과 군대 내에서 농민계급이 과도하게 대표될 경우 해당 조직에 좋지 않은 영향을 끼치게 될 것을 우려했다. 마오쩌둥은 많은 수의 노동자를 중국공산당과 군에 가입시킬 것과 그들을 요직에 포진시킬 것을 강조했다. 마찬가지로 그는 도시와 대형 촌락에서의 혁명전략을 발전시키는 것과 도시와 농촌 지역의 투쟁을 연계시키는 것의 중요성을 강조하기도 했다.

결국 마오쩌둥은 순수한 의미의 농촌혁명가가 아니었다. 그는 가능한 한 노동계급을 위해 중국공산당과 군대의 사회적 구성 성분을 바꾸고자 했고, 장시 소비에트 기간에는 노동계급의 권력을 대표하는 방식으로 초기 국가기구를 구축하려 했다. 비록 중국 혁

시간이 필요한 힘든 공작이 될 것이다." *Selected Works of Mao Tse-tung* IV, 418~19.

명의 주력군으로서 농민을 중시한 것도 사실이지만, 마오쩌둥은 농민의식이 혁명의 장기적인 방향성을 지도할 수 있다는 생각을 단호하게 거부했다. 농민의식은 중국 사회를 현대적으로 변화시키는 데서 경제적, 정치적, 문화적 장애가 될 것이기 때문이다. 1920년대 중반부터 1940년대 중반까지 중국 혁명을 노동계급이 지도하는 것에 관한 마오쩌둥의 잦은 언급은 결국 혁명의 미래와 전략뿐만 아니라 중국의 미래 자체에 관한 그의 개념을 가리키는 표식이었던 것이다. 그리고 이러한 표식은 중국 혁명에 대한 마오쩌둥의 접근방식과 그러한 접근방식의 교조적 성격에 관한 기존의 종합적인 설명을 문제화하기에 충분하다. 하지만 마오쩌둥을 농민혁명가라는 거짓된 이미지로 그려왔던 이들이 그러한 표식을 인정하고 마오쩌둥 사상의 핵심적인 층위를 새롭게 생각할 것인지는 좀 더 지켜볼 일이다.

5장

정치와 비전: 마오쩌둥 사상의
역사적 시간과 미래, 1937~1945

마오쩌둥 연구자들을 가장 괴롭히는 문제 중 하나는 바로 마오쩌둥 사상의 기원에 관한 문제다. 이 문제에 관해 대략 세 가지 관점이 존재한다. 첫 번째는 마오쩌둥이 중국 전통사상과 마르크스주의로부터 영향을 받았으므로 그의 사상이 이 두 사상의 종합이라는 관점이다.[1] 두 번째는 마오쩌둥을 마르크스주의자로 간주하고 그의 사상이 마르크스주의 전통으로부터 끌어온 개념들에 대한 참조를 통해 이해되어야 한다는 관점이다.[2] 그리고 세 번째는 마오쩌둥 사

---

[1] Vsevolod Holubnychy, "Mao Tse-tung's Materialist Dialectics," *China Quarterly* 19 (1964): 3~37; Frederic Wakeman Jr., *History and Will: Philosophical Perspectives on Mao Tse-tung's Thought* (Berkeley: University of California Press, 1973)를 볼 것. 이와 같은 관점을 지닌 중국의 대표적인 학자들과 저서들로는 畢建恒 著, 『毛澤東與中國哲學傳統』, 成都: 四川人民出版社, 1990과 常瑞森 著, 『哲學思想槪論』, 北京: 中國人民大學出版社, 1985가 있다.

[2] Steve S. K. Chin, *The Thought of Mao Tse-tung: Form and Content*, translated by Alfred H. Y. Lin (Hong Kong: Centre of Asian Studies Papers and Monographs, 1979); Andrew G. Walder, "Marxism, Maoism and Social Change," *Modern China*, vol. 3, no. 1 (January 1977): 101~18과 vol. 3, no. 2 (April 1977): 125~59; Michael Dutton and Paul Healy, "Marxist Theory and Socialist Transition: The Construction of an Epistemological Relation," in

상의 결정 요인들을 사회화라는 강력한 매개체를 통해 전승된 중국의 역사적, 철학적 전통 및 그 문화적 영향력 속에서 찾아야 한다는 것이다.[3] 비록 중국 전통과 마르크스주의적 전통의 상대적 영향력과 관련된 강력한 반론들이 남아 있는 것이 사실이지만, 대다수 마오쩌둥 연구자는 마오쩌둥 사상의 기원에 관한 첫 번째 관점을 수용해 왔다. 예컨대 존 콜러(John Koller)와 같은 경우 중국 전통사상과 마르크스주의라는 두 가지 사상 전통의 단순한 혼합 그 이상의 것을 본다. 이것은 차라리 '창조적 종합'인 것이다.

마오쩌둥 사상은 마르크스주의의 중국 토양에의 이식 혹은 마르크스주의에 의한 중국 전통사상의 수정 그 이상의 참신함을 보여준다. 또 다른 한편으로 그것은 중국 전통사상과 마르크스주의보다 더욱 먼저 존재한 이데올로기들에 뿌리를 내리고 있는 것이기도 하며 실상 그 독특함이라는 것은

200

Chinese Marxism in Flux 1978~84: Essays on Epistemology, Ideology and Political Economy, ed. Bill Brugger (Armonk, New York: M. E. Sharpe, 1985), 13~66; Philip Corrigan, Harvie Ramsay and Derek Sayer, *For Mao: Essays in Historical Materialism* (London: Macmillan, 1979); Adrian Chan, *Chinese Marxism* (London and New York: Continuum, 2003)을 볼 것. 이와 같은 관점을 가진 중국학자의 저서로는 劉榮 著, 『毛澤東哲學思想槪述』, 廣州: 廣州人民出版社, 1983이 있다.

3 Richard H. Solomon, *Mao's Revolution and the Chinese Political Culture* (Berkeley: University of California Press, 1971); Lucien W. Pye. *Mao Tse-tung: The Man in the Leader* (New York: Basic Books, 1976); Lam Lai Sing, *The Role of Ch'i in Mao Tse-tung's Leadership Style* (San Francisco: Mellen Research University Press, 1993)을 볼 것. 대다수의 중국학자들은 이러한 관점을 받아들이지 않는다. 그들은 마오쩌둥이 비록 중국 전통의 영향을 받았지만 마르크스주의야말로 그의 사상에 결정적인 영향을 끼쳤다고 생각한다. 하지만 Zongli Tang and Bing Zuo, *Maoism and Chinese Culture* (New York: Nova Science, 1996)와 같은 관점도 참조할 것. 1980년대 중국의 마오쩌둥 연구에 관해서는 Nick Knight ed., *The Philosophical Thought of Mao Zedong: Studies from China, 1981~1989* (Armonk, New York: M. E. Sharpe, Chinese Studies in Philosophy, 1992)의 Introduction을 볼 것.

중국 전통사상과 마르크스-레닌주의 이데올로기의 창조적 종합에 의한 것이라고 할 수 있다.[4]

이와 반대로 영향력 있는 마오쩌둥 연구자인 스튜어트 슈람은 마오쩌둥이 중국 전통사상과 마르크스주의 전통 모두로부터 영감을 이끌어냈고 그것들 모두로부터 영향을 받았다는 것에 동의하면서도 그 영향력의 측면에서 마오쩌둥 사상의 중국적 요소들이 두드러졌다고 분명하게 주장하고 있다.

나는 마오쩌둥의 사상과 행동 패턴을 결정하는 데서 중국적 요소와 서구적 요소가 모두 중요한 역할을 했다고 주장해 왔다. 이로부터 다음과 같은 문제가 자연스럽게 뒤따라 나온다. 무엇이 그의 행동을 결정짓는 좀 더 근본적인 원천인가? … 실상 마오쩌둥이 마르크스주의적 범주 안에서 사유할 때에도 그의 깊은 감정은 중국 민족에 연계되어 있었다는 주장이 제기될 수 있다. 그리고 만약 그가 가능한 한 짧은 시간 안에 중국의 사회와 경제를 변화시키고자 했다면 그것은 자신의 조국을 부강하고도 현대화된 민족으로 전환시키기 위해서였다. 그리고 부강하고도 현대화된 민족이라는 것은 중국이 세계 속에서 응당 차지해야 할 위치였던 셈이다. 이러한 측면에서 보았을 때 마오쩌둥은 진정으로 '중국화된(sinified)' 마르크스주의자였던 것이다.[5]

정치와 비전: 마오쩌둥 사상의 역사적 시간과 미래

---

4 John M. Koller, "Philosophical Aspects of Maoist Thought," *Studies in Soviet Thought* 14 (1974): 47~59.

5 Stuart R. Schram, "Chinese and Leninist Components in the Personality of Mao Tse-tung," *Asian Survey* 111, no. 6 (1963): 259~73. 슈람은 "어떤 사람들은 마오쩌둥과 그의 사상이 중국적 뿌리에 박혀 있다는 생각에 내가 집착하고 있다고 말하기도 한다."고 언급한 바 있다. 이에 대해서는 슈람의 "Modernization and the Maoist Vision," *Bulletin* (*International House of Japan*) 26 (1979): 15를 볼 것.

여기서 언급되고 있는 "마오쩌둥의 깊은 감정은 중국 민족에 연계되어 있었다."는 관점은 스튜어트 슈람의 저술 전체를 관통하고 있으며, 마오쩌둥의 마르크스주의에 대한 해석과 그 '중국화'를 포함한 마오쩌둥 사상이 중국의 문화적 전통과 당대 중국의 현실에 의해 뒷받침되고 있다는 슈람의 믿음을 떠받치고 있다. 결과적으로 마오쩌둥은 '서구적' 사상체계인 마르크스주의의 '요체'를 "중국적 상황에 맞게"[6] 전환시킨 것이다. 마르크스주의는 중국의 현실과 전통에 대해 이질적인 사상이므로 중국적 맥락에 성공적으로 적용되기 이전에 문화적 세탁—만약 그러한 것이 있다면—과 같은 적응이 필요하기 때문이다.[7] 슈람은 비록 마오쩌둥 사상에 대한 마르크스주의 전통의 영향을 인정하고 있지만, 좀 더 많은 영향을 끼친 것은 '중국'이며, 그의 이러한 관점은 마오쩌둥의 '마르크스주의'를 이단적인 것, 즉 정통 유럽 마르크스주의의 파생물로 보고 있는 것이다. 이에 더하여 슈람은 마오쩌둥의 마르크스주의에 대한 애착이 시간이 갈수록 점차 옅어졌고, 1960년대 초에 이르러서는 불교와 도가의 변증법이 그의 사상 안에서 더욱 두드러진다고 주장하고 있다.[8]

이처럼 마오쩌둥 사상의 기원이라는 주제는 논쟁적인 문제이며 연구자들 사이에서도 중국 전통과 마르크스주의 전통의 영향이라는 문제에 대한 합의가 존재하지 않고 있다. 연구자들마다 서로

---

6 Stuart R. Schram, *Mao Zedong: A Preliminary Reassessment* (Hong Kong: The Chinese University Press, 1983), 35.

7 Stuart R. Schram, *The Political Thought of Mao Tse-tung* (Harmondsworth: Penguin, 1969, revised ed.), 112~16.

8 Stuart R. Schram, ed., *Mao Tse-tung Unrehearsed: Talks and Letters, 1956~71* (Harmondsworth: Penguin, 1974), introduction.

다른 이론적 가정 하에서 마오쩌둥의 텍스트들과 여타의 증거들을 읽고 있기 때문에 그 해석 역시 달라질 수밖에 없는 것이다.(2장과 3장을 볼 것.)[9] 마오쩌둥 사상이 중국 전통사상의 패턴과 밀접하게 연계되어 형성되었다는 가정으로부터 출발하는 연구자들은 그러한 관점을 뒷받침해 주는 증거들을 마오쩌둥의 텍스트들로부터 찾아낼 수 있다. 마오쩌둥의 저술들에는 중국의 고전과 속담, 민담과 당대 중국의 '현실'에 대한 참조가 자유롭게 뒤섞여 있다. 마찬가지로 마오쩌둥의 텍스트들은 분명 마르크스주의적 전통으로부터 추출한 개념들(계급투쟁이나 혁명과 같은)에 대한 참조 역시 상당히 많이 포함하고 있다. 이 때문에 마오쩌둥 연구자가 어디에 방점을 두느냐, 마오쩌둥의 텍스트들로부터 어떠한 '증거'를 추출하느냐는 온전히 그들의 전제와 특정한 읽기 방식에 의존할 수밖에 없다. 결국 마오쩌둥의 텍스트에 대한 확정적인 독해란 가능하지 않은 셈이다.

이 때문에 뒤에서 이어질 분석은 마오쩌둥 사상의 기원에 대한 논쟁을 종결시키기 위한 의도에서 출발하지 않는다. 그것은 불가능한 목표이기 때문이다. 본서에서 진행하게 될 마오쩌둥 사상에 대한 탐색은 오히려 마오쩌둥 사상의 기원이 그 주제와 원천에 따라 다양해질 수 있다는 것을 인정함으로써 이 문제에 대해 보다 참신한 관점이 도출될 수 있다는 전제에 기반하고 있다. 다시 말해 마오쩌둥 사상의 기원을 일반화하는 것은 불가능하다는 것이며,

---

9 마오쩌둥의 텍스트들을 읽는 방법론적 문제들에 관한 좀 더 심도 있는 논의에 대해서는 Paul Healy, "Reading the Mao Texts: The Question of Epistemology," *Journal of Contemporary Asia* 20, no. 3 (1990), 330~58. 또한 Paul Healy and Nick Knight, "Mao Zedong's Thought and Critical Scholarship," in *Critical Perspectives on Mao Zedong's Thought*, ed. Arif Dirlik, Paul Healy, and Nick Knight (Atlantic Highlands, New Jersey: Humanities Press, 1997), 3~20.

또한 마오쩌둥 사상과 그 원천들에 관한 문제를 밝혀내는 데서 특정한 주제들과 선행 연구자들에 대해 좀 더 구체적인 주의를 기울일 필요가 있다는 것이다. 본 장에서 분석하게 될 주제는 마오쩌둥의 역사적 시간과 미래에 대한 개념이다. 나는 중국공산당의 수도가 옌안이던(때문에 이 시기는 흔히 '옌안 시기'로 불린다.) 항전 시기(1937~1945)를 분석할 것이다. 해당 시기의 마오쩌둥 사상의 기원을 탐색하는 것은 중국 전통사상과 마르크스주의 전통 모두를 포함한 다양한 마오쩌둥 사상의 원천을 밝혀내는 데서 매우 중요하다. 하지만 그것은 몇 가지 다른 이유 때문에 그러한 것이다.

첫째, 마오쩌둥이 항전기 동안 매우 실용적이었으며 이상주의적인 성향을 갖지 않았다는 흔한 오해가 존재한다. 이러한 오해에 따르면, 전쟁이라는 긴급한 상황 탓에 객관적 현실이 부과한 제약들을 냉정하게 인지할 수밖에 없었고, 마오쩌둥은 이와 같은 제약 조건들에 명쾌하게 적응하면서 이상주의적 요소들을 포기했기 때문에 중국공산당의 최종적인 승리를 이끌 수 있었다.[10] 이어질 본

---

10 예컨대 존 브라이언 스타는 마오쩌둥이 오직 '두 차례의 짧은 기간 동안', 즉 전(前)마르크스주의 시기(1920년대 이전)와 대약진 시기(1958~1960) 동안에만 이상주의적인 성향을 드러냈다고 주장한다. "Maoism and Marxist Utopianism," *Problems of Communism* (July~August 1977): 56~62. 또한 Brantly Womack, *The Foundations of Mao Zedong's Political Thought, 1917~1935* (Honolulu: University of Hawaii Press, 1982), 188~204; Brantly Womack, "Where Mao Went Wrong: Epistemology and Ideology in Mao's Leftist Politics," *The Australian Journal of Chinese Affairs* 16 (July 1986): 23~40; 그리고 Stuart R. Schram, *Mao Zedong: A Preliminary Reassessment*를 볼 것. 모리스 마이스너는 1949년 이전 중국 마르크스주의의 이상주의적 요소들을 분석한 바 있다. 하지만 그는 마오쩌둥 사상 속에 충분히 실용주의적인 측면이 존재하고 있었고 이상주의적 측면과 실용주의적인 측면이 공존하고 있었다는 사실을 모른 체함으로써 오직 이상주의적인 요소만을 강조하고 있다. 이 때문에 그는 다른 방향으로 너무 멀리 나가버렸다. 그의 견해에 대해서는 *Marxism, Maoism and Utopianism: Eight Essays* (Madison: University of Wisconsin

장의 분석은 항일전쟁 시기에도 마오쩌둥 사상 안에 매우 강한 이상주의적 차원이 존재했음을 주장함으로써 이러한 오해에 도전하려 한다.[11] 그의 사상은 대규모의 전쟁과 정치적 대격변에 의해 평화와 조화가 완성된 역사적 최종 단계가 곧 도래할 것이라는 종말론적 충동을 보여주고 있다. 또한 이러한 종말론적 충동은 중국의 전통사상과 마르크스주의 모두에 의해 촉발되고 세공된 것이기도 하다.

둘째, 마오쩌둥의 혁명전략은 인류가 갈망하는 역사의 미래에 대한 개념에 의해 결정된다. 그리고 이 미래의 실현은 반드시 그러한 혁명전략을 지침으로 삼아야 하는 것이며 합리적이고 통일성을 추구해야 하는 것이기도 하다. 역사의 미래라는 개념은 현실의 정치적 행동에 막대한 영향을 끼친다. 왜냐하면 그것이 특정한 정치적 혹은 군사적 전략의 성공 여부를 판별하는 기준을 제공해 주기 때문이다. 그것이 미래의 실현을 앞당겨주는가? 아니면 그 실현을 뒤처지게 하는가? 마오쩌둥의 역사적 시간과 미래에 대한 개념을 분석하는 것은 그가 권력의 위치에 오른 결정적인 기간 동안의 그의 정치적 행동에 영감을 불어넣어 준 대상들을 이해하는 데 도움이 된다.

셋째, 역사적 시간을 분류하는 것은 마르크스주의에서 매우 중요한 정치적 중요성을 갖는 이론적 문제이다. 왜냐하면 마르크스

Press, 1982)와 *Mao's China and After: A History of the People's Republic* (New York: The Free Press, 1986, second ed.)을 보라.

11 나는 여기서 '이상주의적(utopian)'이라는 용어를 현실로부터의 유리를 가리키기 위해 사용하기보다는 어떤 미래의 시점에서 완성된 사회가 도래할 수 있다는 믿음을 가리키기 위해 사용한다. 본 분석이 보여주게 될 것처럼 마오쩌둥에게 실용적 접근방식은 '이상주의적인' 성향과 양립할 수 있었다는 것이 분명해질 것이다.

주의라는 전제 하에서 수행된 그 어떠한 전략도 당시의 역사가 도달한 국면에 대한 정의와 분석 없이는 타당한 것으로 간주될 수 없기 때문이다. 결과적으로 옌안 시기 동안 마오쩌둥의 중국에 대한 분석은 마르크스주의 이론 내에서 역사적 시간을 분류하는 문제에 어떠한 방식으로든 호응할 수밖에 없었다. 하지만 앞으로 보게 될 것처럼 대체적으로 레닌주의에 근거한 당시의 중국 역사와 그 미래에 대한 마오쩌둥의 분류 방식은 중국 전통사상으로부터 유래한 분류 방식에 의해 그 시각이 흐려질 수밖에 없었다. 하지만 그럼에도 불구하고 마르크스주의적 전통과 중국 전통사상 모두 마오쩌둥으로 하여금 역사가 항구적인 평화와 조화가 존재하는 공산주의의 시기를 가져올 것이라는 미래 지향적인 이상주의적 기대를 품게 했다. 하지만 옌안 시기 동안 중국 전통사상과 마르크스주의 전통 사이의 갈등관계는 콜러가 주장한 '창조적 종합'으로 귀결되지 않았다. 오히려 시간에 관한 서로 상이한 두 관점은 긴장관계를 유지했고 순조롭게 조화되지도 못했다. 마오쩌둥 역시 옌안 시기 동안 그러한 두 관점을 만족스럽게 조화시키기 위해 노력하지도 않았다. 9장에서 보게 될 것처럼, 비록 마르크스주의라는 지식 전통 안에 내재되어 있던 이상주의적 경향성이 마오쩌둥 사상에 끼쳤던 영향력이 많이 감소되기는 했지만, 1949년 이후 중국 전통사상의 시간관념과 마르크스주의적 전통 속의 시간관념 사이에 존재했던 긴장은 주로 후자의 편에서 해결되었다. 1966년 '문화대혁명'이 발발할 때까지 끊임없는 계급투쟁과 최종적으로는 인류의 절멸로 특징지어지는 미래에 관한 암울한 비전을 남겨둔 채, 마오쩌둥 사상에서 이상주의적인 요소는 거의 자취를 감추게 되었다.

마오쩌둥 사상에 영향을 끼친, 서로 충돌하는 영향력들의 맥락을 분석하기 위해 우리는 중국 전통사상과 마르크스주의 전통 속의 역사적 시간과 미래를 대략적으로 재검토하는 작업에서부터 출발해야 한다. 역사는 어디로부터 오는가, 그것은 또한 어디로 가는가? 어떻게 여기에 도달하게 되었는가? 이러한 것들이 바로 마오쩌둥이 해답을 구하던 문제들이었다. 마오쩌둥은 역사와 그 시간적 진보에 관한 통일된 견해를 구하기보다 서로 충돌하는 지적 전통의 합류 지점에 자신을 위치 지음으로써 상충하는 해답을 얻게 되었다. 그럼에도 불구하고 이 두 전통은 모두 현재와 미래에 대한 과거의 우선성을 강조하는 것이었고 이것은, 마오쩌둥이 이 문제를 논했던 이의 말을 빌리자면, "그의 사상과 정책에 깊이를 부여해 줄"[12] 역사적 연속성에 관한 감각을 갖춘 혁명가에게 상당한 호소력을 갖는 것이었다.

중국 전통사상 속의 역사적 시간과 미래

역사의식은 시간 감각을 필요로 한다. 왜냐하면 시간성이라는 것은 인간과 그들이 속한 사회의 출현, 발전, 쇠락을 가능하게 하는 차원이기 때문이다. 하지만 역설적으로 시간 관념 그 자체는 인간이 부여한 정의에 의존하는 것인데, 시간이라는 것은 감각에 직접적으로 주어지는 물리적 독립체가 아니기 때문이다. 시간에 대한 인간의 인식은 외부 환경 속의 분명한 변화와 흐름, 반복에 의해 생겨나는 것이다. 더군다나 시간이 역사적으로 고려된다고 했을 때 그것

---

12 Mark Gayn, "Mao Tse-tung Reassessed," in *China Reading 3: Communist China*, eds. Franz Schurmann and Orville Schell (Harmondsworth: Penguin, 1967), 104.

이 확장될 수 있는 범주는 단일한 세대를 넘어서는 것이고, 심지어 수천 년을 넘어설 수도 있는 것이다. 이 때문에 넓게 펼쳐진 시간적 범주를 '가로지르는' 방법과 방향을 이해하고, 또 그 '가로지름'을 역사적으로 구분되는 시간으로 나누는 것은 매우 다양하게 이해될 수 있는 것이다.

시간에 대한 중국의 전통 개념은 계절과 천체의 규칙적인 움직임을 통한 자연적인 변화의 순환에 그 토대를 두고 있다.[13] 이러한 순환 개념이 인간의 역사에 적용되었을 때, 중국 왕조의 순환 개념이 시간에 관한 순환 개념을 강화시킨 듯하다. 다시 말해 여타 생물의 생명 주기와 같이 모든 왕조는 성장, 성숙, 쇠락의 시기를 거치며 한 왕조는 다른 왕조로 끊임없이 교체된다는 것이다. 이와 같은 역사에 대한 순환적 관념은 중국 전통 역사 서술 속에서 다양한 형태로 나타났다. 예컨대 순자(荀子)는 역사를 동일하거나 비슷한 지점을 반복적으로 지나가는 순환의 연속으로 보았다. 하지만 사마천(司馬遷)은 역사의 패턴을 계속 반복되는 것으로 보았지만 반드시 시간의 기원으로 되돌아가는 것은 아니라고 보았다.[14] 역사에 관한 이와 같은 순환적 관념이 초래한 결과 중의 하나는 역사 편찬의 과정에서 나타나는 초시간적 경향성이다. 이러한 경향성에 의해 중국의 역사 편찬 방식은 역사적 교훈을 시간적으로 제한되어 있다고 파악하거나 그것이 발생한 특정한 조건에 의해 제약되어 있다고 파악하지 않는다. 그 결과 역사가가 서술하려는 시기가 어떠한

---

13 Nathan Sivin, "Chinese Conceptions of Time," *Earlham Review* 1 (1966): 82.

14 Burton Watson, *Ssu-ma Ch'ien: Grand Historian of China* (New York: Columbia University Press, 1958), 142~43, 153.

특징과 차이를 지녔는지와 상관없이, 역사가 자신의 판단에 따라 무엇이 타당한 행동인지 아닌지를 입증하는 적당한 근거들을 찾아낼 수 있게 된다. 사마천,[15] 중세 초기의 유학자 순열(荀悅),[16] 류지기(劉知幾), 사마광(司馬光),[17] 저명한 청대의 역사가 장학성(章學誠)[18]의 역사 서술 속에서도 이와 같은 시간적 초월성의 성향은 선명하게 드러난다.

역사적 시간의 순환적 관념이 초래한 또 다른 주요 결과는 우주가 진화한다는 관념이 급속하게 사라졌다는 것이다. 불교가 중국에 전해지기 전까지 시간에 대한 중국의 전통 관념은 대체로 우주와 그 속의 인간의 위치가 특정한 방향으로 나아가거나 발전해 간다는 가정을 받아들이지 않았다.[19] 이와 같은 상대적으로 희박한 진보에 대한 감각은 먼 과거에 후대의 모든 왕조가 모범으로 삼아야할 전설적인 황금시대가 존재했다는 중국의 믿음이 작용한 결과이기도 했다.[20] 실제로 중국의 역사 서술 속에는 역사를 황금시대의 도덕적 우수성으로부터 퇴락해 가는 과정으로 보는 경향이 존재한다.[21] 로런스 톰슨(Laurence Thompson)은 이와 같은 경향성들에 의

---

15 B. Watson, *Ssu-ma Ch'ien*.

16 Chi-yun Chen, *Hsun Yueh (A. D. 148~209): The Life and Reflections of an Early Medieval Confucianist* (Cambridge: Cambridge University Press, 1975), 135.

17 E. G. Pulleyblank, "Chinese Historical Criticism: Liu Chih-Chi and Ssu-ma Kuang," in *Historians of China and Japan*, eds. W. G. Beasley and E. G. Pulleyblank (London: Oxford University Press, 1961), 134.

18 P. Demieville, "Chang Hsueh-ch'eng and His Historiography," in *Historians of China and Japan*, eds. W. G. Beasley and E. G. Pulleyblank, 167~85.

19 Sivin, "Chinese Conceptions of Time": 84.

20 J. Gray, "History Writing in Twentieth Century China: Notes on Its Background and Development," in *Historians of China and Japan*, eds. W. G. Beasley and E. G. Pulleyblank, 186.

해 중국의 역사 서술 속에는 유토피아에 관한 생각이 상대적으로 결여되어 있다는 사실에 주목한 바 있다.[22] 나단 시빈(Nathan Sivin)이 지적한 것처럼, 만약 "세계를 미래로 확장해야 할 이유가 없는"[23] 것이라면, 강력한 종말론적 관념을 가지고 있는 유대 크리스트 전통과 같이 이상적인 사회의 형성을 인간 역사의 최종 산물로 보는 관념은 자라나기 어렵다.

하지만 중국의 역사 서술 속에서 이상주의적인 관념이 상대적으로 비주류적인 위치를 차지하는 것처럼 보인다는 사실에도 불구하고,[24] 마오쩌둥 사상의 분석이라는 맥락에 있어 이상주의적 관념이 단순한 흥밋거리에 불과한 것은 아니다. 왜냐하면 옌안 시기 그러한 이상주의적 관념이 마오쩌둥의 역사적 시간과 미래에 대한 관념에 상당한 영향력을 행사했기 때문이다.

티모테우스 포코라(Timoteus Pokora)가 주장한 것처럼 이상주의적 관념은, 비록 대체적으로 기록되지 않은 주제이긴 하지만, 중국 역사 속의 농민봉기에 영감을 제공한 이데올로기의 형성에 매우 중요한 위치를 차지했다.[25] 의심의 여지 없이 이상주의적인 관념을 함축하고 있는 태평(太平). 대동(大同), 삼세(三世)와 같은 개념들은 고대로부터 물려받은 유산이며, 또한 그 기원은 『예기(禮記)』「예

21 Pulleyblank, "Chinese Historical Criticism," 149.

22 Laurence G. Thompson, *Ta Tung Shu: The One-World Philosophy of Kang Yuwei* (London: George Allen & Unwin, 1958), 55.

23 Sivin, "Chinese Conceptions of Time," 84.

24 예컨대 그레이(Gray)는 『예기(禮記)』에 나온 '삼세(三世)'와 같은 개념을 "영향력이 미미하며 모호한 추측"에 불과한 것이라고 묘사한 바 있다. Gray, "History Writing," 198.

25 Timoteus Pokora, "Book review of Laurence G. Thompson's *Ta Tung Shu*," *Archiv Orientalni* 29 (1961): 169.

운·대동편(禮運·大同篇)」의 문장으로까지 거슬러 올라간다.[26] 『예기』 속의 문장은 마오쩌둥의 역사적 시간과 미래에 대한 입장에 관한 논의에서도 중요한 연관성을 가지고 있다.

큰 도가 행하여진 세상에는 천하가 만인의 것으로 되어 있다. 사람들은 현명하고 능력 있는 자를 선출하여 관직에 임하게 하고, 친목을 두텁게 한다. 그러므로 사람들은 자기의 어버이만을 어버이로 여기지 않고, 자기 자식만을 자식으로 여기지 않았다. 노인에게는 그의 생애를 편안히 마치게 하였으며, 장정에게는 충분한 일을 주었고, 어린이에게는 마음껏 성장할 수 있게 하였으며, 과부, 고아, 불구자 등에게는 고생 없는 생활을 시켰고, 성년 남자에게는 직분을 주었으며, 여자에게는 그에 합당한 남편을 갖게 하였다. 재화가 헛되이 낭비되는 것을 미워하였지만, 사사로이 독점하지 않았으며, 힘이란 것은 사람의 몸에서 나오지 않으면 안 되는 것이지만, 그 노력을 반드시 자기 자신의 사리사욕을 위해서만 쓰지 않았다. 모두가 이러한 마음가짐이었기 때문에 모략이 있을 수 없었고, 절도나 폭력도 없었으며 아무도 문을 잠그는 일이 없었다. 이것을 대동의 세상이라고 말하는 것이다.[27]

---

26 Timoteus Pokora, "On the origins of the notions *Tai-ping* and *Ta-t'ung* in Chinese Philosophy," *Archiv Orientalni* 29 (1961): 450.

27 본 문장에 대한 영문 해석은 량치차오의 *History of Chinese Political Thought During the Early Tsin Period* (London: Kegan Paul, Trench, Trubner and Co. Ltd., 1930), 44. L. G. Thompson 이 지적한 것처럼, 이 문장에 대한 해석은 다양하다. 그는 네 가지 다른 해석을 제시한 바 있다. 그의 *Ta Tung Shu*, 27을 볼 것. 또 다른 해석은 Wm. Theodore de Bary, ed., *Sources of Chinese Tradition* (New York and London: Columbia University Press, 1960) I, 176에서 찾아볼 수 있다. [역주] 李相玉 譯著, 『禮記(上)』(서울: 明文堂, 1991), 456~457쪽 참조. 해석은 일부 수정.

이 문장에 대한 량치차오(梁啓超)의 해석은 대동에 기반한 사회의 실현이 시간에 의해 결정되는 것이 아니라, 사람 혹은 각 개인의 마음속에 담겨 있는 '국민적 소속감'이 최대 한도로 발현되고 발전하는 것에 의해 결정된다고 주장하고 있다. 바로 이러한 조건 속에서 비로소 대동사회가 실현될 수 있는 것이다.[28] 하지만 이 문장에 대한 또 다른 영향력 있는 해석은 대동사회의 실현이 서로 다른 특징을 가진 세 시기를 거쳐 비로소 완성된다는 역사 관념과 연계되어 있기도 하다. 『예기』 속에서 역사는 세 가지 시기로 구성되어 있는 것으로 그려지고 있다. 첫 번째 시기는 '난세(亂世)', 두 번째 시기는 '소강(小康)', 세 번째 시기는 '대동'이다. 역사에 관한 삼분법은 동중서(董仲舒)의 유학에 관한 해석과 『춘추공양전(春秋公羊傳)』에도 등장한다. 하지만 이 '삼세(三世)' 개념이 명확하게 그려지고 세 번째 시기가 '태평'이라는 개념과 등치되는 것은 하휴(何休, 129~182)의 『춘추공양전해고(春秋公羊傳解詁)』에 이르러서다.[29] 하휴의 역사적 시간 개념 속에서 '삼세'는 한 사회가 '쇠퇴와 무질서'의 시대에서 '태평에 근접한 시기'를 거쳐 '보편적인 태평의 시기'에 도달하는 과정으로 그려진다.[30]

'삼세' 개념은 이후 마오쩌둥 역시 잘 알고 있었던 후난의 철학자이자 역사가인 왕부지(王夫之)의 역사 서술에서도 나타나게 된다.[31] 하지만 왕부지의 시기 구분 방식은 하휴의 『춘추공양전해고

28 Liang Ch'i-ch'ao, *History of Chinese Political Thought*, 44.

29 Pokora, "On the origins," 450을 볼 것. 또한 Wakeman Jr., *History and Will*, 106~7을 볼 것.

30 Fung Yu-lan, *A Short History of Chinese Philosophy* (New York: The Free Press, 1948), 201.

31 Schram, *The Political Thought of Mao Tse-tung*, 24n. 또한 Howard L. Boorman, "Mao Tse-tung as Historian," *China Quarterly* 28 (October~December 1966): 86을 볼 것.

(春秋公羊傳解詁)』에 비해 이상주의적 요소가 덜 하다.[32] 실상 역사적 시간에 대한 체계적 설명이 등장하게 된 것은 캉유웨이(康有爲)의 『대동서(大同書)』가 등장한 근대 시기에 이르러서인데, 이 책은 『예기』에서 대략적으로 그린 대동세계를 기반으로 대동사회를 매우 상세하게 묘사하고 있다. 포코라는 캉유웨이가 19세기 중반 태평천국운동의 교리에서 상당한 영향을 받았을 뿐만 아니라, '삼세'라는 역사 관념을 '태평'의 개념과 통합시킨 공양학파(公羊學派)로부터도 많은 영향을 받았다고 주장한다.[33] 대동 관념에 기반한 캉유웨이의 세계관은 서구의 진화론으로부터 영향을 받았고, 또한 중국 불교 철학이 내포하고 있는 좀 더 선명한 종말론적 충격파 역시 흡수하였다.[34]

캉유웨이의 이상주의는 마오쩌둥의 역사적 시간과 미래에 대한 관념을 분석하는 데서도 중요하다. 왜냐하면 옌안 시기 마오쩌둥이 『대동서』의 영향을 받았음을 입증하는 증거들이 존재하고 있기 때문이다. 앞으로 보게 될 것처럼, '대동', '삼세', '태평'이라는 이상주의적 관념은 역사적 시간과 미래에 관한 마오쩌둥의 관점에서 매우 중요한 주제들이다. 우리는 마오쩌둥이 자신의 사상을 형성해 가던 시기 캉유웨이의 숭배자였으며[35] 또한 프리드리히 파울

---

32 S. Y. Teng, "Wang Fu-chih's Views on History and Historical Writing," *Journal of Asian Studies* 28, no. 1 (November 1968): 111~23, 특히 115를 볼 것.

33 Pokora, "On the origins," 450.

34 Gray, "History Writing," 198, 202.

35 마오쩌둥의 "Letter to Xiangsheng," of June 1915, in Stuart R. Schram, ed., *Mao's Road to Power, Revolutionary Writings 1912~1949: Volume I, The Pre-Marxist Period, 1912~1920* (Armonk, New York: M. E. Sharpe , 1992), 62~63을 볼 것. 또한 Edgar Snow, *Red Star over China* (Harmondsworth: Penguin, 1968, 1972), 161; Schram, *Mao Tse-tung* (Harmondsworth: Penguin, 1966), 25, 27; and Wakeman Jr., *History and Will*, 99를 볼 것.

젠의 『윤리의 체계(*A System of Ethics*)』에 관한 주석에서 '대동' 개념을 참조했다는 사실을 익히 알고 있다.[36] 더군다나 초기 옌안 시절 『대동서』는 매우 쉽게 구할 수 있는 서적이었다. 이 책의 전반부 두 부분은 1913년 잡지 『불인(不忍)』에 발표되었고 1935년 전체 내용이 정식 출판되었다.[37] 마오쩌둥과 가까웠던 지식인, 특히 천보다(陳伯達)와 같은 이들이 1930년대 『대동서』를 참조했다는 사실은 마오쩌둥 역시 캉유웨이의 책을 익히 알고 있었을 가능성을 높여 준다.[38] 그리고 1949년의 「인민민주 독재를 논함(論人民民主專政)」에서 마오쩌둥은 직접 이 책을 언급하고 있다.[39]

'대동' 개념과 연계된 마오쩌둥 사상 속의 '삼분법'의 출현은 옌안 시기 마오쩌둥이 중국의 전통적인 역사 저술 속의 이상주의적 주제에 기대고 있음을 보여준다. 그리고 이는 당시의 전쟁이라는 맥락에서 초래된 폭력과 혼란이 가중시킨 마오쩌둥 자신의 종말론적 감정들을 표현하기 위한 것이었다. 우리는 이와 같은 주제가 어떻게 마오쩌둥의 저술들에서 나타나게 되었는가를 살펴볼 것이다. 또한 중국의 전통사상에 기반한 이러한 시기 구분법이 당시 마오쩌둥에게 강력한 영향을 끼치고 있던 또 다른 시기 구분법, 즉 마르크스주의적 역사이론과 결합될 때 생겨나는 논리적 문제들 역

---

36 Schram ed., *Mao's Road to Power: Volume I*, 237~38.

37 Thompson, *Ta-Tung Shu*, 20, 26~7; 또한 Liang Ch'i-ch'ao, *Intellectual Trends in the Ch'ing Period* (Cambridge, Mass.: Harvard University Press, 1959), 98을 볼 것.

38 陳伯達, 「論新啓蒙運動」, 夏征農 編, 『現階段的中國思想運動』, 上海: 一般書店, 1937, 67, 89쪽

39 *Selected Works of Mao Tse-tung* (Peking: FLP, 1967) Ⅳ, 414; 또한 『毛澤東選集 第4卷』, 北京: 人民出版社, 1966, 1360; Takeuchi Minoru, ed., *Mao Zedong Ji* (Tokyo: Hokubosha, 1970~1972), Ⅹ, 195.

시 살펴볼 것이다.

마르크스주의 전통 속 역사적 시간과 미래

서구의 지적 전통 속에서 역사적 시간에 관한 관념은 자주 그리고 초기부터 미래에 대한 이상주의적이고 종말론적인 비전을 포함하고 있었다. 실제로 성서의 『구약』은 미래라는 차원을 인간의 사유 안으로 끌고 들어왔고, 이것은 미래를 인간사에 대한 신의 좀 더 직접적인 개입으로 받아들이는 종말론적 믿음과 연계되어 있었다.[40] 하지만 서구의 역사적 시간에 대한 관념은 다음과 같은 두 가지 관점으로 정리될 수 있다. 순환적 관점과 예측할 수 없는 역사적 사건들로 구성된 선형(線形)적 관점. 전(前) 기독교 시대의 그리스 철학자들은 대체적으로 첫 번째 관점을 주장했고, 사회가 지속적으로 쇠퇴와 재생의 과정을 지나가면서 역사적 시간은 순환적인 패턴을 따라 움직인다고 생각했다. 예컨대 폴리비우스(Polybius)는 각기 다른 사회에 모두 적합한 순환 모델을 구축하는 것이 가능하다고 생각했다. 헤로도토스(Herodotus) 역시 역사적 과정의 순환적 본성을 명확하게 주장했다. "만약 당신이 인간이며 또한 통치자라는 것을 이해하고 있다면 인간사가 순환된다는 것을 명심하라. 이 순환운동은 항상 같은 사람이 번영을 차지하는 것을 허락하지 않는다."[41]

---

40 Milan Machovec, *A Marxist Looks at Jesus* (London: Dorton, Longman and Todd, 1976), 59~64.

41 Jacqueline de Romilly, *The Rise and Fall of States According to Greek Authors* (Ann Arbor: University of Michigan Press, 1977), 11. De Romilly는 여기서 제시된 것과는 상반되는 역사적 시간에 관한 고대 그리스의 해석들을 보여주고 있다.

역사의 순환이론에 관한 또 다른 영향력 있는 주창자는 이탈리아
의 철학자 잠바티스타 비코(Giambattista Vico, 1668~1744)로, 그는 성
장과 쇠퇴라는 순환구조를 통해 사회의 진보를 받아들였다. 비코
는 서구 문명 그리고 고대 그리스와 로마의 문명이 지나왔던 국면
들과 유사한 측면에서 그의 이론을 전개시켰다. 흥미롭게도 비코의
순환이론은 역사에 관한 세 가지 시기 구분에 그 기초를 둔 오귀스
트 콩트(August Comte, 1798~1857)의 사상에 중요한 영향을 끼쳤다.
중국의 '삼세'라는 개념과는 상반되게 콩트의 '삼 단계 법칙'은 난
세 혹은 태평이 아닌 인류 지성의 발전을 시간 구분의 기준으로 삼
았다.[42] 또한 콩트가 서구의 역사적 시간에 관한 이론가들 중 역사
를 세 단계에 걸쳐 파악한 유일한 인물이 아니라는 점 역시 흥미
롭다. 12세기 기독교 신비주의자 피오레의 요아킴(Joachim of Fiore,
1130~1201)은 성부, 성자, 성령으로 이루어진 세 개의 시대를 언급
한 바 있다.[43] 하지만 요아킴의 역사철학은 시간의 흐름을 순환적이
라기보다는 직선적이라고 보았다. 대다수 서구 종교사상의 특징이
기도 한 이러한 역사적 시간에 관한 직선적 관념을 가장 강력하게
주장한 이로는 성 어거스틴(St. Augustine) 같은 인물이 있는바, 그는
그리스 철학자들의 역사에 관한 순환적 관념을 분명하게 거부했다.
어거스틴에게 순환적 관념은 역사적 사건의 진실성을 불가능하게
하는 것이었다. 하지만 인류 역사의 특정한 사건들(특히 예수 그리스
도의 탄생)은 그 본성에 있어 특별하고 예측할 수 없는 것이었다. 결

---

42 Stanislav Andreski ed., *The Essential Comte* (London: Croom Helm, 1974), 19~41.

43 Karl Lowith, *Meaning in History* (Chicago: University of Chicago Press, 1949), chapter 8을 볼
것.

과적으로 그는 시간이 반드시 직선으로 흘러가야 한다고 주장했으며, 그러한 흐름 속에서 인간은 탄생, 영광으로부터의 타락을 거쳐 신이 지상에서 실현하려 한 목적이 최종적으로 완성될 때 이뤄지게 될 최후의 심판에 다다르게 되는 것이다.[44]

마르크스의 역사적 시간과 미래에 대한 관념은 시간 속에서 인간이 이루어야 할 목적이 있다고 굳게 믿는 어거스틴의 목적론과 유사하다. 하지만 마르크스의 입장은 단순하게 직선적이냐 아니면 순환적이냐로 간단하게 정리될 수 없다. 마르크스는 사회에 내재되어 있는 발전으로부터 역사적 시간의 방향성, 시기 구분, 목표가 추출되어 나온다고 생각했다. 또한 그에게 역사 발전의 시간적 차원은 사회적으로 우연적인 것일 수밖에 없는 것이다. 그리고 사회는 서로 다른 그리고 지속적으로 발전하는 생산양식과 사회적 관계의 상이한 패턴들로 특징되는 특정한 역사적 단계들을 거쳐 진화한다. 때문에 시간적 진화라는 것은 노동 도구의 복잡성 정도, 사회적 관계와 실천의 본성에 근거하여 구분된다.

하지만 마르크스의 역사철학이 서로 다른 생산양식을 거친 사회의 필연적 진보에 관한 믿음을 포함하고 있다는 것은 널리 받아들여지고 있는 반면, 마르크스가 그러한 단계들의 고정된 순서를 주장했다는 것은 널리 받아들여지고 있지 않다. 예컨대 에릭 홉스봄(Eric Hobsbawm)은 "역사 유물론에 관한 일반 이론은 다만 생산양식의 연속이 있다는 것을 주장했을 뿐이다. 필연적으로 특정한 양식이 있다거나 미리 정해진 특정한 질서가 있다는 것은 아니

---

44 Henry Paolucci ed., *The Political Writings of St. Augustine* (Chicago: Henry Refinery & Co., 1962).

다."[45]라고 주장한 바 있다. 실제로 마르크스의 저술들을 자세히 읽어보면 그가 역사를 모든 사회적 진보가 거쳐야 할 고정되고 일관된 단계들 및 생산양식들로 파악하지 않았다는 것을 알 수 있다.[46] 마르크스의 러시아 사회에 대한 분석이 그러한 예가 될 수 있을 것인데, 그는 러시아가 이미 산업화된 자본주의를 이룩한 이웃 유럽 국가들의 역사 발전 패턴을 반드시 그대로 따라야 한다고 주장하지 않았다. 오히려 반대로 그의 분석은 러시아의 촌락공동체가 가지고 있는 토지 소유 형식의 이중성(토지를 공동 보유하지만 경작은 개별적으로 하는)이 공동체적 요소가 사적 소유의 형식을 압도할 수 있는 가능성을 내포하고 있음을 밝히고 있다. 이 때문에 러시아는 자본주의적 미래를 피해갈 수도 있는 것이다. 마르크스는 베라 자술리치(Vera Zasulich)에게 보내는 편지(1881)에서 "모든 것은 그것이 발생하는 역사적 환경에 달려 있다."[47]고 언급했다. 이와 비슷하게 러시아의 저널 오테체스비니아 자피스키(Otechestvenniye Zapiski)에 보낸 편지에서도 그의 서유럽 역사에 대한 분석을 역사 발전에 관한 보편적 도식으로 받아들인 이를 논박하고 있다.

원시적 축적에 관한 장에서 수행하려고 한 것은 봉건적 경제 질서가 자본주의 경제 질서를 배태한 서유럽의 경로를 추적하는 것 이상이 아니었다. 하지만 이것은 나에 대한 비판으로는 너무 부족하다. 그는 서유럽의 자본

---

45 홉스봄이 작성한 Karl Marx, *Pre-Capitalist Economic Formations* (London: Lawrence and Wishart, 1964)의 서문, 19~20을 볼 것.

46 이 주제에 관한 논의에 대해서는 Umberto Melotti, *Marx and the Third World* (London: Macmillan, 1977)를 볼 것.

47 Marx, *Pre-Capitalist Economic Formations*, 145.

주의의 기원에 관한 나의 역사적 스케치를 모든 사람이 겪어야 하는 일반적 경로에 관한 역사철학적 이론으로 반드시 변화시켜야 한다고 느낀 것 같다. 다시 말해 나의 역사철학이 역사가 그 조건이 어떠한가와 상관없이 사회적 노동의 생산력이 극도로 확대됨에 따라 인간의 완전한 발전을 보장하는 경제적 형태에 최종적으로 도달할 것임을 주장한다는 것이다. 나는 그에게 용서를 구해야 할 것이다. 그는 나를 지나치게 칭송하면서 동시에 모욕하고 있다. … 놀라울 정도로 유사한 사건도 서로 다른 역사적 환경 속에서 발생하게 되면 그 결과는 완전히 달라진다. 진화의 서로 다른 각각의 형태들을 분리해서 연구하고 그것들을 비교함으로써 이와 같은 현상의 단서를 찾을 수도 있을 것이다. 하지만 역사철학에 관한 일반이론을 초역사적인 마스터키(master key)처럼 사용해서는 결코 그러한 단서들을 찾을 수 없다.[48]

하지만 '역사철학에 관한 일반이론'의 권위에 대한 마르크스의 거부에도 불구하고 그를 추종한 많은 이들은 마르크스주의를 '역사철학에 관한 일반이론'으로 받아들였다. 예컨대 레닌 지도 하의 볼셰비키들은 모든 사회가 다섯 단계에 걸친, 대체적으로 선형적 진보의 형태를 띤다는 역사 발전관을 받아들였다. 초기의 레닌은 그의 반대자인 멘셰비키들이 주장한 것처럼 러시아가 아시아적 생산양식을 갖춘 것은 아니라고 주장했다. 만약 러시아가 아시아적 생산양식을 갖추고 있다는 것을 인정하게 되면 그것은 가까운 미래에 러시아에서 사회주의 혁명이 일어날 수 있는 가능성을 위협하게 되는 것이고, 러시아의 생산력이 좀 더 성숙하게 될 때까지 참

---

48 Shlomo Avineri, *The Social and Political Thought of Karl Marx* (Cambridge: Cambridge University Press, 1968), 151~52.

고 기다려야 한다는 멘셰비키의 주장에 힘을 실어주게 되는 것이 었다. 이 때문에 레닌은 19세기 후반부 러시아의 사회 형태가 대체 적으로 봉건적인 상태에서 점점 더 자본주의화되어 가는 생산형식 과 계급관계를 갖춘 상태로 전환되었다고 주장한 것이다.[49] 다시 말 해 그 특유의 성격에도 불구하고 러시아 사회는 역사 발전에 관한 마르크스주의적 도식 안에 녹아들 수 있다는 것이다. 1919년 스베 들로프 대학(Sverdlov University)에서 행한 강연에서 레닌은 마르크 스의 역사 발전에 관한 다섯 단계 도식을 무비판적으로 옹호했다.

220

> 수천 년에 걸친 모든 인간 사회의 발전은 모든 나라에서 **예외 없이** 다음과 같은 정확하고도 일관된 발전 법칙에 들어맞았다. 첫 번째 단계는 무계급 사회이다. 이 사회는 가부장적이고 원시적인 사회로 그곳에 귀족은 없었 다. 그 다음은 노예제 사회이다. … 그리고 이 다음은 또 다른 단계, 즉 봉 건주의가 이어진다. … 다음으로 무역이 발달하면서 세계 시장이 등장하고 화폐의 순환이 발전한다. 그리고 봉건사회 안에서 새로운 계급, 즉 자본주 의 계급이 나타나게 되는 것이다.[50]

여기서 모든 사회의 역사 발전은 다섯 단계에 걸친 진보로 그 려지고 있다. 이러한 교조적 관점은 1920년대 후반 진행된 스탈린 의 권력 장악과 함께 일종의 도그마가 되어버렸다. 다섯 단계의 발

---

49 V. I. Lenin, *Collected Works* (London: Lawrence & Wishart, 1964), Ⅲ, 172, 181, 312, 381, 435를 볼 것.

50 Lenin, *Collected Works* XXIX, 475~76. 강조는 필자. 레닌의 사유에서 행동가적 요소 와 결정주의자적 요소 사이의 갈등에 대해서는 Nick Knight, "Leninism, Stalinism and the Comintern," in *Marxism in Asia*, eds. Colin Mackerras and Nick Knight (London and Sydney: Croom Helm, 1985), 24~61을 볼 것.

전이라는 도식은 1938년에 쓰인 스탈린의 『변증법과 사적 유물론』에서 최종적인 승인을 얻게 된다.

> 역사 과정 속에서 사회의 생산력의 변화와 발전에 일치하여 인간의 생산관계 그리고 그들의 경제적 관계 역시 변화하고 발전하게 된다.
> 역사에는 생산관계에 관한 다섯 가지 **주요** 유형이 있다고 알려져 있다. 원시 공산주의, 노예제, 봉건제, 자본주의 그리고 사회주의가 그것이다.[51]

마오쩌둥은 역사 발전에 관한 이와 같은 정통 마르크스주의적 시기 구분을 대체적으로 읽었고 또 받아들였다. 1930년대 초반까지 아시아적 생산양식 개념을 주장한 중국의 논자들은 중국이 단순히 유럽 봉건주의 사회의 변종에 가까운 사회가 아니라 특수한 아시아적 형태의 사회임을 입증하는 데 실패했다.[52] 마오쩌둥이 이러한 논자들 중 한 명은 아니었다.(비록 그의 역사 관념 속에 아시아 생산 모델의 개념과 일치하는 것들이 있기는 하지만.) 그가 마르크스주의로부터 이끌어낸 역사적 시간과 시기 구분에 대한 관점은 대체적으로 정통 마르크스주의에 가까운 것이었고 특히 레닌의 도식을 따른 것이었다.

마오쩌둥이 마르크스주의 전통로부터 이끌어낸 미래에 대한 관념은 교조적인 성향을 띠는 것이었다. 정통 마르크스주의에 내재

---

51 J. V. Stalin, *Problems of Leninism* (Peking: FLP, 1976), 862. 강조는 원문.

52 Marian Sawer, "The Politics of Historiography: Russian Socialism and the Question of the Asiatic Mode of Production 1906~1931," *Critique* (Winter~Spring 1978~1979): 16~35, 특히 22쪽. 또한 Stephen P. Dunn, *The Fall and Rise of the Asiatic Mode of Production* (London: Routledge & Kegan Paul, 1982)을 볼 것.

된 목적론적 개념 속에서, 역사의 목적을 향한 인류의 시간적 진보는 생산과 사회관계에 관한 기존의 패턴이 새로운 생산력과 그에 따른 계급구조의 등장에 의해 대체되는 변증법적 사회과정을 통해 이룩된다. 그리고 주로 혁명적 성격을 띠는 변증법적 과정 속의 충돌은 더욱 발전된 생산양식에 의해 기존의 생산양식이 궁극적으로 대체되는 결과로 이어진다. 진화론적(ascending dialectical)이면서도 목적론적인 관점에서 다양한 생산양식을 통해 사회적 진보를 설명하는 이러한 관점은 산업화에 의해 발생된 고도로 발달된 생산력 위에 세워진 역사의 최종 단계에 도달할 것이라고 본다. 그리고 그러한 최종 단계에서 역사적 진보를 향한 내재적 충동에 의해 생겨난 충돌은 사라지게 된다. 변증법의 이와 같은 부정(negation)은 계급 적대의 소멸로부터 초래되는 것이다. 왜냐하면 이러한 역사 발전의 최종 단계에서 공산주의라는 더욱 발전된 국면은 계급 구분이 사라진 사회의 출현과 (노동과 소유가 아닌) 필요가 풍성해진 사회적 자원의 분배를 결정짓는 기준이 된 사회를 고지한다. 그리고 평등주의적 원칙에 근거해 충돌은 (대체적으로) 사라진다.

이러한 미래상에 대한 정통 마르크스주의의 확신에도 불구하고, 마르크스 본인은 미래에 대한 전면적인 주장에 대해서는 말을 아꼈다. 산발적으로 흩어져 있는 그의 저술들 속에는 미래의 공산주의 사회에 대한 단편적이고도 수수께끼 같은 언급들만 존재하고 있을 뿐이다.[53] 이러한 언급들은 미래에 대한 개별적인 설명도, 통

---

53 Karl Marx, *Capital, Volume 1* (Harmondsworth: Penguin, 1976), 619, 667, 739, 929, 990; Karl Marx, *Early Writings* (Harmondsworth: Penguin, 1975), 348; Karl Marx and Friedrich Engels, *The German Ideology* (London: Lawrence and Wishart, 1974), 54~55; 그리고 Karl Marx, "Critique of the Gotha Programme," in Karl Marx, *The First International and After*

합적인 설명도 해주지 못하고 있다. 하지만 레닌의 손을 거치면서 마르크스주의의 예언적 측면이 그 모습을 드러내게 되었다.『국가와 혁명』(1917)에서 레닌은 역사 발전의 더 높은 단계인 공산주의의 필연적인 성취를 통해 국가가 '사멸'하게 될 것이라고 과감하게 주장했다. 국가는 계급 억압을 위한 정치적 도구에 불과하며 계급의 철폐와 함께 국가가 사멸되어야만 진정한 자유가 실현될 수 있다는 것이다. 국가의 '사멸'은 필연적인 것일 뿐만 아니라 마르크스주의의 핵심 전략이기도 했다. 레닌이 주장한 것처럼 "마르크스는 사회주의의 총체적 역사, 정치투쟁을 통해 국가가 사멸할 것이라는 결론을 추출해 냈다."[54] 이러한 탈정치적이고 선진적인 산업화된 사회 안에는 더 이상의 계급 착취와 정치적 억압은 존재하지 않는다. 또한 근본적으로 계급 충돌로부터 야기된 전쟁과 갈등 역시 존재하지 않게 된다.

정통 마르크스주의 전통에 의해 예견된 필연적인 역사적 미래 ―물질적 풍부함, 평등, 억압과 착취로부터의 해방 그리고 평화― 는 마오쩌둥의 정치사상과 행동에 강력한 영향을 끼쳤다. 그것은 또한 마오쩌둥 세대의 여러 사람들에게 해당되는 것이기도 했다.[55]

(Harmondsworth: Penguin, 1974), 346~47, 355를 볼 것. 마르크스가 미래의 공산주의 사회에서 잠재적인 수요들 간의 충돌, 특히 생산과 관련된 수요들 사이의 잠재적 충돌은 사라지지 않을 것임을 인정한 실용주의적 관점을 가졌다고 본 마르크스의 '가능한 미래에 관한 비전'에 대한 심도 깊은 비판은 William Leon McBride, *The Philosophy of Karl Marx* (London: Hutchinson, 1977), chapter 7을 볼 것.

54 V. I. Lenin, *Selected Works in Three Volumes* (Moscow: Progress Publishers, 1975, 1976), vol. 2, 278.

55 취추바이(瞿秋白)의 마르크스주의의 미래관에 대한 분석으로는 Nick Knight, *Marxist Philosophy in China: From Qu Qiubai to Mao Zedong, 1923~1945* (Dordrecht: Springer, 2005), chapter 4를 볼 것.

역사에 대한 과학적 독해에 기반한 (혹은 그렇다고 여겨지는) 마르크스주의에 의해 제기된 역사적 목표는 계급사회를 무너뜨리고, 궁극적으로는 철폐시키기 위한 정치적 시도에 방향성과 일관성을 부여해 주었다. 이러한 관점으로부터 과거, 현재, 미래는 서로 불가분하게 연계되었고 미래는 현재에 대한 정치적 대안을 구축하는 데 봉사하게 되었다.

마르크스주의 전통과 중국 전통사상이 서로 매우 다른 역사적 관점으로부터 비롯되었음에도 불구하고, 옌안 시기 마오쩌둥이 평화롭고 조화로운 미래 사회에 대한 비전을 만들어내는 데 이 두 지적 전통이 모두 영향을 끼쳤다는 사실은 중요하다. 이어질 분석을 통해 우리는 두 가지 지적 전통의 역사와 미래에 대한 관념이 마오쩌둥에 의해 결합되는 방식을 고찰할 것이다. 또한 서로 상이한 두 지적 전통의 역사에 관한 패러다임들의 충돌 때문에 발생한 마오쩌둥 사유 속의 해결되지 않은 긴장에 대해 주의를 기울일 것이다. 더불어 우리는 마오쩌둥의 평화와 조화에 대한 갈망과 그것의 실현에 대한 확신이 극에 달했던 전쟁 시기에, 정치적·군사적 장애물들을 제거하기 위해 마오쩌둥이 채택한 전략들에 두 가지 지적 전통의 미래관이 어떠한 영향력을 끼쳤는지에 대해서도 주목할 것이다.

'세 개의 기원'과 '다섯 단계': 마오쩌둥 사상의 이중적 시기 구분

옌안 시기 마오쩌둥의 텍스트 속에 시간의 성질에 관한 철학적 논의는 거의 존재하지 않는다. 하지만 마오쩌둥이 1930년대 초반부터 대부분 소비에트의 철학 저작들을 수집해 저술한[56] 「변증법적 유물론(강의개요)〔辨證法唯物論(講授提綱)〕」(1937)에는 시간과 공간에 관한 간략한 언급이 들어 있다. 여기서 그는 자신의 유물론적 존재론의 틀 속에 시간을 배치시키고, 시간은 인간의 그것에 대한 인식으로 부터 독립하여 객관적인 존재를 갖는다고 주장하고 있다.

> 운동은 물질의 존재 형식이다. 공간과 시간 역시 물질의 존재 형식이다. 물질의 운동은 시간과 공간 속에 존재하며 더군다나 물질의 운동 그 자체는 시간과 공간이라는 물질의 두 존재 형식을 전제로 하는 것이다. … 공간과 시간은 모두 독립적이고 비물질적인 것이 아니며 우리 감각의 주관적 형식도 아니다. 그것들은 객관적인 물질세계의 존재 형식이고, 객관적으로 물질 밖에서는 존재하지 않으며 물질 역시 그것들 바깥에서는 존재하지 않는다.[57]

시간의 본성에 관한 이와 같은 논쟁적인 유물론적 설명보다 더욱 흥미로운 것은 옌안 시기 동안 등장한 역사적 시기 구분과 미래에 대한 관점이다. 왜냐하면 이 시기 마오쩌둥이 놀랍게도 시간의 흐름을 측정하고 그것을 구체적인 역사적 시기들로 나누기 위해 한 가지가 아닌 두 가지의 시간 체계를 사용하고 있다는 것이 분명해지기 때문이다. 첫 번째 체계는 『공양전(公羊傳)』의 역사 구분법(이에 대한 앞의 서술을 참조)을 채용한 것으로, 마오쩌둥은 평화를 역사 시기를 구분하는 기준으로 삼으면서(하휴가 그랬던 것처럼),

---

56 Knight, *Marxist Philosophy in China*, chapter 9와 10을 볼 것.

57 Takeuchi, ed., *Mao Zedong Ji* Ⅵ, 289. 시간과 공간에 대한 해당 부분의 완역은 Nick Knight, ed., *Mao Zedong on Dialectical Materialism: Writings on Philosophy, 1937* (Armonk, New York: M. E. Sharpe, 1990), 110~12를 볼 것.

역사에 관한 삼분법 이론을 제시한다. 두 번째 체계는 역사의 진보를 먼 과거의 원시 사회로부터 미래의 공산주의 사회로의 발전으로 보는, 요컨대 레닌과 스탈린의 치하에서 마르크스주의의 정통 교리가 된 역사에 관한 다섯 단계의 설명 방식이다. 후자는 중국적 맥락에서 자본주의 단계의 모호성에 대처하기 위해 마오쩌둥에 의해 손질되기도 한 것이다. 하지만 그러한 손질의 과정이 그가 암묵적으로 받아들인 역사적 시간에 관한 정통 마르크스주의의 입장을 근본적으로 변화시킨 것은 아니었다. 이 시기 구분법 안에서 (레닌을 따라 마오쩌둥이 '부르주아 민주주의 혁명' 단계로 묘사한 기간을 제외하고는) 생산수단의 소유는 곧 시간 범주를 구축하는 법칙적 기준이 된다.

쉽게 예상할 수 있듯, 서로 다른 시간적 기준을 가진 두 종류의 시간 체계를 동시에 사용하는 것은 역사적 기간과 시간적 구분을 조화시키는 데 따른 어려움을 초래했다. 하지만 이후 마오쩌둥 스스로 그러한 두 종류의 시간 체계 사이의 모순을 깨닫지 못하고 있었을 뿐 아니라, 역사를 다섯 단계로 구분한 정통 마르크스주의의 시기 구분을 삼분법적 구분 체계를 갖추고 있는 중국적 도식에 뒤집어씌워 버렸다는 것이 분명하게 드러나게 된다. 마오쩌둥이 서로 다른 두 종류의 시간 체계를 어떻게 동시에 사용했는지 알아보기 위해 그의 저술들에 관한 상세한 탐구로 들어가기 전에, 왕조의 교체를 기준으로 삼는 중국 전통의 대안적 시기 구분 방식이 마오쩌둥의 사유 안에서 심각하게 고려되지 않았다는 사실을 기억해 둘 필요가 있다. 그가 역사적 시간을 이해하고 구분하는 데 있어 왕조의 교체는 포함되지 않았던 것이다.

1949년 이후 많은 부분이 삭제되어 공개된 「중국 혁명전쟁의 전략문제(中國革命戰爭的戰略問題)」(1936)에서 마오쩌둥은 인간 역사의 세 가지 시대를 구분하고 있다.

> 인간의 생활은 세 가지 시대로 구성된다. 인류 평화의 시대, 인류 전쟁의 시대, 그리고 다시 인류 평화의 시대. 우리는 현재 두 번째 시대와 세 번째 시대의 교차점에 서 있다. 인류 전쟁의 시대는 우리의 손에 의해 끝나게 될 것이며, 우리가 수행하고 있는 전쟁은 추호의 의심도 없이 최후의 전쟁이 될 것이다.[58]

1938년 「지구전을 논함(論持久戰)」에서 마오쩌둥은 재차 인류 역사에 관한 세 가지 시대 구분을 반복하면서 '영구적인 평화'의 시대가 곧 실현될 것임을 강조한다. 하지만 이 문구도 1949년 이후의 공식적인 문건에서 삭제된다.

> 중국 항일전쟁의 지구성(持久性)은 중국과 세계의 영구적인 평화를 쟁취하는 것과 분리 불가능하다. 그 어떤 시대도 오늘날처럼 전쟁이 영구적인 평화와 가까워진 적이 없었다. 수십만 년 동안의 인류 생활은 이미 인류 평화의 시대와 인류 전쟁의 두 시대를 통과했다.[59]

하휴의 관념과는 반대로 마오쩌둥의 '세 가지 시대'에 관한 이론은 첫 번째 시대에서 세 번째 시대로의 진전에 있어 계속적인 사

---

58 Takeuchi, ed., *Mao Zedong Ji* Ⅴ, 88; cf. *Selected Works of Mao Tse-tung* Ⅰ, 182; and *Mao Zedong Xuanji* Ⅰ, 158.

59 Takeuchi, ed., *Mao Zedong Ji* Ⅵ, 93; cf. *Selected Works of Mao Tse-tung* Ⅱ, 148~49; and *Mao Zedong Xuanji* Ⅱ, 442~43. 또한 Schram, *The Political Thought of Mao Tse-tung*, 391~93.

회적 개선을 제시하지 않는다. 마오쩌둥의 생각 속에서 첫 번째 시대에서 두 번째 시대로의 전환에는 차라리 사회 성질의 급격한 전환이 수반된다. 이전의 지배적 특징이었던 평화는 전쟁에게 길을 내주게 되는 것이다. 이러한 전환은 진보를 의미하지 않는다. 오히려 반대로 그것은 인류가 평화를 방기한 타락의 시대로 표지되며 길고도 공포스러운 전쟁의 시간이 지속된다.

「지구전을 논함」에서 마오쩌둥은 이러한 첫 번째 시대에서 두 번째 시대로의 타락을 설명하기 위해 마르크스주의적 패러다임을 동원한다. 이 문건에서 마오쩌둥은 첫 번째 시대인 인류 평화의 시대를 마르크스주의적 시대 구분의 첫 번째 단계인 이른바 원시 사회와 등치시킨다. 수천만 년 동안 지속된 이 첫 번째 시대 속에서 인류는 무계급적 공산주의 사회인 원시 사회에서 살아왔던 것이다.[60] 오직 이 시기에 일어난 전쟁만이 '자연적인 본성을 거스른다'고 할 수 있을 것인데, 왜냐하면 생산 수준이 '매우 불충분한 상태'에 머물러 있기 때문이다. 또한 이 사회에는 계급이 없기 때문에 '박애(人類之愛)'가 가능하다.[61] 하지만 생산력의 발전과 사회적 분업의 출현으로 촉발된 원시 공산주의 사회의 붕괴는 약 5000년 전부터 시작되었다.[62] 그리고 인류는 전쟁으로 특징되는 역사의 두 번

60 Takeuchi, ed., *Mao Zedong Ji* Ⅵ, 93; Schram, *The Political Thought of Mao Tse-tung*, 391. 또한 Takeuchi, ed., *Mao Zedong Ji* Ⅵ, 98; cf. *Selected Works of Mao Tse-tung* Ⅱ, 306; *Mao Zedong Xuanji* Ⅱ, 585를 볼 것.

61 Takeuchi, ed., *Mao Zedong Ji* Ⅷ, 140; *Selected Works of Mao Tse-tung* Ⅲ, 91; *Mao Zedong Xuanji* Ⅱ, 827.

62 Takeuchi, ed., *Mao Zedong Ji* Ⅶ, 98; *Selected Works of Mao Tse-tung* Ⅱ, 306; *Mao Zedong Xuanji* Ⅱ, 585. 1949년 이후의 공식적인 문건에서 이 숫자가 4000년 전으로 수정되었다는 것에 주목해 볼 필요가 있다.

째 시대로 진입할 수밖에 없었던 것이다.[63] 불행하게도 마오쩌둥은 생산력을 발전시키고 그에 따른 적대적인 사회적 분업을 나타나게 한 원시 사회의 요소들을 확대시키지는 않는다. 하지만 시대적 전환에 대한 그의 피상적인 묘사 속에서 그러한 전환을 평화 시대에서 전쟁 시대로의 전환 과정 속에 존재하는 갑작스럽고도 드라마틱한 과정으로 생각했다는 것이 드러난다.

마오쩌둥에게 첫 번째 시대는 원시 사회와 비슷한 반면, 전쟁이라는 두 번째 시대는 마르크스주의적 시대 구분 속의 여러 단계를 포함하고 있다. 중국에서 첫 번째 단계는 노예제 사회에 해당된다. 그리고 이 사회에서 철학적 사유에 관한 추상적 형식을 발전시킬 수 있는 시간적 여유를 가진 지배계층이 처음으로 등장한다.[64] 하지만 지배계급이 생산력 발전을 저해하기 때문에,[65] 주(周)나라 (1122~249 B.C.) 시기의 사회는 노예제 사회에서 봉건제 사회로 전환되었다. 그리고 이러한 전환과 함께 중국 사회는 '정체'하게 된 것이다.[66] 이러한 봉건제 기간 동안 경제, 정치, 문화는 발전하지 않거나 멈춰 있게 된다.[67] 또한 이러한 정체 혹은 퇴행의 원인은 "가차없는 지주의 착취와 억압으로부터 생겨난 농민의 극단적인 가난과 후진성이다."[68] 이는 곧 수많은 농민 폭동과 봉기로 이어졌고, 이

---

63 Takeuchi, ed., *Mao Zedong Ji* Ⅵ, 95; 또한 Schram, *The Political Thought of Mao Tse-tung*, 391 을 볼 것.

64 Stuart R. Schram, ed., Nancy J. Hodes, associate ed., *Mao's Road to Power: Revolutionary Writings, 1912~1949—Volume VI: The New Stage, August 1937~1938* (Armonk, New York: M. E. Sharpe, 2004), 814.

65 Schram ed., *Mao's Road to Power: Volume VI*, 821.

66 Takeuchi, ed., *Mao Zedong Ji* Ⅶ, 100.

67 Takeuchi, ed., *Mao Zedong Ji* Ⅶ, 100.

68 Takeuchi, ed., *Mao Zedong Ji* Ⅶ, 100; *Selected Works of Mao Tse-tung* Ⅱ, 308; and *Mao Zedong*

들 중 몇몇은 왕조를 무너뜨리는 결과를 초래하기도 했다. 하지만 그들의 도움으로 세워진 왕조는 기존의 사회경제적 체제를 대체하는 체제를 만들어내지 않았고 봉건적 지배는 지속되었다. 그럼에도 불구하고 비록 역사적으로 좀 더 발전된 생산양식을 만들어내는 데는 무능력했지만, 마오쩌둥은 여전히 농민봉기가 "중국 봉건사회에 역사적 진보를 위한 진정한 동력"[69]을 만들어냈다고 생각했다. 마오쩌둥이 봉건사회에 대해 품고 있던 일반적인 관념은 중국 역사 속의 장기간에 걸친 정체였다. 그리고 이 기간 동안 새로운 생산력과 생산관계 그리고 진정으로 봉건제를 대체할 수 있는 새로운 정치 정당의 결여라는 본질적인 한계에 때문에 대안적인 생산양식을 위한 동력이 등장하지 못했던 것이다.[70] 이와 같은 봉건적 정체 기간이라는 관념은 마오쩌둥으로 하여금 계급사회의 역사를 마치 아무런 발전도 일어나지 않은 채 전쟁으로 가득 차 있는 오물통처럼 인식하게 만들었다.

「중국 혁명과 중국공산당(中國革命和中國共産黨)」(1939)이라는 텍스트의 원본에는 정체된 봉건 시기가 새로운 생산양식, 즉 자본주의를 배태하고 있으며 그 자본주의 체제가 궁극적으로는 봉건체제를 압도하게 되어 있다는 언급이 들어 있지 않다. 오히려 본 텍스트는 청 왕조 시기 서구 제국주의의 형태를 띤 외국 자본주의의 간섭이 전통적인 봉건경제의 붕괴와 봉건제를 대체할 만한 경제적,

Xuanji II, 586.

69 Takeuchi, ed., *Mao Zedong Ji* VII, 102; *Selected Works of Mao Tse-tung* II, 308; and *Mao Zedong Xuanji* II, 588.

70 Takeuchi, ed., *Mao Zedong Ji* VII, 102; *Selected Works of Mao Tse-tung* II, 308; and *Mao Zedong Xuanji* II, 588.

정치적 대안들이 등장하는 변화를 초래했다고 주장하고 있다. 결국 마오쩌둥은 아시아 생산양식이라는 개념을 중국에 적용하는 것을 명확하게 지지하지 않았다고 할 수 있으며, 또한 실제로 문헌학적인 관점에서도 마오쩌둥이 아시아 생산양식이라는 개념을 중국에 적용하는 것에 찬성했다는 증거는 존재하지 않는다. 때문에 마오쩌둥이 이후 아시아 생산양식이라는 설명 방식을 깨닫게 되었다고 보는 것보다는 서구 제국주의가 중국의 사회 형성에 있어 질적인 변화를 초래한 촉매제였다고 보는 것이 좀 더 사실에 가깝다고 할 수 있을 것이다. 스튜어트 슈람이 지적했던 것처럼, 마오쩌둥은 결과적으로 중국의 봉건경제에 본래적으로 자발적인 발전은 결여되어 있다는 자신의 입장을 재고했으며,[71] 그 결과 다음과 같은 문장이 1949년 이후의 문서에 추가된 것이다. "중국 봉건사회 내의 상품경제 발전은 이미 자본주의의 맹아를 품고 있었으며 만약 외국 자본의 영향이 없었다고 하더라도 중국은 완만하게 자본주의 사회로 발전해 갔을 것이다."[72] 하지만 옌안 시기 동안 마오쩌둥은 제국주의가 가지고 있는 보편화의 힘이 중국 사회의 근본적인 변화를 위해 유용하다고 생각했다. 이것은 중국의 현대가 1840년 서구 제국주의가 중국을 처음으로 침범한 해부터 시작되었다는 그의 관점에서 분명하게 드러난다.

마오쩌둥의 대안적인 역사 시기 구분법, 다시 말해 중국 전통 사상으로부터 이끌어낸 세 단계의 시기 구분법에 있어, 옌안 시기

---

71 Schram, *The Political Thought of Mao Tse-tung*, 114. 또한 Karl Wittfogel, "The Marxist View of China (Part 2)," *China Quarterly* 12 (1962): 154~69.

72 *Selected Works of Mao Tse-tung* II, 309; *Mao Zedong Xuanji* II, 589.

까지 포함하는 '현대'라는 전체적인 기간은 전쟁의 시대에 해당된다. 그리고 그러한 구분법 안에는 1840년 이후 중국 사회의 가장 큰 특징이 전쟁이었다는 마오쩌둥의 믿음을 강화시켜 주는 수많은 역사적 사례가 등장하고 있다. 하지만 마르크스주의적 시기 구분법 안에서 (중국의 – 옮긴이) '현대'라는 시기는 역설적이다. 다시 말해 중국은 사회주의로의 전환을 예시하는 산업화된 자본주의 사회도 아니었고, 더 이상 완전한 봉건사회도 아니었다. 그렇다면 마르크스의 역사 도식에서 중국은 어디에 해당되는 것이며, 다섯 단계로 설정된 마르크스주의의 목적론적 패러다임에 의해 부여된 시간적 위치가 미래에 대해 의미하는 것은 무엇인가? 마오쩌둥은 이와 같은 딜레마에 대응하기 위해 중국과 같이 서로 다른 경제체제가 공존하고 있는 사회 속에는 경쟁적인 생산양식들이 공존하고 있다는 해석을 내놓았다.[73] 비록 봉건주의가 여전히 '반봉건, 반식민(半封建半植民)' 사회를 지배하고 있지만 중국 사회를 구성하고 있는 요소들 중 몇몇 다른 형태의 생산양식이 존재하고 있다는 것이다. 예컨대 매판 자본주의, 민족 자본주의, 심지어 사회주의까지. 마오쩌둥은 1840년 이후 중국의 전체 역사를 '부르주아 민주주의 혁명'이라는 레닌의 범주에 포함시킴으로써 경제적 복잡성에 의해 초래된 문제를 해결했다. 이 시기의 기본적인 특징은 바로 제국주의와 중국 봉건주의에 대한 투쟁이다.

마오쩌둥이 '부르주아 민주주의'라는 시기를 확정 짓기 위해 차용한 기준들은 그가 자신이 이해한 마르크스주의적 시기 구분

---

[73] "On New Democracy," *Selected Works of Mao Tse-tung* Ⅱ, 339~84; and *Mao Zedong Xuanji* Ⅱ, 623~70을 볼 것.

안에서 여타의 역사 시기들을 구분하기 위해 차용했던 기준들과는 달랐다. 여타의 시기들을 구분하는 데 있어서는 생산수단의 소유가 가장 중요한 기준이었다. 그러나 '부르주아 민주주의' 시대의 소유 형태를 구분하는 데 혼동을 일으킨 마오쩌둥은 '부르주아 민주주의'라는 독특한 시대를 구분하기 위해 제국주의와 중국 봉건주의에 대한 투쟁을 중요한 기준으로 삼게 되었다. 물론 소유라는 요소가 마오쩌둥의 분석에서 완전히 결여되어 있는 것은 아니지만, 그는 중국의 역사에 접근함에 있어 일관성을 결여하고 있다. 그리고 이러한 일관성의 결여는 결국 점차 증대되고 있던 현대 중국 사회의 분열적이고 불안정한 특징에서 비롯되는 것이었다.

마오쩌둥은 '5·4 운동'을 분기점으로 하여 '부르주아 민주주의 혁명' 시기를 두 단계로 나누고 있다. 1840년부터 1919년 사이 혁명은 부르주아에 의해 진행되었고 이 '구(舊)민주주의'—이것 역시 마오쩌둥이 명명한 것이다—단계 동안 군사적인 투쟁(태평천국 운동과 1911년 신해혁명과 같은)은 문화 전선에서의 투쟁, 특히 교육에서의 투쟁에 수반되는 것이었다. '5·4 운동'과 함께 '부르주아 민주주의 혁명'의 지도권은 부르주아에서 프롤레타리아와 그들의 전위 정당인 중국공산당에게로 넘어갔다. '부르주아 민주주의 혁명'의 이전 단계에서 새로운 단계로의 전환은 국내적, 국제적 상황의 결과물이었는데, 특히 세계 제1차 대전과 그 여파가 중국과 1917년 러시아 혁명에 끼친 영향이 중요했다. 이러한 사건들(그리고 특히 중국공산당의 등장)에 의해 촉발된 충격파는 혁명의 새로운 단계가 도래했음을 가리키는 것이었다. 마오쩌둥이 「신민주주의론(新民主主義論)」에서 지적한 것처럼, "혁명에도 오래됨과 새로움의 구분이 있다. 어떤 역사 시기에 새로운 것이 다른 역사 시기에는 오래된 것으로 변한다. 중국 부르주아 민주주의 혁명 100년은 크게 전반 80년 후반 20년의 두 단락으로 나뉜다. … 이 각각의 단계는 저마다의 기본적인 역사적 특징을 띠고 있다."[74]

1919년 '5·4 운동'으로부터 비롯된 지도권의 변화와 함께, '부르주아 민주주의 혁명'은 '신민주주의' 시기로 진입하게 된다. 중국 혁명에 대한 마오쩌둥의 직접적인 참여는 바로 이 시기부터 시작되며, 이 시기부터 그는 중국공산당 정책의 급격한 변화를 직접 목도하게 된다. 1940년이라는 유리한 시점으로부터 과거의 역사를 뒤돌아보면서, 마오쩌둥은 신민주주의를 1919~1921년, 1921~1927년, 1927~1936년, 1936~1940년의 네 단계로 구분했다. 그리고 이들 각각의 시기는 부단한 정책 변화와 중국공산당이 처한 상황을 기준으로 분류된 것들이었다.[75] 마오쩌둥이 신민주주의 시기를 이렇게 세밀하게 구분한 것은 빠르게 변화하는 정치 현실에 맞춰 정책을 수립해야 할 필요성과 밀접한 연관이 있다. 특정한 역사 시기를 규정하는 특징들이 매우 급격하게 변화할 수 있기 때문에 이전에 적당하다고 판단되었던 정책 역시 완전히 뒤바뀌어야 했던 것이다. 1927년 초의 사건과 같은 정치적 맥락의 급격한 변화와 당 정책 결정자의 급작스러운 변화는 하나의 역사적 시기가 끝나고 다른 시기가 시작되었음을 알리는 충분한 근거가 되었다. 각각의 특정한 역사적 시기 혹은 단계를 정밀하게 규정해야 하는 급박한 정치적 필요성 때문에, 마오쩌둥은 중국 전통 역사관의 초시간적 경

---

74 Takeuchi, ed., *Mao Zedong Ji* Ⅶ, 189; *Selected Works of Mao Tse-tung* Ⅱ, 370; and *Mao Zedong Xuanji* Ⅱ, 636.

75 Takeuchi, ed., *Mao Zedong Ji* Ⅶ, 74~82, 193~98; *Selected Works of Mao Tse-tung* Ⅱ, 288~95, 373~78; and *Mao Zedong Xuanji* Ⅱ, 569~76, 659~64.

향성을 거부했다. 각각의 역사적 시기 혹은 단계는 각기 나름의 '특징'을 가지고 있으며,[76] 이러한 특징으로 인해 하나의 시기 혹은 단계는 다른 시기 혹은 단계와 시간적으로 구분되는 것이다. 1938년 마오쩌둥은 "오늘날의 중국은 다른 어떠한 역사적 시기의 중국과도 비교될 수 없다."[77]고 말한 바 있다.

이로써 우리는 마오쩌둥이 역사의 '흐름'을 비연속적인 시대와 시기, 단계로 구분하고 있으며 또한 이들 각각의 특징은 정밀한 정의와 세밀한 표준을 필요로 하는 것임을 알 수 있다. 그는 역사적 시기를 혼동하는 것은 정치적, 군사적 전략의 실수로 이어질 뿐이라고 믿었다. 이러한 의미에서 역사적 시기 구분에 대한 마오쩌둥의 감각이 당의 정책은 그것이 직면한 '실제적 상황'에 대한 즉각적인 이해에 기반해야 한다는 그의 주장과 밀접하게 연계되어 있었다고 할 수 있을 것이다. 이러한 측면에서 보았을 때 옌안 시기 마오쩌둥의 사상에는 상당히 강한 실용주의적 요소가 내포되어 있었다고 할 수 있다. 더불어 그는 항일전쟁에서 승리를 쟁취하기 위해서는 '끈질긴' 투쟁이 필요하다는 확신을 가지고 있었다. 실제로 그의 인내심과 실용주의는 이상주의적 기대감과 세계 평화, 조화, 물질적 풍요, 평등과 같은 '화려한 이상'에 사로잡히지 않는 굳건한 지도자상을 제시하고 있다.[78] 하지만 옌안 시기 마오쩌둥의 저

---

[76] Takeuchi, ed., *Mao Zedong Ji* Ⅴ, 87; *Selected Works of Mao Tse-tung* Ⅰ, 181; and *Mao Zedong Xuanji* Ⅰ, 157.

[77] Takeuchi, ed., *Mao Zedong Ji* Ⅵ, 65; *Selected Works of Mao Tse-tung* Ⅱ, 125; and *Mao Zedong Xuanji* Ⅱ, 419.

[78] 예컨대 Stuart R. Schram, ed., Nancy J. Hodes, associate ed., *Mao's Road to Power — Revolutionary Writings, 1912~1949: Volume VII—New Democracy, 1939~1941* (Armonk, New York: M. E. Sharpe, 2005), 348을 볼 것.

술들 속에는 이와 같은 강한 실용주의적 성향이 존재함과 동시에, 현재에 대한 그의 정치적 반응은 분명 강한 미래 지향적 성향 역시 갖고 있었다. 마오쩌둥의 역사적 감각은 그 실현이 최소한 부분적으로는 현재의 정치적 투쟁에 의존하고 있는 미래를 포함하고 있었던 것이며, 그 현재의 투쟁이라는 것 역시 과거와 현재에 대한 신중한 고민에 기반을 둔 것이었던 셈이다.[79]

역사적 미래: 영구 평화의 시대와 공산주의 시대

옌안 시기 마오쩌둥의 실용주의적 성향을 고려했을 때, 그의 저술들 속에서 종말론적 차원의 미래에 대한 언급을 찾아내는 것은 매우 놀라운 발견이 될 수밖에 없다. 마오쩌둥에게 미래는 분명히 보이는 것이며, 그 실현이 보장된 것이었다. 실제로 그는 1938년 항일전쟁 시기를 "중국 민족사에서 가장 진보적인 시기"이며, 이 시기야말로 '영구 평화'가 도래할 것임을 가리키는 시기라고 언급했다.[80] 당시의 암울한 정치적, 군사적 상황을 고려했을 때 마오쩌둥의 이러한 낙관주의는 매우 놀랍다. 그러나 그의 이러한 확신은 미래에 대한 이상적 비전을 포함하고 있는 두 가지 지적 전통에서 유래한 것이다. 그 중 첫 번째는 중국 전통사상의 이상주의적 주제로, 그것은 마오쩌둥에게 영구 평화라는 세 번째 시대의 즉각적인 실현 가능성을 제시해 주었다. 마오쩌둥은 당시 중국 사회가 전쟁의 시대인 두 번째 시대와 영구 평화의 시대인 세 번째 시대 사이에

---

79 마오쩌둥 사상 속의 결정주의와 능동주의 사이의 긴장에 관한 논의에 대해서는 Knight, *Marxist Philosophy in China*, chapter 10을 볼 것.

80 Takeuchi, ed., *Mao Zedong Ji* VI, 167.

위치해 있다고 생각했다.[81] 전쟁의 시대인 두 번째 시대로부터 머지 않아 벗어날 수 있다는 확신은 그의 실용적인 성격의 철학 에세이 「실천론(實踐論)」(1937)에서도 매우 찬양하는 어조로 등장한다.

> 이러한 과학적 인식에 근거해 정해진 세계 개조의 실천 과정은 이미 세계 와 중국에서 역사적 순간에 도달했다. 유사 이래로 이렇게 중대한 시기는 없었다. 이 시기는 세계와 중국의 암흑을 뒤집어엎고 그것을 전에 없던 광 명의 세계로 만드는 때이다.[82]

이러한 종말론적 사유는 전쟁에 의해 초래된 사회적 봉기와 혼 란의 시기에 등장하며, 이 시기는 새 시대 바로 앞의 역사적 단계로 인식된다. 최후의 단계는 더욱 심화된 혼란과 봉기의 시대로 그려 지고 마지막 시련, 순결의 화염을 상징한다. 그리고 이러한 시련과 화염은 새 시대의 도래를 가능케 하기 위해 믿는 이가 반드시 거쳐 야 할 것들이다. 이와 같은 종말론적 믿음은 마오쩌둥의 저술들에 서 선명하게 나타난다. 1936년 그는 "우리가 수행하고 있는 전쟁은 의심의 여지 없이 최후의 전쟁의 일부분에 속할 것이다. 하지만 우 리가 직면하고 있는 전쟁은 또한 가장 거대하고 가장 잔혹한 전쟁 의 일부분이기도 할 것"[83]이라고 예언한 바 있다. 전쟁에 의한 극단 적인 폭력 이후 영구 평화의 시대가 도래할 것임을 확신하면서, 마 오쩌둥은 자신에게 그리고 그의 지지자들에게 미래가 현재의 고통 을 보상해 줄 것임을 약속하고 있다. 그리고 이러한 약속은 그들의

---

81 Takeuchi, ed., *Mao Zedong Ji* Ⅴ, 88.

82 *Selected Works of Mao Tse-tung* Ⅰ, 308; and *Mao Zedong Xuanji* Ⅱ, 272.

83 Takeuchi, ed., *Mao Zedong Ji* Ⅴ, 88.

투쟁에 중요한 추동력이 될 수 있는 것이었다.

세 번째 시대의 특징이 폭발하게 되었을 때, 마오쩌둥 사상 속의 종말론적 충동과 역사 시대를 구분하면서 차용한 영구 평화의 세 번째 단계 사이의 관계는 분명해진다. 미래의 황금시대(곧 도래할 것으로 가정된)에 관한 그의 산재한 언급들 속에서 마오쩌둥은 그것을 묘사하기 위해 중국의 전통적인 이상주의에 더욱 의존한다. 전통적인 이상주의의 가장 중요한 특징은 평화가 일시적이지 않고 영구적이라는 점이다. 「지구전을 논함」(1938)에서 마오쩌둥은 종말론적 열정에 들떠 찬양하는 어투로 영구 평화의 시대를 언급하고 있다.

> 인류가 자본주의를 사멸시키고 영구 평화의 시대에 도달하면 다시는 전쟁이 필요 없을 것이다. 그때에는 군대도 필요 없을 것이고 군함, 군용 비행기, 독극물도 필요 없을 것이다. 이후 인류는 영원토록 전쟁을 볼 일이 없게 될 것이다.[84]

동일한 문서의 다른 곳에서 마오쩌둥은 평화의 세 번째 시대가 목전에 다가왔음을 강조한다. "영구 평화와 광명의 새 세계가 이미 우리 앞에 선명하게 그 모습을 드러내고 있다."[85] 이러한 평화 시대에 대한 그의 인정과 묘사는 '태평(太平)'이라는 중국 특유의 믿음에 의존하고 있는 것이다. 앞서 이미 본 것처럼, 이는 바로 하휴의

---

84 Schram, *The Political Thought of Mao Tse-tung*, 392~93; Takeuchi, ed., *Mao Zedong Ji* Ⅵ, 95; *Selected Works of Mao Tse-tung* Ⅱ, 148~49; and *Mao Zedong Xuanji* Ⅱ, 442~43.

85 Takeuchi, ed., *Mao Zedong Ji* Ⅵ, 96; *Selected Works of Mao Tse-tung* Ⅱ, 150; and *Mao Zedong Xuanji* Ⅱ, 444.

『춘추공양전해고』의 세 번째 시대에 대한 해석과 연계되어 있다. 그리고 이러한 전통적인 이상주의적 사상과 세 가지 시대에 대한 마오쩌둥의 종말론을 연계시켜 주고 있는 것은 캉유웨이에 의해 보편화된 '대동'사회의 개념이다. 캉유웨이는 전통적인 이상주의적 주제들을 완벽한 조화와 평화를 이룩한 사회에 대한 비전으로 녹여냈다. 실상 마오쩌둥은 '대동'을 공산주의 운동의 일반적인 목표로 삼고 있는 것이다. 1937년 아그네스 스메들리(Agnes Smedley)의 질문에 대해 마오쩌둥은 "중국 공산당원은 국제주의자입니다. 그들은 세계의 대동운동을 주장합니다. … 중국이 독립되고 해방되어야만 비로소 세계의 대동운동에 참여할 수 있게 됩니다."[86]라고 대답했다.

결국 영구 평화와 조화는 인류 역사의 미래인 세 번째 시대의 원칙론적 특징을 반영하고 있는 것이다. 하지만 마오쩌둥이 세 번째 시대의 특징을 이러한 것들에만 국한시키고 있는 것은 아니다. 그가 제시하고 있는 좀 더 자세한 관점들은 기본적으로 계급이 없는 공산주의 사회에 대한 마르크스주의적 전제에 근간하고 있다. 이러한 사실은 역사적 시간과 미래에 대한 마오쩌둥의 관점이 안고 있는 두 가지 중요한 측면을 제시해 준다. 첫째, 미래에 대한 그의 관념은 분명 평화의 세 번째 시대라는 시간 범주와 마르크스주의적 시기 구분에 의거한 사회주의와 공산주의 단계를 뒤섞어놓고 있다. 평화의 시기가 임박했음을 제시했지만 마오쩌둥은 그것을 곧바로 공산주의 사회와 완전히 동일시할 수는 없었다. 일반적으로 마오쩌둥은 공산주의의 성취가 미래에 이룩될 것임을 강조했다. 예

---

86 Takeuchi, ed., *Mao Zedong Ji*, V, 180.

컨대 「신민주주의론」에서 사회주의(공산주의는 차치하고)의 성취는 중국공산당의 최종적인 계획으로 등장한다. 그리고 그 계획의 목표는 객관적 조건이 그 계획의 실현을 허락할 때에야 비로소 성취될 수 있다.[87] 하지만 평화의 세 번째 시대에 대한 마오쩌둥의 언급들은 그것의 즉각적인 실현을 조급하게 기대하면서, 항일전쟁의 성공을 전쟁의 시대인 두 번째 시대와 평화의 시대인 세 번째 시대를 가르는 분수령으로 삼는 말들로 가득 차 있다. 실제로 그는 전쟁이 '멀지 않은 미래에' 소멸하게 될 것이라고 예언했고,[88] 또 어떤 때에는 1945년 4월 25일 샌프란시스코에서의 UN 소집이 '평화를 위한 시작점'이 될 것이라고 예언하기도 했다.[89]

하지만 미래에 대한 마오쩌둥의 역사적 관점에 내재되어 있는 두 가지 축을 완전히 분리시키고 그 모순만을 드러낸다는 것은 불가능하다. 왜냐하면 시간에 관한 두 가지 축이 마오쩌둥 사상 속에서 완전히 구분되지 않고 서로 뒤섞여 있는데다 설사 서로를 분리시킨다 해도 분리한 이후 그 두 축 자체의 성질이 모호해져 버리기 때문이다. 또한 이러한 시간 측정의 축을 연결시키는 요소는 바로 마르크스주의로부터 이끌어낸 계급 개념이었다. 다시 말해 모든 사회의 병폐가 계급—계급 착취, 계급 억압, 계급 적대—에게 돌려졌던 것이다. 하지만 계급이라는 매개체를 통해 분화된 역사적 시기들을 연결시키는 것과 관계된 문제는 분명하게 존재하고 있다.

---

87 Takeuchi, ed., *Mao Zedong Ji* Ⅶ, 177; *Selected Works of Mao Tse-tung* Ⅱ, 361; and *Mao Zedong Xuanji* Ⅱ, 647.

88 Takeuchi, ed., *Mao Zedong Ji* Ⅴ, 88; *Selected Works of Mao Tse-tung* Ⅰ, 182; and *Mao Zedong Xuanji* Ⅰ, 158.

89 Takeuchi, ed., *Mao Zedong Ji* Ⅸ, 186.

그것은 바로 계급의 우선적 소멸을 대전제로 삼는 공산주의 사회가 즉각 얻어질 수 있는 것이 아니라는 점이다. 하지만 계급의 우선적 소멸 여하에 달린 평화의 세 번째 시대는 즉각 도래하는 것으로 설정되어 있었다. 이 때문에 평화의 세 번째 시대는 마르크스주의적 시기 구분법에 따르면 사회주의에도, 공산주의에도 들어맞지 않는 것이다. 당연히 이것은 사회주의 사회의 위상과 특징에 대해서도 혼란을 초래할 수 있는 것이었다. 왜냐하면 평화의 세 번째 시대라는 개념은 사회주의 사회 자체가 계급이 없어진 사회를 의미하는 것이지만, 그것이 사회주의를 계급과 계급투쟁이 점차 줄어들게 되는 자본주의와 공산주의 사이의 이행적 단계로 보는 정통 마르크스주의 이론에 의해 뒷받침되는 것은 아니었기 때문이다. 하지만 마오쩌둥이 사회주의 사회를 계급 없는 사회라고 믿지 않았음은 분명하다. 오히려 그가 서로 충분히 조화될 수 없는 시간적 범주를 내포한 두 종류의 역사적 시기 구분을 혼용함으로써 그러한 혼란이 초래되었다고 보는 편이 더욱 사정에 부합할 것이다.

둘째, 계급의 우선적 소멸이 평화의 세 번째 시대와 미래 공산주의 사회 모두의 실현에 반드시 필요한 것이라고 주장함으로써 마오쩌둥은 필연적인 '국가의 소멸'을 예언한 레닌과 동일한 논리를 적용하게 되었다. 계급 구분의 소멸을 고려할 때, 미래 공산주의 사회 혹은 영구 평화의 시대에는 전쟁을 포함해 계급에 의해 초래된 부정적인 사회 현상이 모두 사라질 것이다.[90] 벤저민 슈워츠가 묘사한 바대로 이와 같은 '소거식 이상주의(eliminative utopianism)' 적 추론 방식은 마오쩌둥으로 하여금 계급사회의 모든 해로운 결

90 Lenin, *Selected Works in Three Volumes* Vol. 2, 240~326.

과들이 사라질 것이라는 절대적 확신을 품게 했다.[91] 그리고 이것
은 마오쩌둥이 그리고 있는 미래 사회의 모습들에 대한 조사를 통
해 분명해진다. '공리주의'에 대한 마오쩌둥의 접근이 그 실례가 될
수 있을 것이다. 옌안 문예 좌담회(1942)에서 마오쩌둥은 공리주의
가 모든 여타의 이데올로기를 넘어선 것이지만, 계급사회에서 그것
은 지배적인 경제 계급의 이익을 위해 작동하며 모든 인간의 이익
을 위한 공리주의는 오직 계급과 계급적 특권이 사라진 사회 속에
서만 가능하게 될 것이라고[92] 말한 바 있다. 또한 1943년 펑더화이
(彭德懷)에게 보내는 편지에서는 계급사회에서의 진정한 공리주의
를 거부한 바 있다. 이 서신에서 마오쩌둥은 '자신이 원하지 않는
것을 남에게 강요하지 말라(己所不欲, 勿施於人)'는 공자의 격언을
정치적 슬로건으로 제시한 펑더화이의 「민주교육에 관한 담화(關於
民主教育的談話)」를 비판했다. 마오쩌둥은 전혀 얼버무리지 않고 명
확한 말투로 비판하고 있는데, 계급이 계속 존재하고 있는 조건 속
에서 공리주의의 유가적 형식은 적당하지 않기 때문이다.

> 정치적으로 '자신이 원하지 않는 것을 남에게 강요하지 말라'는 구호를 제
> 시하는 것은 적당하지 않다. 현재의 임무는 전쟁과 기타의 정치 수단으로
> 써 적을 쓰러뜨리는 것이다. 현재 사회의 토대는 상품경제이다. 이 모두가
> 바로 '자신이 원하는 것을 남에게 강요하는 것'이다. 오직 계급이 소멸한 이

---

91 Benjamin I. Schwartz, "Thoughts on the Late Mao: Between Total Redemption and
Utter Frustration," in *The Secret Speeches of Chairman Mao: From the Hundred Flowers to the Great
Leap Forward*, eds. Roderick Macfarquhar, Timothy Cheek, and Eugene Wu (Cambridge,
Mass.: Harvard University Press, 1989), 34~35.

92 Takeuchi, ed., *Mao Zedong Ji* VIII, 132~33; *Selected Works of Mao Tse-tung* III, 85; and *Mao
Zedong Xuanji* III, 821.

후에만 비로소 '자신이 원하는 것을 남에게 강요하지 말라'는 원칙이 실현될 수 있다. 그로써 전쟁, 정치적 억압, 경제적 착취가 소멸될 것이다.[93]

계급 구분이 남아 있는 상황에서 공리주의적 고려는 사회적, 개인적 수준에서 모두 필연적으로 계급 이익에 종속될 수밖에 없다. 마오쩌둥은 진정한(다시 말해 계급이 없는) 공리주의가 가능한 사회를 만들기 위해 적대적인 원칙을 사용할 것을 주장하고 있는 것이다. 1941년 마오쩌둥은 주희(朱熹)의 말을 인용하면서 "우리 당의 방침은 '그 사람의 방법으로 그 사람을 다스려라(即以其人之道, 還治其人之身)'이다. 이 에는 이, 눈에는 눈인 것이다."[94]라고 언급했다.

역시 계급 소멸 여하에 달려 있는 미래 사회의 상관된 특징은 '인류에 대한 포용적 사랑'이다. '옌안 문예 좌담회'에서 마오쩌둥은 사회를 수많은 계급으로 나누는 관점을 비판했는데, 그것은 다음과 같은 원칙이 전혀 적용될 수 없기 때문이다.

이른바 '인류애'라는 것. 인류가 계급으로 분화된 이후 그러한 통일된 사랑은 존재한 적이 없었다. … 진정한 인류애라는 것은 존재할 수 있다. 하지만 그것은 전세계에서 계급이 소멸된 이후이다. 계급은 사회를 수많은 대립체로 만든다. 계급이 소멸된 이후에는 전체 인류의 인류애가 존재할 수 있다. 하지만 지금은 그렇지 않다.[95]

---

93 Takeuchi, ed., *Mao Zedong Ji* Ⅸ, 13~14. 『논어』의 해석은 Legge의 해석을 따랐다. James Legge, *The Four Books* (Hong Kong: Wei Tung Book Store, 1973), 138.

94 *Selected Works of Mao Tse-tung* Ⅱ, 464; and *Mao Zedong Xuanji* Ⅱ, 740.

95 Takeuchi, ed., *Mao Zedong Ji* Ⅷ, 140; *Selected Works of Mao Tse-tung* Ⅲ, 91; and *Mao Zedong Xuanji* Ⅲ, 827~28.

모든 것을 포용하는 인류애가 널리 퍼진 사회를 기대할 수 있는 것처럼, 평화의 시대에 도래할 미래 공산주의 사회 역시 "인류의 가장 아름답고 유쾌하며 행복한 사회"[96]가 될 것이다. 다른 몇몇 경우에도 마오쩌둥은 '행복'을 그러한 사회의 특징이라고 언급하고 있다.[97] 이에 더해 공산주의 사회는 '합리적'이 됨으로써 다른 사회와 구별될 것이다. "공산주의는 프롤레타리아 계급의 전체 사상 체계이며 동시에 일종의 새로운 사회제도이기도 하다. 이러한 사상 체계와 사회제도는 그 어떠한 사상체계, 사회제도와도 구분되는 것이다. 그것은 인류사에서 가장 완전하고 가장 진보적이며 가장 혁명적이고 가장 합리적인 사회이다."[98]

평화의 미래 시대와 공산주의에 대한 마오쩌둥의 언급으로부터, 그의 비전이 중국의 이상주의적 전통에서 강한 영향을 받았다는 사실이 드러난다. 그가 그리고 있는 미래 사회는 평화, 조화, 인류애, 행복의 축복을 받은 사회이며, 인간의 행동은 진정으로 비(非)계급적 공리주의로부터 길어낸 용서[恕]의 원칙에 의해 통제될 것이다.[99] 마오쩌둥이 그리고 있는 유토피아에 대한 마르크스주의

244

---

96 Takeuchi, ed., *Mao Zedong Ji* Ⅴ, 318.

97 Takeuchi, ed., *Mao Zedong Ji* Ⅶ, 173; *Selected Works of Mao Tse-tung* Ⅱ, 358; and *Mao Zedong Xuanji* Ⅱ, 644. 또한 Takeuchi, ed., *Mao Zedong Ji* Ⅵ, 227을 볼 것. 여기서 마오쩌둥은 "공산주의는 인류의 가장 행복한 사회체계이다."라고 말하고 있다.

98 Takeuchi, ed., *Mao Zedong Ji* Ⅶ, 176; *Selected Works of Mao Tse-tung* Ⅱ, 360; and *Mao Zedong Xuanji* Ⅱ, 646~47.

99 유가의 '용서' 혹은 '호혜' 개념은 '내가 원하지 않는 것을 남에게 강요하지 말라'는 이념의 뜻을 담고 있다. 마오쩌둥은 그의 변론에서 이 개념을 사용하고 있으며 펑더화이에 의해서도 사용되었다. 『논어』에는 "자공이 한마디로 새겨두고 종신토록 행할 만한 것이 있습니까라고 묻자 공자는 상대방을 헤아려서 자신이 하고 싶지 않은 것을 남에게 강요하지 않는 것이다라고 답했다(子貢問曰 有一言而可以終身行之者乎 子曰 其 恕乎 己所不欲 勿施於人)."는 구절이 있다. Legge, *The Four Books*, 138.

의 영향 관계를 가장 잘 보여주는 것은 바로 무계급사회라는 관념이다. 앞서 언급한 것처럼, 마오쩌둥은 계급과 계급투쟁이라는 개념의 핵심적 위치 덕분에 서로 다른 두 개의 역사적 시기 구분을 자신의 사상 속에 포함시킬 수 있었다. 왜냐하면 인류가 평화의 시대에 살 것인지 전쟁의 시대에 살 것인지를 결정하는 것은 계급 존재의 유무였기 때문이다. 진정하고 영원한 평화는 계급 적대가 사라진 사회에서만 가능하다. 마오쩌둥이 인류 역사에서 전쟁이 시작된 시기를 원시 사회에서 계급 구분이 등장한 때로 잡은 것은 우연이 아니며, 또한 마르크스주의의 시기 구분법에 근거한 계급사회의 몇몇 단계를 전쟁의 시대에 포함시킨 것 역시 결코 우연이 아니었다. 계급은 모든 사회악(bête noire)의 근원이었고, 특히 옌안 시기 전쟁은 그러한 사회악의 결정체였다.

마오쩌둥의 미래 개념에서 계급의 소멸이 갖는 중요성은 분명 마르크스주의로부터 유래한 것이며, 중국의 미래를 산업화되고 현대화된 사회로 그린 것 역시 마르크스주의로부터 유래한 것이다. 중국 전통사상에 이와 같은 미래에 대한 관념은 존재하지 않는다. 마오쩌둥은 중국이 '농업국가에서 산업국가로' 변할 것임을 확신했고 대규모의 산업이 경제 영역에서 '절대적인 위치'를 차지하게 될 것을 믿어 의심치 않았다. 미래의 중국은 자신만의 강대한 산업과 현대화된 도시들을 갖게 될 것이며, 이러한 것들을 성취하기 위해 "농촌 거주자를 부단히 도시 거주자로 변화시키는 지속적인 과정을 거쳐야 할 것"[100]이었다. 이와 같은 중국의 산업화된 미래에 대한 주장은 마오쩌둥이 루소와 같이 현대 산업에 오염되지 않은

---

100 *Selected Works of Mao Tse-tung* (London: Lawrence & Wishart, 1956), vol. 4, 295~98.

상태를 이상적인 미래상으로 생각한 것은 아니었음을 재차 확인시켜 준다. 비록 그의 미래 관념에서 평화와 조화가 중요한 위치를 차지한다는 사실 때문에 마오쩌둥이 현대 산업에 의해 오염되지 않은 순수한 상태를 이상적인 미래라고 생각했을 것이라는 인상을 풍기는 것은 사실이지만 말이다. 하지만 중국의 산업화와 현대화에 대한 마오쩌둥의 강한 강조는 그를 농민혁명가로 보는 관점을 약화시키는 것과 마찬가지로(4장을 볼 것.) 위와 같은 막연한 인상을 쓸모없는 것으로 만들어버린다.

한편 마오쩌둥의 미래 사회에 대한 관념에서 개인의 자유가 생략되어 있다는 것은 흥미롭다. 옌안 시기에 작성된 그 어떠한 텍스트에서도 공산주의 시기 혹은 영구 평화의 세 번째 시대에 개인의 자유가 향상될 가능성은 전혀 언급되지 않고 있다. 이와 같은 침묵은 마르크스주의적 전통의 텍스트들 속에 담겨 있는 유사한 침묵으로는 설명할 수 없다. 왜냐하면 미래에 관한 마르크스의 저술들 안에는 강한 자유주의적 테마가 존재하고 있기 때문이다. 또한 레닌 역시 공산주의라는 보다 높은 단계의 사회가 갖는 중요한 특징으로 국가의 억압으로부터의 자유를 꼽았다. 마오쩌둥의 침묵은 중국의 마르크스주의가 그 초기 단계에서부터 갖고 있던, 서구라는 가면을 쓴 자유주의에 대한 적대심에서 비롯된 것이다. 마오쩌둥은 량치차오(梁啓超)나 후스(胡適)로 대표되는 중국의 자유주의를 착오적인 이데올로기로 보았다. 특히 중국의 자유주의자들이 점점 더 사회적 변혁에 대해 비혁명적 방식의 접근을 강조하자 마오쩌둥의 그와 같은 생각은 더욱 강해졌다. 이에 더해 마오쩌둥은 개인의 권리와 자유를 강조하는 자유주의가 계급사회에 만연된 억압적 성격에 대한 대응으로는 부족하다고 생각했다. 「자유주의에 반대한다

(反對自由主義)」는 마오쩌둥의 글은 그가 자유주의를 무원칙적 타협, 이기심, 자기중심주의, 집단에 대한 개인의 불복종과 동일시했음을 분명하게 보여주고 있다. 요컨대 자유주의는 "쁘띠 부르주아의 이기심에서 비롯된 것이며, 개인의 이익을 첫 번째에 두고 혁명의 이익을 두 번째에 두는 것"[101]이었다.

옌안 시기 미래에 대한 마오쩌둥의 비전은 마르크스주의의 시기 구분법과 중국 전통사상에 내재된 이상주의적 테마에 기반한 일종의 모방품이자 문화적 혼합물이었다. 비록 마오쩌둥이 마르크스주의의 '과학'으로부터 끌어낸 역사적 낙관주의를 천명하긴 했지만, 영구 평화의 세 번째 단계에 대한 그의 참조는 분명 중국적 기원을 갖는 것이었다. 옌안 시기의 혼란스럽고도 폭력적인 전쟁이라는 상황은 영구 평화 시대의 머지않은 도래에 대한 그의 열정에 불을 붙였고, 바로 이러한 상황 속에서 더 나은 세계의 종말론적 비전이 나타나게 되었던 것이다.

옌안 시기의 전쟁이라는 상황은 마오쩌둥의 미래에 대한 종말론적 비전을 만들어낸 중요 요소였는바, 1949년 이후에 편집된 그의 저술들 속에서 인류 역사의 세 번째 단계, 즉 영구 평화의 단계에 대한 언급은 더욱 강조되었다. 공식적인 『마오쩌둥 선집』에서 종말론적 테마들은 일부 남게 되었지만, 세 가지 시대에 대한 명백한 참조는 모두 삭제되었고 영구 평화의 즉각적인 실현 가능성 역시 사라졌다. 이러한 삭제는 다음과 같이 설명할 수 있을 것이다. 첫째, 세 가지 시대라는 개념이 너무도 명확하게 중국적 기원을 갖

---

101 Takeuchi, ed., *Mao Zedong Ji* Ⅴ, 257~60; *Selected Works of Mao Tse-tung* Ⅱ, 31~33; and *Mao Zedong Xuanji* Ⅱ, 330~32.

는 것이었고, 그러한 중국적 개념을 정통 마르크스주의적인 시기 구분과 결합시킨다는 것은—우리가 이미 본 것처럼—시기의 범주를 구획 짓는 데 문제를 초래할 수 있었다는 것이다. 더구나 마오쩌둥이 세 가지 시대라는 구분의 기준을 사용한 것이 전혀 진보적이거나 변증법적으로 보이지 않을 가능성도 있었고, 역사의 첫 번째 시기인 평화 시대에 해당되는 원시 공산주의를 반추하는 것이 인류의 잃어버린 순수성에 대한 향수로 해석될 위험성도 있었다. 고대 중국의 시기 구분법에 따르면 적대적인 계급 구분과 전쟁으로 점철된 두 번째 시대로의 이행은 역사의 퇴보를 초래하는 것이며, 전쟁 시대의 역사는 곧 첫 번째 시대와 세 번째 시대 사이에 존재하고 있는 장기적이고 폭력적인 틈새이기도 하다. 때문에 역사의 운동이라는 것은 평화의 시대인 첫 번째 시대가 붕괴하면서 초래된 인류 역사의 전쟁이라는 경로를 따라 흘러가는 것이며, 또한 전쟁을 통해 인류 역사는 마지막 승화를 맞이하게 된다. 또한 영구 평화의 시기인 세 번째 시대는 여러 측면에서 첫 번째 시대의 가치를 공유하는 것이기도 하다. 이러한 역사관은 마치 과거의 영광이 갈망하는 미래로 이어질 수 있다는 격대 유전설과도 비슷한 것으로, 중국 전통사상의 과거 숭배 경향을 생각나게 하는 것이다. 둘째, 마오쩌둥과 편집자들이 역사에 관한 마르크스주의 이론에 의해 뒷받침되는 요소들에 좀 더 분명하게 입각해서 공산주의와 평화를 이룩한 미래 사회의 실현을 그려내야 할 필요성을 절감했다는 것이다. 예컨대 「지구전을 논함」의 공식 수정판본에서 영구 평화의 성취는 이제 자본주의의 사멸로 예언된다.[102] 이와 유사하게 「중국 혁

---

102 *Selected Works of Mao Tse-tung* Ⅱ, 149, and *Mao Zedong Xuanji* Ⅱ, 443; cf. Takeuchi, ed.,

명전쟁의 전략 문제(中國革命戰爭的戰略問題)」(1936)는 인류 역사의 새로운 시기가 실현되기 위해 국가와 계급의 소멸이 반드시 필요함을 강조하고 있다. "인류 사회가 계급 소멸과 국가 소멸의 단계까지 진보하게 되면, 그때에는 그 어떤 전쟁도 존재하지 않게 될 것이다. 반혁명적·혁명적 전쟁, 정의로운 전쟁, 정의롭지 못한 전쟁이 모두 없어질 것이다. 이것이 바로 인류의 영구 평화의 시대이다."[103]

정치와 비전: 현재에 대한 미래의 영향

옌안 시기 마오쩌둥의 저술들을 특징짓고 있는 역사적 낙관주의와 종말론적 주제들은 당시 각각의 전투와 단계들에 있어 우세를 점하기 위해 그가 강조했던 측면들에 비추어본다면 다소 역설적으로 보이는 것이 사실이다. 해당 주제들은 그의 사유 안에서 차라리 비현실적일 정도로 이상주의적이면서도 또한 철저하게 실용주의적인 모습으로 존재했다.[104] 하지만 마오쩌둥은 필연적인 역사적 미래에 대한 확신과 그러한 역사적 목표를 성취하기 위해 그가 떠맡기로 결심한 고단한 정치적 노력 사이에 존재하는 모순을 전혀 받아들이지 않고 있었다. 마오쩌둥은 그러한 모순을 여타의 마르크스주의 전통에 대한 신봉자들과 공유하고 있었으며 또한 그것을 해결

Mao Zedong Ji VI, 95.

103 *Selected Works of Mao Tse-tung* I, 183; and *Mao Zedong Xuanji* I, 158.

104 이러한 측면에서 마오쩌둥의 사유방식은 서구의 정치인이나 사상가들의 그것과는 많이 달랐다. 셸던 월린(Sheldon Wolin)이 주장한 것처럼, '선함'은 현재의 정치가 나아가야 할 방향을 가리키는 불빛과도 같았다. 때문에 현재 정치의 미래(혹은 그것의 비전)는 현재에 상당히 중요한 영향을 끼쳤다. *Politics and Vision: Continuity and Innovation in Western Political Thought* (Princeton: Princeton University Press, 2004).

해야 했다. 왜냐하면 정통 마르크스주의 전통 내에는 분명한 이율배반이 존재하고 있었기 때문이다. 또한 그러한 이율배반은 역사적으로 결정된 미래와 그것의 실현을 위한 신도들의 간절한 투쟁의 혼합 때문에 발생하는 아우구스티누스의 역사철학 속 자유 의지의 이율배반과 유사한 것이었다.[105] 만약 특정한 미래가 역사(History)에 의해 보장되어 있는 것이라면, 왜 투쟁해야 하는가?[106]

마오쩌둥이 마르크스가 제시한 역사적 목표에 대해 확고한 믿음을 지니고 있었음은 분명하다. 하지만 그러한 믿음은 자기만족적인 침묵주의로 이어지지 않았고, 설사 그러한 것이 있었다고 할지라도 그것은 그의 혁명활동을 촉진시켰을 것이다. 그렇다면 마오쩌둥 사상 속의 이상주의와 실용주의의 공존이라는 문제는 어떻게 설명되어야 하는가? 첫째, 마오쩌둥은 이따금 (부분적인 문화적 변이를 동반한) '역사의 기관차'라는 비유를 사용하곤 했는데, 이것은 마르크스주의 전통에서 자주 나타나는 비유이며, 역사를 열차에 비유해 그것이 궤도를 따라 목적지에 도착한다는 것을 의미한다. 인간의 노력에 의해 얻어질 수 있는 최대한의 것은 그렇게 미리 정해진 코스의 열차를 더 빨리 달리게 하느냐 아니면 늦추느냐이며, 결국 목적지에 가 닿을 거대한 힘을 막을 수 있는 것은 아무것도 없다. 혁명가의 역할은 곧 열정적인 엔지니어와 비슷한 것으로, 열차의

---

105 중국 마르크스주의 속에 내재된 결정론의 딜레마에 관한 보다 자세한 논의에 대해서는 Knight, *Marxist Philosophy in China*를 볼 것.

106 카를 포퍼는 『열린 사회와 그 적들(*The Open Society and its Enemies*)』에서 '마르크스의 행동주의와 역사주의 사이의 상당한 격차'를 언급한 바 있다. 이 주제에 대해 Charles Wei-Hsun Fu는 그러한 격차가 "마오쩌둥 사상 속에서 매우 독특하게 봉합되고 있다."고 언급한 바 있다. "Confucianism, Marxism-Leninism and Mao: A Critical Study," *Journal of Chinese Philosophy* 1 (1974): 339~71을 볼 것.

진보를 가속시키기 위해 연료를 채우는 것이다. 「실천론」에서 마오 쩌둥은 혁명 대오 속의 보수주의자들을 비판하기 위해 이와 같은 비유를 사용했다.

> 그들은 모순의 투쟁이 객관적인 과정을 앞으로 밀고나가고 있다는 것을 보지 못하고 있으며 여전히 이전 단계에 머물러 있다. 모든 보수적인 당의 사상은 이러한 특징을 가지고 있다. 그들의 사상은 사회적 실천과 유리된 것이며, 사회의 앞바퀴에서 그것을 이끌어나가는 과업을 해내지 못하고 있다. 그들은 다만 차의 뒷자리에 앉아 차가 너무 빠르게 가는 것만 보고 차를 뒤로 끌어당겨 뒤집으려 한다.[107]

비슷한 비유가 1937년 5월의 연설에서도 나타난다. "왜 '평화의 공고화', '민주의 쟁취', '항전의 실천'이라는 삼위일체의 구호를 제시하는 것입니까? 그것은 혁명의 바퀴를 일보 전진시키기 위한 것이며, 상황이 우리에게 진일보할 것을 허락했기 때문입니다."[108] 이와 비슷하게 마오쩌둥은 「연합정부를 논함(論聯合政府)」에서 세계 인민의 의식이 제고됨에 따라 그들의 역량 역시 증강될 것이고 단결은 객관적인 요소가 될 것이며 "이것이 세계 역사의 바퀴가 가 닿으려 하는 목표와 그 목표에 닿기 위해 선택해야 하는 노선을 결정할 것"[109]이라고 주장했다.

마오쩌둥이 사용하고 있는 '역사의 기차'라는 비유는 정확한

107 *Selected Works of Mao Tse-tung* Ⅰ, 307; and *Mao Zedong Xuanji* Ⅰ, 271.

108 Takeuchi, ed., *Mao Zedong Ji* Ⅴ, 208; *Selected Works of Mao Tse-tung* Ⅰ, 286; and *Mao Zedong Xuanji* Ⅰ, 250.

109 Takeuchi, *Mao Zedong Ji* Ⅸ, 187.

정치적 행동을 취해 예정된 노선만 잘 따르면 역사의 '객관적 경로'를 가속시킬 수 있다는 인상을 준다. 그가 이와 같은 관점에서 역사적 과정을 바라보았다는 것은 '역사의 기차'라는 비유와 유사한 옌안 시기의 여타 언급들을 통해서도 분명하게 드러난다. 예컨대 「연합정부를 논함」에서 그는 "역사의 일반적 추세는 … 이미 결정됐고 변하지 않을 것"[110]이라고 주장했다. 그리고 동일한 문서에서 그는 연합정부라는 정치체제가 필연적이라고 주장했다. "국민당 혹은 여타 정당들, 그룹들 혹은 개인들의 의도가 무엇이든 간에, 또 그들이 그것을 좋아하든 하지 않든, 그들이 그것을 의식하든 못하든, 이것은 중국이 택할 수 있는 유일한 길이다. 이것은 역사적 법칙이며 그 어떠한 힘도 뒤집을 수 없는 필연적인 추세이다."[111] 필연적인 목표를 향한 예정된 역사적 과정에 대한 호소는 '5·4' 운동 20주년을 기념한 1939년의 연설에서도 나타난다. "만약 왜 부르주아 민주주의 사회제도 실현을 위해 먼저 투쟁한 후 사회주의 사회제도를 실현해야 하는가라고 어느 공산주의자에게 묻는다면 그 대답은 다음과 같습니다. 역사의 필연적인 경로를 걷는 것입니다."[112] 이외에도 옌안 시기 마오쩌둥이 영구 평화의 시대에 도달한 공산주의 사회를 역사 발전의 필연적인 단계라고 보았다는 증거는 많다. 하지만 그는 미리 예정된 목표를 향한 역사의 진보가 지속적이며 아무런 장애도 만나지 않을 것이라는 환상은 품지 않았다.

110 Takeuchi, ed., *Mao Zedong Ji* IX, 186; *Selected Works of Mao Tse-tung* III, 207; and *Mao Zedong Xuanji* III, 932.

111 Takeuchi, ed., *Mao Zedong Ji* IX, 236; *Selected Works of Mao Tse-tung* III, 242; and *Mao Zedong Xuanji* III, 970.

112 Takeuchi, ed., *Mao Zedong Ji* VI, 322; *Selected Works of Mao Tse-tung* II, 238; and *Mao Zeong Xuanji* II, 523.

1945년 그는 역사는 "우여곡절을 따라 진행한다."[113]고 단언했다. 그리고 무장투쟁을 통한 정치적 목표의 추구만큼 역사적인 우여곡절을 잘 보여주는 것은 없다. 마오쩌둥은 「지구전을 논함」(1938)에서 전쟁의 이와 같은 특징을 다음과 같이 언급하고 있다. "역사는 잠시 우회할 수 있고 전쟁도 예외는 아니다."[114] 또한 마오쩌둥은 역사가 잠시 반대 방향으로 흘러갈 수 있는 가능성을 부정하지 않았다. 1937년의 연설에서 그러한 역진(逆進)의 가능성이 제기된다. "역사는 잠시 우회할 수 있으며 평화 역시 후퇴할 수 있다."[115] 하지만 그러한 후퇴는 필연적으로 일시적일 뿐이며 역사의 패턴은 정해져 있는 것이다. "일시적인 후퇴가 역사에 관한 일반 법칙을 바꿀 수는 없다."[116]

이와 같은 문헌적 증거들은 과연 마오쩌둥이 정통 마르크스주의의 역사적 결정론을 방기했는가 그렇지 않은가라는 문제를 제기한다. 앞서 살펴본 것처럼, 마오쩌둥에게 역사란 '필연적인 과정' 안에 '거부할 수 없는' 추세를 포함하고 있는 '객관적 과정'이다. 하지만 중요한 것은 마오쩌둥이 자신이 직접 실천에 옮긴(최소한 옌안 시기 동안은-9장을 볼 것.) 마르크스주의의 목적론적이고 역사 결정론적 믿음을 유지하고 있었다는 것이 아니라, 그 믿음이 현재의 정

---

113 Takeuchi Minoru, ed., *Mao Zedong Ji* IX, 192; *Selected Works of Mao Tse-tung* III, 210; and *Mao Zedong Xuanji* III, 935.

114 Takeuchi, ed., *Mao Zedong Ji* VI, 136; *Selected Works of Mao Tse-tung* II, 210; and *Mao Zedong Xuanji* II, 935.

115 Takeuchi, ed., *Mao Zedong Ji* V, 208; *Selected Works of Mao Tse-tung* I, 286; and *Mao Zedong Xuanji* I, 250.

116 Takeuchi, ed., *Mao Zedong Ji* V, 212; *Selected Works of Mao Tse-tung* I, 289; and *Mao Zedong Xuanji* I, 253.

치적 행동에 대한 강조와 공존할 수 있었고, 그가 정치를 필연적인 역사적 목적의 실현을 앞당기기 위한 수단으로 보았다는 것이다. 최소한 그의 인식 안에서는 비전과 정치, 역사적 결정론에 대한 옹호와 정치적 행동을 위한 노력 사이에 아무런 모순도 존재하지 않았다.

둘째로, 우리는 역사적 목적이 그의 정치적, 군사적 전략과 전술의 형성에 일관성과 합리성, 방향성을 제공할 수 있다는 기능적인 측면에서 마오쩌둥 사상 속에 공존하고 있는 역사적 결정론과 현재의 정치적 투쟁에 대한 세심한 주의를 설명할 수 있다. 역사적 목적 없이는 현재의 행동은 어쩔 수 없이 임의적인 것이 될 수밖에 없고, 단기적인 지침과 장기적인 목표를 결여할 수밖에 없다. 또한 마오쩌둥이 이러한 점을 인식하고 있었다는 것 역시 분명하다. 1937년의 연설에서 그는 역사적 목적이 현재의 투쟁에 방향성과 일관성을 제공해 준다는 점을 언급하고 있다. "우리는 사회주의를 위해 싸우고 있습니다. … 현재 우리의 노력이 향하고 있는 것은 위대한 미래의 목표입니다. 만약 우리가 목적에 대한 시야를 상실한다면, 우리는 더 이상 공산주의자가 아닙니다. 하지만 만약 우리가 오늘날 우리의 노력을 게을리 한다면 마찬가지로 우리는 더 이상 공산주의자가 아닙니다."[117] 장기적인 목표라는 관점에서 현재의 전술을 형성하는 것의 필요성은 「중국 혁명전쟁의 전략 문제」(1936)라는 글을 통해서도 분명하게 드러난다.

---

[117] Takeuchi, ed., *Mao Zedong Ji* Ⅴ, 213; *Selected Works of Mao Tse-tung* Ⅰ, 290; and *Mao Zedong Xuanji* Ⅰ, 254.

그때 그때 사정을 보아가면서 지도하는 방식은 정치에 있어 불리할 뿐만 아니라 전쟁에 있어서도 불리하다. 한 발을 떼는 것은 그 한 발의 구체적 변화를 봐야 하는 것이고, 그것에 근거해 자신의 전략 계획을 수정하거나 발전시키지 않는다면 충동적인 착오를 저지를 수 있다. 하지만 전체적인 전략 단계 내지 몇 개의 전략 단계를 관통해 대체적인 생각을 수립해 놓고 장기적인 계획을 세우는 것은 절대적으로 중요하다.[118]

때문에 정치와 군사전쟁의 승리는 비단 현재의 일시적이고 제한적이며 긴급한 필요에 의해 결정되는 것일 뿐만 아니라, 장기적인 목표가 승리의 실현을 위해 더욱 필요하다는 신념에 의해 결정되는 것이다. 현재와 미래의 이러한 연계 방식은 마오쩌둥이 레닌의 최고 강령과 최저 강령을 사용한다는 것을 통해서 분명하게 드러난다. 최저 강령은 현재의 역사적 단계에 관한 임무들을 포함한다. 그것은 현재 상황의 객관적 제약조건들을 고려해 무엇이 성취되어야 하는지를 구체화한다. 비록 장기적인 역사적 목표(최고 강령이 담당하고 있는)를 결여하고 있는 것이지만, 최저 강령의 성취가 사회로 하여금 그러한 목표에 한 발 더 다가가게 한다는 점에서 그것은 타당하다. 「신민주주의론(新民主主義論)」에서 마오쩌둥은 중국이 객관적으로 사회주의에 대한 준비가 되어 있지 않기 때문에 신민주주의라는 최저 강령이 필요하다는 자신의 주장을 뒷받침하기 위해 최저 강령과 최고 강령의 구분을 차용했다. "모든 사람이 사회제도에 관한 주장에 있어 중국공산당이 현재의 강령과 미래의

---

118 Takeuchi, ed., *Mao Zedong Ji* Ⅴ, 148; *Selected Works of Mao Tse-tung* Ⅰ, 233; and *Mao Zedong Xuanji* Ⅰ, 205.

강령 혹은 최저 강령과 최고 강령을 가지고 있다는 것을 알고 있다. 현재에는 신민주주의, 미래에는 사회주의, 이 두 가지가 유기적인 구성 성분이며 전체 공산주의 사상체계를 지도하는 것이다."[119] 마오쩌둥은 또한 같은 문건에서 "최저 강령 이외에 최고 강령, 즉 사회주의와 공산주의 사회제도를 실현하는 강령이 존재한다."고 주장하고 있다.[120] 마찬가지로 「연합정부를 논함」에서 최고 강령과 최저 강령의 구분을 공산주의를 향한 점진적인 진전을 합리화하기 위해 사용한다. "상술한 모든 것은 우리 공산당원이 현 단계, 다시 말해 부르주아 민주혁명의 단계에서 주장하는 일반적인 강령 혹은 기본 강령이다. 우리의 사회주의와 공산주의 제도에 관한 미래 강령 혹은 최고 강령에 대해 말한다면, 그것은 최저 강령이라고 할 수 있다."[121]

여기까지 우리는 '필연적인 목표'를 향한 '거부할 수 없는 추세'로서의 역사의 '객관적 과정'에 관한 마오쩌둥의 언급들을 살펴보았다. 그렇다면 마오쩌둥은 자신과 중국공산당이 촉발한 정치적 행동을 역사의 '객관적 과정' 속의 일부분으로 보았을까? 「신민주주의론」에서 구체화된 역사적 인과성에 관한 마오쩌둥의 인식에 따르면, 비록 사회의 변인에 속해 있는 '정치'가 '경제'의 영향에 종속될 수밖에 없지만, 그것은 사회의 변인을 일으키는 '근거'(basis)에 속해 있다. 사실 마오쩌둥은 한 문건에서 '정치'를 '경제의 집중

---

[119] Takeuchi, ed., *Mao Zedong Ji* Ⅶ, 177; *Selected Works of Mao Tse-tung* Ⅱ, 361; and *Mao Zedong Xuanji* Ⅱ, 647.

[120] Takeuchi, ed., *Mao Zedong Ji* Ⅶ, 179; *Selected Works of Mao Tse-tung* Ⅱ, 362~63; and *Mao Zedong Xuanji* Ⅱ, 649.

[121] Takeuchi, ed., *Mao Zedong Ji* Ⅸ, 222; *Selected Works of Mao Tse-tung* Ⅲ, 232; and *Mao Zedong Xuanji* Ⅲ, 959.

화된 표현'이라고 언급하고 있다. 그리고 '근거'의 발전은 사회의 그 역사의 방향성과 궁극적인 목표를 가리키는 것이다.(이에 대한 구체적인 분석에 대해서는 6장을 볼 것.)[122] '근거'에 속한 정치는 정치적 조직과 행동을 포함한다. 그리고 이러한 것들은 역사의 진보를 추동하고 그 발전 정도에 영향을 끼치는 인과적 메커니즘의 일부이다. 마오쩌둥은 정치적 조직과 행동을 외부적 요소로 보거나, 역사로부터 탈각된 임의적이고도 외부적인 조절 기제로서 기능하는 '객관적 과정'으로 보지 않았다. 농민들에 대한 프롤레타리아와 그들 당의 지도력이 중국 혁명이 전통적인 농민봉기로 추락하는 것을 막아줄 것이라는 그의 믿음이 그러한 관점을 실증한다.[123] 그러한 정치적 지도력의 결여는 바로 오랜 기간 정체된 중국 봉건 시기의 주요 원인이었다.[124] 마오에게 중국에서의 산업 프롤레타리아의 등장과 그들의 이익을 대변하는 정당의 수립은 중국 사회의 '근거'의 발전에 중요한 역사적 의의를 갖는 것이다. 그리고 프롤레타리아의 수와는 상관없이, '근거'의 이러한 발전은 곧 중국의 혁명이 현대적인 특징을 갖추게 될 것이며 사회주의 사회의 설립을 위한 토양을 준비하고 있다는 것을 확신시키기에 충분한 것이다.(4장을 볼 것.)

---

122 마오쩌둥은 다음과 같은 언급을 남긴 바 있다. "중화민족의 낡은 정치와 경제는 곧 중화민족의 낡은 문화의 근거라고 할 수 있다. 그리고 중화민족의 새로운 정치와 경제는 곧 중화민족의 새로운 문화의 근거이다." Takeuchi, ed., *Mao Zedong Ji*, Ⅶ, 150; *Selected Works of Mao Tse-tung* Ⅱ, 341; and *Mao Zedong Xuanji* Ⅱ, 625.

123 Takeuchi, ed., *Mao Zedong Ji* Ⅶ, 114; *Selected Works of Mao Tse-tung* Ⅱ, 317; and *Mao Zedong Xuanji* Ⅱ, 598.

124 Takeuchi, ed., *Mao Zedong Ji* Ⅶ, 102; *Selected Works of Mao Tse-tung* Ⅱ, 309; and *Mao Zedong Xuanji* Ⅱ, 588.

때문에 마오쩌둥은 '정치'를 역사의 전개와 역사적 목표의 실현을 위한 중요 요소로 보았다. 하지만 그는 '정치'를 사회의 '근거'인 경제 영역(생산력과 생산관계)에 속해 있는 여타의 역사적인 발전 요소들로부터 독립된 것이라고 보지는 않았다. 차라리 '경제' 영역의 발전이 정치 영역의 발전에 의존하는 것과 마찬가지로, 역사의 진보를 가속시키기 위한 '정치'의 효율성은 '경제' 영역에 의해 조건지어지는 것이었다. 사회적 '근거' 안에 내포된 이러한 상호의존성은 정치적 조직과 행동의 중요성을 가리키지만, 또한 그것은 그러한 상호의존성이 만들어내는 객관적인 제한 조건들을 가리키는 것이기도 하다. 이와 같은 패러다임에 근거하여, 마오쩌둥은 정치적 행동의 제한 조건들을 이용할 수 있는 가능성을 준비하면서도, 옌안 시기 동안 객관적 상황의 제약 조건들을 앞서나가지 않도록 주의를 기울였다. 하지만 그럼에도 불구하고 '정치'의 잠재적 가능성을 통해 단기적인 역사적 목표를 실현하려 할 때도 마오쩌둥은 '필연적인' 장기적 역사 목표의 실현을 대전제로 삼는 것을 주저하지 않았다. 「지구전을 논함」에서 마오쩌둥은 여타의 필수적인 사회적, 경제적 요소들과 결합된 인간의 잠재력을 '정치적'으로 동원하는 것이 '영구적인 평화와 광명의 신세계를 성취'하는 대전제가 된다고 단언했다.[125] 정치 영역 외부에 놓여 있는 역사적 요소들은 그러한 미래의 확실성을 보여주는 것이었고, 정치 영역 자체 내에서 객관적인 상황과 역사적 추세에 대한 정확한 해석을 위해 적절하게 사용된 수단들은 그러한 미래의 보다 빠른 실현을 위해 도

---

[125] Takeuchi, ed., *Mao Zedong Ji* Ⅵ, 96; *Selected Works of Mao Tse-tung* Ⅱ, 150; and *Mao Zedong Xuanji* Ⅱ, 444.

움을 줄 수 있는 것들이었다. 그러므로 마오쩌둥의 역사적 낙관주의는 정치 영역 내에 좋은 결과를 가져올 수 있는 그 자신의 능력에 대한 확신을 반영하는 것이었으며, 그가 가졌던 확신은 이어진 항일전쟁과 내전의 성공적인 결과를 통해 정당화되었다고 할 수 있는 것이다.

결론

항일전쟁 시기의 마오쩌둥은 극도로 실용적이었지만, 여타 시기, 특히 1950년대 후반 그의 사상과 행동은 이상주의적이었다는 일반적인 견해가 존재한다. 이러한 견해에 따르면, 항일전쟁 시기 마오쩌둥은 정치적, 군사적 '현실'을 있는 그대로 직시했고, 객관적인 필요성에 의해 부과된 한계들을 있는 그대로 받아들였다. 그리고 이렇게 명백한 실용주의적 관점을 통해 최종적인 승리를 쟁취했다. 하지만 마오쩌둥 사상의 보다 실용적인 측면과 함께 공존하고 있는 선명한 이상주의적 측면을 무시하는 한 그들의 견해는 틀린 것일 수밖에 없다. 그리고 상호모순적인 실용주의적 측면과 이상주의적 측면 사이의 긴장은 매우 심각해 보이지만 실제로 그렇지는 않았다. 앞서 살펴보았던 것처럼, 마오쩌둥의 이상주의적 측면은 실용주의적 측면에 일관성과 방향성을 제공해 주었다. 이 때문에 분석의 문제에서 중요한 것은 겉보기에는 모순적인 것으로 보이는 마오쩌둥 사상 속의 이와 같은 긴장을 변증법적인 관점에서 바라보는 것이다. 그리고 그러한 관점을 통해 우리는 현재와 미래, 결정주의와 행동주의 사이의 필연적인 연관관계를 간취해 낼 수 있다. 마르크스주의 이론의 이와 같은 문제들에 관해 루카치(Georg

Lukács)가 언급한 것처럼, "운명론(fatalism)과 의지론(voluntarism)은 오직 비변증법적이고 비역사적인 관점에서만 모순적인 것으로 보이는 것이다. 역사에 관한 변증법적 관점에서 양자는 필연적으로 상호보완적인 것으로 드러난다."[126]

이와 같은 변증법적 접근은 변혁의 가능성을 제시한다. 본 장의 서두에서 나는 마오쩌둥 사상의 기원이 고정불변한 것이 아니며, 마르크스주의적 전통과 중국 전통사상이 때에 따라 어떤 때는 전자가, 어떤 때는 후자가 지배적인 영향력을 행사하는 가변적인 관계를 지니고 있다는 사실을 받아들임으로써 마오쩌둥 사상의 기원에 관한 논쟁이 유용한 방향으로 확장될 수 있음을 언급한 바 있다. 이는 곧 마오쩌둥 사상을 주제별로 다루어야 할 필요가 있다는 것을 제시하는 것인바, 그의 사상을 형성하는 지적 계보의 혼종성은 각각의 주제에 따라 다양한 변주를 보여주고 있기 때문이다. 역사적 시간과 미래라는 주제에 있어, 마오쩌둥의 텍스트들은 옌안 시기 그가 역사 시기의 이중적 구분을 위해 마르크스주의적 전통과 중국 전통사상 모두에 기대고 있다는 견해에 힘을 실어준다. '영구 평화' 시대인 미래를 포함한 세 가지 시대에 관한 이상주의적인 중국 전통 관념은 마오쩌둥의 사상에 선명한 흔적을 남기고 있다. 마찬가지로 생산양식에 대한 분석에 기반한 정통 마르크스주의적 시기 구분 역시 마오쩌둥 사상 속의 이상주의적 충동에 상당한 영향을 끼쳤다. 결코 서로 용해될 수 없는 이 두 종류의 시간에 관한 패러다임 사이의 긴장은 1949년 이후 역사에 관한 마르크스주의적 구분법이 공식화되고 마오쩌둥의 저술들이 공식적인『마오쩌둥 선

---

126 Georg Lukács, *History and Class Consciousness* (London: Merlin Press, 1971), 4.

집』으로 재편집되면서 해소되었다. 그리고 중국 전통사상의 영향
은 희미한 흔적만 남기게 되었을 뿐이다.

주제별 분석을 통해 우리는 마오쩌둥 사상의 기원에 관한 거칠
고 단순한 일반화가 아니라, 그의 텍스트들 속에 존재하고 있는 개
념들의 계보에 관한 보다 세밀한 정교화가 필요함을 알 수 있다. 그
러한 독해 전략은 마오쩌둥 사상의 기원에 관한 이전의 해석들보
다 좀 더 세련되고, 논리적이며, 텍스트 중심적인 해석을 가능케 할
것이다. 9장에서는 1950년대 마오쩌둥 사상의 이상주의적 측면이
점차 쇠퇴하고 문화대혁명이 시작된 1960년대 중반에 들어서는 아
예 사라져버린다는 것을 보여주기 위해 이와 같은 접근방식을 다
시 사용하게 될 것이다. 당시 마오쩌둥은 미래 공산주의 사회의 가
능성을 계속 받아들이면서도, 영구 평화의 미래가 가능하다는 생각
은 더 이상 받아들이지 않게 된다. 그리고 이는 곧 그의 사상에 잔
존하고 있던 중국 전통사상의 영향이 완전히 사라지게 됨을 의미
한다.

6장

마오쩌둥 사상 속의 마르크스주의와 사회 변혁에 대한 시각: 세 개의 문건에 대한 고찰, 1937~1940

역사에 관한 마르크스주의 이론의 가장 중심적인 이론 문제는 정치와 이데올로기에 대한 경제 영역의 영향 관계, 그리고 정치와 이데올로기가 경제 영역에 영향을 끼칠 수 있는지의 문제로까지 확대된다. 마르크스주의 전통에서 주류적인 흐름—기계적 혹은 '속류(vulgar)' 마르크스주의로 언급되는—은 이 문제를 정치와 이데올로기에 대한 경제적 결정이라는 방식으로 해결해 왔다. 이는 곧 사회의 경제적 토대가 이론의 여지 없이 변화의 주요 원인으로 제시되고, 정치와 이데올로기는 경제적 토대 안에서 변화를 단순히 반영하는 상부구조로 인식되어 왔다는 것을 의미한다.[1] 이러한 관점에

---

1 플레하노프(George Plekhanov)의 초기 마르크스주의 저작에서 마르크스주의의 이러한 경제주의적 흐름을 찾아볼 수 있다. *The Materialist Conception of History* (New York: International Publishers, 1940)를 볼 것. 마르크스주의에 대한 이와 같은 독해에 있어 일반적으로 인용되는 마르크스의 텍스트는 *A Contribution to the Critique of Political Economy* (London: Lawrence and Wishart, 1971)의 「서문」(19~23)이다. 비록 이 텍스트에 대한 광범위한 해석들이 존재하고 있긴 하지만 말이다. 반(反)마르크스주의적 관점에서 본 이 텍스트에 대한 좀 더 확장된 해석은 John Plamenatz, *German Marxism and Russian*

의하면 이데올로기 및 정치적 기구와 실천은 주변적인 것이 되어 버리는데, 왜냐하면 그것들은 독립적으로 역사적 전환을 만들어낼 수 없는 것으로 인식되기 때문이다. 기계적 마르크스주의 관점이 가지고 있는 이러한 부정적인 이론적·실천적 함의는 다차원적인데, 혁명에 참여한 마오쩌둥과 같은 마르크스주의자에게 있어 상부구조에 대한 환원주의적 독해가 가지고 있는 내재적 문제들이 부분적으로 정확한 것으로 받아들여졌을 수도 있다. 마오쩌둥은 자신이 추동하려는 혁명적 역량에 대해 적대적인 정부의 힘과 중국 사회 내의 집단과 계급의 의식을 평가해야 했을 뿐만 아니라, 여타 정당들의 정치적 영향력의 수준을 결정해야 했고 그들의 전략을 예상해야 했다. 이 때문에 상부구조적 요소들의 역할과 효과에 대한 정확한 평가는 매우 시급한 임무였고, 종종 일종의 교리(orthodoxy)로 제시되는 기계적 마르크스주의의 핵심인 경제결정주의와 환원주의에 대한 이론적 대응은 피할 수 없는 과제로 제시되었다.

마오쩌둥 연구자들은 자주 마오쩌둥이 상부구조를 강조했고 또한 경제 영역에 영향을 끼칠 수 있는 인간의 의식에 주목했음을 이유로 들면서 그가 정통 마르크스주의와 결별했거나 그것으로부터 벗어났다고 주장해 왔다. 마오쩌둥은 의지주의(voluntarism) 혹은 이상주의라는 원죄를 짊어지게 되었고, 결과적으로 가장 비정통적인 마르크스주의자로 분류되어 왔던 셈이다. 비록 1970년대 몇몇 급진적인 연구자가 이러한 관점에 도전했음에도 불구하고, 슈람,[2]

Communism (London: Longmans, 1961)을 볼 것. 이와 상반된 입장은 Derek Sayer, *The Violence of Abstraction: The Analytic Foundations of Historical Materialism* (Cambridge: Basil Blackwell, 1987)을 볼 것.

2 이에 대해서는 Stuart R. Schram, *Mao Tse-tung* (Harmondsworth: Penguin, 1966); *The Political*

슈워츠,[3] 마이스너,[4] 웨이크먼 주니어[5]의 저술을 통해 가장 선명하게 드러나고 있는 위와 같은 해석 방식은 마오쩌둥 연구에서 주류적인 위치를 차지해 왔다.(3장을 볼 것.) 유명한 (논쟁이 벌어진 잡지의 이름을 딴) '현대 중국(*Modern China*) 논쟁'에서 페퍼[6]와 왈더[7]는 고

Thought of Mao Tse-tung (Harmondsworth: Penguin, 1969, revised ed.); Schram, *Mao Tse-tung Unrehearsed: Talks and Letters, 1956~71* (Harmondsworth: Penguin, 1974); Schram, "The Marxist," in *Mao Tse-tung in the Scales of History*, ed. Dick Wilson (Cambridge: Cambridge University Press, 1977), pp. 35~69; Schram, "Some reflections on the Pfeffer-Walder 'Revolution' in China Studies," *Modern China* Vol. 3, no. 2 (1977), 169~84; Schram, *Mao Zedong: A Preliminary Reassessment* (Hong Kong: The Chinese University Press, 1983); and Schram, *The Thought of Mao Tse-tung* (Cambridge: Cambridge University Press, 1989), 5, 17, 54~55, 67, 96, 113, 168, 200을 볼 것.

3 마오쩌둥 연구에 대한 슈워츠의 공헌과 마르크스주의의 '분할' 혹은 '해체'에 관한 그의 관점에 대해서는 Benjamin I. Schwartz, "On the 'Originality' of Mao Tse-tung," *Foreign Affairs* 34, no. 1 (October 1955): 67~76; Schwartz, "China and the West in the 'Thought of Mao Tse-tung'," in *China in Crisis*, ed. Ho Ping-ti and Tsou Tang (Chicago: University of Chicago Press, 1968), vol. 1, book 1, 365~79; Schwartz, *Chinese Communism and the Rise of Mao* (Cambridge: Harvard University, 1951, 1958); and Schwartz "The Essence of Marxism Revisited: A Response," *Modern China* 2, no. 4 (1976): 461~72를 볼 것.

4 Maurice Meisner, *Marxism, Maoism and Utopianism: Eight Essays* (Madison, Wisconsin: University of Wisconsin Press, 1982); 그리고 Meisner, *Mao's China and After: A History of the People's Republic* (New York: The Free Press, 1977, 1986).

5 Frederic Wakeman Jr., *History and Will: Philosophical Perspectives on Mao Tse-tung's Thought* (Berkeley: University of California Press, 1973).

6 Richard M. Pfeffer, "Mao and Marx in the Marxist-Leninist Tradition: A Critique of 'The China Field' and a Contribution to a Preliminary Reappraisal," *Modern China* 3, no. 4 (October 1976): 421~60; Pfeffer, "Mao and Marx: Understanding, Scholarship, and Ideology—a Response," *Modern China* 3, no. 4 (October 1977): 379~86.

7 Andrew G. Walder, "Marxism, Maoism and Social Change," *Modern China* 3, no. 1 (January 1977): 101~18; 그리고 3, no. 2 (April 1977): 125~59; 또한 Walder, "A Response," *Modern China* 3, no. 4 (October 1977): 387~93. 하지만 왈더(Walder)는 이후 자신의 주장을 바꾸었는데, 이에 대해서는 그의 논문 "Actually Existing Maoism," *The Australian Journal of Chinese Affairs* 18 (July 1987): 155~66을 볼 것. 이 마지막 논문에서 왈더는 자신이 *Modern China*의 논문에서 매우 효과적으로 비판했던 중국학 분야에서의 경험주의적 푸념으로 빠져들고 말았다.

마오쩌둥 사상 속의 마르크스주의와 사회 변혁에 대한 시각

전적 마르크스주의와 네오마르크스주의 전통에 모두 근거해 마오쩌둥과 마르크스의 이론적 차이가 '중국학 분야'에서 주장되어 왔던 것만큼 그리 선명하지 않으며 마오쩌둥을 마르크스주의의 이론적 영역 안에 배치하는 것이 타당하다고 주장했다. 하지만 마오쩌둥의 사망 이후 중국에서 발생한 일련의 사건들은 마르크스주의의 '토대-상부구조'라는 비유에 대한 마오쩌둥의 비정통적 독해에 관한 기존의 합의된 설명 방식을 강화시켰고, 페퍼와 왈더의 대담한 시도는 1980년대와 1990년대 중국과 서구를 모두 휩쓴 경제적 실용주의와 이성주의의 광채 속에서 증발되어 버렸다.[8]

그러나 마오쩌둥 사상과 그의 마르크스주의에 관한 이해를 비판적으로 탐색할 필요성마저 증발되어 버린 것은 아니다.[9] 마오쩌둥이 마르크스주의 이론의 핵심 주제를 차용한 방식을 다시 생각해야 하는 중요한 이유는 지금까지 마오쩌둥의 텍스트로 알려진 수많은 텍스트가 1980년대와 1990년대 중국에서 발행된 것들이기 때문이다.[10] 예전에 오직 중국어로만 접근 가능했던 많은 문건이 지

---

8 마오쩌둥 사상과 그의 마르크스주의에 대한 이해를 대안적으로 분석한 시도로는 Philip Corrigan, Harvie Ramsay, and Derek Sayer, *For Mao: Essays in Historial Materialism* (Atlantic Highlands, New Jersey: Humanities Press, 1979)이 있다.

9 마오쩌둥 사상에 대한 비판적 논평이라는 전통을 이어가려 한 중요한 시도로는 Arif Dirlik, Paul Healy and Nick Knight, eds., *Critical Perspectives on Mao Zedong's Thought* (Atlantic Highlands, New Jersey: Humanities Press, 1997)가 있다. 또한 Nick Knight, *Marxist Philosophy in China: From Qu Qiubai to Mao Zedong, 1923~1945* (Dordrecht: Springer, 2005)를 볼 것.

10 예컨대 Takeuchi Minoru, ed., *Mao Zedong Ji Bujuan*[Supplements to the Collected Writings of Mao Zedong](Tokyo: Sōsōsha, 1983~1986), 10 volumes가 있다. 다음은 중국에서 출판된 마오쩌둥의 저작들이다. 『毛澤東哲學評注集』(北京: 中央文獻出版社, 1988); 『毛澤東書信選集』(北京: 人民出版社, 1983); 『毛澤東著作選讀(上,下)』(北京: 人民出版社, 1986); 『毛澤東新聞工作文選』(北京: 新華出版社, 1983); 『毛澤東文集 1~8卷』(北京: 人民出版社, 1993~1999); 『建國以來毛澤東文稿 총13권』(北京: 中央文獻出版社, 1987~1990).

난 20년간 영어로도 접근 가능하게 되었다.[11] 이러한 문건들 중 몇몇에 의해 이전까지 주류적인 위치를 차지해 왔던 마오쩌둥 사상에 대한 해석이 재평가되어야 한다는 필요성이 제기되었다. 더불어 마르크스주의와 사회 변혁에 대한 마오쩌둥의 견해를 활기차게 토론하는 것은 그러한 주요 주제들에 대한 우리의 이해를 더욱 심화시켜 줄 수 있을 것이다. 또한 그러한 주제들은 마오쩌둥에게 중요할 뿐만 아니라 우리에게도 그러하다. 사회적 변혁의 과정에 경제, 정치, 이데올로기는 어떠한 영향력을 끼치는가? 사회적 변혁의 원인이 바뀌는 동안 사회 변혁, 혁명 그리고 비(非)혁명에는 서로 다른 국면들이 존재하는가? 사회 변혁에 대한 이론적 관점이 정책 형성에 대한 당 혹은 국가의 접근방식에 영향을 끼치는가? 혁명당의 지도자로서 마오쩌둥은 그가 도달한 이론적 결론 아래에서 이러한 서로 연계된 문제들을 고민하고, 전략과 전술을 발전시켜 나가는 것 말고는 선택의 여지가 없었다.

다음에서 이어질 마오쩌둥 사상의 사회 변혁 문제에 관한 관점의 분석은 마오쩌둥이 마르크스의 이론과 철학을 철저하게 파악하고 그러한 연구의 결과를 중국 혁명의 문제에 적용하는 데 심취해 있던 옌안 시기 초기에 쓴 세 가지 텍스트를 그 출발점으로 삼게 될 것이다. 이 세 가지 텍스트는 「모순론(矛盾論)」(1937),[12] 「일

---

11 미국에서는 1949년 이전 마오쩌둥의 모든 저술을 영어로 번역 출판하는 프로젝트가 진행 중에 있다. 그 결과로서 스튜어트 슈람이 편집한 *Mao's Road to Power* 시리즈가 있는데, 최종적으로는 약 10권으로 출판될 것이다. 마오쩌둥의 1949년 이후 저술들의 영역판으로는 Michael Y. M. Kau and John K. Leung, eds., *The Writings of Mao Zedong, 1949~1976 (September 1949~December 1955)* (Armonk, New York: M. E. Sharpe, 1986)과 Michael Y. M. Kau and John K. Leung, eds., *The Writings of Mao Zedong, 1949~1976 (January 1956~December 1957)* (Armonk, New York: M. E. Sharpe, 1992)이 있다.

당독재를 논함(論一黨專政)」(1938),[13] 「신민주주의론(新民主主義論)」
(1940)[14]이다. 이 각각의 문건들 속에서 마오쩌둥은 사회 변혁의 문
제를 논하지만 각기 다른 방식으로 그것을 논하고 있다. 앞으로 우
리가 보게 될 것처럼, 비록 마오쩌둥이 사회 변혁에 관한 정통 마르
크스주의 이론의 범위 안에서 정치, 이데올로기, 문화의 적합한 역
할을 찾기 위해 노력한 것은 사실이지만, 앞에서 언급한 마치 서로
분리되어 있는 것처럼 보이는 사회 변혁에 대한 각기 다른 마오쩌
둥의 논조를 결합시켜 주고 있는 것은 경제적 요소의 결정적 역할
에 대한 그의 일관된 믿음이었다. 물론 기계적 마르크스주의가 허
용하고 있는 것보다는 더 탄력적이고 변증법적인 형식 안에서이긴
하지만 「모순론」에서 사용되고 있는 토대-상부구조의 비유는 분명
경제결정론이라는 개념을 내포하고 있었다. 다시 말해 정치, 이데

---

12 「모순론(矛盾論)」의 공식 판본은 *Selected Works of Mao Tse-tung* (Peking: Foreign Languages
Press, 1965) Ⅰ, 310~47과 *Mao Zedong Xuanji* (Beijing: Renmin chubanshe, 1966) Ⅰ,
274~312를 볼 것. 중국어로 된 본 텍스트의 해방 이전 판본은 Takeuchi, ed., *Mao
Zedong Ji Bujuan* Ⅴ, 240~78에서 찾아볼 수 있다. 본 텍스트의 원래 판본과 공식 판
본 사이의 차이점에 관한 분석은 Nick Knight, "Mao Zedong's *On Contradiction* and
On Practice: Pre-Liberation Texts," *China Quarterly* 84 (December 1980): 641~68 그리고
Nick Knight, "Mao Zedong's *On Contradiction:* An Annotated Translation of the Pre-
Liberation Text," *Griffith Asian Paper No. 3* (Nathan: School of Modern Asian Studies, Griffith
University, 1981), esp. 3~11을 볼 것. 1937년 이후 마오쩌둥의 저술들에 대한 상세한 분
석에 대해서는 Nick Knight, ed., *Mao Zedong on Dialectical Materialism: Writings on Philosophy,
1937* (Armonk, New York: M. E. Sharpe, 1990)을 볼 것.

13 "與延安新中華報記者談話(論一黨專政)", in Takeuchi Minoru, ed., *Mao Zedong Ji* (Tokyo:
Hokubosha, 1970~72) Ⅴ, 305~21. 본 문건의 영어 번역은 Nick Knight, ed., *Philosophy
and Politics in Mao Texts of the Yan'an Period* (Armonk, New York: M. E. Sharpe, *Chinese Studies in
Philosophy*, Winter 1987~1988), 83~104를 볼 것.

14 「신민주주의론」의 공식 판본은 *Selected Works of Mao Tse-tung* Ⅱ, 339~84 그리고 *Mao
Zedong Xaunji* Ⅱ, 623~70에 있다. 원래 판본은 Takeuchi, ed., *Mao Zedong Ji* Ⅶ, 147~208
에 실려 있다.

올로기, 문화와 같은 상부구조적 요소들이 특정한 역사적 상황 속에서 경제적 토대에 영향력을 행사할 수 있는 능력을 갖춘 것으로 여겨졌던 것이다. 「일당독재를 논함」에서 보여준 것처럼 정치 정당의 기원과 행동을 설명해야 할 때면 마오쩌둥은 고착된 계급 분석을 정치 영역에 적용하는 무비판적인 유물론에서 벗어나지 못하고 있었다. 그러나 「신민주주의론」을 저술한 시기 마오쩌둥은 경제의 결정적 역할에 대한 생각을 유지하면서도 정치 영역에 좀 더 높은 수준의 추동력을 제공하는 사회 변혁에 관한 좀 더 복잡하고도 유연한 관점을 발전시키고 있었다. 분명 정치의 역할은 이제 주요한 이론적·실천적 문제가 되었으며, 이것은 정치가 문화 및 이데올로기와 마찬가지로 제한된 역사적 영향력을 갖추고 있다고 생각했던 마오쩌둥 초기 사상의 발전을 촉진시켰다.

이러한 문건들로부터 분명하게 인식할 수 있는 것은―개인적으로, 또 집단적으로―마오쩌둥이 사회 변혁에 대한 마르크스주의 이론의 범위 안에서 이론적 긴장 및 가능성과 격투를 벌이고 있었다는 것과 그가 중국적 맥락 속의 상이한 사회적 영역 사이에 존재하는 역동적인 상호관계를 포착할 수 있게 해줄 관점을 찾기 위해 노력하고 있었다는 것이다. 일단 발견되기만 한다면, 이 관점은 중국의 미래에 관한 마오쩌둥의 비전의 토대로서뿐만 아니라 그러한 방향으로 사회적 변혁을 추진해 나갈 때 필요한 전략과 전술로도 기능할 수 있는 것이었다.

「모순론」: 토대와 상부구조

「모순론」의 1949년 이전 판본은 이후 『마오쩌둥 선집』에 포함된 공식적인 수정 판본과 확연이 다르지만, 사회 변혁과 그 원인을 다루고 있는 두 문장은 두 가지 판본이 대체적으로 일치한다. 이 문장들에서 마오쩌둥은 정통 마르크스주의적인 개념과 범주를 사용하고 있다. 하지만 그가 정통 마르크스주의적인 개념과 범주를 사용하고 있는 것은 오히려 사회 변혁에 관한 어떠한 능력도 정치와 문화에 부여하지 않고 있는 기계적 마르크스주의로부터 자기 자신을 떨어뜨려 놓기 위해서이다. 그 결과 좀 더 복잡한 입장이 등장하게 된다. 여기서 인용되고 있는 단락은 1949년 이전의 문건에서 발췌한 것으로, 명조체로 되어 있는 부분은 1949년 이후의 공식적인 텍스트에서는 삭제된 것들이다.

나는 모순의 주요 측면과 비주요 측면이 그들의 상호 변화 안에 포함되어 있다고 생각한다.

어떤 이들은 모순이 이렇지 않다고 생각한다. 예컨대 생산력과 생산관계 사이에서 생산력이 주요한 측면이고, 이론과 실천 사이에서 실천이 주요한 측면이며, 경제적 토대와 상부구조 사이에서 경제적 토대가 주요한 측면이라는 것이다. 그들의 위치에는 아무런 변화가 없다. **보통의 상황 속에서** 그리고 유물론적 관점에서 보았을 때, 그러한 위치에는 아무런 변화도 있을 수 없고 그것이 절대적인 것임을 깨달아야 한다. 하지만 그러한 위치가 바뀌는 **역사적으로 수많은 특수한 상황들**이 존재한다. 생산력, 실천, 경제적 토대는 일반적으로 중요하고 결정적인 역할을 한다. 누구라도 이 점을 인정하지 않는다면 그는 유물론자가 아니다. 하지만 **때때로** 생산관계, 이론, 상부구조가 특정한 조건 하에서 중요하고도 결정적인 작용으로 나타나기도 한다. 이것은 반드시 인정해야 하는 것이다. 생산관계의 변화 없이 생산력이 발전할 수 없을 때, 생산관계의 변화가 중요하고도 결정적인 작용을 하게 된다. … 상부구조(정치와 문화 등)가 경제적 토대를 가로막을 때, 정치와 문화적 변화가 중요하고도 결정적인 것이 된다. 우리가 이렇게 말할 때 우리는 유물론을 배신하는 것인가? 그렇지 않다. 그 이유는 우리가 역사의 일반적인 발전에 있어 물질이 정신을 결정한다는 것을 인정하고 있기 때문이다. 우리는 또한 물질적인 것에 대한 정신의 반작용을 인정하며 또 인정해야 한다. 이것은 유물론에 반하는 것이 아니다. 오히려 반대로 이것은 기계적 유물론을 회피하고 변증법적 유물론을 견지하는 것이다.[15]

「모순론」의 또 다른 곳에서 마오쩌둥은 다시 한 번 사회 변화와 그 원인을 언급하고 있다.

마르크스와 엥겔스가 모순 통일의 법칙을 사회-역사적 과정의 연구에 적용할 때 그들은 사회 발전의 기본적인 원인이 생산력과 생산관계 사이의 모순, 계급투쟁의 모순 그리고 이러한 것들이 만들어내는 경제와 그 상부구조(정치, 이데올로기) 사이의 모순임을 발견해 냈다.[16]

이와 같은 사회 변혁에 관한 마르크스주의 이론의 설명에 기반해 다음과 같은 것들을 인식할 수 있다. 첫째, 마오쩌둥은 생산력, 생산관계, 계급투쟁, 경제적 토대, 상부구조와 같은 몇몇 사회 영역이 사회적 변혁을 추동하거나 그것에 영향을 줄 수 있는 잠재력을 지니고 있다고 규정한다. 둘째, 마오쩌둥은 생산력이 '보통의 상황에서' 생산력과 생산관계의 관계를 결정하는 데 결정적인 영향을

---

15 Knight, ed., *Mao Zedong on Dialectical Materialism*, 185~86; cf. *Selected Works of Mao Tse-tung* I, 335~36; *Mao Zedong Xuanji* I, 330~31. 강조는 인용자.

16 Knight, ed., *Mao Zedong on Dialectical Materialism*, 177; cf. *Selected Works of Mao Tse-tung* I, 328; *Mao Zedong Xuanji* I, 292.

끼친다고 주장하고 있다. 이와 비슷하게 경제적 토대는 '보통의 상황에서' 토대와 상부구조 사이의 관계에 결정적인 영향력을 행사한다. 물론 이것은 사회 변혁에 관한 평범하면서도 차라리 기계적인 마르크스주의적 관점에 불과하다. 여기서 중요한 것은 마오쩌둥이 이러한 평범한 공식을 뛰어넘어 생산관계와 상부구조에 사회를 변혁시킬 수 있는 잠재력을 부여하고 있다는 사실이다. 생산관계와 상부구조는 생산력 혹은 경제적 토대의 수동적 반영에 불과한 것이 아니라고 마오쩌둥은 주장한다. 실상 '역사적으로 특별한 상황'에서 그것들은 '중요하고 결정적인 것'이 될 수 있다.

그러나 마오쩌둥이 상부구조와 생산관계에 부여하고 있는 '중요하고도 결정적인 역할'은 매우 신중하게 언급되고 있다. 그는 (마오쩌둥에 의해 특정되고 있진 않지만 사회가 안정되고 변화가 완만한 비혁명적인 상황을 가리키고 있는 것으로 미루어 짐작할 수 있는) '보통의 상황에서' 상부구조와 생산관계는 '중요하고도 결정적'이지 않다는 점을 분명히 하고 있다. 또한 그러한 상황 속에서 한 사회의 본성과 작동방식을 이해하기 위해서는 그 사회 속의 경제적 토대, 즉 생산력을 조사해야 한다는 점을 분명히 하고 있다. 왜냐하면 경제적 토대와 생산력이 '일반적으로 중요하고 결정적인 역할을 수행하고 있기' 때문이다. 더군다나 오직 상부구조와 생산관계는 특정한 역사적 순간, 즉 그것들이 경제적 토대와 생산력의 발전을 방해하는 시기에만 '중요하고도 결정적인 역할'을 할 수 있다. 그러한 순간에 상부구조와 생산관계는 변화의 저지 및 촉진이라는 이중적이면서도 모순적인 기능을 맡게 된다. 변화를 방해할 수도, 촉진할 수도 있는 이러한 능력은 생산관계와 상부구조 자체로부터 유래하는 것이 아니라, 모순 속에 포함되어 있는 대립적 측면과 주요한 측면(경제적 토대와 생산력)의 발전으로부터 유래하는 것이다. 예컨대 상부구조 내의 변화를 위한 능력은 경제적 토대의 발전의 결과로서 등장한다. '보통의 상황에서' 이러한 경제적 발전은 상부구조로 이어지고, 경제적 토대는 경제적 토대와 상부구조 사이의 관계의 결과를 반영한다. 하지만 마오쩌둥은 상부구조가 차별화된 기능을 가지고 있다는 점을 인정하고 있다. 그것은 상부구조가 경제적 토대의 발전을 방해할 수 있는 능력을 갖추고 있다는 것이다. 이것은 경제적 토대가 상부구조 안에서 변화를 앞지르게 되는 '역사적으로 특수한 상황' 속에서 상부구조에게 한층 제고된 인과적 중요성(causal significance)을 부여한다.

몇몇 연구자가 언급해 온 것처럼 마오쩌둥이 상부구조에 제고된 인과적 효율성을 부여했다는 사실이 그가 사회 변화를 오직 상부구조의 측면에서만 해석해야 한다고 주장했음을 의미하는 것은 아니다.[17] 그는 오히려 경제적 토대 안에서 형성된 변혁을 위한 동력을 저지하거나 촉진하는 데서만 상부구조가 '중요하고 결정적인 것'이 된다고 믿었다. 상부구조는 오직 '역사적으로 특수한 상황'에서만 '중요하고 결정적인 것'이 될 수 있으며, 그러한 상황에서조차 경제적 토대 속에서 변혁을 일으키는 힘에 의해 발생된 모순의 해결 정도 혹은 그 방식을 결정하는 제고된 능력은 상부구조 외적인 요소에 의해 부여되는 것이다. 「모순론」에서 드러나고 있는 것처럼 경제적 토대와 상부구조 사이의 모순이 사회의 경제적 영역 속의

---

17 앞의 2~5번 주석을 볼 것. 또한 Arthur Cohen, *The Communism of Mao Tse-tung* (Chicago and London: University of Chicago Press, 1964); Tsou Tang, "Mao Tse-tung Thought, the Last Struggle for Succession and the Post-Mao Era," *China Quarterly* 71 (September 1979): 498~527, esp. 498~504를 볼 것.

주요 모순으로부터 초래된다는 마오쩌둥의 확신은 사회 변혁의 해석에 관한 이와 같은 해석을 뒷받침해주고 있다.[18] 본 문건에서 마오쩌둥은 상부구조가 그것이 작동하는 역사적 맥락을 독자적으로 만들어낼 수 있다는 주장을 받아들일 의향이 있음을 내비치지 않았다. 다시 말해 경제적 토대가 역사적, 사회적 변혁을 결정하는 최종적인 결정요인으로 남아 있는 것이다. 그럼에도 불구하고 마오쩌둥이 상부구조가 경제적 토대의 수동적 반영이 아닌 모종의 역할을 할 수 있는 사회 변혁에 관한 이론적 틀을 찾고 있었음은 분명하다. 경제적 토대 내에서 일어나고 있는 변혁을 방해하거나 촉진함으로써 사회 발전에 영향을 끼칠 수 있는 능력을 상부구조에 부여함으로써 그는 그 영향력에 있어, 만약 토대와 상부구조가 동등한 상호관계를 맺고 있는 것이 아니라면, 최소한 경제적 토대가 독점적인 위치를 차지하지 않는 변증법적 과정을 받아들일 준비가 되어 있다는 신호를 내보내고 있었던 것이다.

사회 변혁에 관한 마르크스주의 이론 내에서 일정 정도의 유연함을 구축하려는 이와 같은 시도는 '역사적으로 특수한 상황'을 소화시킬 수 있는 이론을 자신의 것으로 만들려는 마오쩌둥의 의도가 반영된 것이라고 할 수 있다. 마오쩌둥은 20세기의 중국이 바로 역사적으로 특수한 상황에 처해 있다고 생각했다. 때문에 중국을 이해하기 위해 이론은 역사 발전에 관한 보편적 법칙을 포함할 것을 요구할 뿐만 아니라 그것의 특수성에 관한 분석과 이해 역시 촉진할 수 있어야 했다. 중국의 역사적 상황의 복잡성—중국 사회 형

---

18 Knight, ed., *Mao Zedong on Dialectical Materialism*, 177; cf. *Selected Works of Mao Tse-tung* Ⅰ, 328; *Mao Zedong Xuanji* Ⅰ, 292.

성 속 생산양식의 복잡한 혼합과 그것들 사이의 상호작용, 사회 변혁의 속도, 중국 경제와 정치에 대한 외부 세력의 중요한 영향—은 경제 영역에 무조건적으로 우선성을 부여하는 사회 변혁에 관한 이론과 들어맞지 않았다. 경제적 토대가 근본적으로는 결정적인 요소로 남아 있으면서도, 상부구조가 때로는 결정적인 역할을 수행할 수도 있음을 깨닫고 있는 정도로는 그것이 발휘하는 역사적 영향력에 대한 감각을 갖추고 있어야 하는 것이다. 마오쩌둥이 주장했던 것처럼, 경제적 토대가 궁극적이고 결정적 역할을 수행한다는 것을 인정하는 토대 위에서, 경제적 토대와 상부구조의 변증법적 상호작용을 인식하는 것은 마르크스주의의 유물론과 대치되는 것이 아니다. 오히려 "그것은 기계적 유물론을 회피하고 변증법적 유물론을 굳건히 지키는 것이다."[19]

「모순론」에서 정교화되고 있는 마오쩌둥의 입장이 경제적 토대의 궁극적 결정이라는 관점을 유지하고 있었다는 견해는 그가 중요한 철학 저술들을 남기고 있던 시기에 읽은 다양한 소비에트 문건에 달아놓은 주석들에 의해 뒷받침된다. 『변증법적 유물론 교정(辨證唯物論教程)』이라는 책(마오쩌둥은 이 책을 1936년 11월에서 1937년 4월 사이에 읽었다.)은 마르크스의 『자본』을 논하고 있는데, 이 책에 마오쩌둥은 다음과 같은 평주를 달아놓고 있다. "생산의 사회적 특성과 소유의 개인적 특성 사이의 모순은 생산력과 생산관계 사이의 모순으로 보일 수 있다. 이러한 근본적인 모순으로부터 모든 여타의 모순이 흘러나온다. 왜냐하면 이러한 근본적인 모

---

19 Knight, ed., *Mao Zedong on Dialectical Materialism*, 86; cf. *Selected Works of Mao Tse-tung* Ⅰ, 336; *Mao Zedong Xuanji* Ⅰ, 331.

순이 자본주의의 발전을 결정하기 때문이다."[20] 이 텍스트에 대한 다른 평주에서 마오쩌둥은 "경제적 토대와 상부구조 사이의 모순에서 경제적 토대가 지배적이다."[21]라고 적고 있다. 더군다나 『변증법적 유물론과 역사 유물론』에 대한 평주에서 마오쩌둥은 "물질적 생산이 인류의 다양한 생활의 토대이다."[22]라고도 적어놓은 바 있다. 또한 "물질이 정신을 결정하는 것이지 정신이 물질을 결정하는 것이 아니다."[23]라고도 적고 있다. 더 많은 예를 마오쩌둥의 철학적 주석에서 찾아볼 수 있는데, 이 주석들은 사회 변혁에 관한 마오쩌둥의 관점이 비정통적이지는 않다는 점을 보여주고 있다. 특히 동시대 소비에트 마르크스주의적 기준에서 보면 더욱 그러하다.[24] 이것은 「모순론」의 사회 변혁과 그 원인에 관한 논의가 사회 변혁에 관한 마르크스주의 이론의 경제결정론에 대한 거부를 목적으로 삼고 있는 것은 아니라는 관점에 힘을 실어주고 있다. 하지만 그럼에도 불구하고 경제결정론에 대한 믿음이 '역사적으로 특수한 상황'에서 사회적 변혁에 영향을 끼칠 수 있는 상부구조의 능력에 대한 인정과 양립할 수 있다고 마오쩌둥이 믿은 것은 확실하다. 이 때문에 마오쩌둥은 사회 변혁에 관한 마르크스주의 이론을 여타의 이론과 구분되게 만들어주는 유물론적 전제들을 폐기하지 않으면서도 혁명의 과정에서 나타나는 수많은 정치적, 이데올로기적, 문화적 도전을 아우를 수 있게 해주는 탄력적인 역사에 관한 유물론적

20 *Mao Zedong zhexue pizhuji*(『毛澤東哲學評注集』), 67.

21 *Mao Zedong zhexue pizhuji*(『毛澤東哲學評注集』), 87~90.

22 *Mao Zedong zhexue pizhuji*(『毛澤東哲學評注集』), 145~56.

23 *Mao Zedong zhexue pizhuji*(『毛澤東哲學評注集』), 296.

24 이 점에 관한 해설로는 Knight, *Marxist Philosophy in China*, chapter 5, 9, 10을 볼 것.

이론을 추구했던 것이다.

「일당독재를 논함」: 계급과 정치

널리 알려진 「모순론」에 비해 「일당독재를 논함」은 마오쩌둥 연구
자들에 의해 대체로 무시되어 왔다. 이렇게 된 이유 중의 하나는 이
문건이 1938년 2월 2일 마오쩌둥이 『신중화보(新中華報)』의 옌안 통
신원과 한 인터뷰를 수록한 것이기 때문이다.[25] 이 때문에 이 문건
에는 저자가 나타나 있지 않으며 확장된 철학적 서술인 「모순론」과
같은 이론적 권위도 결여되어 있다. 그러나 「일당독재를 논함」이라
는 텍스트는 사회 변혁에 관한 마오쩌둥의 이론을 확정짓고 해설
하고 있다는 점에서 매우 중요한 텍스트라고 할 수 있을 것이다. 또
한 이 텍스트는 마오쩌둥이 마르크스주의의 유물론에 굳건한 토대
를 두고 있음을 매우 분명하게 보여주고 있다. 실상 여기서는 「모
순론」에서 나타나고 있는 유연하고도 변증법적인 유물론이 소비에
트, 독일, 이탈리아 정치체제의 등장과 그 행동을 설명하기 위한 좀
더 기계적이고 환원론적인 시도에 의해 대체되고 있다. 서로 적대
적인 이데올로기들에 의해 지배되고 있는 정치체제가 어째서 일당
체제를 갖추게 되었는가? 이에 대한 마오쩌둥의 대답은 다음과 같
다.

　소비에트가 일당체제를 갖추게 된 것은 공산당을 대체할 다른
정당을 위한 '사회적 토대'가 존재하지 않기 때문이다. 결과적으로

---

25 "與延安新中華報記者談話(論一黨專政)", in Takeuchi Minoru, ed., *Mao Zedong Ji* V,
　　305~21.

여타의 정치적 정당이 존재할 수 있는 가능성이나 필연성이 존재하지 않는 것이다. 법률적 금지는 필요하지 않은데, 왜냐하면 경제의 사회 형태로의 전환은 러시아 인민들이 더 이상 다른 정당을 지지하지 않으며 그것들이 폐기되었음을 의미하기 때문이다.[26] 마오쩌둥은 찬양하는 태도로 스탈린의 1936년 「소비에트 헌법 초안에 관한 보고」를 인용하면서 일당체제의 이론적 합리성을 논증하고 있다. 이 「보고」에서 스탈린은 다음과 같이 주장하고 있다.

> 하나의 당은 하나의 계급과 그것의 가장 선진적인 부분의 당이다. 여러 당이 존재한다는 것, 결과적으로 말해 창당의 자유는 서로간의 이해가 적대적이고 화해할 수 없는 적대적 계급들이 존재하는 사회 속에만 존재할 수 있다. … 소비에트에는 오직 두 개의 계급, 즉 노동자와 농민만이 존재한다. 그리고 그들의 이익은—서로 적대적이기는커녕—우호적이다. 때문에 소비에트에는 여러 정당이 존재할 토대(ground)가 존재하지 않는다. 결과적으로 창당의 자유에 관한 토대(ground)도 존재하지 않는다. 소비에트에는 오직 하나의 정당, 즉 공산당을 위한 토대(ground)만이 존재한다.[27]

스탈린에 따르면 이러한 이유로 사회주의적 경제, 그리고 그에 따른 계급 차별의 철폐에 기반한 소비에트에는 점차 사회적 합의

---

26 마오쩌둥은 이러한 관점을 옌안 시기 내내 일관되게 유지했다. 「연합정부를 논함(論聯合政府)」에서 마오쩌둥은 "러시아의 역사가 러시아의 제도를 만들어냈다. … 인민은 사회주의에 반대하는 모든 정당을 버렸다. 인민은 오직 볼셰비키 당만을 옹호한다."라고 반복해서 말하고 있다. 「일당독재를 논함(論一黨專政)」에서와 마찬가지로 여기서도 마오쩌둥은 '사회적 토대'가 정치제도의 존재와 본성을 규정한다는 점을 받아들이고 있다. *Selected Works of Mao Tse-tung* Ⅲ, 235; Takeuchi, ed., *Mao Zedong Ji* Ⅸ, 226.

27 J. V. Stalin, *Problems of Leninism* (Peking: Foreign Languages Press, 1976), 803.

가 이루어지고 있으며, 이것은 유일당이 등장할 수 있는 상황을 조성하고 있는 것이다. 마오쩌둥은 소비에트의 일당독재 체제에 대한 이와 같은 정당화 논리와, 정치 영역에서의 발전이 사회의 '사회적 토대'의 발전 여하에 달렸다는 입장을 무비판적으로 받아들였다. 마오쩌둥은 분명 정치적 정당들이 아닌 '사회적 토대'라는 개념 안에서 계급구조와 소유 형식을 포함시켰던 것이다.

마오쩌둥은 히틀러의 독일과 무솔리니의 이탈리아에 눈을 돌렸을 때도, 그들이 일당독재 체제(혹은 그렇다고 간주된)를 갖추게 된 원인을 동일한 논리에서 찾았다. 이 두 사회 모두 경제적 토대는 곧 경쟁하는 정당들을 탄생시킨 계급적 구분을 그 특징으로 한다는 것이다. 정치적 금지 조치로 인해 파시스트 정당을 제외한 정치적 정당의 법률적 지위(de jure status)는 사라져버렸다. 하지만 사회적 토대 속의 경제적 구분으로부터 배태된 기타 정당의 존재는 사실상(de facto) 지속되고 있다. 이것은 국내적으로, 국제적으로 반(反)파시스트 정당에서 활동하고 있는 행동가들에 의해 입증되고 있는 것이다. 그러므로 독일과 이탈리아에 일당독재 체제가 존재하고 있다고 하더라도 다른 정당들이 여전히 존재하고 있기 때문에 그것은 진정한 일당독재 체제라고 할 수 없다.[28]

마오쩌둥은 이와 동일한 논리로 (국민당이 지배하고 있는) 당시 중국의 진정한 일당독재 체제의 가능성을 부정한다.[29] 중국에는 서로 다른 경제적, 정치적, 이데올로기적 이해관계를 가진 계급들이

---

28 "與延安新中華報記者談話(論一黨專政)", in Takeuchi Minoru, ed., *Mao Zedong Ji* V, 309~10.

29 "與延安新中華報記者談話(論一黨專政)", in Takeuchi Minoru, ed., *Mao Zedong Ji* V, 311~20.

존재하고 있다. 이렇게 다양한 사회적, 경제적 맥락 속에서 일당독재를 위한 '사회적 토대'는 존재하지 않는다. 차라리 중국의 정치 시스템은 서로 다른 여러 정당을 포괄하고 있는바, 비록 국민당이 군사적, 법률적 수단을 통해 다른 정당들을 일방적으로 소거하려 했지만 그것은 불가능한 일인 것이다. 마오쩌둥에 따르면 이러한 전략은 완전히 실패했다. 여타의 정당이 살아남았을 뿐만 아니라 중국을 몇 년간에 걸친 내전으로 몰아넣었으며, 호전적인 일본 제국주의 앞에서 속수무책으로 만들어버렸다. 중국의 차별화된 '사회적 토대'로부터 배태된 피할 수 없는 다당제의 존재는 마오쩌둥이 모든 항일 정당의 통일전선을 요구하게 하는 기본 테제가 되었다.

　　이러한 인식론적 전제 하에서 마오쩌둥은 국민당 정부가 성공할 수 없고 그들이 일본 제국주의에 대한 통일된 저항이라는 가장 시급한 문제에 오히려 방해가 된다는 정치적 주장에 대한 확신을 제고하기 위해 중국 사회와 그 정치 영역에 대한 유물론적 설명을 시도하게 되었던 것이다. 그럼에도 불구하고 국가에 적대적인 정당들을 금지시키고, 법률적으로—만약 사실적으로가 아니라면—일당 체제를 만드는 능력을 부여함에 있어 마오쩌둥은 국가가 국내의 경제적 계급의 이해관계를 강제적으로 보호하고 사회적 변화 과정에 영향력을 행사할 수 있다는 점을 인정했다. 하지만 국가 권력에 대한 이러한 인정은 사회의 여타 영역, 특히 정치적 영역에서 벌어지는 일들을 근본적으로 결정하는 것이 '사회적 토대'라는 주장에 기반한 것이었다. 결국 「일당독재를 논함」에서 제련되고 있는 마오쩌둥의 입장은 마르크스주의 교리의 범주 안에 안착해 있는 유물론적 관점이라고 할 수 있는 것이다.

「신민주주의론」: 경제, 정치, 문화

「일당독재를 논함」에서 놀라운 점은 비록 마오쩌둥이 국가와 정치 정당과 같은 상부구조적 기구들의 역할과 영향력을 개념화하는 데 관심을 기울였지만, 실상 '상부구조'라는 개념을 가지고 자신의 주장을 서술하지 않았다는 것이다. 이 문서의 그 어느 곳에서도 '상부구조'라는 용어는 나타나지 않는다. 실상 이러한 흥미로운 이론적 공백은 옌안 시기 초반 마오쩌둥의 텍스트에 '상부구조'라는 개념이 상대적으로 결락되어 있었음을 보여주는 것이다. 앞서 살펴본 것처럼, '상부구조'라는 개념은 「모순론」과 1937년 그의 몇몇 철학적 평주에서 등장했다. 하지만 옌안 시기 동안 저술된 문건들에서 마오쩌둥은 그 개념을 매우 드물게 사용한다.[30] 이러한 공백은 상부구조 개념이 지배적인 위치를 차지하고 있는 1955년 이후의 마오쩌둥의 텍스트와 비교해 보았을 때 더욱 두드러진다. 이것은 또한 사회 변혁에서 상부구조가 떠맡은 역할에 대한 마오쩌둥의 생각을 성급하고도 단순하게 일반화해서는 안 된다는 경고가 되기도 하는 것인바, 그러한 성급한 일반화의 오류는 마오쩌둥 사상에 대한 비판에서 매우 흔한 것이고 최소한 초기 옌안 시기에 관해서는 거의 모두 분명히 틀린 것들이다.

마오쩌둥이 1937년 이후 상부구조 개념을 잘 쓰지 않게 되었다는 사실은 사회적 변혁을 논할 때, 자주 그래왔던 것처럼, 그가 다

마오쩌둥 사상 속의 마르크스주의와 사회 변혁에 대한 시각

---

30 예컨대 「중국혁명과 중국공산당(中國革命和中國共産黨)」 제1장에 인용되어 있는 스탈린의 언급을 참조할 수 있다. 제1장은 마오쩌둥이 쓴 것이 아님에도 *Selected Works*에 포함되어 있다. *Selected Works of Mao Tse-tung* Ⅱ, 312; *Mao Zedong Xuanji* Ⅱ, 592; Takeuchi, ed., *Mao Zedong Ji* Ⅶ, 107.

른 개념 범주들을 사용했다는 것을 의미한다. 그리고 그러한 범주들은 의심의 여지 없이 옌안 시기의 가장 중요한 이론적 텍스트라고 할 수 있는 「신민주주의론」에서 완성된 형태로 등장한다. 마오쩌둥 연구자들이 자주 이 문건을 언급하긴 했지만, 그들은 이 문건에 담겨 있는 사회적 변인(變因) 문제에 대한 마오쩌둥 견해의 근본적인 발전에 관한 증거들을 무시해 왔다. 롤런드 루(Roland Rew)가 지적한 것처럼 「신민주주의론」은 '여러 수준에서 읽을 필요가 있으며' 이것은 '중요하고도 역설적인' 문건이다.[31] 아래에서 이어질 이 텍스트에 대한 독해는 전문적인 시각을 갖췄다고 하는 마오쩌둥 연구자들조차 미처 보지 못한 「신민주주의론」의 또 다른 층위에 대한 탐색이라고 할 수 있을 것이다.

「신민주주의론」에서 마오쩌둥은 사회의 세 가지 층위—경제, 정치, 문화—를 구분하고 그들의 관계를 탐색하고 있다.

> 특정한 문화(이데올로기적 형식으로서의)는 특정한 사회의 정치와 경제의 반영이다. 그리고 반대로 전자는 후자에 엄청난 영향을 끼친다. 그리고 정치는 경제의 집중화된 표현이다. 이것이 문화와 정치, 경제적 관계 그리고 정치와 경제의 관계에 대한 우리의 근본적인 견해이다.[32]

이 문장은 사회 변혁에 관한 마오쩌둥의 관점을 이해하고 그 관점의 기원을 식별하는 데 매우 중요하다. 첫째, 사회를 세 가지

---

31 Roland Lew, "Maoism and the Chinese Revolution," *The Socialist Register* (1975): 115~59.

32 Takeuchi, ed., *Mao Zedong Ji* Ⅶ, 149; *Selected Works of Mao Tse-tung* Ⅱ, 340; *Mao Zedong Xuanji* Ⅱ, 624, 330~31. 원래 판본에서 마오쩌둥은 경제를 토대로 언급하지 않고 있다.

층위로 분류한 것은 주목할 만하다. 이것은 마오쩌둥이 이제 사회를 두 가지 층위―토대와 상부구조―로 구분하는 것이 사회 변혁의 원인과 결과, 특히 그러한 결과에 대한 정치의 역할을 명확하게 이해하는 데 불충분하다고 여기게 되었음을 의미하는 것이다. 이와 동시에 마오쩌둥은 1920년대 후반 중국어로 번역되었고, 마오쩌둥 역시 1930년대 중반에서 말까지 세밀하게 공부한 바 있는, 저명한 중국의 지식인 리다(李達)가 상세하게 설명한 일본의 마르크스주의자 스기야마 사카에(杉山榮)의 저작에 의존하고 있었다. 『사회과학개론(社會科學槪論)』에서 스기야마는 정통 마르크스주의 이론에 따라 인간의 사유를 '궁극적으로' 결정하는 것은 생산 영역―'사회생활의 과정'―이라고 주장했다. 하지만 그는 사회 변혁에 관한 그의 도식에 사회적 총체성의 모든 수준이 사회 변혁의 과정에 영향을 미칠 수 있는 가능성을 도입했다. 각각의 층위가 끼칠 수 있는 상대적 영향력을 분명히 하기 위해 그는 상부구조를 두 개의 영역으로 분리했다. 상부구조 I 은 사회의 법과 정치 체제로 구성되어 있으며, 상부구조 II 는 '의식'으로 구성되어 있다. 상부구조 I 은 상부구조 II 보다 분명 좀 더 강한 역사적 영향력을 갖추고 있다. 하지만 후자 역시 상부구조 I 에 반작용을 끼칠 수 있는 능력을 가지고 있으며, 다양한 경제적 영역이 '사회생활의 과정' 속에 스며들어 간다. 사회적 총체성의 다양한 층위에 대한 이와 같은 범주화와 그것들이 사회 변혁의 과정에 미치는 영향력에 관한 관점은 스기야마의 번역자인 리다에 의해 사회의 경제와 비경제적 영역 사이의 인과적 관계에 관한 타당한 해석으로 수용되었으며, 그는 이것을 마르크스주의 철학과 마오쩌둥이 1938년 초에 공부한 바 있는 사회 변혁에 관한 자신의 유명한 텍스트인 『사회학대강(社會學大綱)』에

적용했다.[33]

　이러한 논점으로부터 이어지는 두 번째 논점은 스기야마 그리고 리다와 마찬가지로 마오쩌둥이 정치와 문화를 개념적으로 구분할 필요성을 받아들인 것이 분명하다는 점이다. 「모순론」에서 마오쩌둥은 상부구조를 정치와 문화 모두로 이루어진 것으로 규정했으며[34] 정치와 문화에 동일한 인과적 중요성을 부여하면서 한 사회의 일부분으로 규정했다는 것을 기억할 필요가 있다. 하지만 사회 변혁의 과정에 대한 영향력이라는 측면에서 정치와 문화의 이와 같은 균형은 「신민주주의론」의 삼분법에서는 사라진다. 마오쩌둥은 이제 앞서 제시한 공식보다 인과적 결과에 있어 정치를 훨씬 더 강조하게 된다. 마오쩌둥은 "정치는 경제의 집중화된 표현이다."라고 주장한다. 정치를 이렇게 정의한 최초의 인물은 레닌이지만, 레닌은 마오쩌둥과는 매우 다른 맥락에서 정치라는 개념을 사용했다.[35]

33 스기야마 사카에(杉山榮)의 마르크스주의 해석과 리다(李達)에 대한 영향에 관한 자세한 분석은 Nick Knight, *Li Da and Marxist Philosophy in China* (Boulder, Colorado: Westview Press, 1996), 124~28과 6장을 볼 것. 리다의 『사회학대강(社會學大綱)』에 대한 마오쩌둥의 평주에 대해서는 『毛澤東哲學評注集』, 205~84를 볼 것.

34 Knight, ed., *Mao Zedong on Dialectical Materialism,* 177, 185~86; cf. *Selected Works of Mao Tse-tung* Ⅰ, 328, 335~36; *Mao Zedong Xuanji* Ⅰ, 292, 330~31.

35 레닌은 무역조합(trade union)에 대한 트로츠키와 부하린의 경제정책을 공격하기 위한 몇 편의 글에서 '정치' 개념을 사용하면서 자신의 정치적 접근방식이야말로 적합한 정책이라고 주장했다. "우리가 그렇게 기본적인 문제로 되돌아가야 한다는 것은 곤혹스러운 것이지만, 트로츠키와 부하린 탓에 어쩔 수 없이 그렇게 하게 되었다. 그들은 자신들의 접근방식은 경제적인 것임에 반해, 문제를 '왜곡'시켜 놓았거나 혹은 정치적인 접근방식을 택했다고 나를 비난하고 있다. … 이것은 분명한 이론적 착오이다. 나는 나의 연설에서 정치라는 것이 경제의 집중화된 표현이라고 반복해서 언급했다. 왜냐하면 나는 일찍이 나의 '정치적' 접근방식이 마르크스주의자에게 있어 일관되지도 않고 허용되지도 않는 방식으로 비난받는 것을 들었기 때문이다. 정치는 경제에 우선해야 한다. 이와 다른 주장을 하는 것은 마르크스주의의 ABC도 망각한 것에 불과하다. … 달리 말해 정치적 접근방식이 의미하는 것은 무역조합에 관한 잘못

그러나 마오쩌둥은 레닌의 언급을 정치가 좀 더 강화된 인과적 중요성을 갖는 삼분위적 개념화 구축에 대한 승인으로 해석했다. 실상 이것은 옌안 시기 동안의 언급을 통해서도 분명하게 드러나는데, 이 시기 동안 경제의 집중화된 표현으로서의 정치라는 개념은 중요한 해석적 매개(interpretive medium)로서 유지되었다. 「옌안 문예 좌담회에서의 연설」(1942)에서 마오쩌둥은 정치라는 개념을 다음과 같은 맥락에서 사용하고 있다. "오직 정치를 통해서만 계급과 대중의 수요가 비로소 집중화되어 표현될 수 있다. 혁명적 정치가들, 혁명적 정치의 과학 혹은 예술을 이해하고 있는 정치 전문가들은 수천만 대중 정치가들의 영수이며, 그들의 임무는 대중 정치가들의 의견을 집중시키고 단련시켜 그것을 다시 대중으로 돌려보내고 대중으로 하여금 그것을 받아들이고 실천하게 하는 것이다."[36] 경제의 집중화된 표현으로서의 정치라는 개념과 '대중노선'이라는 개념 사이의 연계가 여기서 명확하게 그려지고 있으며 마오쩌둥의 중요한 문건인 1943년 6월의 「지도 방법의 몇 가지 문제에 관하여(關於領導方法的若干問題)」에서 그는 재차 '대중'의 '분산되고 비체계적인' 생각들을 집중시키는 정치의 중요성을 강조하고 있다.[37] 그

된 태도가 소비에트의 권력을 망가뜨리고 프롤레타리아 독재를 타도하게 되리라는 것이다." V. I. Lenin, "Once again on the Trade Unions, the current situation and the mistakes of Trotsky and Bukharin," in V. I. Lenin, *Collected Works* (Moscow: FLPH, 1963) XXXII, 83. 「신민주주의론」의 공식 판본에 따르면 마오쩌둥은 레닌이 정치를 '경제의 집중된 표현'이라고 정의한 것을 알고 있었음이 분명하다. 하지만 원래 판본에는 이에 대한 인용이 표시되어 있지 않다. *Selected Works of Mao Tse-tung* II, 340, 382 그리고 Takeuchi, ed., *Mao Zedong Ji* VII, 149를 참조.

36 *Selected Works of Mao Tse-tung* III, 86~87; *Mao Zedong Xuanji* III, 823; Takeuchi, ed., *Mao Zedong Ji* VIII, 135.

37 *Selected Works of Mao Tse-tung* III, 119; *Mao Zedong Xuanji* III, 854; Takeuchi, ed., *Mao Zedong*

러므로 정치는 대중 혹은 경제적 계급의 구성원들이 향상된 사회적 통합과 통일된 정체성을 형성하는 과정에 결정적인 역할을 수행하는 것이 된다. 그리고 그 과정 속에서 하나의 계급은 즉자적 계급에서 대자적 계급으로 발전한다.[38] 경제의 집중화된 표현으로서의 정치라는 레닌의 언급을 마오쩌둥이 차용한 것은 사회 변혁의 인과관계에 대한 그의 인식에 대해서뿐만 아니라 조직과 지도력에 대한 그의 독특한 접근방식에서도 중요한 이론적 함의를 갖는 것이었다.

따라서 정치는 더 이상 「모순론」에서처럼 경제적 토대의 대략적인 반영이자 사회의 발전에 제한적인 영향력을 가지고 있는 것으로 여겨지지 않는다. 차라리 정치의 위치는 인과관계의 연쇄 안에서 문화가 비단 경제의 반영일 뿐만 아니라 경제와 정치가 결합된 반영이 되는 정도로까지 상승하게 된다. "문화는 한 사회의 정치와 경제의 반영이다."[39] 마오쩌둥은 한 사회의 문화적 생산에 중요 요소로서의 경제와 정치의 개념을 다음과 같이 발전시켜 놓았다. "새로운 정치와 경제가 새로운 문화의 근거를 형성하게 되는 것과 마찬가지로, 중화민족의 오래된 정치와 경제는 여전히 중화민족의 오래된 문화의 근거이다."[40] 여기서 마오쩌둥은 정치와 경제의 혼합으로부터 '근거'라는 새로운 범주를 만들어내고 있다. 사

Ji IX, 27~28.

38 이 과정에 대한 마르크스의 묘사에 관해서는 *The Poverty of Philosophy* (Moscow: Progress Publishers, 1955), 150을 볼 것.

39 *Selected Works of Mao Tse-tung* II, 340; *Mao Zedong Xuanji* II, 624; Takeuchi, ed., *Mao Zedong Ji* VII, 149. 강조는 인용자.

40 *Selected Works of Mao Tse-tung* II, 341; *Mao Zedong Xuanji* II, 625; Takeuchi, ed., *Mao Zedong Ji* VII, 150.

회적 '근거'는 문화가 등장하게 되는 인과적 매트릭스이며, 문화는 '근거'의 반영이다. 비록 '사회적 근거'(社會根據)라는 개념은 초기 텍스트(1937)에서 등장했지만,[41] 정치와 경제가 통합된[좀 더 일반적인 개념인 '경제적 토대'(經濟基礎)와는 상반되는] '근거'라는 개념이 마오쩌둥의 사상에서 중요한 범주가 되는 것은 「신민주주의론」에 이르러서다. 마오쩌둥은 왜 그와 같은 범주를 만들어낼 필요가 있었고, 사회 변혁의 본성에 관한 인과적 설명에 도달하기 위해 그것을 어떻게 차용했을까? 이러한 문제들은 '근거'의 요소들에 대한 정의와 그 요소들의 역할에 대한 설명, 마오쩌둥이 문화에 부여한 인과적 중요성에 관한 분석을 통해 가장 잘 설명될 수 있을 것이다.

'근거': 경제와 정치

마오쩌둥은 '경제'라는 범주 안에 생산력과 생산의 계급관계를 모두 포함시켰다. 「신민주주의론」에서 마오쩌둥은 사회의 경제구성(經濟構成)을 언급했고, 이 개념은 소유권의 근거 위에서 등장하는 재화 생산 요소와 계급관계를 아우른다. 재화 생산 요소는 산업적, 상업적 기업(은행과 철도회사와 같은)과 토지를 포함한다.[42] 하지만 소유권과 관리 역시 경제의 통합적 부분이며,[43] 「신민주주의론」의 경제에 대한 그의 논의에서 자본에 대한 규제는 주요 부분으로

---

41 Takeuchi, ed., *Mao Zedong Ji* Ⅵ, 268.

42 *Selected Works of Mao Tse-tung* Ⅱ, 353; *Mao Zedong Xuanji* Ⅱ, 639; Takeuchi, ed., *Mao Zedong Ji* Ⅵ, 167.

43 이것은 *Selected Works of Mao Tse-tung* Ⅱ, 353; *Mao Zedong Xuanji* Ⅱ, 639; Takeuchi, ed., *Mao Zedong Ji* Ⅵ, 167에서 분명하게 드러나고 있다.

포함되어 있다. 이 때문에 경제는 구조를 내포하고 있고, 그 관계는 사회의 생산 요소들에 대한 소유권 혹은 관리에 대한 기준에 기초하고 있다. 이는 「중국 혁명과 중국공산당」(1939) 제1장으로 되돌아가 보면 분명해지는데,[44] 여기서는 소유권과 지주계급에 의한 토지의 통제로 중국 농민들을 고통받게 하는 경제적 착취가 자주 언급되고 있다.[45] 또한 이 문건은 중국의 자본주의 발전이 특정한 계급 구조 발생의 원인이 되고 있음을 명확히 하고 있다.

중국 민족자본주의의 발생과 발전의 과정은 곧 중국 부르주아 계급과 프롤레타리아 계급의 발생과 발전의 과정이다. 만약 일부의 상인, 지주, 관료가 중국 자산계급의 전신(前身)이라면, 일부의 농민과 수공업 노동자가 곧 중국 프롤레타리아 계급의 전신이다. … 하지만 중국 프롤레타리아 계급의 발생과 발전은 비단 중국 민족 부르주아 계급의 발생과 발전 때문에 생겨난 것이 아니다. 그것은 제국주의가 중국에서 직접 기업을 운영함으로써 생겨난 것이기도 하다.[46]

마오쩌둥은 또한 중국 사회에 존재하는 계급들의 경제적 지위를 언급하고 이것이 중국 혁명에 대한 그들의 태도를 "완전히 결정한다."고 주장했다.[47]

---

[44] 비록 마오쩌둥 자신이 쓴 것은 아니지만 그의 관점을 반영하고 있는 것으로 볼 수 있다. *Selected Works of Mao Tse-tung* Ⅱ, 305.

[45] *Selected Works of Mao Tse-tung* Ⅱ, 308; *Mao Zedong Xuanji* Ⅱ, 588; Takeuchi, ed., *Mao Zedong Ji* Ⅶ, 102.

[46] *Selected Works of Mao Tse-tung* Ⅱ, 310; *Mao Zedong Xuanji* Ⅱ, 590; Takeuchi, ed., *Mao Zedong Ji* Ⅶ, 104~5.

[47] *Selected Works of Mao Tse-tung* Ⅱ, 319; *Mao Zedong Xuanji* Ⅱ, 601; Takeuchi, ed., *Mao Zedong Ji* Ⅶ, 117~18.

'경제' 범주의 구성요소들을 확인한 후 이제 우리는 '정치'라는 개념을 마오쩌둥이 어떻게 사용하고 있는지에 대해 논의하도록 하자. 그렇게 함으로써 우리는 마오쩌둥이 역사 발전에 있어 경제라는 영역에 무조건으로 인과적 우월성을 부여한 것은 아니라는 점을 분명히 인식할 수 있게 될 것이다. 우리가 목도하게 될 그림은 좀 더 복잡하다.

마오쩌둥에게 '정치'라는 범주는 사회생활의 여러 중요한 측면에 스며들어 있다. 이것들 중 첫 번째 것은 계급투쟁이다. 앞서 우리는 마오쩌둥이 '경제'라는 표제 하에 특정한 생산양식을 특징짓는 계급관계의 구조를 포함시키는 것을 보았다. 하지만 마오쩌둥은 좀 더 넓은 의미에서 실제적인 계급들 사이의 투쟁을 정치적인 것으로 받아들였다. 계급투쟁은 계급들 사이에 경제적으로 발생된 적대관계가 집중화된 형식으로 표현된 것이며, 이러한 적대관계는 정치 영역 안에서 펼쳐지는 것이다. 이 때문에 마오쩌둥이 중국 혁명에서 중국 사회의 다양한 계급이 수행하는 역할에 대한 분석과 함께 「신민주주의론」의 정치에 대한 논의를 시작한 것과 그들의 경제적 이익을 수립하고 지켜내기 위한 투쟁을 정치적 투쟁으로 묘사한 것은 결코 우연이 아니었다.[48] 계급관계에 있어 경제적 적대관계의 정치적 층위에서의 표현은 특정한 계급의 이익을 표현하기 위해 등장한 몇몇 정치적 기구에 의해 가능하게 된다. 이러한 정치적 기구들 중에 가장 중요한 것이 바로 정치 정당이다. 마오쩌둥은 1938년 "정당은 한 계급에서 가장 각성한 사람들의 조직이다."[49]라

---

48 *Selected Works of Mao Tse-tung* Ⅱ, 348~52; *Mao Zedong Xuanji* Ⅱ, 633~38; Takeuchi, ed., *Mao Zedong Ji* Ⅶ, 160~66.

고 말했다. 그리고 마오쩌둥은 지속적으로 특정 정당의 존재 및 활동과 특정한 계급구조의 물질적 이익 사이의 연관관계를 강조했다. 더불어 그는 계속해서 정치 정당들의 정책과 행동을 설명하기 위해 계급 분석을 동원했다. "두 정당(공산당과 국민당)의 특징에 대한 연구에서 좀 더 근본적인 것은 두 정당의 계급적 기초와 서로 다른 시기에 각 당과 여타 세력 사이에서 발생한 모순을 연구하는 것이다."[50]

결과적으로 마오쩌둥은 국민당의 계급적 특성(階級性)을 통해 1927년의 갑작스런 정책적 변화를 설명했다.[51] 이와 비슷하게 「신민주주의론」에서는 국민당을 "대(大)부르주아"[52] 계급의 대표로, 「연합정부를 논함(論聯合政府)」(1945)에서는 "대지주, 은행가, 매판"[53]의 대표로 묘사했다. 마오쩌둥은 또한 중국공산당이 계급 이익, 특히 산업 프롤레타리아와 농민의 계급 이익을 대표한다고 주장했다. 마오쩌둥에게 중국공산당과 노동계급 사이의 연관관계는 그 자체로 자명한 것이었다. 만약 중국에서 산업 프롤레타리아가 등장하지 않았고 산업 자본주의라는 맥락에서 그들에 대한 착취가 일어나지 않았다면 공산당은 존재할 수 없었던 것이다.(4장을 볼 것.) 더구나 중국공산당의 농민 이익에 대한 대표성은 중국 사회와 중국 혁명의 특징으로,[54] 이것은 농민의 경제적 이익을 배타적으

49 Takeuchi, ed., *Mao Zedong Ji* Ⅴ, 305.

50 *Selected Works of Mao Tse-tung* Ⅰ, 327; *Mao Zedong Xuanji* Ⅰ, 291.

51 *Selected Works of Mao Tse-tung* Ⅰ, 339; *Mao Zedong Xuanji* Ⅰ, 303.

52 *Selected Works of Mao Tse-tung* Ⅱ, 349; *Mao Zedong Xuanji* Ⅱ, 634; Takeuchi, ed., *Mao Zedong Ji* Ⅶ, 162.

53 *Selected Works of Mao Tse-tung* Ⅲ, 248; *Mao Zedong Xuanji* Ⅲ, 976; Takeuchi, ed., *Mao Zedong Ji* Ⅸ, 245.

로 대표하는 정당이 존재하지 않았다는 사실로부터 비롯된 것이다. "중국에는 농민만을 대표하는 정치 정당이 없기 때문에 … 중국공산당이 농민의 지도자가 된 것이다. … 중국공산당은 철저한 토지개혁을 실행했다."[55] 이러한 언급은 수차례 반복되고 있다. 요컨대 핵심은 마오쩌둥이 정치 정당과 경제적 계급 이익 사이의 인과적 연계성을 수용하고 있다는 것이다. 전자는 후자로부터 생겨나며 후자를 보호한다.

마오쩌둥이 '정치' 영역에 포함시키고 있는 사회생활의 또 다른 측면은 국가 혹은 '국가체제(國體)'다.[56] 마오쩌둥의 국가에 대한 해석은 정통 마르크스주의의 노선을 따르고 있는데, 그는 국가를 지배계급의 지시에 의해 생산되고 운용되는 계급 지배의 정치적 기구로 보았다. 『중국 혁명과 중국공산당』 제1장의 중국 봉건시대 국가에 대한 분석은 국가의 계급적 역할을 매우 선명하게 보여주고 있다. "이러한 봉건적 착취제도를 보호하는 권력기관이 지주계급의 봉건국가이다. … 봉건국가 안에서 황제는 지고무상의 권력을 갖고 있으며, 각 지방에 관직을 설치해 군대, 형벌, 자금, 식량 등의 일을 장악한다. 또한 전체 봉건 통치의 기초인 지주와 신사(紳士) 계급에 의존한다."[57] 마찬가지로 「신민주주의론」에서 마오쩌둥

마오쩌둥 사상 속의 마르크스주의와 사회 변화에 대한 시각

---

54 *Selected Works of Mao Tse-tung* Ⅱ, 287; *Mao Zedong Xuanji* Ⅱ, 568; Takeuchi, ed., *Mao Zedong Ji* Ⅶ, 72.

55 *Selected Works of Mao Tse-tung* Ⅲ, 248; *Mao Zedong Xuanji* Ⅲ, 976; Takeuchi, ed., *Mao Zedong Ji* Ⅸ, 245.

56 *Selected Works of Mao Tse-tung* Ⅱ, 351; *Mao Zedong Xuanji* Ⅱ, 637; Takeuchi, ed., *Mao Zedong Ji* Ⅶ, 165.

57 *Selected Works of Mao Tse-tung* Ⅱ, 307; *Mao Zedong Xuanji* Ⅱ, 587; Takeuchi, ed., *Mao Zedong Ji* Ⅶ, 101.

은 국가체제가 "국가 속의 다양한 사회적 계급의 지위에 관한 문제"[58]라고 주장하고 있다. 이를 통해 우리는 마오쩌둥의 국가체제에 대한 분류체계가 특히 지배계급에 방점을 둔 계급 배열에 기초하고 있음을 알 수 있다. 결국 마오쩌둥의 국가체제에 대한 분류는 다음과 같은 점을 내포하고 있는 것이다. (1) 부르주아 독재 하의 공화국 (2) 프롤레타리아 독재 하의 공화국 (3) 혁명 계급들의 연합 독재 하의 공화국. 이와 같은 세 종류의 국가체제는 "그들의 정치 권력의 계급적 특성에 따라"[59] 등장하게 된다.

마오쩌둥의 국가 개념에서 특히 흥미로운 것은 그가 국가체제(國體)와, 지배계급의 경제적 이익을 구체적인 정책과 행동으로 옮기는 것을 실제적 기능으로 삼는 국가기구를 구분하고 있다는 점이다. 이러한 국가기구에는 정부, 군대, 사법체계, 관료제가 포함된다.[60] 이러한 구분은 마오쩌둥이 사회 속 정부의 역할에 주목할 때 가장 분명하게 드러난다. "이른바 '정체(政體)'의 문제에 관해, 그것이 가리키는 것은 정권 구성의 형식적 문제로, 특정한 사회계급이 어떠한 형식을 통해 적에게 반대하고 자신의 이익을 보호하는 정권기관을 조직할 것인지를 가리키는 것이다. 적당한 형식의 정권기관이 없다면, 국가를 대표할 수 없다."[61] 마오쩌둥은 한 발 더 나

---

58 *Selected Works of Mao Tse-tung* Ⅱ, 351; *Mao Zedong Xuanji* Ⅱ, 637; Takeuchi, ed., *Mao Zedong Ji* Ⅶ, 165.

59 *Selected Works of Mao Tse-tung* Ⅱ, 350; *Mao Zedong Xuanji* Ⅱ, 636; Takeuchi, ed., *Mao Zedong Ji* Ⅶ, 163~64.

60 *Selected Works of Mao Tse-tung* Ⅱ, 307; *Mao Zedong Xuanji* Ⅱ, 587; Takeuchi, ed., *Mao Zedong Ji* Ⅶ, 101.

61 *Selected Works of Mao Tse-tung* Ⅱ, 352; *Mao Zedong Xuanji* Ⅱ, 638; Takeuchi, ed., *Mao Zedong Ji* Ⅶ, 165.

아가 신민주주의에 가장 적합한 정체는 민주집중제이며, 중앙에서 각 진(鎭)급 단위에 이르는 국가의 모든 인민으로 구성된 인민대표대회는 보통선거에 토대를 두게 될 것이라고 제안했다. 이와 반대로 국가체제는 "모든 혁명계급의 연합독재"가 될 것이다. 이외에도 마오쩌둥은 정부체제와 국가체제를 분리했을 뿐만 아니라, 이 둘이 서로 불화(不相適應)할 수도 있음을 보여준다.[62] 이것은 지배적인 경제 계급의 이익이 제도적 혹은 정책적 형식으로 자동 전환된다는 것을 마오쩌둥이 받아들이지 않았을 수도 있음을 제기한다. 만약 그렇다면 이것은 경제와 정치 사이의 관련성을 완전히 절연시키지 않은 상황에서, 경제가 결정적인 작용을 하는 조건 속에서도 정치가 일정 정도의 독립성을 갖는다는 마오쩌둥의 이론적 태도를 암시하는 것이라고 할 수 있다. 이것은 뒤에서 계속해서 논의하게 될 것이다.

「연합정부를 논함」에서 마오쩌둥은 국가와 정부의 구분으로 되돌아온다. 그리고 국가를 구성하는 국가기구들의 통합적 부분인 군대를 논한다. "군대는 국가에 속한다. 이것은 매우 정확한 말이다. 세상에 국가에 속하지 않는 군대는 없다. … 중국은 오직 신민주주의적 국가를 세워야 하며, 이러한 기초 위에서 신민주주의적 연합정부를 세워야 한다. 중국의 모든 군대는 그러한 국가의 정부에 속해야 한다."[63] 이와 비슷하게 마오쩌둥은 이보다 앞선 시기 (1938) 마르크스주의 국가 이론과 군대 역량의 국가에 대한 작용을

마오쩌둥 사상 속의 마르크스주의와 사회 변혁에 대한 시각

---

62 *Selected Works of Mao Tse-tung* II, 352; *Mao Zedong Xuanji* II, 638; Takeuchi, ed., *Mao Zedong Ji* VII, 165.

63 *Selected Works of Mao Tse-tung* III, 246; *Mao Zedong Xuanji* III, 974; Takeuchi, ed., *Mao Zedong Ji* IX, 241.

논한 바 있다. "마르크스주의의 국가에 관한 학설의 관점에서 볼 때, 군대는 국가 정권의 주요 구성 성분이다. 국가 정권을 쟁취하고 그것을 유지하고자 하는 이는 반드시 강력한 군대를 가져야 한다."[64] 결국 마오쩌둥은 군대를 정부의 행정 관리 하에서 운용되는 것으로 본 것이며, 정부 자체는 국가의 가장 중요한 조직 기구로 본 것이다.

따라서 마오쩌둥은 국가체제를 계급적인 관점에서 표현한 것이라고 할 수 있다. 앞서 살펴본 것처럼, 국가체제는 "국가 속의 다양한 사회적 계급의 지위에 관한 문제"다. 비록 국가체제라는 개념이 계급 지배의 개념을 수반하는 것이지만, 이것은 계급 지배의 순수한 경제적 측면이 아닌 정치적 측면을 제시하고 있는 것이다. 그리고 국가체제는 사회 속 계급들의 상대적인 정치적 배치를 반영한다. 다른 한편으로 국가는 지배계급이 자신의 경제적 지배를 보호하고 계급 적대를 억누르기 위해 차용한 정치적 기구들의 식별 가능한 조합으로 이루어져 있다. 이러한 정치적 기구들 중 정부와 군대가 가장 중요하다.

정치체제와 정부체제를 구분하는 이와 같은 방식의 중요성은 마오쩌둥의 '근거'(根據)라는 개념과 사회를 일반적으로 세 가지로 개념화하는 그의 관점 안에서 정치가 떠맡게 되는 인과적 역할에 대한 분석으로 되돌아올 때 더욱 분명해진다. 마오쩌둥에게 정치는 경제의 집중화된 표현이다. 그리고 그는 그것을 사회의 '근거', 즉 사회의 문화를 발생시키는 경제와 정치의 인과적 매트릭스 안에 위치시킨다. 정치의 구성 성분은 정치 정당, 국가, 정부, 군대와

---

64 *Selected Works of Mao Tse-tung* Ⅱ, 225; *Mao Zedong Xuanji* Ⅱ, 512.

같은 기구들이다. 그렇다면 어떠한 의미에서 이러한 정치적 기구들은 경제의 집중화된 표현이 될 수 있는가? 그리고 그것들과 경제를 구성하는 생산력 및 생산관계 사이의 인과적 관계는 무엇인가? 우리는 이미 마오쩌둥이 특정한 계급과 대중들의 수요 및 이해관계를 집중화된 형식 안에서 그 표현을 찾게 하는 것으로 정치를 인식했다는 것을 알고 있다. 실상 계급과 대중의 수요 및 이해관계가 표현되는 것은 오직 정치를 통해서뿐이다.[65] 이러한 가정 하에서 마오쩌둥은 정치적 지도력에 관한 이론을 구축했고, 그것을 다음과 같은 구상의 출발점으로 삼고 있다. 즉 정치 지도자와 정치 기구들이 그들이 대표하는 계급 혹은 계급들의 분산되고 비체계적인 요구와 태도를 능동적으로 집중시킬 수 있다는 구상이 바로 그것이다. 이 때문에 정치는 계급의식과 단결을 구축하고 그들 자신의 이해관계를 보호하기 위한 계급을 조직해 내는 데서 중심적인 역할을 담당한다. 정치 없이 한 계급은 자신의 이해관계를 실행하거나 자신에게 호의적이지 않은 사회적, 경제적 조건을 바꿀 수 없다.

비록 마오쩌둥이 사회적 변혁의 과정에서 정치에 극도로 중요한 역할을 부여했다고는 하나, 특정한 경제적 조건의 출현(생산의 특정한 양식 혹은 계급구조와 같은)은 필연적으로 그것에 상응하는 정치의 출현에 선행한다. 정치라는 것은 경제의 집중화된 표현이고 경제에 의해 생겨나는, 역사적으로 필연적인 조건으로부터 완전하게 독립되어 먼저 출현하거나 존재할 수 없다. 예컨대 자본주의의 출현과 산업 프롤레타리아의 형성 이전에 공산당이 존재할 수도

---

65 *Selected Works of Mao Tse-tung* Ⅲ, 86~87; *Mao Zedong Xuanji* Ⅲ, 823; Takeuchi, ed., *Mao Zedong Ji* Ⅷ, 135.

있다는 가능성은 역사적으로 불가능한 것으로서 마오쩌둥에 의해 기각되었을 것이다.[66] 하지만 그러한 경제적 조건이 일단 발전하게 되면, 그로부터 등장한 '정치'는 프롤레타리아의 정치적 에너지와 태도를 집중시키는 기능을 수행할 수 있게 되고, 경제적 투쟁에 따른 발전과 계급관계의 구조 속에서 투쟁을 수행하는 계급의 입장은 정치의 역할에 크게 의존하게 되는 것이다.

특정한 사회의 변화 정도와 본성에 대해 설명할 때 정치의 역할을 무시할 수 없다. 예컨대 마오쩌둥은 중국의 봉건제도와 그 지속성을 통해 이것을 설명하고 있다. 봉건시대 동안 농민들은 변혁을 위한 효율적인 정치적 조직, 지도력과 계획을 갖추지 못하고 있었다. 수많은 농민봉기에도 불구하고 경제적 불만은 봉건체제에 대한 의미 있는 반대로 전환되지 못했다. 봉건사회의 정치는 대체로 결국 지주계급의 정치였고, 이는 봉건제의 지속을 떠받치는 국가체제를 낳았고, 그러한 국가체제와 함께 지주계급의 경제적 지배를 만들어냈다.[67] 물론 전통 중국 사회의 분명한 특징은 그 생산양식이 (마오쩌둥이 보기에) 대체적으로 봉건제와 별다를 것이 없다는 점이다. 여러 생산양식을 통해 사회가 형성되어 가는 과정 안에서, 서구의 침략 이후 중국에서도 정치가 계급노선에 따라 차별화되고, 경제적으로 지배력을 갖추고 있던 계급에 대한 분명한 위협이 정치

---

66 이 점에 대해 마오쩌둥은 일관된 태도를 유지했다. 1964년 마오쩌둥은 잔지바르 (Zanzibar)에서 온 한 방문자가 "아프리카에서 공산당을 수립할 시기가 무르익었느냐"고 묻자 즉시 다음과 같이 답했다. "공산당을 수립하는 문제는 산업 노동자가 존재하고 있느냐에 달려 있다." Joint Publication Research Service, *Miscellany of Mao Tse-tung Thought (1949~1968)* (Arlington, Virginia: February 1974), part 2, 367.

67 *Selected Works of Mao Tse-tung* Ⅱ, 308; *Mao Zedong Xuanji* Ⅱ, 588; Takeuchi, ed., *Mao Zedong Ji* Ⅶ, 102.

라는 층위에 놓이게 된 것이다.[68]

결론적으로 말해 마오에게 정치의 등장은 경제의 결과였지만 그들 사이의 인과적 관계는 상호적인 것이었다고 할 수 있다. 그리고 경제의 인과적 우선성은 정치에게 자리를 내주게 되는데, 그 후 정치는 계급(혹은 계급들)의 태도와 에너지를 집중시키고 계급적 이해관계를 보호하기 위한 정치적 기구들을 구축하는 역할을 담당하게 되는 것이다. 그러나 인과적 우선성이 정치에게 넘어갔다고 할지라도, 경제는 정치적 변수를 억제함으로써 필연적으로 지속적인 영향력을 행사하게 되고 잠재적인 변혁을 제한하게 되는 것이다.

'정치'와 계급투쟁의 조정

앞서 언급한 입장과 「모순론」에서 상세하게 언급되고 있는 입장의 중요한 차이점은, 문화가 정치와 경제 모두의 기능을 포함하고 있다는 것말고도, 마오쩌둥이 후자에서는 정치의 영향력을 '역사적으로 특정한 상황'에 제한하고 있지 않다는 것이다. 오히려 정치가 일단 불가결한 경제적 조건에 의해 창출된 후에는 특정 계급의 정치는 역사적 우위를 유지하게 되고, 해당 계급의 이해관계를 보호하기 위해 능동적으로 투쟁을 수행하며, 정치적 층위에서 벌어지는 투쟁은 결정적인 것이 된다. 역사적 과정 속에서 '정치'가 내포한 한계와 잠재력에 대한 마오쩌둥의 인식은 옌안 시기 동안 그가 주의를 기울였던 두 가지 문제, 즉 계급투쟁의 조정과 사회 속에서의

---

68 *Selected Works of Mao Tse-tung* Ⅱ, 341; *Mao Zedong Xuanji* Ⅱ, 625; Takeuchi, ed., *Mao Zedong Ji* Ⅶ, 150.

정부의 역할이라는 문제를 통해 잘 드러나고 있다. 우선 계급투쟁의 정치적 조정에 관한 마오쩌둥의 견해를 살펴보도록 하자.

　제2차 국공합작 기간 중 마오쩌둥은 여러 차례에 걸쳐 계급투쟁의 조정을 요구했다. 그리고 그러한 요구는 계급투쟁의 정도가 마오쩌둥이 항일전쟁의 성공적인 수행에 필수적이라고 주장한 네 계급 연합(노동자, 농민, 소자산가, 민족자본가 – 옮긴이)을 해칠 정도로 격화되었을 때마다 제기되었다. 제6회 중앙위원회의 제6차 전체회의(1938)에서 마오쩌둥은 다음과 같은 지시 사항이 담긴 연설을 했다.

> 계급투쟁과 민족투쟁의 관계 역시 이와 같습니다. 항일전쟁 중 일체의 것은 반드시 항일전쟁에 종속되어야 합니다. 이것은 확실한 원칙입니다. 때문에 계급투쟁은 항일전쟁에 종속되어야 하고 항일전쟁이라는 목표에 위배되어서는 안 됩니다. 하지만 계급과 계급투쟁이 존재하고 있다는 것은 사실입니다. 어떤 이들은 이러한 사실을 부정하고 계급투쟁의 존재를 부정하는데, 이것은 잘못된 것입니다. 계급투쟁의 존재를 부정하려는 이론은 잘못된 이론입니다. 우리는 그것을 부정하려는 것이 아니라 조정하려는 것입니다.[69]

　이와 비슷하게 약 7년이 지난 후 마오쩌둥은 「연합정부를 논함」에서 계급투쟁의 조정은 앞으로 중국의 정치경제적 체제가 기능할 수 있는 전제가 된다고 주장했다. 하지만 다시 한 번 마오쩌둥은 중국의 계급들 사이의 모순이 사라지지는 않을 것이라는 점을

---

69 Takeuchi, ed., *Mao Zedong Ji* Ⅵ, 248; cf. *Selected Works of Mao Tse-tung* Ⅱ, 200; *Mao Zedong Xuanji* Ⅱ, 491

강조하는 데 주의를 기울이고 있다.

당연히 계급들 사이에는 여전히 모순이 존재하고 있다. 예컨대 노동자와 자본가 사이의 모순은 가장 분명한 사례이다. 때문에 각 계급은 서로 다른 요구들을 가지고 있다. 이러한 모순을 없애버리거나, 이러한 요구들을 없애버리는 것은 거짓말이거나 오류이다. 하지만 이러한 모순과 서로 다른 요구들은 신민주주의의 전체적인 단계에서 공동의 요구를 초과할 수 없고, 또 해서도 안 된다. 이러한 모순과 서로 다른 요구들은 서로 조화되어야 한다. 이러한 조정 안에서 각 계급은 신민주주의 국가의 정치, 경제, 문화의 건설을 함께 완성할 수 있는 것이다.[70]

때문에 마오쩌둥은 계급투쟁이 조정될 수 있고, 나아가 '정치'의 영역이 계급투쟁을 조절할 수 있는 능력을 갖추었다고 믿었던 것이다. 위의 두 인용문 모두에서 마오쩌둥은 계급적 이해관계를 초월하는 이해관계를 제시하고 있다. 그리고 이러한 이해관계는 당연히 민족적 이해관계다. 하지만 그의 흡사 초계급적인 개념들(민족, 인민, 대중)에 대한 호소를 그러한 범주들이 계급 구분 및 투쟁을 넘어서 있다는 가정으로 받아들여서는 안 된다. 이와는 반대로 마오쩌둥은 계급 구분과 투쟁을 사회의 근본적인 성격으로 여겼고 계급 분석이 '마르크스주의의 근본적 관점'이라고 생각했다.[71] 때문에 '민족' 혹은 '대중'과 같은 세계적 범주들에 대한 참조는 계급노

마오쩌둥 사상 속의 마르크스주의와 사회 변혁에 대한 시각

---

70 *Selected Works of Mao Tse-tung* III, 230; *Mao Zedong Xuanji* III, 957; Takeuchi, ed., *Mao Zedong Ji* IX, 219.

71 *Selected Works of Mao Tse-tung* III, 11; *Mao Zedong Xuanji* III, 747; Takeuchi, ed., *Mao Zedong Ji* VI, 289.

선에 따라 내적으로 분화된 것이었다고 할 수 있다. 예컨대 마오쩌둥은 중국의 민중주의자인 펑위샹(馮玉祥)처럼 '일반 백성(老百姓)'을 개혁과 그에 따른 복리를 부여받아야 할, 분화되지 않은 수동적인 존재로 인식하지 않았다.[72] 반대로 마오쩌둥의 '인민'에 대한 언급은 해당 범주가 계급적 구분을 갖지 않는다는 가정을 내포하지 않고 있다. 오히려 마오쩌둥의 사상 속에 스며들어 있던 계급의 형성과 투쟁에 관한 마르크스주의적 관점은 '인민'을 계급들의 필연적인 연합으로 받아들이게 했고, 마오쩌둥은 그러한 연합 안에 여전히 계급 모순과 억압된 계급투쟁이 존재하고 있다고 생각했다. 때문에 '정치'가 계급투쟁을 조정할 수 있는 것이다. 하지만 계급투쟁을 종식시키는 것은 정치의 능력을 벗어나는 것이었다. 「새로운 단계를 논함(論新階段)」에서 마오쩌둥이 지적하고 있는 것처럼 "계급투쟁은 사라질 수 없다."[73] 또한 마오쩌둥은 1937년 한 기자의 질문에 답하면서 "계급 체제의 소멸 없이 계급 모순은 사라질 수 없다."[74]고 주장하기도 했다.

왜 그리고 어떻게 마오쩌둥은 정치를 계급투쟁을 조정할 수 있는 것으로 보았는가? 첫째, 마오쩌둥의 계급투쟁의 조정에 대한 요청은 중국의 특수한 역사적 상황에 근거하고 있다. 그리고 이러한 상황 속에서 몇몇 계급의 존재와 그들 사이의 투쟁이 갖는 형식과

---

[72] James E. Sheridan, *Chinese Warlord: The Career of Feng Yü-hsiang* (Stanford: Stanford University Press, 1966)을 볼 것. 특히 12장을 볼 것. 마오쩌둥의 '포퓰리즘적' 요소에 관한 논의에 대해서는 James R. Townsend, "Chinese Populism and the Legacy of Mao Tse-tung," *Asian Survey* 17, no. 11 (November 1977): 1003~15.

[73] Takeuchi, ed., *Mao Zedong Ji* VI, 248; *Selected Works of Mao Tse-tung* Ⅱ, 200; *Mao Zedong Xuanji* Ⅱ, 491.

[74] Takeuchi, ed., *Mao Zedong Ji* Ⅴ, 225.

정도는 핵심적인 문제이다. 정통 마르크스주의적 맥락에서 마오쩌둥은 가장 '원시적인 상태'를 제외하고는 계급의 존재와 계급투쟁이 모든 인간 사회의 근본적이고도 보편적인 모습이라고 믿었다. 하지만 계급과 계급투쟁의 근본적인 특성이 갖는 원칙은 특정한 역사적 순간에 계급과 계급투쟁이 특정한 형식과 강도를 갖고 있다는 가정을 내포하고 있지는 않다. 다시 말해 일반적 법칙의 다양하고도 특수한 사례들이 분명 존재하고 있는 것이다.(이러한 논리에 대한 좀 더 자세한 설명은 7장을 볼 것.)

특수한 역사적 맥락 안에서 계급투쟁의 성질은 인간 사회 안에 존재하는 계급투쟁의 존재에 관한 일반적인 공리(axiom)로부터 연역될 수 없다. 결론적으로 말해 그 어떠한 역사적 맥락에 대한 분석도 계급투쟁이 분명해지는 특정한 형식에 대한 분석에 근거해야 한다. 또한 계급투쟁은 어떤 필연적이고도 예정된 패턴을 따르지 않지만, 발전하는 역사적 상황이 부여한 한계들이 만들어내는 구체적인 형식을 갖추게 된다. 그러한 제약 조건이 만들어내는 프레임 안에서 계급투쟁은 등장하고 진행되는 것이다. 그리고 역사적으로 결정된 특정한 계급투쟁의 특징은 그것의 강도와 폭을 결정하며, 가장 중요하게는 계급투쟁의 수행과 그 탄력성을 결정한다. 옌안 시기 마오쩌둥의 중국적 맥락에 대한 분석은 중국의 계급투쟁이 쉽게 정치적으로 조정될 수 있음을 가리키고 있으며, 이러한 가능성은 일본 제국주의의 위협 때문에 다양한 계급의 경제적 이해관계가 그들 사이의 투쟁에 대한 조정을 통해서야 비로소 보호될 수 있다는 공통된 의식에 근거하고 있었다.

그러므로 계급투쟁의 조정이라는 개념은 얼핏 마오쩌둥이 계급투쟁을 정치적 위협에 종속된 것으로 보고 있다는 인상을 주는 것이 사실이지만, 계급투쟁을 조정하려는 그의 시도가 결국 계급 분석을 통해 그러한 정치적 행동의 잠재력이 드러나는 특정한 역사적 맥락 안에서 기획되고 있다는 점을 기억해야 할 것이다. 더군다나 앞서 살펴본 것처럼, 계급투쟁의 조정에 대한 그의 요청은 계급 간의 모순이 완전히 사라질 수 있다고 가정하지 않는다. 오히려 마오쩌둥의 요청은 그러한 투쟁에 관한 기존의 형식이 가지고 있던 강도를 강화시키거나 약화시킬 수 있다는 믿음을 보여주고 있다. 옌안 시기 동안 지주와 농민 사이의 계급 모순은 노동과 자본 사이의 모순과 마찬가지로 조절될 수는 있지만 없어질 수는 없었다. 1937년 마오쩌둥은 그러한 모순들을 순화하기 위해 동원할 수 있는 정치적 수단들을 언급한 바 있다. "통일전선 강령에서 우리는 인민들에게 정치적으로는 민주적 권리를 부여하고, 경제적으로는 생활의 개선을 도모함을 제시한 바 있다. 노동자와 농민이 정치적, 경제적 압박을 받게 되면 봉기해 저항하는 것이 필연적이다. 오직 민주적 권리를 부여하고 생활을 개선해야만 모순을 감소시킬 수 있다."[75] 그리고 더욱 구체적으로 마오쩌둥은 '인민'에게 집회, 결사, 언론의 자유와 광범위한 선거권을 부여해야 한다고 주장했다. 또 경제적인 측면에서 노동자들은 더 나은 보수와 개선된 노동환경을 제공받아야 하고, 농민들의 지대와 세금은 감면되어야 한다. 토지 문제 그 자체는 법률적 과정과 행동에 관한 주제여야 한다.[76] 마오쩌둥은 정치적 수단이야말로 계급투쟁을 조정하고 일본 제국주의에 대한 저항을 고취할 수 있다고 믿고 있었다.

---

[75] Takeuchi, ed., *Mao Zedong Ji* Ⅴ, 225.
[76] Takeuchi, ed., *Mao Zedong Ji* Ⅴ, 225.

둘째, 마오쩌둥이 더 이상 「모순론」에서 그러했던 것처럼 정치를 사회의 상부구조에 포함시키고 있지 않다는 것을 기억해야 한다. 정치는 사회적 '근거'의 통합적 부분이며, 경제와 혼합되어 문화를 만들어내는 인과적 매트릭스를 구축한다. 따라서 계급투쟁의 정치적 조정이라는 개념은 사회의 경제 영역에 대한 순수한 상부구조적 개입을 암시하지 않는다. 오히려 그것은 '근거'로부터 발원하면서도 그 안의 역량들—경제와 정치—의 배치에 의해 제약을 받는 역사적 자주성을 암시한다. 또한 마오쩌둥은 계급투쟁을 정치적 측면과 경제적 측면 모두에서 인식했다. 계급 형성은 본래적으로 경제적 긴장과 충돌을 불러일으키지만, 계급 간의 투쟁은 또한 중요한 정치적 차원을 내포하고 있다. 이는 어떻게 마오쩌둥이 한편으로는 정치적 행동으로는 계급과 계급 모순을 모두 없앨 수 없다고 주장하면서, 다른 한편으로는 정치적 개입이 계급투쟁의 강도를 조정할 수 있는 가능성이 있다고 믿었는지를 설명하는 데 도움을 준다. 그러므로 '정치'의 인과적 중요성에는 분명한 한계가 존재한다. 계급투쟁의 소멸이 '정치'라는 것이 가진 특권은 아니었던 것이다.

'정치'와 정부의 역할

옌안 시기 동안 마오쩌둥이 관심을 기울인 문제 중의 하나는 중국이 신민주주의 단계 동안 그리고 미래에 채택해야 할 정부체제(政體)의 유형에 관한 문제였다. 그는 정부의 구조와 그것의 역사적 역할에 관한 길고도 이론적인 몇몇 주요 문건을 이 기간 동안 집필했다. 마오쩌둥은 정부를 정치 영역의 한 측면으로 인식했고, 때문에 정부의 역할에 대한 분석은 사회 변혁에 대한 그의 기획에 있어 '정치'가 갖는 인과적 중요성에 관한 우리의 이해를 확장시키는 데 상당한 도움이 될 수 있을 것이다.

앞서 우리는 마오쩌둥이 계급적인 차원에서 국가체제(國體)와 정부체제(政體) 사이의 필연적인 일치성을 받아들이지 않았음을 보았다. 또한 그가 이 두 체제가 서로 상응하지 않을 수도 있다고 제안한 사실도 알고 있다. 아마도 마오쩌둥은 정부에게 주어진 일정 정도의 자율성에 역사적 우선권이 있다고 생각한 것 같다. 여러 계급의 상대적 위치가 충분히 반영되지 않은(다시 말해 국가체제와 상응하지 않는)[77] 국가체제가 취한 행동들은 계급에 관한 기계적인 설명에 잘 들어맞지 않는다. 오히려 정부의 구조와 작동 방식이 사회 변혁의 과정에 영향력을 끼칠 수 있다. 마오쩌둥은 계급구조가 상대적으로 일정하게 유지되고 있는 맥락에서 정부 기구와 정책에 변수들이 일어날 수 있음을 잘 인지하고 있었다. 예컨대 1942년과 1944년, 마오쩌둥은 '강한 군대, 작은 정부(精兵簡政)'라는 구호를 제시하면서, 정부의 구조와 행동이 항일전쟁 시기라는 특수한 시기에 성공을 쟁취하는 데 중요한 요소가 된다는 것을 인정한 바 있다.[78] 마오쩌둥이 정부 기구를 중시했다는 사실은 1942년에 발표한 「항일전쟁 시기의 경제 문제와 금융 문제(抗日戰爭時期的經濟問題和金融問題)」라는 장편의 분석을 통해 다시 한 번 입증된다.[79] 이 문서

---

77 *Selected Works of Mao Tse-tung* Ⅱ, 352; *Mao Zedong Xuanji* Ⅱ, 638; Takeuchi, ed., *Mao Zedong Ji* Ⅶ, 165.

78 *Selected Works of Mao Tse-tung* Ⅲ, 116, 117; *Mao Zedong Xuanji* Ⅲ, 851, 905.

79 Takeuchi, ed., *Mao Zedong Ji* Ⅷ, 183~354. 본 문건의 축약된 번역은 *Selected Works of Mao Tse-tung* Ⅲ, 111~16; Mao *Zedong Xuanji* Ⅲ, 845~51에 실려 있다. 완역은 Andrew Watson, ed., *Mao Zedong and the Political Economy of the Border Region* (Cambridge: Cambridge

를 통해 우리는 마오쩌둥이 정부 기구가 보다 광범위한 계급적 이익을 추구하기 위해 구축한 정책들의 성공 혹은 실패에 책임이 있을 수도 있다는 가능성을 받아들이고 있음을 분명하게 확인할 수 있다. 이에 관해 마오쩌둥은 다음과 같이 주장하고 있다. "경제 및 재정 기구가 통일되지 않고 불협화음을 내며 각자 정책을 마음대로 주무르는 등의 바람직하지 않은 현상은 반드시 극복되어야 하며, 통일되고 일사분란하게 움직이며 정책과 제도가 철저하게 관철되는 공작 체계를 구축해야 한다."[80]

마오쩌둥은 또한 정당과 마찬가지로 정부가 대중들의 생각과 의견을 집중시킬 수 있는 능력을 갖추어야 한다고 믿었다.[81] 하지만 정부가 이러한 기능을 성공적으로 수행하기 위해서는 "조직의 정확한 노선"[82]이 필요하다. 그리고 이러한 조직의 정확한 노선 안에서 정부와 인민 사이의 의사소통은 열려 있어야 하며, 신속하고도 효과적인 쌍방향의 정보 전달이 허락되어야 한다. 그러므로 정부의 조직 형태는 정책 형성의 의도를 실제적인 정책의 실행과 일치시키는 정부의 역할을 결정짓는다. 마오쩌둥은 이 점을 1937년 제임스 버트럼(James Bertram)과의 인터뷰에서 분명하게 밝혔는데, 이 인터뷰에서 마오쩌둥은 전쟁과 같은 비상 상황에 대응하는 정부의 능력은 그 조직 구조에 달려 있다고 언급한 바 있다. 또한 그는 중국은 민주집중제와 중앙집권제 중 하나를 고를 수 있다고 보았다.

University Press, 1980)으로 출판되어 있다.

80 *Selected Works of Mao Tse-tung* Ⅲ, 115; *Mao Zedong Xuanji* Ⅲ, 850~51.

81 *Selected Works of Mao Tse-tung* Ⅲ, 87; *Mao Zedong Xuanji* Ⅲ, 823; Takeuchi, ed., *Mao Zedong Ji* Ⅷ, 135.

82 *Selected Works of Mao Tse-tung* (London: Lawrence and Wishart, 1956), vol. 4, 205.

이 인터뷰의 최초 판본에서 마오쩌둥은 인류의 정치 행동의 역사가 민주집중제야말로 최선의 조직적 형식임을 입증했으며, 전쟁 기간 중 정치적, 군사적 효율성을 제고할 수 있다고 주장했다.[83]

그러므로 마오쩌둥은 정치적, 경제적 목적들을 달성하고 사회를 변화시키는 과정에서 정부가 갖는 중요성에 대해 조금의 환상도 품고 있지 않았다고 할 수 있다. 정부의 우선적 기능은 계급적 이해관계들을 강제적인 법과 정책으로 전환시키는 데 필요한 통일된 조직 구조를 제공하는 것이다.(1931~1934년 잠시 소비에트 기간 마오쩌둥의 입장과 정책들에 대한 분석에 대해서는 4장을 참조.) 하지만 계급적 이해관계와 정부가 설정하고 있는 구조 혹은 정부가 추구하고 있는 정책 사이에 완전한 혹은 자동적인 연관관계가 반드시 존재하는 것은 아니다. 비록 정부의 역사적 자율성이 사회적 제약 조건들에 의해 제한되고, 그 제약 조건들에 계급구조가 가장 중요한 의미를 갖는 것은 사실이지만, 정부의 본래적 성격(조직적 형식, 정부 기구들의 정치적 비전, 정책 실행의 방법)은 역사적 상황을 발전시키는 데 중요한 영향력을 행사한다. 정부라는 것은 아무런 표정도 갖지 않는 창백한 매개체가 아니다. 계급적 이해관계를 실현시키는 절차는 그 매개체 자체의 성격에 영향을 받게 된다. 차라리 정부는 그것이 대표하는 계급(들)의 태도와 요구를 집중시키고 형식화하며 실행하는 데 능동적인 역할을 담당한다고 할 수 있다.

이를 통해 우리는 마오쩌둥이 사회의 정치적 영역에 인과적 중요성을 부여했음을 재차 확인할 수 있다. 하지만 「모순론」과는 달리 「신민주주의론」에서는 정부가 상부구조적 반영이 아닌 사회적

---

83 Takeuchi, ed., *Mao Zedong Ji* V, 299.

'근거'에 관한 통합적이고도 능동적인 요소로 그려지고 있다는 점이 재차 강조되어야 할 것이다. 정치 영역의 요소들은 '경제의 집중화된 표현'이며 한 계급 혹은 대중의 이념과 행동을 집중시킬 수 있다. 이 때문에 '정치'는 사회적 변혁을 성취하는 데서 중요한 역할을 수행한다. 특정한 경제적 계급의 정치적 성공 혹은 실패는 비단 지엽적인 경제적 재산 정도와 관련되어 있는 것이 아니다. 더군다나 역사적 분석의 시각에서 보았을 때, 어느 특정한 계급의 정치적 행동이 한 사회 내에서 그 계급이 점하고 있는 경제적 권력으로부터 자동적으로 도출된다고 할 수는 없다. 비록 정치적 행동과 경제적 권력이 필연적으로 얽혀 있기는 해도 말이다. 결국 마오쩌둥은 '경제'와 '정치' 사이에 상호인과적 관계가 존재하고 있는 형식의 구축을 시도하고 있었다고 할 수 있으며, 그러한 형식 안에서 정치적 영역 속의 일들은 계급에 관한 기계적 설명으로 환원되지 않는다. 그렇게 함으로써 마오쩌둥은 중국의 혁명적 맥락에 관한 정확한 해석(혹은 마오쩌둥이 그러하다고 믿고 싶은 해석)을 제공하고, 마르크스주의적 측면에서도 어느 정도 정통적인 것으로 보일 수 있는 이론적 시각을 만들어내고자 한 것이다. 그리고 사회적 '근거'와 같은 개념을 사용하고 그 안에서의 발전에 관한 참조를 통해 사회적 변혁을 설명함으로써 마르크스주의의 정통성을 유지하고 있는 것처럼 보일 수 있었다. 또한 '정치'는 '경제의 집중화된 표현'이라는 레닌의 명제를 영리하게(정확하게는 아닐지라도) 차용함으로써, 마오쩌둥은 '정치'를 '근거' 안에 삽입시킬 수 있었을 뿐만 아니라 자신의 합법적 지위를 확보할 수도 있었다.

문화의 역사적 역할

사회의 '근거'에 관한 인과적 관계성을 탐색한 후 우리는 「신민주주의론」에서 사용되고 있는 사회의 3분법적 개념 안에서 '문화'가 담당하고 있는 역할에 대한 분석으로 이동할 필요가 있다. 마오쩌둥에 따르면 문화는 '경제와 정치'가 혼합된 사회적 '근거'에 의해 표현되는 인과적 매트릭스로부터 등장한다. "중화민족의 구식 정치와 경제는 곧 중화민족의 구식 문화의 근거이다. 하지만 중화민족의 새로운 정치와 경제는 곧 중화민족의 새로운 문화의 근거이다."[84] 그리고 「신민주주의론」의 또 다른 부분에서 마오쩌둥은 "특정한 문화는 특정한 사회의 정치적, 경제적 관념 형태의 반영이다."[85]라고 주장하고 있다. 하지만 비록 문화가 사회적 '근거'의 반영이긴 해도, 그것이 일단 형성되면 근거에 영향력을 행사하기 시작한다. 마오쩌둥이 언급하고 있는 것처럼, "특정한 형태의 정치와 경제가 우선 특정한 형태의 문화를 결정한다. 그리고 특정한 형태의 문화가 비로소 특정한 형태의 정치와 경제에 영향을 미치는 것이다."[86] 비록 문화는 본래 '근거'에 의해 결정되는 것이지만, 사회적 근거에 영향력을 행사할 수 있는 문화의 출현은 인과적 지배력(causal dominance)이 '근거'에서 그것이 만들어내는 문화로 전이될 수 있는 가능성을 만들어낸다. 마오쩌둥은 이러한 관점이 「신

---

84 *Selected Works of Mao Tse-tung* Ⅱ, 341; *Mao Zedong Xuanji* Ⅱ, 625; Takeuchi, ed., *Mao Zedong Ji* Ⅶ, 150.

85 *Selected Works of Mao Tse-tung* Ⅱ, 369; *Mao Zedong Xuanji* Ⅱ, 625; Takeuchi, ed., *Mao Zedong Ji* Ⅶ, 150.

86 *Selected Works of Mao Tse-tung* Ⅱ, 340; *Mao Zedong Xuanji* Ⅱ, 624; Takeuchi, ed., *Mao Zedong Ji* Ⅶ, 149.

민주주의론」에서 제기된 두 가지 주제—반영으로서의 문화와, 서로 다른 생산양식을 갖춘 사회구성체에서 문화와 '근거' 사이의 관계—에 대한 탐색에 의해 논증될 수 있다는 사실을 인지하지 못하고 있었다.

마오쩌둥은 문화가 사회의 정치 및 경제의 반영이라고 주장했다. 하지만 만약 문화가 반영이라면 그것이 어떻게 자신을 만들어낸 '근거'에 영향을 끼칠 수 있는가? 반영이라는 개념은 독립적으로 작용하지 못하는 공허한 이미지를 풍기는 것이 사실이다. 하지만 마오쩌둥이 문화가 사회 변혁의 과정에 영향력을 행사할 수 있다고 믿었다는 점에는 의심의 여지가 없다. 예컨대 1942년 옌안 문예 좌담회에서 그는 혁명적 예술과 문학이 "대중들의 역사적 전진에 도움을 줄 수 있다."고 주장했다.[87] 그는 또한 문화와 정치의 관계를 정교화하면서 문화가 계급의 영향력을 넘어설 수도 있다는 가능성을 단연코 거부했다.

> 현재의 세계 속에서 **모든 문화** 혹은 문학예술은 모두 특정한 계급에 속하고 특정한 정치적 노선에 속하는 것이다. 예술을 위한 예술, 초계급적 예술 혹은 정치에서 분리되거나 그것으로부터 독립된 예술은 실상 존재하지 않는다. ··· 당의 총체적인 혁명공작 안에서 당의 문예공작이 갖는 위치는 확정되었다. 그것은 바로 당이 특정한 혁명 시기 속에서 규정한 혁명적 임무에 복종하는 것이다. ··· 우리는 문예의 중요성을 지나칠 정도로 강조하는

---

87 *Selected Works of Mao Tse-tung* Ⅲ, 82; *Mao Zedong Xuanji* Ⅲ, 818; Takeuchi, ed., *Mao Zedong Ji* Ⅷ, 128. 본 연설의 본래 판본의 번역으로는 Bonnie S. McDougall, *'Talks at the Yan'an Conference on Literature and Art'': A Tranlsation of the 1943 Text with Commentary* (Ann Arbor: Michigan Papers in China Studies, no. 39, 1980).

것에 찬성하지 않는다. 하지만 또한 문예의 중요성을 지나치게 낮게 평가하는 것 역시 찬성하지 않는다. 문예는 정치에 종속된 것이다. 하지만 반대로 그것에 위대한 영향력을 끼칠 수도 있다. 혁명 문예는 전체 혁명사업의 일부분으로 혁명사업의 톱니와 나사이다. **다른 더욱 중요한 부분과 비교하여 당연히 덜 긴급하고 부차적인 위치를 차지하고 있는 것은 사실이지만**, 그럼에도 불구하고 그것이 전체 기계에 없어서는 안 될 톱니와 나사이다. … 우리가 말한 문예가 정치에 종속된다고 할 때, 이 정치는 곧 계급정치를 가리키는 것이다.[88]

위의 인용문에서 우리는 '반영'이라는 개념과 관련된 몇몇 흥미로운 입장을 확인할 수 있다. 첫째, 마오쩌둥이 반복적으로 주장하고 있는, 문화가 정치에 종속된다는 관점이 중요하다. 게다가 정치는 곧 계급정치이기도 하다. 정치에 대한 문화의 종속은 곧 마오쩌둥이 정치적 영향력을 조직하고 지도하는 데서 문화가 매우 기민하게 반응할 수밖에 없다고 믿고 있었음을 보여준다. 마오쩌둥이 천명한 것처럼 "모든 문화는 특정한 정치노선에 상응할 수밖에 없다." 비록 초기 형태의 문화는 계급구조에 의해 배태되는 것이지만, 문화의 형식화와 집중화, 그것의 정치적 목적을 위한 배치는 정치적 영역의 기능이다. 그러므로 정치는 한 계급의 경제와 그것의 체계화된 문화 사이에서 매우 중요한 매개적 위치를 차지하고 있다고 할 수 있다. 그리고 문화가 계급의 이해관계를 옹호 혹은 추구하는 데서 능동적인 역사적 역할을 수행하는 것은 오직 체계화된 형식 안에서일 뿐이다. 따라서 문화의 반영은 결코 완전히 자동

---

88 *Selected Works of Mao Tse-tung* Ⅲ, 86; *Mao Zedong Xuanji* Ⅲ, 822; Takeuchi, ed., *Mao Zedong Ji* Ⅷ, 134. 강조는 인용자.

적인 과정이 아니다. 오히려 마오쩌둥은 반영이라는 개념을 문화적
영역에서 능동적인 개입의 역할을 포함하고 있는 것으로 본다.

둘째, 마오쩌둥은 "모든 문화는 … 특정한 계급에 속한다"라고
주장함으로써 한 문화의 한계와 다양성은 그것을 배태시킨 계급적
형식의 본성에 의해 구축된다고 단언했다. 예컨대 농민을 호의적인
관점에서 그려내는 것은 지주계급의 문화에서는 받아들일 수 없
는 것이다. 옌안의 핑쥐위안(平劇院)에서 상연한 화극(話劇) 『량산
에 오르다(逼上梁山)』를 본 후 쓴 편지(1944)에서 마오쩌둥은 중국
의 봉건문화에 담겨 있는 보통 사람들에 대한 악의적인 형상화에
대해 언급했다. "역사는 인민이 창조하는 것이다. 하지만 구시대
의 무대(인민으로부터 유리된 일체의 구시대의 문학, 예술) 위에서 인민
은 오히려 찌꺼기가 되었다. 영감들과 도련님들, 부잣집 아가씨들
이 무대를 점령하고 있으니 이것은 역사가 뒤집어진 것이다. 당신
들은 그것을 다시 한 번 뒤집어 역사의 진면목을 회복해야 한다. 여
기서부터 구시대의 희극이 새롭게 변화되는 것이고, 이것은 축하할
만한 일이다."[89] 이 편지를 통해 계급과 문화 사이의 관계가 명확해
질 뿐만 아니라 특정한 계급 혹은 계급들의 이해관계를 위해 문화
를 조직하려는 정치적 개입의 가능성 역시 분명해진다. 이 때문에
비록 반영이라는 개념이 계급적 생산으로서의 문화라는 가정으로
부터 시작되는 것이지만, 해당 계급의 이해관계를 위해 효과적으로
작동할 수 있는 체계화된 문화는 정치적 영향력을 조직화하는 기
능을 가지고 있다고 할 수 있는 것이다.

문화의 역할은 또한 여러 종류의 생산양식이 존재하는 사회구

---

89 Takeuchi, ed., *Mao Zedong Ji* IX, 95.

성체에서 발생하는 사회 변혁의 개념에 대한 마오쩌둥의 분석을 통해 정교화된다. 마오쩌둥은 '근거'를 무차별적인(undifferentiated) 범주로 보지 않았다. 그것은 횡적으로(다시 말해 경제적, 정치적 영역으로 분화된) 차별화되어 있을 뿐만 아니라, 경제적으로 혼종적인 복잡한 사회 속에서 발생한 상호경쟁적인 생산양식들을 분리시키는 수직적인 균열들에 의해서도 특징지어진다. 마오쩌둥은 다음과 같이 중국의 경제와 사회의 분화된 특성을 규정했다. 중국은 '식민, 반(半)식민 그리고 반(半)봉건적'이며 그 어떠한 생산양식과도 다르다. 또한 그 '근거'는 공존하고 있으면서도 서로 경쟁하는 몇몇 정치경제적 형식의 차별화된 혼합이기도 하다. 만약 '근거'의 사회적 범주가 여러 생산양식을 가능케 하는 것이라면, 그로부터 문화—그 자체로 근거의 반영인—역시 차별화될 수 있다. 때문에 반봉건·반식민적 근거는 반봉건적·반식민적 문화를 낳을 수 있다. 그리고 마오쩌둥이 옹호하고 있는 '신(新)문화'는 중국 사회 내에서 태동하고 있는 새로운 경제적, 정치적 역량들의 반영이다.[90] 이 문화적 차별화라는 개념은 「신민주주의론」의 다음과 같은 문맥에서 선명하게 등장한다.

사회주의를 주요 내용으로 하는 국민문화는 반드시 사회주의적 정치와 경제를 반영하는 것이어야 한다. 우리는 정치적, 경제적으로 사회주의적 요소를 가지고 있고, 그것이 반영된 우리의 국민문화 역시 사회주의적 요소를 가지고 있다. 하지만 전체 사회에 대해 말하자면, 우리는 현재 그러한

90 *Selected Works of Mao Tse-tung* Ⅱ, 370; *Mao Zedong Xuanji* Ⅱ, 655~56; Takeuchi, ed., *Mao Zedong Ji* Ⅶ, 188.

전체적인 사회주의적 정치와 경제를 갖추지 못하고 있다. 그러므로 아직 전체적인 사회주의적 국민문화를 가질 수 없다.[91]

그러므로 문화의 등장이라는 것은 문화를 조직하는 정치의 역할을 포함한 '근거' 속의 발전에 의해 통제된다. 그리고 중국의 근거 속의 변혁은 새로운 문화의 출현과 성장에 매우 중요한 의미를 갖는다. "부르주아 경제가 없으면, 부르주아 계급, 쁘띠 부르주아 계급, 프롤레타리아 계급도 없다. 이러한 계급의 정치적 역량이 없다면 이른바 새로운 관념 형태와 새로운 문화는 그 안에서 발생할 수 없다."[92] 하지만 이러한 새롭게 등장한 문화는 사회 일반의 근거가 아닌 자신만의 '근거'에 대해 작용을 한다. 마찬가지로 반봉건적 문화는 그것이 등장한 반봉건적인 정치-경제적 구조를 강화한다.

만약 어떠한 문화가 그 '근거'에 대해 작용하는 것이라면, 그 문화에 해당되지 않는 근거에 대해서는 어떠한 관계를 갖는 것인가? 예컨대 새로운 문화는 반봉건적 근거에 어떻게 영향을 미치고 반작용을 하게 되는 것인가? 비록 1940년 마오쩌둥이 중국의 봉건, 반봉건, 반식민지적 정치와 경제가 여전히 지배적인 위치(統治地位)를 점하고 있다고 믿은 것은 사실이지만, 혁명적 문화가 지배적인 위치를 차지하고 있던 이전의 정치-경제적 구조를 쇠퇴시키는 데 중요한 역할을 할 것이라는 점을 강조했다는 것은 의심의 여지가 없다.[93] 하지만 문화가 이러한 과정을 독립적으로 추동할 수

91 *Selected Works of Mao Tse-tung* Ⅱ, 379; *Mao Zedong Xuanji* Ⅱ, 665; Takeuchi, ed., *Mao Zedong Ji* Ⅶ, 200.

92 *Selected Works of Mao Tse-tung* Ⅱ, 370; *Mao Zedong Xuanji* Ⅱ, 855~56; Takeuchi, ed., *Mao Zedong Ji* Ⅶ, 188.

는 없다. 그것은 '근거' 자체에서 발생되는 것이다. 하지만 이러한 움직임이 일단 시작되면 문화는 이 과정을 가속화하고, 그렇게 함으로써 "역사를 앞으로 밀고 나가는 것이다."[94] 이로써 새롭게 등장한 그리고 역사적으로 진보한 문화는 무엇보다도 자신이 반영하지 않고 있는 사회적 근거의 쇠퇴하고 있는 부분에 '엄청난 영향력'을 행사하게 되는 것이다. 그리고 동시에 그러한 문화는 자신이 등장한 근거의 발전을 추동한다. "신민주주의 문화는 한편으로 그러한 사회 형태의 반영이며, 다른 한편으로 그러한 사회의 지속적인 발전을 추동한다."[95] 결국 마오쩌둥은 문화에 이중적인 역할을 부여하고 있는 셈이다. 다시 말해 문화는 자신의 근거에 작용하면서, 자신과 투쟁 중인 근거의 쇠퇴를 촉진하는 것이다.

하지만 분화된 사회 속에서 서로 경쟁하고 있는 문화들 사이의 관계로 초점을 맞춰본다면 문화의 기원과 역할에 대한 마오쩌둥의 관점이 다소 불명확해진다는 점을 확인할 수 있다. 마오쩌둥은 문화가 '근거'의 반영이라고 믿고 있었지만, 또한 새롭게 등장한 문화가 이전에 형성된 문화로부터 발전되어 나올 수도 있다고 언급했다. 문화적 발전에 일종의 연속성이 존재할 수 있다는 것이다.[96] 「새로운 단계를 논함(論新階段)」(1938)에서 마오쩌둥은 그의 동지들에게 중국의 문화적 유산을 무시하는 것에 대해 경고하고 있다. "오

314

---

93 *Selected Works of Mao Tse-tung* Ⅱ, 341; *Mao Zedong Xuanji* Ⅱ, 625; Takeuchi, ed., *Mao Zedong Ji* Ⅶ, 150.

94 *Selected Works of Mao Tse-tung* Ⅲ, 82; *Mao Zedong Xuanji* Ⅲ, 818; Takeuchi, ed., *Mao Zedong Ji* Ⅷ, 128.

95 Takeuchi, ed., *Mao Zedong Ji* Ⅸ, 134.

96 *Selected Works of Mao Tse-tung* Ⅱ, 381; *Mao Zedong Xuanji* Ⅱ, 667; Takeuchi, ed., *Mao Zedong Ji* Ⅶ, 202.

늘날의 중국은 역사적으로 형성된 중국이 발전한 결과이다. 우리는 마르크스주의적 역사주의자로서 역사를 분할해서는 안 된다. 공자에서 쑨중산(孫中山)에 이르기까지 우리는 소중한 유산을 총결하고 계승해야 한다."[97] 「신민주주의론」에서 이러한 경고를 반복하고 있는데, 여기서 그는 다시 한 번 문화적 발전의 연속성을 강조한다. "현재 중국의 새로운 문화는 또한 고대의 구식 문화에서 발전되어 온 것이다. 따라서 우리는 자신의 역사를 존중해야 하며 결코 역사를 분할해서는 안 된다."[98]

어떤 문화가 이전의 문화로부터 발전되어 나올 수 있다는 주장은 그것이 오직 자신의 '근거'를 반영할 뿐이라는 가정과는 배치되는 것으로 보일 수 있다. 앞서 인용한 문화적 연속성의 개념을 강조한 두 문장은 새롭게 등장한 문화가 자신의 근거로부터 영향을 받을 뿐만 아니라 이미 존재하고 있는 문화적 형식에 의해서도 영향을 받을 수 있음을 주장한 것으로 보이기 때문이다. 그렇다면 이러한 역설은 어떻게 해소될 수 있는 것일까? 첫째, 마오쩌둥은 근거 안에서의 발전이 문화적 영역 안에서의 발전에 (인과적 관계와 시간적 순서에서 모두) 선행한다는 점을 명확히 밝힌 바 있다. 새로운 문화가 등장하기 전에 반드시 새로운 근거가 나타나야 한다. 그리고 이 새로운 근거는 자생적으로 나타날 수 없으며, 수세대에 걸친 이전 근거 속의 전환에 의존하고 있다. 마오쩌둥이 지적한 것처럼, "현재 중국의 새로운 정치와 경제는 고대의 구식 정치와 경제로부

마오쩌둥 사상 속의 마르크스주의와 사회 변화에 대한 시각

---

97 *Selected Works of Mao Tse-tung* Ⅱ, 209; *Mao Zedong Xuanji* Ⅱ, 499; Takeuchi, ed., *Mao Zedong Ji* Ⅵ, 260~61.

98 *Selected Works of Mao Tse-tung* Ⅱ, 381; *Mao Zedong Xuanji* Ⅱ, 667; Takeuchi, ed., *Mao Zedong Ji* Ⅶ, 202.

터 발전되어 나온 것이다."[99] 중국의 경험을 보면 새로운 근거가 등장하는 과정은 지체되는 속성을 지니고 있었으며, 마오쩌둥은 분명 새로움과 오래됨의 관계를 공존과 경쟁의 역동적인 과정으로 파악했다. 새로운 근거는 오래된 근거로부터 등장하게 되는 것이므로 새로운 것은 (비록 질적으로 다르지만) 오래된 것으로부터 영향을 받을 수밖에 없는 것이다. 이 때문에 새로운 근거로부터 등장한 문화는 오래된 근거의 영향을 받은 흔적을 내포하고 있고, 새로운 근거는 양자(문화와 오래된 근거 – 옮긴이) 사이에서 매개적인 위치에 서 있다고 할 수 있다. 이러한 방식을 통해 새로운 문화는 오래된 문화로부터 일정 정도 영향을 받게 되는 것이다.

둘째, 오래된 문화는 결코 그 자체로 동질적인 범주가 아니다. 그것은 계급노선에 따른 분화를 특징으로 삼고 있다. 마오쩌둥이 중국의 문화적 유산을 언급할 때 보여준 긍정적인 태도는, 그가 문화적 유산을 지배적인 위치를 점하고 있는 봉건적 문화와는 대치되는 진보적인 요소로 받아들이고 있었음을 보여준다. 다음과 같은 언급을 통해 그러한 측면이 분명하게 드러난다. "장기간에 걸친 중국의 봉건사회 속에서 찬란한 고대 문화가 창조되었다. 고대 문화의 발전 과정을 정리하고, 그 봉건적 찌꺼기들을 제거하여 민주적 정수를 흡수하는 것이야말로 민족의 새로운 문화를 발전시키고 민족의 자신감을 고양시키는 필요조건이라고 할 수 있다. 하지만 무비판적으로 모두 받아들일 수는 없다. 반드시 고대 봉건 통치계급의 부패한 것과 고대의 우수한 인민 문화, 즉 일정 정도 민주적 성

99 *Selected Works of Mao Tse-tung* Ⅱ, 381; *Mao Zedong Xuanji* Ⅱ, 667; Takeuchi, ed., *Mao Zedong Ji* Ⅶ, 202.

질과 혁명적 성질을 갖고 있는 것을 구별해야 한다."[100] 마오쩌둥은 사회적 근거에 엄청난 변화가 발생했지만 오래된 문화의 몇몇 형식('일반 인민들'의 것인)은 새로운 문화와 서로 어울릴 수 있을 정도로 충분히 진보적인 것이라고 인식했다. 하지만 오래된 문화 속의 진보적인 문화적 요소들은 새로운 근거의 '정치적' 부분에 대한 의식적 개입, 즉 새로운 근거와 문화에 유용할 것으로 간주되는 오래된 문화를 발굴하고 조직하며 승화시키기 위한 정치적 행동의 형식을 통해서만 비로소 추출될 수 있는 것이다. 이 때문에 일정 정도 문화적 연속성은 정치적 행동의 기능이라고 할 수 있다. 다시 말해 오래된 문화가 새로운 문화에 영향력을 행사하는 태도와 새로운 것이 오래된 것으로부터 발전되어 나오는 방식은 정치적 지도 및 조직화와 밀접한 연관을 맺고 있는 것이다.

정치와 이데올로기

마오쩌둥의 생각 속에서 한 계급의 문화를 체계화하는 데서 '정치'가 중심적인 위치를 차지하는 까닭은 한 계급의 이데올로기가 다듬어지지 않은 형식 속에서 분산되고 비체계적인 방식을 통해 나타나기 때문이다. 마오쩌둥은 동일한 계급의 구성원들을 특징짓는 생각과 태도의 패턴에 상당한 변수가 존재하고 있음에 주의를 기울였다. 비록 대체적으로 비슷한 사회경제적 환경은 그 생각과 태도에서 유사한 계급적 양식을 만들어냈지만, 정제되지 않은 계급

---

[100] *Selected Works of Mao Tse-tung* Ⅱ, 381; *Mao Zedong Xuanji* Ⅱ, 667; Takeuchi, ed., *Mao Zedong Ji* Ⅶ, 202.

이데올로기의 범주는 매우 광범위했다. "계급이 존재하고 있는 조건 하에서, 그 계급의 수만큼 다양한 주의(-ism)가 존재할 수 있고, 심지어 한 계급에 속한 각종 집단의 수만큼 다양한 주의가 존재할 수 있다."[101]

그렇다면 마오쩌둥은 어떻게 계급 이데올로기 속의 다양성을 설명한 것일까? 그리고 그의 설명은 유물론적인 것이라고 할 수 있을까? 마오쩌둥이 사용하고 있는 '계층'이라는 개념이 이러한 물음들에 대한 설명을 제공할 수 있을 것이다. 특정한 역사적 맥락의 특수한 성격에 주목한 마오쩌둥은 '계급'이 사회 속에 존재하고 있는 생각과 태도의 다양한 형태를 이해하기에 충분히 정밀한 개념이 될 수 없다는 결론에 도달하게 되었다. 특정한 계급의 구성원들이 정확히 동일한 사회경제적 조건을 공유하는 것은 아니기 때문에 계급이라는 개념은 좀 더 심도 깊은 구분을 요구하는 것이었다. 그래서 계층이라는 개념이 마오쩌둥에게 중요해졌는데, 왜냐하면 계층은 이데올로기적 다양성에 대한 유물론적 설명을 제공해 주었고, 특정한 계급의 이데올로기에 통일성과 일관성을 부여하기 위한 정치적 개입의 필연성에 대한 합리적인 이유를 마련해 주었기 때문이다.

마오쩌둥은 그가 처음으로 중국 사회를 분석하기 위해 계급적 분석을 심각하게 시도한 1925년부터 이미 계급을 계층으로 분할하는 성향을 보여주고 있었다.[102] 이와 비슷하게 1933년 마오쩌둥은

---

[101] *Selected Works of Mao Tse-tung* Ⅱ, 363~64; *Mao Zedong Xuanji* Ⅱ, 648; Takeuchi, ed., *Mao Zedong Ji* Ⅶ, 178.

[102] *Selected Works of Mao Tse-tung* Ⅰ, 13~14; *Mao Zedong Xuanji* Ⅰ, 3~11; Takeuchi, ed., *Mao Zedong Ji* Ⅰ, 161~74.

중국 농촌지역의 계급들을 분석하면서 계급들 안에 존재하고 있는 분화 현상에 대해 매우 민감하게 반응하고 있었다.[103] 그리고 옌안 시기, 「중국 혁명과 중국공산당」(1939)에서 중국의 계급들에 관한 그의 가장 종합적인 분석이 등장하게 되는데, 여기서 마오쩌둥은 계급 내적인 차이들에 대한 분석을 가능케 하기 위해 '계층' 개념을 광범위하게 차용하고 있다. 우리는 이 문서에 나타난 몇몇 예로부터 무엇이 계층을 구성하는지에 관한 이해를 도모할 수 있을 것이다. '도시빈민(城市貧民)'은 계층으로 분류되고 있는데, 마오쩌둥이 이 계층을 다시 좀 더 세부적으로 파산한 수공업자, 구직 중인 농민, 불특정한 직업에 종사하고 있는 쿨리와 같은 사회학적 범주로 나누고 있는 것은 흥미롭다. 마오쩌둥은 이러한 계층을 반(半)프롤레타리아(半無産階級)로 구분하고 있다.[104] 소상인 역시 하나의 계층으로, 이들 역시 다른 사람의 노동을 착취하고 있는지 그렇지 않은지에 따라 상층 소상인과 하층 소상인으로 나뉜다.[105] '유민(遊民)'은 '불안정한 사회적 계층'으로 특징되는데, 농촌과 도시의 실업자, 강도, 깡패, 거지, 창녀와 미신에 종사하고 있는 사람들이 이에 포함된다.[106] 1941년의 다른 문건에서 마오쩌둥은 계층의 개념을 부농, 상인, 중농, 빈농, 소작농, 수공업자, 부랑자에 적용한다.[107] 이와 비슷하게 대지주, 은행가, 매판 부르주아가 다양한 계층의 구성원으로 언급되고 있다.[108]

마오쩌둥 사상 속의 마르크스주의와 사회 변혁에 대한 시각

---

103 *Selected Works of Mao Tse-tung* Ⅰ, 137~39; *Mao Zedong Xuanji* Ⅰ, 113~15.

104 Takeuchi, ed., *Mao Zedong Ji* Ⅶ, 122.

105 Takeuchi, ed., *Mao Zedong Ji* Ⅶ, 124.

106 *Selected Works of Mao Tse-tung* Ⅱ, 325~26; *Mao Zedong Xuanji* Ⅱ, 609; Takeuchi, ed., *Mao Zedong Ji* Ⅶ, 207.

107 Takeuchi, ed., *Mao Zedong Ji* Ⅷ, 18.

마오쩌둥이 사용한 이와 같은 '계층' 개념의 용례로부터 우리는 다음과 같은 사실을 알 수 있다. 첫째, 마오쩌둥은 분명 계급이라는 개념이 사회의 경제적 관계의 특이성들을 규정하고 정교화하는 데 충분히 결정적이지 않다고 믿었다. 계급 내적 다양성에 대한 감각이 필수적이라고 생각했던 것이다. 이것은 계층이라는 개념 자체에 있어서도 마찬가지인데, 계층이라는 개념 역시 대상 범주의 비율 혹은 크기로 다시 나누어져야 한다.(예컨대 소상인이 다른 사람들의 노동을 착취할 수 있을 정도로 커질 수 있느냐의 문제) 둘째, 계급을 구성하는 계층은 경제적 요소들을 그 특징으로 삼는다. 예컨대 수공업자와 소상인은 쁘띠 부르주아에 속하지만, 그들의 분할된 경제적 위치를 특징짓는 작업 조건과 경제적 활동에 의해 서로 구분된다. 셋째, 한 계급에 속한 다양한 계층은 공통적으로 서로 구분될 수 있는 계급을 구성하는 데 충분한 특징을 가지고 있다. 마오쩌둥에 따르면 그렇게 서로 공유된 특징들은 가족, 생활 조건, 정치적 전망으로부터 형성되는 것이다.[109] 넷째, 마오쩌둥은 계층을 정치적 권력과 기구들의 경제적 연원을 확인하는 데 사용될 수 있는 개념으로 지목하고 있다. 예컨대 그는 "국민당은 복잡한 정당이다. 비록 지주, 대은행가, 매판 계층과 같은 반동집단을 대표해 통치하지만 이러한 반동집단과 완전히 일치한다고 할 수는 없다."[110]고 말한 바 있다. 마지막으로, 그리고 이것이 가장 중요하다고 할 수도 있을

108 *Selected Works of Mao Tse-tung* Ⅲ, 221; *Mao Zedong Xuanji* Ⅲ, 948; Takeuchi, ed., *Mao Zedong Ji* Ⅸ, 207.

109 *Selected Works of Mao Tse-tung* Ⅱ, 322; *Mao Zedong Xuanji* Ⅱ, 604; Takeuchi, ed., *Mao Zedong Ji* Ⅶ, 121.

110 *Selected Works of Mao Tse-tung* Ⅲ, 221; *Mao Zedong Xuanji* Ⅲ, 948; Takeuchi, ed., *Mao Zedong Ji* Ⅸ, 207.

것인데, 마오쩌둥은 분명하게 계층을 특정한 이데올로기적 패턴의 등장과 연계시켰다. 예컨대 그는 유민 계층을 "혁명 계급에 있어 유격전술과 무정부 사상의 근원"[111]이라고 규정하였다.

결국 마오쩌둥은 한 계급을 몇 개의 계층으로 분할하는 데서 한 계급의 문화 혹은 이데올로기를 특징짓는 다양한 사상과 태도에 관한 유물론적 설명을 받아들였다고 할 수 있다. 그리고 이것은 이데올로기를 계급 결정적인 것(class-determined)으로 보는 정통 마르크스주의의 법칙을 좀 더 유연하게 받아들이고자 했던 마오쩌둥의 의도에 상당한 보탬이 되었다. 왜냐하면 비록 사상과 태도가 존재의 물질적 조건의 기능이라고 할지라도, 특정한 계급의 구성원들은 그러한 조건의 다양한 변수를 경험할 수 있기 때문이다. 이와 같은 변수들에 의한 경험은 해당 계급 이데올로기의 양식과는 조금 동떨어진 분산되고 비체계적인 사상들을 만들어낼 수 있다. 하지만 그러한 분산되고 비체계적인 사상들은 '정치'의 영향력에 종속되는데, 정치는 그 자체로 사회적 '근거'의 통합적 부분이기 때문이다. 한 계급의 체계화, 조직화 그리고 문화적, 이데올로기적 고양을 통해 정치는 하나의 계급 그리고 특정한 역사적 조건 속에 놓여 있는 한 개인의 사상운동을 이끌어낼 수 있다. 이것은 다른 계급들에 있어서도 마찬가지다. 이 때문에 마오쩌둥은 사상과 이데올로기의 변혁을 사회의 인과적 '근거'로부터 이끌어낼 수 있다고 믿었던 것이다.

앞서 언급한 것처럼, 마오쩌둥 사상에 관한 비주류적 비판들은

---

[111] *Selected Works of Mao Tse-tung* Ⅱ, 325~26; *Mao Zedong Xuanji* Ⅱ, 609; Takeuchi, ed., *Mao Zedong Ji* Ⅶ, 127.

종종 계급과 이데올로기에 대한 마오쩌둥의 접근방식과 그 법칙에 대해 의문을 제기해 왔다. 여기서 제시한 해석은 마오쩌둥이 (최소한 옌안 시기 동안에는) 이데올로기를 사회적, 경제적 조건의 기능으로 보는 정통 마르크스주의의 교리로부터 자신을 분리시켰다는 주장과 일치하지 않는 것이었다.[112] 마오쩌둥은 마르크스주의의 입장을 완전히 폐기했다기보다는, 계급 내적 구분에 대한 감각을 포함시키고 '정치'를 사회적 '근거'의 일부분으로 보는 이론적 공식을 정교화함으로써 그것을 새롭게 만들었다. 그 결과 계급적 문화와 이데올로기를 체계화하고 제고할 수 있었던 것이다.

결 론

「신민주주의론」에서 제기한 사회 변혁을 이해하기 위한 삼각 도식에 관한 마오쩌둥의 공식은 '정치'를 사회적 '근거' 안에 포함시켰다. 그리고 이것은 기계적 마르크스주의가 제외시켰던 일정 정도의 이론적, 실천적 유연성을 가능케 했다. 이와 똑같은 원리를 통해 그 범위와 개념이 잘 잡혀 있는 이론적 영역 안에서 마오쩌둥이 움직였음은 분명하다. 마르크스주의적 개념들의 재배치와 정제가 마르크스주의에 대한 핵심적 참조를 완전히 방기하는 것이라고 할 수는 없다. 그것은 오히려 마르크스주의 이론에 대한 참조를 제고하

---

[112] 폴 힐리(Paul Healy)는 마오쩌둥의 저술들에 대한 세심한 텍스트 분석을 바탕으로 마오쩌둥의 사회 변혁에 관한 관점이 1955년 이후에도 교조적인 성격을 유지했음을 설득력 있게 주장하였다. "A Paragon of Marxist Orthodoxy: Mao Zedong on the Social Formation and Social Change," in *Critical Perspectives on Mao Zedong's Thought,* ed., Arif Dirlik, Paul Healy, and Nick Knight (Atlantic Highlands, New Jersey: Humanities Press, 1997), 117~53.

려는 시도라고 해야 할 것이다. 「모순론」, 「일당독재를 논함」, 「신민주주의론」에서는 경제주의(경제를 사회 변혁의 결정적인 요소로 보는)적 형식이 분명하게 드러나고 있다. 의심의 여지 없이 가장 유연한 유물론적 관점을 포함하고 있는 「신민주주의론」에서조차 사회 변혁을 추동하기 위한 정치의 능력에 분명한 한계를 부여하고 있다. 정치는 '경제적' 영역에 의해 발생된 주요 구조와 힘들로 구축된 사회적 맥락 속에서 수동적으로 작동할 뿐인 것이다. 마오쩌둥은 '정치'가 계급을 없앨 수 없다는 것을 알고 있었다. 하지만 그는 그것이 하나의 계급 혹은 계급들이 계급투쟁에 참여하기 위한 능력을 집중시키는 데 매우 중요한 역할을 담당할 수 있다고 믿었다. 그리고 이것이 마오쩌둥이 가장 흥미롭다고 생각한 점이었는데, 왜냐하면 그의 다양한 임기응변적 이론이 혁명의 승리라는 매우 실용적인 목표를 가지고 있었기 때문이다.

　비록 이 장에서 언급한 세 가지 텍스트에서 경제가 차지하는 인과적 지배력은 각기 다른 방식으로 설명 및 제한되고 있지만, 세 가지 텍스트 모두 사회 변혁에 관한 유물론적 관점에 의해 뒷받침되고 있다는 것은 분명하다. 이러한 마오쩌둥의 세 가지 텍스트를 강조하는 서로 다른 방식은 상부구조에 관한 마오쩌둥의 입장을 본질주의적으로 해석하는 것이 적절한가라는 의문을 제기한다.[113] 마오쩌둥이 옌안 시기인 1937년 8월 이후 상부구조라는 개념을 명

---

113 마오쩌둥 사상의 연속성을 강조하고 1917년부터 1976년에 걸친 모든 마오쩌둥의 텍스트를 단일하고도 본질적으로 존재하는 '마오쩌둥'으로부터 추출될 수 있는 동질적인 문건으로 보는 대표적인 예로는 John Bryan Starr, *Continuing the Revolution: The Political Thought of Mao* (Princeton: Princeton University Press, 1979)가 있다. 특히 이 책의 xi~xii을 볼 것.

확하게 사용하길 꺼렸다는 점과 「신민주주의론」에서 인과관계에 대해 다른 공식을 사용하고 있다는 점은 마오쩌둥의 텍스트를 해석하는 대안적인 전략의 필요성을 제기하고 있다. 그리고 그러한 대안적인 전략은 침묵과 도약 그리고 모순을 허락해 주며, 발전적인 이론적 가능성을 열어주는 것이다.(방법론에 관한 더욱 상세한 논의는 2장과 3장을 볼 것.) 최소한 우리는 마오쩌둥의 텍스트들을 자세하게 읽음으로써 마오쩌둥을 사회적 변혁에 관한 이해에서 고집스럽게 상부구조를 강조한 이단적 마르크스주의자로 보는 오해를 떨궈버릴 수 있었다. 또한 '토대-상부구조'라는 비유를 엄밀하게 검토하고 근본적으로 재정식화한[114] 유럽의 네오마르크스주의적 전통에 힘입어 우리는 종종 정통으로 오인되고 있던 마르크스주의의 기계적 판본을 좀 더 유연한 것으로 만들려고 한 1937년에서 1940년 사이의 제한적이지만 여전히 중요성을 가지고 있는 마오쩌둥의 이론적 공식을 이해할 수 있게 되었다.

---

114 예컨대 Louis Althusser, *For Marx* (London: Verso, 1979); Louis Althusser and Étienne Balibar, *Reading Capital* (London: New Left Books, 1970); Tom Bottomore, ed. *Modern Interpretations of Marx* (Oxford: Basil Blackwell, 1981).

7장

마오쩌둥과
'마르크스주의의 중국화'

1981년 6월 중국공산당 제11차 6중전회에서 통과된 「건국 이래 당의 몇 가지 역사 문제에 관한 결의(關於建國以來黨的若干歷史問題的決議)」(이하 「결의」)는 중국의 마르크스주의에 대한 마오쩌둥의 공헌, 중국 혁명과 사회주의 건설 시기 동안의 그의 역할에 대한 주류적 재평가의 방식을 구축해 놓았다. 1960년대 말과 1970년대 초 '문화대혁명'을 뒷받침하고 정당화한 마오쩌둥의 '프롤레타리아 독재 하의 계속 혁명에 관한 이론'은 "완전한 착오"[1]로 격하되었다. 마찬가지로 「결의」는 1956년과 1966년의 시간 동안 마오쩌둥이 "사회주의 사회의 계급투쟁에 관한 이론적, 실천적 착오"[2]에 책임이 있음을 밝혀두었다. 하지만 「결의」 안에서 그러한 부정적인 평가는 1949년 이전 마오쩌둥이 수행한 긍정적인 역할에 대한 강력한 옹

---

1 "On Questions of Party History: Resolution on Certain Questions in the History of our Party since the Founding of the People's Republic of China," *Beijing Review* XXIV, no. 27 (6 July 1981): 20~21.

2 "On Questions of Party History," 20.

호와 함께 균형을 이루고 있고, 그의 통치력, 정책, 이론적 혁신이 중국 혁명의 궁극적 승리에 중심적 역할을 했음이 명시되어 있다.

> 1927년에서 1949년에 이르는 22년의 시간 동안 마오쩌둥 동지와 여타 지도자들은 여러 역경을 이겨내고, 혁명을 참혹한 실패에서 위대한 승리로 전환시킨 총 전략과 각종 정책을 점차적으로 제정하고 또 지도해 나갔다. 만약 마오쩌둥 동지가 여러 차례에 걸쳐 중국 혁명을 위기 속에서 구해내지 않았다면, 만약 그를 지도자로 한 당 중앙이 모든 당과 전국의 모든 민족 그리고 인민의 군대에게 견결하고도 정확한 정치적 방향성을 제시해 주지 않았다면, 우리 당과 인민은 여전히 암흑 속에서 더욱 오랜 시간 동안 길을 찾아야 했을 것이다.[3]

마오쩌둥이 사망한 이후 몇 년 동안 포스트 마오쩌둥 시대의 중국 지도자들은 혁명 기간 동안 마오쩌둥에 의해 발전되고 사용되었던 마르크스주의의 형식에 기대어 자신들의 이데올로기적 합법성을 주장하려 했으며, 1980년대 중국의 대중매체와 이론 저널들에 등장한 수많은 글은 옌안 시기 마오쩌둥의 마르크스주의 이론에 대한 여러 측면에서의 공헌을 극찬했다.[4] 그리고 그러한 극찬을 위해 마오쩌둥의 마르크스주의에 대한 공헌 중의 하나로 채택된 것이 바로 마르크스주의의 보편 원칙과 중국 사회 및 중국 혁명의 특수성 사이의 '통합'에 대한 마오쩌둥의 일관된 주장이다. 6중

---

3 "On Questions of Party History," 13.

4 영어로 번역된 이와 같은 사례들은 Nick Knight, ed., *The Philosophical Thought of Mao Zedong: Studies of China, 1981~1989* (Armonk, New York: M. E. Sharpe, *Chinese Studies in Philosophy*, 1992)를 볼 것; 또한 Nick Knight, "Mao Studies in China: A Review of *Research on Mao Zedong Thought*," *CCP Research Newsletter* 2 (Spring 1989): 13~16을 볼 것.

전회의 「결의」는 실상 이러한 '통합'이라는 측면에서 마오쩌둥 사상의 독창성을 받아들이고 있다.

> 우리 당은 마르크스 레닌주의의 기본 원리를 창조적으로 운용하여, 그것을 중국의 구체적인 실천과 결합시켜 위대한 마오쩌둥 사상을 만들어냈고 중국 혁명의 승리를 쟁취하는 정확한 노선을 찾아냈다.[5]

1930년대와 1940년대 마르크스주의의 이론과 중국의 현실의 통합에 기여한 마오쩌둥의 공헌에 대한 이와 같은 찬사는 「결의」가 채택된 1981년부터 중국공산당의 이데올로기 안에서 지속되어 오고 있으며, 중국의 차세대 지도자들은 마오쩌둥이 최초로 개척한 방식을 통해 그들의 마르크스주의에 대한 이해를 표현하는 것에 익숙해져 있다. 왜냐하면 마오쩌둥은 추상적으로 보이는 마르크스주의의 공식들이 중국 사회에 적용되어 그 특수성을 드러낼 수 있는 방법을 만들어냈고, 이를 통해 적절한 정책의 수립을 가능케 한다고 여겨지기 때문이다. 그러므로 포스트 마오쩌둥 시대의 정책발전 역시 마르크스주의의 보편적 역사 법칙에 의해 파악되는 중국 현실에 대한 객관적 이해에 그 토대를 두고 있는 것으로 여겨진다. 그리고 중국공산당에게 있어 이러한 이데올로기적 공식—마르크스주의의 보편 이론과 중국 혁명의 '구체적 실천' 및 중국 사회현실 사이의 통합—이 갖는 지속적인 정치적, 이데올로기적 중요성은 마오쩌둥이 그러한 이데올로기적 공식을 이해했던 독특한 방식을 탐색해야 하는 근거를 제공하게 된다. 1930년대 후반, 마오쩌

---

5 "On Questions of Party History," 12.

등은 이러한 이데올로기적 공식을 '마르크스주의의 중국화'로 묘사했고, 스튜어트 슈람은 이 혁신을 마오쩌둥의 "가장 위대한 이론적, 실천적 성취"[6]라고 언급한 바 있다.

본 장의 목표는 마오쩌둥이 제시한 '마르크스주의의 중국화'의 형식을 분석하는 것이다. 다시 말해 본 장은 마오쩌둥으로 하여금 역사 이론으로서의 마르크스주의의 보편성을 주장하면서도 동시에 그러한 주장과 중국의 특수성을 강조한 자신의 관점을 조화시킬 수 있게 해주었던 논리를 재구축해 보려는 것이다. 마오쩌둥의 '마르크스주의의 중국화'에 대한 서구의 비판적 견해들은 크게 두 가지 해석 방식으로 나뉜다. 첫 번째 방식은 '마르크스주의의 중국화'가 궁극적으로는 마오쩌둥의 중국 중심주의적 견해의 발로이며, 그것이 마르크스주의의 보편적 진리를 희생시키고 결국 중국의 전통과 동시대적 현실을 우선시하는 결과를 초래했다고 주장한다. '마르크스주의의 중국화'는 "**중국적 경험에 대한 민족주의적 강조**"[7]

---

6 Stuart Schram, *Mao Tse-tung* (Harmondsworth: Penguin, 1966), 68.

7 Mark Selden, *The Yenan Way in Revolutionary China* (Cambridge, Mass.: Harvard University Press, 1971), 191. 강조는 원문. 레이먼드 와일리(Raymond Wylie)에 따르면 마오쩌둥은 "중국의 민족 형식 안에서 과학적 혁명 내용을 드러낼 수 있는 새로운 변종의 마르크스주의를" 만들어내는 데 관심을 기울이고 있었다. Raymond Wylie의 *The Emergence of Maoism: Mao Tse-tung, Ch'en Po-ta, and the Search for Chinese Theory 1935~1945* (Stanford: Stanford University Press, 1980), 90. 또한 동 저자의 "Mao Tse-tung, Ch'en Po-ta and the 'Sinification of Marxism,' 1936~38," *China Quarterly* 79 (September 1979): 447~80을 볼 것. 잭 그레이(Jack Gray)는 '마르크스주의의 중국화'가 "(마르크스-레닌주의적) 일반화를 상이한 중국적 환경에 맞추기 위해 조정하는 것"을 내포하고 있다고 주장한 바 있다. Jack Gray, *Mao Tse-tung* (Guildford and London: Lutterworth Press, 1973), 41을 볼 것. 스튜어트 슈람은 마오쩌둥이 "마르크스주의의 보편적 형식"의 존재를 거부했고 "중국의 영광"에 사로잡혀 있었다고 주장했다. Stuart Schram, *The Political Thought of Mao Tse-tung* (Harmondsworth: Penguin, 1969, revised ed.), 112~16을 볼 것. 프레더릭 웨이크먼 주니어는 마오쩌둥이 "마르크스주의의 보편 이론을 중국 혁명의 구체적인 실천에 맞추어 길

를 내포하고 있다는 것이다. 두 번째 방식은 '마르크스주의의 중국화'가 마오쩌둥 자신보다 마르크스주의에 대한 정통적 이해 방식을 선호한 모스크바 유학생 분파와의 당내 투쟁에서 자신의 위치를 제고시키기 위한 이데올로기적 책략이었다고 주장한다.[8] 이러한 기존의 견해들과는 반대로 아래의 분석은 마오쩌둥의 '마르크스주의의 중국화'가 마르크스주의 이론의 보편성을 포기하지 않으면서도 마르크스주의 이론을 특수한 민족적 맥락에 적용시킬 수 있는 공식을 발견해 내기 위한 시도라는 점을 주장하려 한다. 이렇게 서로 충돌하는 것으로 보이는 두 가지의 명제—보편 이론의 고수와 중국적 특수성에 대한 세밀한 주의—를 조화시키기 위해 마오쩌둥이

들이려 했다."고 주장했다. Frederic Wakeman Jr., *History and Will: Philosophical Perspectives on Mao Tse-tung's Thought* (Berkeley: University of California Press, 1973), 229. 소비에트의 분석가들은 마오쩌둥의 마르크스주의의 중국화를 마오쩌둥의 '한족중심주의(漢族中心主義)에 기반한 애국주의(Great-Han Chauvinism)'의 산물로 폄하하기도 했다. 그 실례로는 *A Critique of Mao Tse-tung's Theoretical Conceptions* (Moscow: Progress Publishers, 1972), 70~71을 볼 것. 또한 모리스 토레스(Maurice Thorez)의 마오쩌둥의 "특이한 이론"에 대한 비판도 참조할 것. 그는 "'중국화된' 후에, '프랑스화된' 후에, 또는 '러시아화된' 후에 마르크스-레닌주의의 보편 법칙에 무엇이 남아 있겠느냐"는 물음을 제기한 바 있다. Hélène Carrère d'Encausse and Stuart R. Schram, *Marxism in Asia: An Introduction with Readings* (London: Penguin, 1969), 309를 볼 것.

8 로버트 C. 노스(Robert C. North)는 마오쩌둥이 "특수한 중국의 필요성과 자신의 권력 추구를 위해 러시아 공산당의 정치이론을 받아들이고 있었다."고 주장한 바 있다. Robert C. North, *Moscow and Chinese Communists* (Stanford: Stanford University Press, 1963), 193. 또한 와일리는 마오쩌둥이 주장한 마르크스주의의 중국화가 "중국공산당 내에서 마오쩌둥과 유학생 분파 사이의 치열한 권력투쟁의 맥락에서 등장하고 발전했다."고 주장했다. Wylie, "Mao Tse-tung, Ch'en Po-da and the 'Sinification of Marxism',": 462를 볼 것. 또한 Wylie, *The Emergence of Maoism*, 52. 스튜어트 슈람은 "1938년 10월 마오쩌둥의 마르크스주의의 중국화에 대한 연설은 실상 자신과 유학생 분파 사이의 최후의 결전을 언급한 것이었다."고 주장했다. Schram, "The Cultural Revolution in Historical Perspective," in *Authority, Participation and Cultural Change in China*, ed., Stuart Schram (Cambridge: Cambridge University Press, 1973), 17.

사용한 논리를 이해하기 위해서는 과학과 과학적 방법에 대한 그의 견해를 재구축해야 할 필요가 있다. 자연과 사회의 보편적 법칙들은 어떻게 얻어지는 것인가? 그러한 법칙들이 보편적 위치를 차지한 이후에는 어떻게 적용되는가? 모든 사회가 단일한 보편 법칙을 따르는가? 어떠한 사회들이 그렇지 않은 것으로 보이는가? 지속적으로 변화하는 현실은 어떻게 이해되어야 하는가? 이러한 질문들이 바로 마오쩌둥이 역사에 관한 마르크스주의의 보편 이론으로부터 영감을 이끌어내면서도 중국 사회의 현실과 중국 혁명의 역동성을 이해하기 위해 씨름했던 질문들이라고 할 수 있을 것이다.[9]

마오쩌둥과 과학: 보편과 특수

과학에 대한 마오쩌둥의 견해는 귀납적인 방법만이 객관적 세계의 진실에 접근할 수 있게 하는 유일하고도 믿을 만한 수단이라는 굳건한 믿음에 바탕을 두고 있다. 고전적인 귀납적 논리에 따라 마오쩌둥은 현실에 대한 조사는 특수한 예들에 대한 수많은 관찰로부터 시작되고, 오직 그럴 때에야 비로소 관찰자가 유효한 증거로부터 (자연법칙의 형식 안에서) 결론을 이끌어낼 수 있다고 믿었다. 마오쩌둥은 지속적으로 연역적인 접근방식을 거부했으며, 연역적인 접근방식을 마르크스주의의 과학적 방법과 배치되는 것으로 받아들였다.

---

9 마오쩌둥의 인식론을 포함하여 그 사상의 철학적 차원에 대한 분석으로는 Nick Knight, *Marxist Philosophy in China: From Qu Qiubai to Mao Zedong, 1923~1945* (Dordrecht: Springer, 2005), chapter 9와 10을 참조할 것.

우리는 문제를 토론할 때 실제에서부터 출발해야지 정의(定義)에서부터 출발해서는 안 된다. … 우리는 마르크스주의자다. 마르크스주의는 우리가 문제를 볼 때 추상적인 정의로부터 출발해서는 안 되고 객관 존재인 사실로부터 출발해야 한다고 가르친다. 이러한 사실에 대한 분석으로부터 원칙, 정책, 수단을 이끌어낼 수 있는 것이다.[10]

마오쩌둥의 귀납적 방법에 대한 개념은 그가 자주 사용했던 '실사구시(實事求是)'라는 사자성어로 집약되는바, 이 슬로건은 마오쩌둥 사후 사회주의에 대한 그의 정책으로부터의 극적인 후퇴와 자본주의에 대한 포용으로의 방향 전환을 정당화하는 데 사용되었고, 오히려 이러한 이데올로기적 급변은 마오쩌둥이 주장한 인식론적 입장이 내포하고 있는 경험론적인 공허함(이에 대한 상세한 내용은 후술한다. 또한 2장을 참조할 것.)을 너무도 선명하게 드러내주고 있을 뿐이다. 마오쩌둥은 또한 '실사구시'의 내용을 다음과 같이 정의하고 있다. "'실사(實事)'는 객관적으로 존재하고 있는 모든 사물

---

10 *Selected Works of Mao Tse-tung* (Peking: Foreign Languages Press, 1967) Ⅲ, 74; *Mao Zedong Xuanji* [Selected Works of Mao Zedong] (Beijing: Renmin chubanshe, 1966) Ⅲ, 810; Takeuchi Minoru, ed., *Mao Zedong Ji* [Collected Writings of Mao Zedong] (Tokyo: Hokubosha, 1970~1972) Ⅷ, 118. 마오쩌둥은 많은 시간이 흐른 뒤에도 *Soviet Manual of Political Economy*에 대한 자신의 비판에서 연역적 방법을 반복해서 거부한다. "인간의 지식은 언제나 우선적으로는 현상과 마주한다. 그것으로부터 원칙과 법칙을 발견해 내는 것이다. 교과서는 그 반대이다. 그것의 방법론은 연역적이지 분석적이지 않다. 형식논리에 따르면 '모든 사람은 죽는다. 장씨는 사람이다. 그러므로 장씨는 죽는다.'라는 결론이 도출된다. 이것은 모든 사람은 죽는다는 전제로부터 도출된 결론이다. 이것은 연역이다. 교과서가 모든 문제에 대해 먼저 규정을 내리고 이 규정을 대전제로 삼아 연역을 진행해 그 원리를 증명한다. 이는 그 대전제가 문제를 조사한 결과라는 것을 이해하는 데 실패한다. 구체적인 조사를 마치고 난 후에야 원칙과 법칙은 발견되고 증명될 수 있는 것이다." Mao Tse-tung, *A Critique of Soviet Economics*, tr. Moss Roberts (New York: Monthly Review Press, 1977), 74.

을 가리킨다. '시(是)'는 객관 사물의 내적 관련성, 즉 법칙을 의미하고 '구(求)'는 연구한다는 것을 의미한다."[11] 마오쩌둥에게 '실사구시'란 "과학적 접근"[12]을 대표하는 것이었으며, 이러한 접근방식을 추구하기 위해서는 "물질을 자세하게 파악하고, 거기에 과학적 분석과 종합적 연구를 부가해야"[13] 한다.

마오쩌둥은 자연법칙이 현실세계를 수없이 관찰한 최종적 결과임을 분명히 했다. 『변증법적 유물론(강의개요)』에서 지적한 바와 같이, 마르크스주의 철학의 과업은 "각종 현상에 존재하는 관계를 머릿속에서 생각하는 것이 아니라, 각각의 현상 그 자체를 관찰함으로써 그들 사이의 관계에 도달하는 것이다."[14] 마오쩌둥은 마르크스주의의 정초자들이 "실제 생활과 실제 관계에 대한 분석에 기초하여 도출된 철학의 필연성을 적시했다."[15]고 믿었다. 그리고 그는 구체적인 사물에 대한 관찰을 통해 자연과학과 사회과학의 영역에서 '가장 폭넓은 법칙과 공식'을 도출해 낼 수 있다고 생각했고[16] 실천의 과정 속에서 인간이 얻어낸 '감각과 인상'이 모든 객관적 지식의 기초를 구축하는 것이라고 생각했다.[17] 하지만 마오쩌둥은 비

---

11 *Selected Works of Mao Tse-tung* Ⅲ, 22; *Mao Zedong Xuanji* Ⅲ, 759; Takeuchi, ed., *Mao Zedong Ji* Ⅶ, 322. 번역은 수정.

12 *Selected Works of Mao Tse-tung* Ⅱ, 339; *Mao Zedong Xuanji* Ⅱ, 623; Takeuchi, ed., *Mao Zedong Ji* Ⅶ, 148.

13 *Selected Works of Mao Tse-tung* Ⅲ, 21; *Mao Zedong Xuanji* Ⅱ, 757; Takeuchi, ed., *Mao Zedong Ji* Ⅶ, 320.

14 Nick Knight, ed., *Mao Zedong on Dialectical Materialism: Writings on Philosophy, 1937* (Armonk, New York: M. E. Sharpe, 1990), 96~97. 강조는 인용자.

15 Knight, ed., *Mao Zedong on Dialectical Materialism*, 98.

16 Knight, ed., *Mao Zedong on Dialectical Materialism*, 97.

17 Knight, ed., *Mao Zedong on Dialectical Materialism*, 135.

록 자기 스스로 어떤 개념이 조사된 사실들에 대한 관찰로부터 등장하게 되었을 때 관찰자의 머릿속에서 '갑작스런 변화'가 나타나게 된다고 주장했음에도 불구하고, 자연법칙의 형성에 선행하는 수많은 관찰이 필요하다는 점에 대해서는 별다른 언급을 하지 않았다.[18] 요컨대 수많은 관찰의 필요성이 조사되고 있는 현상의 본성 그 자체에 의해 결정되는 것처럼 보이게 된 것이다. 그 결과 선명한 추세가 관찰자에게 드러났을 때에야 비로소 충분한 관찰이 이루어지게 되고, 그러한 관찰은 현상의 본질, 즉 현상의 구별되는 특성을 파악한 관찰자의 머릿속에서 개념의 형태를 띠고 나타나게 되는 것이다. 하지만 마오쩌둥의 옌안 시기 저술들 안에 법칙 추출의 구체적인 과정에 관한 내용은 없다. 그럼에도 불구하고 우리는 마오쩌둥이 '법칙'이라는 용어를 사용하는 방식을 고찰함으로써 그의 사유 안에서 자연 '법칙'이 갖는 지위에 대한 일반적인 평가를 내릴 수 있으며, 또한 자연 '법칙'의 지위를 '마르크스주의의 중국화'에 관한 마오쩌둥의 관점을 재구축하는 출발점으로 활용할 수도 있다.

서구의 지식 전통 안에서 과학철학이 성취한 발전을 통해 우리는 과학 '법칙'이라는 개념이 특정한 현상의 특징과 행태에 관한 보편적으로 타당한 묘사를 가리키는 것임을 알고 있다. 귀납적 패러다임 안에서 이 묘사는 조사 대상이 되는 범주 안에 포함된 수많은 특수한 예들에 대한 가치중립적인 관찰에 기초하고 있다. 그리고 이를 통해 모든 관찰된 예들이 특정한 방식(말하자면 규칙적이고 예측 가능한 방식)으로 반응했기 때문에 그 범주에 포함된 모든 예

---

18 Knight, ed., *Mao Zedong on Dialectical Materialism*, 135.

들 역시 동일한 방식으로 반응할 것이라는 가정을 세울 수 있다. 여기서 중요한 점은 법칙의 형성이 한 범주 안에 포함된 모든 예들(관찰된 것과 관찰되지 않은 것을 막론하고)의 정확한 반복에 기반을 두고 있다는 것이다. 그리고 이로써 법칙은 보편적 타당성을 획득하게 되는 것이다.

이상이 바로 귀납에 바탕을 둔 과학적 방법론이 작동하는 방식이다. 많은 과학자가 이러한 방법론의 논리적 결함들을 지적해 왔는데, 현실에 대한 관찰이 관찰자의 가치관과 선입견으로부터 완전히 자유로울 수 없으며, 모든 예를 포괄할 수 있는 법칙을 만들어 내는 것이 불가능하다는 점이 그것이다. 마오쩌둥은 귀납법에 대한 이와 같은 반대 의견을 인정하지도 언급하지도 않았다. 하지만 과학과 자연 법칙의 형성에 대한 마오쩌둥의 접근방식은 그가 귀납적 방법론의 문제점들과 그것의 보완이 필요하다는 점을 인식하고 있었음을 보여준다. 그리고 이러한 인식은 법칙(예컨대 자연 법칙, 사회 법칙, 역사 법칙, 전쟁 법칙)의 도출에 대한 그의 접근방식을 통해 확인할 수 있는데, 그의 접근방식은 이미 세부적인 측면에서 귀납법을 벗어난 것이었다. 마오쩌둥에 따르면 비록 보편적 지위에 관한 법칙은 존재하지만, 보편적 지위를 갖지 않는 법칙을 도출하는 것이 가능하며, 또한 일반적인 범주 안에서 특정한 예에만 적용되는 법칙을 도출해 내는 것 역시 가능하다. 전쟁이라는 현상에 대한 마오쩌둥의 분석을 살펴보면, 우리는 그의 관점 안에서 (보편적이라기보다는) 제한적인 타당성을 갖는 '법칙'을 구축하는 것이 가능하다는 것을 확인할 수 있다. 1936년 「중국 혁명전쟁의 전략 문제」에서 마오쩌둥은 다음과 같이 언급하고 있다.

전쟁 상황의 상이함이 전쟁에 관한 상이한 지도 법칙을 결정한다. 전쟁 상황 안에는 서로 시간, 지역, 성질 사이의 차이점들이 존재하고 있다. 시간적 조건에 있어, 전쟁과 전쟁의 지도 법칙은 모두 발전하는 것으로, 각각의 역사 단계는 그 각각의 특징을 지니고 있다. 때문에 전쟁의 법칙 역시 각각 그 특징을 가지고 있으며 그것을 융통성 없이 다른 단계에 적용할 수 없다. 전쟁의 성질이라는 각도에서 보았을 때, 혁명전쟁과 반(反)혁명전쟁은 서로 다른 특징을 지니고 있다. 때문에 전쟁의 법칙 역시 각기 그 특징을 가지고 있는바, 융통성 없이 서로 혼합해 쓸 수는 없다. 지역적 조건이라는 각도에서 보았을 때, 각 국가와 민족, 특히 큰 국가와 민족은 그 나름의 특징을 지니고 있어서 그 전쟁의 법칙 역시 고유의 특징을 갖는다. 때문에 마찬가지로 융통성 없이 그것들을 남용해서는 안 된다. 우리는 서로 다른 역사적 단계들과 서로 다른 성질들 그리고 서로 다른 지역과 민족의 전쟁 지도 법칙을 연구하고, 그 특성과 발전에 주의를 기울여야 하며, 전쟁 문제에 관한 기계론적 관점에 반대해야 한다.[19]

이 흥미로운 인용문으로부터 우리는 마오쩌둥이 오직 하나의 전쟁에 관한 보편적인 법칙이라는 개념을 거부하고 있음을 확인할 수 있다. 오히려 이와는 반대로 특정한 전장(戰場)들에 관한 '법칙들'을 찾아내는 것은 가능하고 또 바람직하다. 그리고 이것은 전쟁의 성질과 맥락이 변화하면서 그것에 관한 법칙들 역시 발전하기 때문이다. 특정 지역의 사건들로부터 도출된 법칙들은 다른 장소에서 혹은 같은 장소의 다른 시간에서는 적절하지 않은 것이 되는 것이다. 또한 전쟁의 법칙들은 전쟁의 '성질'에 따라 다양한데, 그것

---

19 *Selected Works of Mao Tse-tung* Ⅰ, 181~82; *Mao Zedong Xuanji* Ⅰ, 157; Takeuchi, ed., *Mao Zedong Ji* Ⅴ, 86.

이 혁명전쟁이냐 아니면 반(反)혁명전쟁이냐에 따라 그 성질이 바뀌게 된다. 실제로 시간, 장소 그리고 '성질'의 독특한 조합에 의해 다른 상황에서는 적용할 수 없는 특정한 전쟁의 '법칙'이 도출되는 것이다. 그러므로 '법칙'이라는 것은 범주 그 자체라기보다는 일반적 범주의 특수한 예(예를 들어, 특정한 전쟁 혹은 선전)에 의해 수행되는 규칙들에 관한 개념이 된다. 이러한 종류의 '법칙'은 문제가 되는 특정한 예에 대해서만 타당할 뿐이며, 그것의 (아마도) 반복 불가능한 성질 때문에 전쟁이라는 총체적인 범주 안에서 다른 예들에 대한 보편적 타당성으로 자처하지 않는다.

이 때문에 마오쩌둥에게는 특정한 예가 (법칙의 도출을 위한) 범주 그 자체가 된다고 할 수 있을 것이며, 그것으로부터 자연스럽게 포괄적인 '법칙'이 만들어진다고 할 수 있는 것이다. 하지만 이러한 주장은 다음과 같은 두 가지 문제점을 내포하고 있다. 첫째, 이와 같은 주장은 논리적으로 무한한 후퇴의 가능성을 가지게 되는데, 마오쩌둥의 논리에 따르자면 특정한 현상(예컨대 전쟁)은 좀 더 덜 일반적인 타당성을 갖는 더욱 특정한 법칙들을 제공하기 위한 하위 범주로 계속해서 쪼개져야 하기 때문이다. 둘째로 반복 가능성에 관한 문제가 있다. 마오쩌둥이 참조하고 있는 귀납의 과정은 과학 법칙이 과거, 현재 혹은 미래에 관계없이 특정한 현상이 모든 순간에 항상 똑같이 반복되는 특징을 묘사할 것을 요구한다. 때문에 특정한 법칙은 그 법칙의 범주에 포함된 모종의 작용이 확실하게 반복 가능하다는 전제에 근거한 예측 능력을 갖추고 있어야 한다. 하지만 마오쩌둥이 이러한 반복 가능성에 대해 상당한 관심을 기울였던 것으로 보이지는 않으며, 그는 '법칙'이라는 것을 겉보기에 반복 불가능한 특정한 예들에 대한 묘사와 등치시키고 있는 것

같다. 결국 이러한 관점에 의해 동일한 범주 안에 포함된 모든 예에 대한 높은 수준의 예측성을 갖춘 과학 법칙이라는 개념은 그 힘을 상실하게 된다. 마오쩌둥이 '법칙'이라는 개념을 처리하는 방식에 의하면 '법칙'이라는 것은 상대적이고 잠정적인 타당성만을 가질 뿐이며, 특수한 예에 대한 그것의 적용 가능성 역시 그 법칙을 도출해 낸 특수한 예의 반복 불가능성에 의해 제한되고 있을 뿐이다. 실제로 마오쩌둥은 그가 사용한 '법칙'의 역사적 상대성에 대해 언급한 바 있다. "전쟁을 지도하는 모든 법칙은 역사와 전쟁이 발전하면서 함께 발전한다. 변하지 않는 것은 아무것도 없다."[20] 마오쩌둥의 관점에서 특정한 예에 관한 특정한 '법칙'이 자동적으로 보편적인 타당성을 갖추게 되는 것은 아니다. 하지만 특정한 예에 관한 특정한 '법칙'은 그 '법칙' 자체를 이해하는 데 있어 유용한 실제 사례들의 특징에 관한 묘사를 제공해 주고, 그로부터 특정한 정책적 대응을 도출할 수도 있다. 그리고 그러한 '법칙'의 특수성은 특정한 사례에 관한 정확한 규칙들을 책정하는 데도 도움이 될 수 있고, 그 '법칙'을 포함하고 있는 범주 속의 또 다른 사례들을 이해하기 위한 실용적인 교훈을 제공할 수도 있다. 하지만 그러한 특수한 '법칙'을 기반으로 즉각적인 추정 혹은 예측이 가능할 수도 있다는 가정이 세워지는 것은 아니다. 예컨대 마오쩌둥은 "각각의 나라 혹은 민족의 전쟁 법칙은 … 그들 자신만의 특징을 갖추고 있다."[21]고 말

---

20 *Selected Works of Mao Tse-tung* Ⅰ, 182; *Mao Zedong Xuanji* Ⅰ, 157~58; Takeuchi, ed., *Mao Zedong Ji* Ⅴ, 87~88.

21 1956년 마오쩌둥은 라틴 아메리카 공산당 대표들에게 중국 혁명의 경험을 기계적으로 적용하지 말라고 질책했다. 나라들마다의 서로 다른 조건(그들의 특수한 '법칙들') 때문에 그러한 기계적 사용은 결국 실패하게 된다는 것이었다. 그의 '마르크스주의의 중국화'라는 공식을 받아들이는 것에 대해 마오쩌둥은 그들에게 "마르크스-레닌

하고 있다.

특수한 '법칙'에 관한 마오쩌둥의 언급으로부터, 추정과 예측의 개념이 두드러진 역할을 하고 있는 것은 아니라는 점을 알 수 있다. 그는 '법칙'의 기계적 적용을 피해야 하며 그러한 법칙을 이끌어낸 특수한 사례의 독특함으로 인해 그 '법칙'이 제한되고 있다고 굳게 믿고 있었다.(예컨대 혁명이라는 범주 안에서 중국 혁명과 러시아 혁명의 특징은 반드시 구분되어야 한다.) 마오쩌둥은 대체적으로 정치적, 군사적 전략을 수립하려는 목적 때문에 특수한 '법칙들'의 유용성에 흥미를 가졌던 것이다. 특정한 사례에서 두드러지게 나타나는 규칙들에 관한 지식(말하자면 그 '법칙')은 연관된 사례의 규칙들에 대한 해석에 도움을 줄 수 있다. 하지만 그러한 지식이 기계적으로 적용된다면 그것의 규칙들을 가려버리게 되고 결국 전략적 실수로 이어지게 되는 것이다. 마오쩌둥이 언급한 대로 "각각의 역사적 단계에 놓인 전쟁의 법칙들은 그들만의 독특한 특징을 가지고 있으며 다른 단계에서 기계적으로 적용될 수는 없는 것이다."

그렇다면 우리는 마오쩌둥에게 있어 좀 더 일반적이고 궁극적인 보편적 타당성을 지닌 법칙들을 구축하기 위한 특수성을 넘어선 초월성은 존재하지 않는다고 가정해야 하는 것일까? 비록 의심의 여지 없이 마오쩌둥의 사상 안에 헤라클레이토스적(Heraclitean)인 요소("변하지 않는 것은 없다.")가 존재하고 있는 것이 사실이지만,[22] 그가 특수성에 기반해 있으면서도(하지만 동시에 그 특수성을 초

주의의 보편적 진리와 당신 나라들의 구체적인 조건, 이 양자를 결합시켜야 한다."고 조언했다. *Selected Works of Mao Tse-tung* (Peking: Foreign Languages Press, 1965) V, 326.

22 마오쩌둥이 헤라클레이토스를 '변증법의 아버지'로 인정한 것에 대해서는 Knight, *Marxist Philosophy in China*, 190을 볼 것.

월하는) 자연, 역사 그리고 사회에 관한 해석과 설명을 위한 패러다임을 제공하는 보편 법칙의 존재를 믿고 있었다는 것은 분명하다. 마오쩌둥이 이러한 측면에서 마르크스 레닌주의의 보편 법칙을 수용하고 있었다는 것에는 의심의 여지가 없는 것이다. 마오쩌둥은 그러한 보편 법칙의 도출을 (귀납적 논리에 따른) 특수에서 일반으로의 과정이라고 받아들였다. 그리고 그는 만약 객관적 진리에 도달하려 한다면 특수와 일반 사이의 연결 관계는 유지되어야 한다고 믿었다. "사물의 본성에 있어, 특수와 일반은 서로 밀접하게 연계되어 있다. 그 관계가 분리되면 객관적 진리로부터 벗어나게 된다."[23] 마오쩌둥은 특수를 규정하고 있는 '법칙들'이 좀 더 광범위한 보편적인 '법칙들'의 블럭들(blocks)을 형성하고, 그러한 귀납의 피라미드의 각 층들은 좀 더 낮은 층위의 보편성에 직접적으로 의존하고 있으며, 이러한 방식을 통해 실제 사례들로 쌓아올린 '법칙의 피라미드'를 완성할 수 있다고 생각했다. "비록 진정한 지식은 직접적인 경험으로부터 얻어낼 수 있는 것이지만" 마오쩌둥은 직접적인 경험이 이전 세대와 동시대인들이 축적하고 기록한 경험(즉 간접경험)과 결합해야 하며, 그로써 '법칙'의 피라미드를 쌓을 수 있는 재료를 공급할 수 있다고 주장했다.[24] 만약 법칙들이 여타의 것들에 대한 직접적인 경험으로부터 '과학적으로 추상된' 것이라면, 사전에 형성된 그 법칙들은 현실에 관한 과학적 관점을 완성하기 위해 사용될 수 있다. 그러므로 마오쩌둥의 기준에 의하면, 만

23 Takeuchi, ed., *Mao Zedong Ji* Ⅵ, 269; 또한 Schram, *The Political Thought of Mao Tse-tung*, 183을 볼 것.

24 *Selected Works of Mao Tse-tung* Ⅰ, 300; *Mao Zedong Xuanji* Ⅰ, 264~65.

약 마르크스주의와 같은 보편 이론이 표준적인 귀납적 과정으로부터 만들어졌고, '특수에서 보편으로'라는 과정의 산물이며 또한 '과학적으로 추상화된' 간접적 경험에 관한 정제된 지식을 사용하는 것이라면, 그것은 객관적 현실을 과학적으로 반영하고 있다고 생각해도 되는 것이다. 왜냐하면 그는 그 세계관(마르크스주의의 변증법과 역사 유물론)이 자신이 지지하는 독특한 귀납법칙에 따라 구축된 것임을 암묵적으로 받아들이고 있었기 때문이다. 실제로 그는 "문제들을 객관적이고 다면적으로" 바라보는 것을 배움으로써 자신과 동지들이 "과학적 마르크스주의자"가 될 수 있다고 주장했다.[25]

마오쩌둥의 입장에는 분명 논리적 난점들이 존재하고 있다. 보편 법칙의 형성을 가능케 하는 귀납 피라미드의 구축은 특수한 사례에 관한 '법칙들'이 반복될 수 없다는 그의 주장에 의해 그 설득력을 잃게 된다. 낮은 단계의 일반성에 관한 '법칙들'을 형성함에 있어 반복 가능성이라는 기준이 결여되어 있다는 것은 그러한 '법칙들'이 보편 법칙을 구축하는 기초적인 재료로 사용된다는 것에 대한 의구심을 불러일으키게 되는 것이다. 때문에 특수로부터 일반을 구축해 낼 수 있다는 그의 주장은 자신의 방법론적 접근에 포함되어 있는, 해결되지 못한 모순에 근거해 있다고 할 수 있다. 하지만 중요한 논점은 여전히 남아 있다고 해야 할 것인데, 보편과 특수 사이의 논리적 연결 관계가 아무리 미약한 것이라고 할지라도 마오쩌둥이 보편 법칙들과 특수 '법칙들'을 모두 구성해 낼 수 있

---

25 Stuart R. Schram, ed., Nancy J. Hodes, associate ed., *Mao's Road to Power—Revolutionary Writings, 1912~1949: Volume VI—The New Stage, August 1937~1938* (Armonk, New York: M. E. Sharpe, 2004), 540.

는 가능성을 믿었다는 것이 그것이다. 그리고 이를 통해 마오쩌둥이 마르크스주의의 중국화—역사에 관한 보편적 이론을 수용하고 그러한 이론의 보편적 지위로부터 멀어지지 않으면서도 그것에 민족 형식을 부여하는 것—에 접근하는 방식에 있어 보편 법칙과 특수한 '법칙들'을 구분하는 것이 중심적인 위치를 차지하게 되었다는 사실이 분명하게 드러날 것이다.

마오쩌둥의 '마르크스주의의 중국화'와 그 형식

마오쩌둥의 현상에 대한 접근에 있어 가장 두드러지는 특징 중의 하나는 그가 특수한 사례를 특징짓는 규칙들을 파악할 것을 주장하면서, 여타의 특수한 사례들이 가지고 있는 규칙들을 무시하는 무차별적 태도를 가지고 보편 법칙을 적용하는 것을 불신했다는 점이다. 보편 법칙의 구체적인 특징을 파악하는 것의 중요성에 대한 이러한 감각 덕분에 마오쩌둥은 마르크스주의로부터 특수를 종합적으로 이해하려는 자신의 의지를 실현시켜 줄 수 있는 방법론을 받아들일 수 있었다. 이러한 입장을 유지하면서도 마오쩌둥은 비록 스스로 유럽의 산업 자본주의의 기원과 동력에 관한 분석으로부터 이끌어낸 마르크스의 역사철학에 설복당했음에도 불구하고, 마르크스의 그러한 역사철학의 특정한 내용에 지나치게 얽매이지 않았다. 역사의 기원, 역사적 변화의 동력, 역사의 단계 그리고 피해갈 수 없는 역사의 목표에 관한 마르크스의 견해는 마오쩌둥이 역사를 인식하는 거시적인 틀을 제공해 주었다. 하지만 마오쩌둥은 많은 경우 역사에 관한 마르크스의 거시적인 관점이 역사의 개별적 단계 그리고 투쟁이 벌어지고 있는 특수한 현장에 관한 세부적인 설명까지 제공해 주지 않으며 또한 그럴 수도 없다는 것을 분명히 했다. 그러한 사항들은 연관된 경험적인 현실들에 관한 자세한 분석을 통해 드러나야 하는 것이다. 때문에 마오쩌둥은 마르크스주의의 역사철학이 내재하고 있는 보편 법칙으로부터 영감을 이끌어내면서도, 그러한 보편 법칙을 단지 고찰하려고 하는 현상의 규칙들, 즉 특수한 '법칙들'을 밝혀내는 데 필요한 세밀한 조사를 위한 가이드라인 정도로만 받아들였다. 이러한 이유로 마오쩌둥은 정통 마르크스주의의 법칙들과 원칙들을 암송하면서 마르크스주의 경전의 특수한 내용—그것이 처해 있던 역사적인 배경 안에서만 그 의미를 제대로 파악할 수 있는—을 숙지하고 있지만, 정작 중국 사회의 역사적 진화와 중국 혁명의 동력에 관한 깊이 있는 이해를 얻기 위해 마르크스주의의 방법론을 응용하지 못하는 자신의 동료들을 참아줄 수 없었다. 마르크스주의 경전의 내용들을 무비판적으로 사용하는 것에 대한 마오쩌둥의 거부감은 1941년「옌안 간부학교에 관한 중공 중앙의 결정(中共中央關於延安幹部學校的決定)」에 잘 반영되어 있다. 여기서 마오쩌둥은 동지들에게 마르크스주의로부터 중국 혁명의 수행에 유용한 부분을 추출해 내는 것을 배워야 한다고 주장하면서, 유럽 혹은 러시아의 계급투쟁과 혁명에 관련되어 있으면서도 중국적 맥락과는 별다른 관계를 가지고 있지 않은 법칙들과 원칙들에 얽매이지 말 것을 요구했다. 무엇보다도 동지들은 마르크스주의 경전들의 내용과 그것의 '정수'를 분리시키는 것을 배워야 하고, 그로써 마르크스주의 이론의 핵심에 놓여 있는 방법론을 적용해야 하는 것이다.

현재 옌안 간부학교의 기본적인 결점은 이론과 실제, 배움과 사용이 서로 분리되어 주관주의와 교조주의라는 엄중한 문제가 존재하고 있다는 것이다. 이러한 문제는 학생들에게 마르크스 레닌주의의 수많은 **추상적인** 법칙을 공부하게 하면서도 그것이 포함하고 있는 핵심이 어떻게 구체적인 중국의 환경에 적용될 수 있는가에 별다른 주의를 기울이지 않는다는 점을 통해서 드러난다. 이러한 문제점을 바로잡기 위해서는 마르크스 레닌주의를 학습하는 목적이 학생으로 하여금 그러한 원리를 정확하게 응용해 중국 혁명의 구체적인 문제를 해결하게 하는 데 있는 것이지 책 위의 각 원칙들을 죽어라 외우게 하는 것이 아님을 반드시 강조해야 한다. 첫째, 반드시 학생으로 하여금 마르크스 레닌주의의 자구(字句)와 그 실질을 구분하게 해야 한다. 둘째, 학생으로 하여금 반드시 그 실질을 깨닫게 해야 한다. … 셋째, 학생으로 하여금 그러한 실질을 중국의 구체적인 환경에 응용하는 데 능숙하게 해야 하고 일체의 형식적인 텅 빈 학습을 하지 못하도록 해야 한다. 이러한 목적을 위해 마르크스 레닌주의를 정확하게 가르치면서 동시에 중국의 역사와 상황 그리고 당의 역사와 정책에 관한 교육을 강화해야 한다.[26]

인용문을 통해 우리는 마르크스주의에 관한 마오쩌둥의 확신이 마르크스의 분석에 포함된 내용과는 아무런 연관도 없음을 확인할 수 있다. 그러한 내용은 결국 특정한 역사적 순간(19세기 중반)에 놓여 있는 생산의 특정한 양식(서구 유럽의 자본주의)에만 해당되는 것이다. 마르크스가 묘사한 특수한 역사적 국면의 특징—경제적 역사, 계급구조 그리고 계급투쟁의 성질—은 특정한 역사적인 맥락에서만 의미를 갖는, 마르크스가 수행한 분석의 특정한 내용일 뿐으로, 마르크스가 만들어낸 역사 법칙과는 구별되어야 하는 것이

---

26 Takeuchi, ed., *Mao Zedong Ji* VIII, 43. 강조는 인용자.

다.

　주의를 기울여야 하는 점은 마오쩌둥이 마르크스-레닌주의의 원칙과 법칙을 '추상적이며' 중국적 맥락에 곧바로 사용할 수는 없는 것으로 여겼다는 것이다. 마오쩌둥은 마르크스-레닌주의의 추상적인 원칙과 법칙을 특정한 현상의 보편적 상태에 관한 확언 정도로 받아들였다. 비록 마오쩌둥이 마르크스주의의 보편 법칙의 타당성을 암묵적으로 받아들이긴 했지만, 그러한 법칙이 스스로 특정한 역사적 환경 속에서 자신을 드러나게 하는 방식 자체를 설명해 낼 수 있다고는 생각하지 않았던 것이다. 계급투쟁에 관한 보편 법칙이 그 좋은 예다. 계급투쟁은 보편적으로 존재하는 사회적 현상이며, 모든 사회의(가장 원시적인 사회를 제외하고) 특징이다. 하지만 마오쩌둥이 보기에 계급투쟁의 보편성을 주장한 마르크스주의의 법칙은 계급투쟁이 특정한 역사적 맥락에서 발생할 수 있다는 것에 관해 아무것도 말해놓지 않았다. 때문에 계급투쟁이라는 보편 법칙은 (비록 그것이 수많은 계급투쟁의 사례에 관한 관찰로부터 도출된 것이라고 할지라도) 앞으로 발생하게 될 계급투쟁의 형식을 결정하는 데 응용되지 않는다면 여전히 '추상적인 것'이다. 이러한 의미에서 마오쩌둥은 마르크스의 법칙을 보편적으로 타당한 것이라고 받아들이는 동시에 그것을 '추상적'이라고 본 것이다. 또한 이것이 바로 마오쩌둥의 사상 속에서 귀납적이고도 경험주의적인 요소가 (다소 불편하게도) 매우 중요한 위치를 차지하고 있는 보편 법칙 및 규칙과 공존할 수 있었던 이유이다.

　중국공산당 내에서 마오쩌둥이 '교조주의자들(dogmatists)'과 일으켰던 충돌은 무엇보다도 마르크스주의의 해석과 그것의 적용을 둘러싼 의견의 근본적인 불일치 때문이었다. 마오쩌둥과는 다르게 '교조주의자들'은 중국과 서구의 사회적 조건이 다름에도 불구하고, 유럽의 자본주의와 그로부터 배태된 계급 구조 및 투쟁에 관한 마르크스의 연구 내용이 중국 혁명이라는 맥락에서도 타당성을 갖는다고 믿고 있었다. '교조주의자들'은 역사적으로 특수한 맥락을 묘사하고 있고 또한 그와 같은 특수한 맥락으로부터 추출된 마르크스주의의 법칙을 국지적으로만 응용될 수 있는 것으로 여기지 않았고, 마르크스주의의 법칙을 보편적 진리를 대표하는 것으로 받아들였다. 이와 반대로 마오쩌둥은 유럽 자본주의에 관한 마르크스의 저술들을 이용함에 있어 마르크스주의의 법칙을 다른 곳에서 응용하기 위해서는 그러한 법칙이 만들어진 역사적 내용으로부터 좀 더 일반화된 법칙을 추상화해 내야 한다고 주장했다. 그는 보편적으로 적용될 수 있는 법칙을 끌어내는 과정을 귀납의 피라미드에 있어 궁극적인 층위를 구축해 낼 수 있는 과학적 과정으로 생각했던 것이다. 그리고 이러한 과정을 통해 19세기 유럽의 계급투쟁에 관한 특수한 사례들을 묘사하는 '법칙들'이 보편적인 용어로써 계급투쟁이라는 범주를 결정하는 법칙, 즉 '(가장 원시적인 사회를 제외하고) 계급투쟁은 모든 사회 속에 존재한다.'는 법칙으로부터 분리될 수 있는 것이다. 마오쩌둥에게 있어 유럽의 계급 구조와 투쟁에 관한 마르크스의 일반화는 결과적으로 특정한 '법칙들'과 다를 것이 없다. 그러한 특수한 '법칙들'로부터 보편적인 법칙을 추상화해 냄으로써 일반성에 관한 가장 높은 수준에서의 법칙을 이끌어낼 수 있고, 이렇게 도출된 법칙은 보편적 타당성을 지니며 또한 특정한 역사적 혹은 문화적 내용에 의해 제한되지도 않게 된다. 그러므로 모든 사회 속에 계급투쟁이 존재한다고 주장하는 보편 법칙은 사회 속에서 계급투쟁이라는 현상으로 이목을 집중시킬 수 있지만, 그러한 보편 법칙 자체가 특정한 사회의 특정한 시간 속에서 계급 구조와 투쟁이 어떻게 자신을 드러낼 것인지를 가르쳐줄 수는 없는 것이다. 특정한 역사적 맥락 속의 계급투쟁의 본성을 드러내는 것은 그러한 맥락 안에서의 계급투쟁의 규칙들을 드러내는 경험적 분석일 수밖에 없으며, 그러한 분석의 결론을 특수한 '법칙'이라고 규정할 수밖에 없는 것이다.

'중국화'를 언급한 1938년 「새로운 단계를 논함(論新階段)」이라는 연설에서 마오쩌둥은 마르크스주의가 "보편적으로 적용될 수 있다."[27]고 주장했다. 하지만 마르크스의 유럽 자본주의에 관한 분석으로부터 도출된 특수한 '법칙들'이 보편적인 지위를 가지고 있다는 관념을 마오쩌둥이 거부한 것은 분명한데, 그 '법칙들'의 타당성은 그러한 '법칙들'이 도출된 역사적 맥락의 특수한 성격에 의해 제한되기 때문이다. 마르크스주의의 보편적 특성을 분리해 내기 위해 필요한 것은 추상화의 과정(내용으로부터 법칙을 분리해 내는)으로서, 이 과정 속에서 제한된 역사적 타당성의 '법칙들'은 특정한 역사적 한계들로부터 분리된 보편적 법칙을 만들어낼 수 있게 된다. 이러한 과정으로부터 도출된 보편적 법칙은 '추상적'일 수밖에 없는데, 왜냐하면 그것은 그 보편적 타당성을 제한하는 그 어떠한 내용도 내포하고 있지 않기 때문이다. 하지만 마오쩌둥은 보편 법칙의 생산이라는 것이 마르크스주의 이론 체계의 일부분에 불과하다고 믿고 있었다. 보편 법칙의 생산은 그 자체로 목적이라고 할 수 없는데, 보편 법칙의 목적은 그것이 추상적인 수준에서 묘사

---

27 *Selected Works of Mao Tse-tung* Ⅱ, 208; *Mao Zedong Xuanji* Ⅱ, 498~99; Takeuchi, ed., *Mao Zedong Ji* Ⅵ, 259.

해 놓은 현상을 조사하기 위한 지침으로서 특수한 사례의 수준에서 실제로 사용되는 것이기 때문이다. 이러한 방식을 통해 보편 법칙은 특수를 드러내는 데 도움을 줄 수 있으며, 특수와 보편의 결합을 통해서만 보편 법칙은 추상에 머무르는 것을 멈추게 되는 것이다. 보편 법칙의 특수한 발현을 결정짓는 응용이 없이는 보편 법칙이라는 것은 그저 '추상적인 것'에 머물게 되며 보편과 특수의 연결 관계 역시 끊어지게 된다. 하지만 마르크스주의는 이러한 의미에서 추상적인 것이라고 할 수 없다. 왜냐하면 마오쩌둥의 생각 속에서 마르크스주의는 보편과 특수의 결합이자, 특수라는 형식에 부여되고 적용된 보편으로 받아들여졌기 때문이다. 마르크스주의의 보편 법칙은 마르크스주의의 총체성을 나타내지 않는다. 그것은 차라리 특수한 사례의 '법칙들'을 드러내는 데 사용되는 보편적(혹은 '추상적') 법칙을 통합시키는 완전한 이론 체계의 일부분에 가깝다. 때문에 마르크스주의는 특수와 보편의 결합 없이는 불완전한 것으로 남아 있게 된다. 결론적으로 말해 「새로운 단계를 논함」에서 마오쩌둥이 "추상적인 마르크스주의는 없다. 오직 구체적인 마르크스주의만 있다."[28]고 주장했을 때, 그는 마르크스주의에 추상이 전혀 존재하지 않는다고 말한 것이 아니라 완성된 이론적 체계로서의 마르크스주의는 특수한 역사적 환경 속에서 보편 법칙의 응용에 의해 정의된다고 주장한 것이라고 할 수 있다. '추상적' 마르크스주의의 기능은 특수한 역사적 사례들의 규칙들을 드러내는 데 사용되는, 보편적으로 응용 가능한 법칙을 제공하는 것이었다. 이러한 추상화(보편 법칙) 없이는 아무런 목적의식도 없는 경험주의

---

28 Takeuchi, ed., *Mao Zedong Ji* VI, 261.

가 따라 나오게 된다. 하지만 이러한 추상화를 특정한 역사적 상황에 적용시키지 않는다면, 마르크스주의는 역동적인 역사적 현실에 적용되지 않는 창백한 사유의 체계에 머물게 될 것이다. 그러므로 중국적 맥락의 특수한 성격을 드러내기 위해 마르크스주의의 보편 법칙을 적용할 것을 주장한 마오쩌둥의 주장은 몇몇 논자가 주장한 것처럼 마르크스주의를 중국적 현실에 종속시키기 위한 변덕스러운 욕심이 아니라 마르크스주의를 완전한 이론 체계로 본 마오쩌둥의 독특한 관점에 그 근거를 두고 있다고 할 수 있을 것이다. 마오쩌둥은 마르크스주의의 보편 법칙을 중국 혁명과 중국 사회의 현실을 드러내기 위해 적용할 것을 강조했기 때문에 자신의 관점이 논리적으로 타당하다고 생각했던 것이다.

때문에 마오쩌둥에게 있어 마르크스주의의 유용성은 보편적으로 적용 가능한 법칙의 제공에 그치는 것이 아니다. 그는 또한 마르크스주의로부터 그러한 법칙이 구체적인 역사적 상황에 적용될 수 있는 방법론을 받아들였다. 다시 말해 응용 과정 자체는 총체적인 이론 체계로서의 마르크스주의가 갖는 통합적 특징이었던 것이다. 「새로운 단계를 논함」에서 마오쩌둥이 지적한 것처럼, "그들(마르크스와 레닌)이 문제를 관찰하고 해결하는 입장과 방법론"[29]을 공부해야 한다. 그리고 이 방법론은 역사의식, 총체성 속에서의 역사적 상황에 대한 분석, 그리고 계급 분석과 같은 핵심 사항들을 내포하고 있다. 마르크스주의에 포함된 이와 같은 방법론적 차원들은 보편이 특수한 역사적 사례들 안에서 자신을 드러내는 방법을

---

29 *Selected Works of Mao Tse-tung* Ⅱ, 209; *Mao Zedong Xuanji* Ⅱ, 498~99; Takeuchi, ed., *Mao Zedong Ji* Ⅵ, 259.

밝혀주는 열쇠를 제공해 준다. 결론적으로 말해, 중국적 맥락에 놓여 있는 마르크스주의라는 것은 중국 사회 및 중국 혁명을 특징짓는 규칙들(혹은 특수한 '법칙들')을 드러내기 위한 자세한 조사에 적용된 마르크스주의의 보편 법칙으로 구성되어 있다고 할 수 있는 것이다. 그리고 그러한 특수한 '법칙들'이 일단 드러나게 되면 그러한 '법칙들'은 역사적으로 규정된 상황 속에서 마르크스주의의 통합적 부분이 된다. 마오쩌둥이 '마르크스주의의 중국화'를 요청할 수 있었던 것은 바로 이러한 의미에서였다. 왜냐하면 마르크스주의는 오직 '중국화'를 통해 중국의 역사적 맥락에서만 완성될 수 있기 때문이다.

> 추상적인 마르크스주의는 없다. 오직 구체적인 마르크스주의만 있을 뿐이다. 이른바 구체적인 마르크스주의란 민족 형식을 통한 마르크스주의이며, 마르크스주의를 중국의 구체적인 환경 속의 구체적인 투쟁에 응용한 것이지 마르크스주의를 추상적으로 응용한 것이 아니다. 위대한 중화민족의 일원인 공산주의자가 … 중국의 특수한 상황을 이탈해 마르크스주의를 말한다면 그것은 추상적이며 공허한 마르크스주의일 뿐이다. 때문에 마르크스주의의 중국화는 중국의 특성을 가지고 있어야 한다. 다시 말해 중국적 특성에 근거하여 마르크스주의를 응용하는 것은 당원 모두가 이해하고 해결하기를 기다리고 있는 문제라고 할 수 있는 것이다.[30]

마오쩌둥이 주장한 '마르크스주의의 중국화'에 내재된 것은 (일련의 보편적 법칙이라기보다는) 완전한 이론 체계로서의 마르크

---

30 Schram, *The Political Thought of Mao Tse-tung*, 172. 번역은 수정. 원문은 Takeuchi, ed., *Mao Zedong Ji* VI, 261; *Selected Works of Mao Tse-tung* Ⅱ, 209; *Mao Zeodng Xuanji* Ⅱ, 499~500.

스주의는 오직 구체적인 역사적 맥락 안에서만 규정될 수 있다는 관념이었다. 그리고 이것은 마르크스주의 안에 보편 법칙이 주의를 기울여야 하는 보편적 '법칙들'과 '특수한 법칙들' 사이의 필연적 결합이 존재하고 있기 때문이다. 그러므로 레이먼드 와일리 (Raymond Wylie)가 주장한 것처럼, 비록 '마르크스주의의 중국화'라는 것이 '문화적으로 규정된 용어(culturally charged term)'이기는 해도 그것이 마르크스주의에 대한 중국 문화의 무조건적인 우위를 주장하는 것은 아니라고 할 수 있다.[31] 상이한 문화적 혹은 역사적 맥락에서 마르크스주의의 보편 법칙은 그것이 적용되는 특정한 맥락의 특수한 '법칙들'과 결합되어야 할 필요가 있다. 왜냐하면 마르크스주의의 특수한 '법칙들'은 중국적 맥락의 특수한 '법칙들'과 상이할 것이며, 마르크스주의 역시 각각의 상황에 따라 변화해야 하기 때문이다. 하지만 그럼에도 불구하고 마르크스주의의 보편적인 형식들과 특수한 형식들은 모두 일련의 보편 법칙을 공유하고 있다. 「신민주주의론」에서 마오쩌둥은 마르크스주의의 보편적 진리와 중국적 맥락의 특수한 특징 사이의 필연적 결합을 반복해서 언급하고 있다.

중국의 공산주의자가 마르크스주의의 중국적 응용에 대해 갖는 태도 역시 마찬가지다. 반드시 마르크스주의의 보편 진리와 중국 혁명의 구체적인 실천을 완전히 그리고 적절하게 **통일시켜야 한다.** 다시 말해 (마르크스주의의 보편 진리는-옮긴이) 민족의 특징과 결합해야 하고, 특정한 민족 형식을 거쳐야 비로소 응용할 수 있는 것이다. 결코 주관적이고 형식적으로 그것을

---

31 Wylie, *The Emergence of Maoism*, 52.

사용할 수는 없다.[32]

　　여기서 다시 한 번, 마르크스주의는 역사적으로 그리고 문화적으로 규정된 특정한 맥락의 특수한 '규칙들'과의 통합을 통해서만 완성될 수 있다는 점(그리고 이러한 완성을 통해서 그 유용성을 갖추게 된다는 점)이 강조되고 있다. 그리고 마르크스주의에 대한 이러한 관점은 논리적으로 중국 사회와 역사의 특수한 특징에 대해 상세한 주의를 기울일 필요가 있다는 주장으로 이어진다. 마오쩌둥은 옌안 시기 동안의 여러 저술에서 이러한 관점을 여러 차례 반복했고, 중국의 역사와 조건을 무시하기 위해 외국의 역사와 혁명 모델에 집착하고 있는 여타의 중국 마르크스주의자들에 대한 비판적 태도를 숨기지 않았다. 그는 이러한 집착을 마르크스주의에 대한 착오적 해석으로 받아들였다. 다시 말해 그들의 관점을 마르크스주의의 대체적으로 유럽적인 형식 안에 내재되어 있는 내용 및 특수한 역사적 맥락에서 형성된 '법칙들'이 자동적으로 중국적인 맥락에 연계될 수 있다고 보는 착오적 관점이라고 생각했던 것이다. 1941년 「우리의 학습을 개조하자(改造我們的學習)」에서 마오쩌둥은 중국공산당 내에 다음과 같은 세 가지 해로운 경향성이 존재하고 있다고 언급한다. 첫째로 현재 상황에 대한 연구를 부정하고 역사에 대한 연구와 마르크스-레닌주의의 응용 문제를 부정하는 경향이 그것이다. 마오쩌둥에게 이러한 실패는 마르크스주의를 착오적으로 해석한 결과이다. 그리고 이러한 실패에 대한 마오쩌둥의

---

32 *Selected Works of Mao Tse-tung* Ⅱ, 380~81; *Mao Zedong Xuanji* Ⅱ, 667; Takeuchi, ed., *Mao Zedong Ji* Ⅶ, 202. 강조는 인용자.

비판은 마르크스주의의 보편 법칙이 특정한 역사적 사례로서 존재하는 중국의 규칙들을 나타내는 특수한 '법칙들'과 결합해야 한다는 관점에서 비롯된 것이다. 둘째, 이러한 결합은 중국의 역사와 현재 상황에 대한 세밀한 조사 그리고 자세한 지식을 통해서만 가능하다는 것이 그것이다. 마오쩌둥은 마르크스주의자가 마르크스주의에 대한 교조주의적 해석에 근거해 활동하는 것이 '주관주의'에서 비롯된 것이라고 생각했다. 이 '주관주의'라는 비판은 현실로부터 이탈하고 이론을 위한 이론에 집착하는 것을 가리키기 위해 사용된 것이다.

352

이러한 태도(주관주의적 태도 – 옮긴이)를 가지고 주변 환경에 대한 체계적이고도 조밀한 연구를 하지 않고 주관적인 열정에만 의지해 일을 하게 되면 중국의 오늘날의 상황에 대해 명확하게 알지 못하게 된다. 역사를 단절시켜 고대 희랍만을 알고 중국을 이해하지 못하게 되어 중국의 과거에 대해 아무것도 모르게 된다. 그리고 추상적이고도 무목적적으로 마르크스 레닌주의 이론을 연구하게 된다. 중국 혁명의 이론 문제, 전략 문제를 해결하기 위해 마르크스, 엥겔스, 레닌, 스탈린으로부터 입장과 관점 그리고 방법을 찾는 것이 아니라 단순히 이론을 위한 이론을 공부하게 된다.[33]

1942년부터 1944년까지 진행된 정풍운동 기간 동안 '주관주의'를 뿌리 뽑아야 한다는 주장이 강조된다. 정풍운동 기간 동안의 문건들은 중국 혁명과 중국 사회의 특성들(특수한 '법칙들')을 드러내고 그러한 특성들에 맞게 정책을 만들어나가야 한다는 점에 초점

---

33 *Selected Works of Mao Tse-tung* Ⅲ, 21; *Mao Zedong Xuanji* Ⅲ, 757; Takeuchi, ed., *Mao Zedong Ji* Ⅶ, 320.

을 맞추고 있었다. 전체적인 맥락에서 보았을 때 정풍운동은 결과적으로 '마르크스주의의 중국화'가 당내의 폭넓은 지지를 획득하게 하기 위한 운동이었다고 보아야 한다.(마오쩌둥 본인이 그렇게 생각했던 것처럼) '마르크스주의의 중국화'라는 공식은 1938년 이래로 당의 지도자들과 지식인들의 주요 분파 사이에서 받아들여지고 있었지만, 일반적인 동지들 사이에서는 그다지 광범위한 지지와 이해를 얻지 못하고 있었다.[34]

「새로운 단계를 논함」에서 마오쩌둥은 마르크스주의가 행동을 위한 지침으로 여겨져야 한다고 주장했다. 그는 정풍운동과 관련된 문건들에서도 종종 이러한 관점으로 회귀하곤 했는데, 이는 본래 「학풍, 당풍, 문풍을 정돈하자(整頓學風黨風文風)」(1942)라는 제목으로 행해진 연설의 주요 주제가 되기도 했다.

> 우리 동지들은 마르크스-레닌주의를 학습하는 것이 눈이 즐겁기 위함이 아니요 그것이 무슨 신비로운 능력…을 가지고 있기 때문도 아니라는 점을 명확히 알아야 한다. 마르크스, 엥겔스, 레닌, 스탈린은 일찍이 반복해서 우리의 학설은 교조가 아니라 지침이라고 말했다. … 중국 공산당원이 마르크스 레닌주의의 입장, 관점 그리고 방법을 응용하고 레닌과 스탈린의 중국 혁명에 대한 학설을 응용하는 데 능숙해진 후, 한 발 더 나아가 중국의 역사적 현실과 혁명적 현실에 대한 진지한 연구를 통해 각 방면에 걸쳐 중국의 수요에 맞는 이론적 창조를 해낼 때에야 비로소 이것을 이론과 실제의 상호 결합이라고 부를 수 있을 것이다.[35]

---

34 '마르크스주의의 중국화'를 옹호하는 중국공산당 지식인들의 논의 사례에 대해서는 Knight, *Marxist Philosophy in China*의 chapter 7과 11을 볼 것.

35 *Selected Works of Mao Tse-tung* III, 43; *Mao Zedong Xuanji* III, 778; Takeuchi, ed., *Mao Zedong*

분명 마오쩌둥은 마르크스주의의 보편 법칙과 중국적 맥락 속의 특수한 규칙들을 드러내는 특수한 '법칙들' 사이의 결합을 중국화된 마르크스주의라고 생각했음이 틀림없다. 그렇다면 그는 어떻게 이러한 이론적 체계를 '행동에 관한 지침'으로 받아들인 것일까? 우선 마오쩌둥이 이 문제를 혁명의 과정 속에서 배태되는 다양한 정치적, 경제적, 군사적 변수에 자동적인 공식들과 정확한 정책들을 적용해야 하는 것으로 생각하지 않았다는 점에 주목해야 한다. 중국화된 마르크스주의의 기능은 중국적 맥락에 대한 가능한 한 가장 정확한 해석을 가능케 하는 것이다. 이러한 해석으로부터 얻은 정보들을 가지고 중국공산당 지도자들은 구체적인 상황에 대한 객관적인 가능성과 한계에 걸맞은 전략 및 전술을 형성할 수 있게 되는 것이다. 그리고 그러한 전략과 전술은 필연적으로 정확한 것이라기보다는 적절한 것이라고 받아들여지는 것이다. 역사적 상황에 대해 분명하고 정확할 것으로 기대되는 청사진을 갖는 것은 정확하지 않은 정책적 대응들을 제외시키고, 좀 더 바람직한 혹은 좀 더 분명한 전략과 전술을 제시하는 데 필요한 지침이 된다. 여기서 다시 한 번 마오쩌둥의 정책 수립 방식에 대한 귀납법의 영향력이 드러나게 된다. 어떠한 상황에서라도 선험적인 전략전술을 임의대로 형성할 수 없다. 오직 구체적인 역사적 상황의 특징에 대한 세심한 분석을 통해서만 그렇게 할 수 있다. 또한 전략을 수립하는 이는 반드시 사실에 기반해 '상향식'으로 작업을 해야지 현실에 대한 행동에 있어 사전에 결정된 청사진을 적용하려고 해서는 안 된다. 마오쩌둥은 「우리의 학습을 개조하자」에서 이 점을 명확히 하고 있

Ji VIII, 75.

다. "마르크스, 엥겔스, 레닌, 스탈린은 우리에게 객관적으로 존재하고 있는 실제 사물에서부터 출발해야 하며 그러한 사물로부터 규칙을 찾아내고 그것을 우리 행동의 지침으로 삼아야 한다고 가르쳤다."[36]

이러한 맥락에서 마오쩌둥의 실천에 관한 이론은 타당성을 갖추게 된다.[37] 중국화된 마르크스주의는 역사적 상황에 대한 정확한 평가를 제시함으로써 행동을 위한 지침으로서만 기능할 뿐이다. 필요한 추론을 이끌어내고 정확한 정책적 대응을 만들어내기 위해 직·간접적 경험을 사용하고 상황에 관한 규칙(특수한 '법칙들')을 충분히 이해하는 것은 지도자 혹은 동지에게 달린 것이다. 겉으로 보기에 정확해 보이는 정책의 타당성을 구분해 내는 유일한 방법은 그것을 적용해 보고 결과를 평가해 보는 것뿐이다. 만약 의도와 결과가 일치한다면 정책과 그것이 기반하고 있던 해석은 정말로 정확했던 것이다. 하지만 만약 양자가 불일치한다면 그것은 상황에 대한 잘못된 분석 혹은 겉으로 보기에는 타당해 보였지만 정확하지 않은 대응을 만들어낸 공식 때문이다. 후자의 경우 객관적 상황에 대한 분석을 재조정하거나 정책을 다시 수립해야 하며 혹은 이 모두가 필요할 수도 있다. 그리고 현실에 참여함으로써만, '실사구시'와 '이론을 실천과 밀접하게 연계시키는 것'을 통해서만 비로소 목적에 필요한 지식이 정책의 의도와 결과 사이의 간극을 메우기

---

36 *Selected Works of Mao Tse-tung* Ⅲ, 21; *Mao Zedong Xuanji* Ⅲ, 757; Takeuchi, ed., *Mao Zedong Ji* Ⅶ, 320.

37 「실천론」의 원본 번역은 Knight, ed., *Mao Zedong on Dialectical Materialism*, 132~53을 볼 것. 마오쩌둥의 실천 이론에 대한 논평은 Knight, *Marxist Philosophy in China*의 chapter 10을 볼 것.

위해 얻어질 수 있는 것이다.[38]

　　결국 마오쩌둥은 마르크스주의가 역사적으로 구체적인 환경 속에서만 비로소 온전한 정의(definition)를 얻을 수 있는 복잡한 이론적 체계였다고 믿었던 것이다. 때문에 마오쩌둥이 주장한 '마르크스주의의 중국화'는 마르크스주의를 중국의 현실, 역사 혹은 문화에 복종시키는 문제도, 귀국 유학생 분파와의 권력투쟁에 따른 전략적 움직임도 아니었음을 알 수 있다. 그것은 차라리 마르크스주의의 보편 법칙이 그 자체로 마르크스주의의 완전한 이론적 체계를 보여주는 것은 아니라는 마오쩌둥의 믿음의 결과였다. 중국이라는 맥락에서 마르크스주의가 완성되기 위해서는 그것의 보편 법칙이 중국의 특징들을 드러내는 특수한 '법칙들'과 결합('통합')되어야 한다. 마오쩌둥은 보편과 특수의 이러한 결합이 마르크스주의의 체계를 완성시켜 주며, 그러한 결합에도 불구하고 역사 이론으로서 마르크스주의가 갖는 보편적 지위로부터 벗어나지 않는 진정한 중국적 마르크스주의를 만들어낼 수 있다고 믿었던 것이다.

---

38 Stuart R. Schram, ed., Nancy J. Hodes, associate ed., Lyman P. Slyke, guest associate ed., *Mao's Road to Power—Revolutionary Writings, 1912~1949: Volume VII— New Democracy, 1939~1941* (Armonk, New Yor: M. E. Sharpe, 2005), 783~84.

8장

중국적 사회주의 노선을 위한
마오쩌둥의 분투, 1949~1969

중국의 마르크스주의에 대한 서구의 많은 해석자들은 옌안 시기 (1936~1947)를 마오쩌둥이 마르크스주의 지식인으로서의 경력에 정점을 찍은 시기로 받아들인다.[1] 마오쩌둥이 그의 중요한 이론적 저작을 남긴 시기가 바로 이 시기이기 때문이다. 또한 이 시기는 마오쩌둥이, 최소한 이론적 차원에서는, 마르크스주의를 중국 혁명 (한 학자가 마오쩌둥의 "가장 위대한 이론적·실천적 성취"[2]라고 묘사한)이 지닌 특징 및 특수한 수요와 결합시키면서도 마르크스주의의 보편적 차원을 유지하는 중국화된 마르크스주의의 산출이라는 문제와 씨름한 시기이기도 하다. 더욱이 권위적인 포스트 마오쩌둥 시대의 관점들은 중국공산당의 '지도 사상'에 대한 마오쩌둥의 공

---

1 마오쩌둥의 사상과 정책에 대한 호의적인 관점으로는 Philip Corrigan, Harvie Ramsay, and Derek Sayer, *For Mao: Essays in Historical Materialism* (Atlantic Highlands, NJ: Humanities Press, 1979); Jack Gray, *Mao Tse-tung* (Guildford and London: Lutterworth Press, 1973); Adrian Chan, *Chinese Marxism* (London and New York: Continuum, 2003)을 볼 것.

2 Stuart R. Schram, *Mao Tse-tung* (Harmondsworth: Penguin, 1966), 68.

헌을 포함해, 옌안 시기 그의 중국 혁명에 대한 공헌을 무조건적으로 칭송하고 있다. 1981년의 「결의」가 주장하고 있는 것처럼 "만약 마오쩌둥 동지가 여러 차례에 걸쳐 중국 혁명을 구해내지 않았다면 … 우리 당과 인민은 여전히 암흑 속에서 더욱 긴 시간을 보내야 했을 것이다."[3]

하지만 1950년대와 1960년대 마오쩌둥의 사상과 정책에 대한 평가는 덜 긍정적이며, 어떤 경우에는 매우 부정적이기도 하다. 스튜어트 슈람은 문화대혁명의 관점에서 다음과 같이 주장하고 있다.

> 만약 그의 경력 대부분에 있어 마오쩌둥의 사상이 전체적으로 중국의 수요에 맞추어져 있었다면, 1958년(대약진운동의 시작) 이후의 드라마는 마오쩌둥의 게릴라 경험으로부터 도출된 인간의 전능함(omnipotence)에 대한 믿음과 경제 발전에 따른 객관적 어려움 사이의 노골적인 분할이라고 할 수 있다. 정치적 열정이 기술적 능숙함을 대체할 수 있을 것이라는 마오쩌둥의 믿음은 자신을 현실과 충돌하게 했을 뿐만 아니라 중국공산당 중앙위원회의 대다수 사람들과도 충돌하게 했다.[4]

1981년의 「결의」는 이와 같은 평가에 동의하면서 1958년부터 "마오쩌둥 동지를 비롯해 중앙과 지방의 몇몇 동지는 승리 앞에서 자만심에 도취되어 조급하게 성공을 추구하게 되었고, 주관적인 의지와 노력의 작용을 과대평가하게 되었다."라고 주장하고 있다. 또한 이러한 실패는 곧바로 문화대혁명으로 이어지게 되었는바, 문화

---

3 *Resolution on CPC History (1949~81)* (Beijing: Foreign Languages Press, 1981), 10~11.

4 Stuart Schram, "Mao Tse-tung as Charismatic Leader," *Asian Survey* Ⅶ, no. 6 (June 1967): 386.

대혁명은 "당, 국가, 인민으로 하여금 건국 이래 가장 심각한 좌절과 손실을 겪게 하였다."[5]

이러한 식의 부정적인 평가는 쉽게 찾아볼 수 있는 반면, 중국 사회의 산업화와 현대화를 포함한 사회주의로의 이행 전략을 수립하면서 마오쩌둥이 1950년대 중국이 의존한 소비에트 모델과는 매우 다른 발전전략을 추구했기 때문에 전인미답의 길을 탐색했다는 점을 평가한 예는 상대적으로 드물다.[6] 1950년대 중반에 이르면서 마오쩌둥은 중국이 산업시설이 거의 전무하고 대부분의 농촌 지역이 원시적인 농업기술에 의존하는 가난한 나라이기 때문에 소련의 사회주의 이행 경험이 중국에는 대체적으로 적합하지 않다고 생각하게 되었다. 1949년까지 중국의 산업 발전 수준은 매우 제한적이었으며, 1917년 러시아 혁명 이전에도 못 미치는 수준이었다. 1949년의 중국과 비교했을 때 새롭게 세워진 소비에트 국가는 빠른 산업화 프로그램을 수행하기 위해 필요한, 좀 더 확장된 산업 기반과 자본에 대한 좀 더 수월한 접근성을 보유하고 있었던 것이다. 경제에 대한 집중화된 국가 통제와 광범위한 대규모 중공업 프로젝트에 대한 강조와 함께, 점차 소비에트 모델에 불만을 갖게 되면서 마오쩌둥은 중국의 사회와 경제의 독특한 특징 및 수요와 조화를 이

중국적 사회주의 노선을 위한 마오쩌둥의 분투

---

5 *Resolution on CPC History*, 28, 32.

6 수산 옥덴(Susanne Ogden)은 "중국의 소비에트 모델에 대한 의존은 (1950년대 초반) 전적인 것이어서 거의 모든 주요 영역에서 소비에트를 그대로 모방했다고 할 수 있다."라고 주장한 바 있다. 그녀의 *China's Unresolved Issues: Politics, Development, and Culture* (Englewood Cliffs, N.J.: Prentice Hall, 1989), 38을 볼 것. 이와는 반대되는 의견으로서 혁명 이후 초기 건국 과정에서 마오쩌둥의 옌안 시기 경험의 영향을 강조한 견해로는 Ronald C. Keith, "The Relevance of Border-Region Experience to Nation-Building in China, 1949~52," *China Quarterly* 78 (1979): 274~95를 볼 것.

룰 수 있는 대안적 전략을 찾게 되었다.[7] 실제로 마오쩌둥이 제시한 중국적 사회주의 노선은 특히 중국적 조건과의 연관성이 부족한 소비에트 모델의 문제점들을 피할 발전전략의 제시에 관한 새로운 근거를 마련해 놓았다. 이것은 지금 대체적으로 실패한 전략으로서 기각되고 있지만,[8] 1950년대에서 1980년대까지 중국적 사회주의 노선은 많은 사람에 의해 한편으로는 발전도상국과 선진국 모두에서 소비에트 국가사회주의의 권위주의에 대한 대안으로 인식되었고, 또 다른 한편으로는 서구 자본주의의 불평등성에 대한 대안으로 받아들여지기도 했다.[9] 더군다나 몇몇 논자가 주장해 온 것처럼, 1978년 이후 중국의 급속한 경제 성장은 마오쩌둥이 중국의 지도자로 재임한 기간 동안 닦아놓은 경제적 토대 없이는 불가능했을 것이다. 따라서 이와 같은 관점에 따르면 마오쩌둥이 추구한 중

360

---

7 마오쩌둥의 중국적 사회주의 노선에 관한 경제학적 차원의 분석에 대해서는 Alexander Eckstein, *China's Economic Revolution* (Cambridge: Cambridge University Press, 1977)을 볼 것.

8 Andrew G. Walder, "Actually Existing Maoism," *The Australian Journal of Chinese Affairs* 18 (July 1987): 155~66; Edward Friedman, "After Mao: Maoism and Post-Mao China," *Telos* 65 (Fall 1985): 23~46; Chalmers Johnson, "The Failure of Socialism in China," *Issues and Studies* 21, no. 1 (July 1979): 22~23; Steve Reglar, "Mao Zedong as a Marxist Political Economist: A Critique," *Journal of Contemporary Asia* 17, no. 2 (1987): 208~33.

9 Samir Amin, *The Future of Maoism* (New York: Monthly Review Press, 1983); Charles Bettelhiem, *Economic Calculation and Forms of Property*, translated by John Talyor, introduction by Barry Hindess (London: Routledge and Kegan Paul, 1976); Michel Chossudovsky, *Towards Capitalist Restoration: Chinese Socialism After Mao* (London: Macmillan, 1986); Neil G. Burton and Charles Bettelheim, *China Since Mao* (New York: Monthly Review Press, 1978); Rossana Rossanda, "Mao's Marxism," *Socialist Register* (1971): 53~80; Steve Andors, "Hobbes & Weber vs. Marx & Mao: The Political Economy of Decentralization in China," *Bulletin of Concerned Asian Scholars* 6, no. 3 (1974): 19~34; Stephen Andors, *China's Industrial Revolution: Politics, Planning, and Management, 1949 to the Present* (London: Martin Robertson, 1977); John G. Gurley, *Challengers to Capitalism: Marx, Lenin and Mao* (San Francisco: San Francisco Book Co., 1976), chapter 5.

국적 사회주의 노선의 경제적 결과는 서구의 주류 평론가들과 권위적인 포스트 마오쩌둥 시대의 지도자들이 주장하고 있는 것처럼 그렇게 부정적인 것만은 아니라고 할 수 있다.[10]

하지만 중국적 사회주의 노선의 결과를 평가하는 것이 본 장의 목표는 아니다. 본 장의 목표는 중국적 사회주의로의 이행을 위한 마오쩌둥의 대안적 발전전략을 촉발한 아이디어들과 개념들을 탐색하는 것이다. 1949년 이전에 부각된 몇몇 주제들—모순의 편재성(ubiquity), 역사 변화에 관한 마르크스주의 이론의 측면들—은 1950년대와 1960년대 새로운 활력을 갖추고 다시 등장했지만, 중국이 처한 변화된 조건을 설명하기 위해 종종 재개념화되었다. 다른 주제들, 예컨대 미래에 관한 마오쩌둥의 관점과 같은 주제들은 급격한 변화를 겪게 된다.(아래 내용과 9장을 볼 것.) 또한 일찍이 마오쩌둥 사상에서 강조되지 않았던 개념인 '부단한 혁명'(不斷革命, 마오쩌둥은 1958년 '최고국무회의에서의 연설(在最高國務會議上的講話)'에서 자신의 '부단한 혁명'이 트로츠키의 '영구혁명'과 구별되는 것이라고 주장한 바 있다. - 옮긴이)은 조급한 경제적, 정치적 목표를 합리화하기 위해 대약진운동 기간 동안 등장하게 된다. 그리고 마오쩌둥 사상 속에서 이루어진 이러한 주제들의 결합은 사회주의적 이행과 그것의 성공적 수행을 위한 정책들에 관한 독특한 관점으로 이어지게 되는데, 사회주의적 이행과 그것을 위한 정책들은 실상 1950년대 마오쩌둥 사상에 상당한 영향을 끼친 소비에트 모델을 매우

중국적 사회주의 노선을 위한 마오쩌둥의 분투

---

10 그 사례로 Maurice Meisner, *Mao's China and After: A History of the People's Republic* (New York: Free Press, 1986, revised edition)과 Maurice Meisner, *The Deng Xiaoping Era: An Inquiry into the Fate of Chinese Socialism, 1978~1994* (New York: Hill and Wang, 1996)를 볼 것.

세부적으로 참조한 것들이었다. 하지만 '중국적 사회주의 노선'을 언급함에 있어 우리는 사회주의적 이행에 관한 마오쩌둥의 신중한 예측과 전적으로 일관된 관점에 주의를 기울여야 한다. 왜냐하면 1950년대와 1960년대 그의 관점은 국제적 영역과 국내적 맥락 안에서 벌어지고 있던 여러 사안에 대한 대응으로 출현했기 때문이다. 1950년대 중반이 바로 이러한 측면이 가장 선명하게 드러나는 시기로, 당시는 국제 공산주의 세계 속의 급변하는 변화에 대응해야 했던 시기였으며, 국제 공산주의 세계의 급변하는 정세는 중국 국내의 정치적, 경제적 발전 방향에 대해서도 상당한 의미를 갖는 것이었다. 하지만 그럼에도 불구하고 마오쩌둥의 관점은 그의 사상 속에 이미 존재하고 있던 주제들에 대한 반작용이자 그것의 응용이면서도, 우리는 그의 관점 안에서 매우 세밀한 부분에서는 중국의 맞수(counterpart)였던 소비에트로부터 차용한 사회주의로의 이행에 관한 거시적 전략인 '중국적 사회주의 노선'이라는 규정 하에서 개념과 아이디어들이 서로 뒤섞이고 있음을 발견할 수 있다. 때문에 만약 마오쩌둥 사상에 있어 사회주의적 차원의 진화와 1950, 60년대 중국 정치사의 궤적을 이해하고자 한다면 위와 같은 측면에 주의를 기울여야 한다.

1955~1956년의 사안들에 대한 마오쩌둥의 대응

1950년대 중반이 사회주의 이행의 문제들에 관한 마오쩌둥 사상의 발전에 있어 분수령이 되고 있다는 점은 분명하다. 그렇다면 어떠한 요소들이 이러한 분수령을 만들어낸 것일까? 첫 번째 요소는 농업 합작사 운동의 성공적인 결과와 합작사 운동에 대한 농민들의

(겉으로 보이는) 긍정적인 반응이었다. 마오쩌둥은 합작사 운동의 목표가 성취되는 속도가 '근본적인 변화'를 나타내며, 그러한 변화는 사회주의와 공산주의를 향한 중국의 전진 속도를 더욱 높일 수 있는 가능성을 제시하는 것이라고 생각했다. 농업 합작사의 성공은 마오쩌둥에게는 변화를 위한 중국공산당의 프로그램이 지나치게 신중하다는 것을 보여주는 것이었다. 이 때문에 그는 "객관적 상황의 발전과 보조"를 맞출 수 없다고 생각하는 이들을 '우파 보수주의'라고 비난했다.[11] 마오쩌둥은 농업 합작사의 요구에 대한 중국 농민들의 긍정적인 반응이 종종 엄청난 폭력을 동반해 농민들을 합작사에 강제로 편입시킨 소비에트의 경험과는 완전히 상반된다고 믿었다. 마오쩌둥은 농업 합작사의 성공이 사회주의 이행에 대한 새로운 접근의 전제로서 기능할 수 있으며, 사회주의 이행에 대한 새로운 접근이라는 것은 또한 좀 더 빠른 발전의 속도를 갖추고 있다는 점에서 소비에트의 그것과는 상이한 전략을 포함하는 것이라는 점을 깨닫게 되었다. 이것은 또한 마오쩌둥에게 당내의 보수적인 반대세력에 대항하기 위한 대안적 경제전략을 수행하는 데 필요한 정치적 기동성을 확보해 주기도 했다.

두 번째 요소는 1956년 제20차 소비에트 공산당대회에서 행해진 니키타 흐루쇼프(Nikita Khrushchev)의 반(反)스탈린 연설이었다. 흐루쇼프는 이른바 '비밀 연설'에서 스탈린과 그의 지도방식을 격렬하게 공격했다. 흐루쇼프는 스탈린이 "설득과 설명, 인민과의 참을성 있는 협조를 통해 행동하지 않았고" "그의 개념들을 일방적

중국적 사회주의 노선을 위한 마오쩌둥의 분투

---

11 마오쩌둥의 *Social Upsurge in China's Countryside*의 '서문(Preface)' (Peking: Foreign Languages Press, 1957), 7~10을 볼 것.

으로 강요하고 그의 의견에 대한 절대적인 복종을 요구했다."고 주장했다.[12] (흐루쇼프의 주장에 따르면 – 옮긴이) 스탈린은 당내 규정을 무시했고, '사회주의적 정당성'을 남용했으며, 자기 멋대로 행동하여 당과 소비에트 연방의 민족적 이익에 심각한 손해를 입혔다. 제20차 당대회 보고에서 흐루쇼프는 또 국제 공산주의 운동의 법칙으로 구축한 마르크스주의의 핵심적인 측면들도 공격의 대상으로 삼았다. 특히 흐루쇼프는 역사 발전에 관한 스탈린식의 기계주의적 관점을 철회했는데, 이 기계주의적 관점이란 모든 민족이 따라야만 하는 사회주의를 향한 고정되고 확정된 노선을 언명하는 법칙을 가리키는 것이다. 흐루쇼프는 비록 사회주의로의 이행은 불가피하지만, 각 민족은 자신의 고유한 환경에 따라 그러한 이행을 만들어낼 수 있으며 반드시 혁명노선을 따라야 하는 것은 아니라고 주장했다. 결국 그의 입장은 사회주의로의 이행에 관한 단일 노선이 아닌 다양한 노선을 강조하는 것이었다고 할 수 있다.

> 전세계적 차원에서 일어난 근본적인 변화와 함께 사회주의로의 이행을 수행할 나라와 민족에게 새로운 전망이 펼쳐졌다. … 사회주의로의 이행에 관한 형식이 더 다양해질 수 있는 가능성이 커진 것이다. 그리고 이러한 형식들이 모든 경우에 있어 반드시 시민전쟁을 포함한다는 것은 절대적인 진리가 아니다.[13]

---

12 '비밀 연설'의 텍스트에 관해서는 Dan N. Jacobs, ed., *From Marx to Mao and Marchais* (New York and London: Longman, 1979), 160~230과 Nikita Khrushchev, an introduction by Edward Crankshaw to *Khrushchev Remembers* (London: André Deutsch, 1971), 559~618 을 볼 것.

13 Hélène Carrère d'Encausse and Stuart R. Schram, *Marxism and Asia: An Introduction with Readings* (London: Penguin, 1969), 283.

흐루쇼프와 소비에트 지도자들이 "그들 자신의 이데올로기적 발언이 끼친 여파에 대해 극단적으로 무관심한 태도"[14]를 보였다는 것에는 의심의 여지가 없다. 왜냐하면 스탈린을 비판하고, 사회주의로의 이행에 비단 소비에트 연방의 노선뿐만 아니라 여러 다양한 노선이 존재할 수 있다는 점을 수긍하면서 흐루쇼프는 암묵적으로 국제 공산주의 노선에서 소비에트 연방이 누려온 이데올로기적 우위성마저 의문에 부치고 있었기 때문이다. 이와 같은 소비에트 연방의 이데올로기적 리더십의 약화는 마오쩌둥이 '일변도(一邊倒)' 정책, 즉 외교적 문제에 관한 소비에트에의 의존, 소비에트 경제 발전의 모방, 이데올로기적 문제들에 관한 소비에트의 옹호를 포기하게 만든 중요한 요인이 되었다.[15] 하지만 마오쩌둥은 흐루쇼프의 20차 당대회 연설을 계기로 중국적 상황에 맞는 특유의 사회주의 노선을 형성할 수 있는 기회를 잡았음에도, 스탈린에 관한 문제들을 다루는 흐루쇼프의 어설픈 솜씨가 초래할 파장을 흐루쇼프 본인보다 훨씬 더 명확하게 인식하고 있었다. 1958년 마오쩌둥은 소비에트 20차 당대회의 내용이 폭로된 것에 대해 애매모호하게 반응했던 것을 다음과 같이 회고한 바 있다. "1956년 스탈린이 비판당했을 때, 우리는 한편으로는 기뻤지만 다른 한편으로는 우려했다. 우리는 제한을 없애고, 맹목적인 신앙을 타파하며, 압력을 제거하고 사상을 해방시킬 필요가 있었다. 하지만 우리는 스탈린을 한방에 날려 보내진 않았다."[16]

---

14 Benjamin I. Schwartz, *Communism and China: Ideology in Flux* (New York: Atheneum, 1970), 96.

15 중국의 '일변도' 정책의 역사적 필연성에 관한 마오쩌둥의 초기 논의에 대해서는 *Selected Works of Mao Tse-tung* (Peking: Foreign Languages Press, 1967) Ⅱ, 364를 볼 것.

사회주의 사회의 모순

흐루쇼프의 스탈린에 대한 공격에서 비롯된 국제 공산주의 세계 속에서의 소비에트 권위의 약화는 마오쩌둥으로 하여금 모순이 여전히 사회주의 사회의 중요한 특징으로 남아 있다는 그의 믿음에 관한 이론적 전제를 좀 더 명확하게 수립할 수 있게 해주었다. 1936년 스탈린은 소비에트 연방의 사회주의 성취는 곧 인민 사이의 모순이 완전히 '소멸했음'을 의미하는 것이라고 주장했다.[17] 마오쩌둥은 그러한 분석에 동의할 수 없었다. 「모순론」(1937)에서 마오쩌둥은 사회주의 사회의 모순 '소멸'에 관한 스탈린의 테제에 반대했다. 마오쩌둥은 "소비에트의 사회적 조건 하에서도 노동자와 농민의 차별은 존재한다. 그리고 이러한 차별은, 비록 노동과 자본 사이의 모순과는 다르지만, 적대로 집중화되거나 계급투쟁의 형태를 띠지는 않을 것이다."라고 선언했다. 마오쩌둥의 스탈린으로부터의 이탈은 다음과 같은 언급을 통해 선명하게 드러난다. "이것은 모순의 차별성에 관한 문제이지 모순의 유무에 관한 문제가 아니다. 모순은 보편적이고 절대적이며, 사물이 발전하는 모든 과정 속에 존재한다. 또한 그것은 모든 과정의 시작과 끝을 관통한다."[18]

흐루쇼프의 '비밀 연설'이 촉발한 상황 변화로부터 영향을 받은 마오쩌둥은 중국 사회를 특징짓는 모순들에 대한 분석으로 방

---

16 Stuart Schram, ed., *Mao Tse-tung Unrehearsed: Talks and Letters, 1956~71* (Harmondsworth: Penguin, 1974), 101.

17 J. V. Stalin, *Problems of Leninism* (Peking: Foreign Languages Press, 1976), 803.

18 *Selected Works of Mao Tse-tung* Ⅰ, 318; 또한 Nick Knight, ed., *Mao Zedong on Dialectical Materialism: Writings on Philosophy, 1937* (Armonk, New York: M. E. Sharpe, 1990), 166~67.

향을 전환시켰고, 이는 곧 중국의 사회주의로의 이행을 위한 정책을 발전시킬 이론적 프레임을 구축하기 위한 것이기도 했다. 「십대 관계를 논함(論十大關係)」(1956년 4월)에서 그는 모순들에 대한 정확한 분석과 처리는 정책의 형성과 실행에 있어 실수를 막아줄 수 있다고 주장했으며, 이는 스탈린이 사회주의 사회에 존재하고 있는 모순들의 존재를 알아채지 못했기 때문에 그토록 심각한 부정적인 결과들이 초래되었음을 넌지시 비판하고 있는 것이기도 했다.[19] 마오쩌둥은 중국의 경제에 존재하고 있는 몇몇 모순을 상세히 열거하고 역설을 통해 각각의 모순을 해결할 해결책을 제시했다. 중공업과 경공업 사이에 존재하는 모순들의 해결과 관련하여, 중공업을 발전시키려면 경공업과 농업에 대한 투자를 늘릴 필요가 있다고 주장했다. 이것은 그 자체로 경공업과 농업을 희생시켜 중공업의 역할을 지속적이고도 일방적으로 강조하는 소비에트의 실천방식과는 분명 이질적인 것이다. 비슷한 맥락에서 마오쩌둥은 연안(沿岸) 지역들의 산업을 이용하고 좀 더 발전시키는 데 집중하기 위해 중국 내륙 지역에서의 산업적 발전을 원하는 이들에게 반대의견을 제시했다. 중국의 군사적 능력을 강화하고자 하는 이들에게는 군비를 줄이고 경제 건설에 투자를 늘리는 것을 올바른 방법으로 제시했다. 국가, 생산대, 개체 생산자들 사이의 관계에 대해 마오쩌둥은 개체 생산자들에 대한 보상을 늘리고 지역 생산대에게 좀 더 많은 자율성을 부여하는 것이 전 국가적 산업화에 도움이 될 수 있다고

---

19 이 연설의 원본 텍스트는 Schram, ed., *Mao Tse-tung Unrehearsed*, 61~83에서 찾아볼 수 있다. 수정된 공식 판본은 *Selected Works of Mao Tse-tung* (Peking: Foreign Languages Press, 1977) V, 284~307.

주장했다. 마찬가지로 중앙과 지방의 관계 문제에 대해 마오쩌둥은 전체 국가의 이익을 우선하는 전제로부터 출발했다. 역설적으로 이러한 관점은 지방에 좀 더 많은 자율성과 주도권을 부여하게 만들었다. 마오쩌둥이 옌안 시절에 발견한 것처럼, 탈집중화의 증대는 중앙에서 결정된 정책이 지역의 조건에 맞게 시행되는 것을 가능케 했다. 이와 비슷한 원칙들이 혁명을 일으킬 것인지 아니면 사회주의 사회를 건설할 것인지의 문제에 적용되었다.

다음으로 마오쩌둥은 중국 사회를 특징짓는 또 다른 모순들로 초점을 이동시켰다. 그리고 이러한 모순들 중 중국과 다른 국가들 사이의 관계가 아마도 가장 중요한 주제라고 할 수 있을 것이다. 왜냐하면 여기에서 마오쩌둥은 중국이 소비에트뿐만 아니라 다른 나라에서도 장점을 배워야 한다고 주장했기 때문이다. 「십대 관계를 논함」의 공식적인 수정 판본에서 과도한 소비에트 의존에 대한 마오쩌둥의 비판은 더욱 선명하게 드러난다.[20] 중국은 앞으로 "정치, 경제, 과학, 기술, 문학, 예술에 걸쳐 진정으로 좋은 것은 모두 학습해야 한다. 하지만 반드시 분석적으로, 비판적으로 학습해야지 맹목적으로, 베끼듯이 배워서는 안 되고 기계적으로 가져와 사용해서도 안 된다."[21] 무엇보다도 중국은 자신의 약점을 진정으로 평가하는 것을 가로막는 오만한 태도를 취해서는 안 되며, 반드시 다른 나라들의 강점을 배우기 위해 노력해야 한다. 하지만 그럼에도 불구하고 중국의 약점은 역설적으로 강점이 되기도 한다. 1950년대

---

20 본 연설의 원본 텍스트와 공식 판본 사이의 차이점에 대한 분석에 관해서는 Stuart R. Schram, "Chairman Hua Edits Mao's Literary Heritage: 'On the Ten Great Relationships'," *China Quarterly* 69 (March 1977): 126~35.

21 *Selected Works of Mao Tse-tung* V, 303.

와 1960년대 마오쩌둥은 종종 '첫째는 가난하고 둘째는 무지하다(一窮二白)'는 비유를 통해[22] 중국의 상황을 묘사하곤 했다. 하지만 이러한 조건─경제적, 문화적 빈곤─은 주관적 장점을 파생시키는데, '빈곤함'은 발전을 위한 출발점이 되고 '무지함'은 문화적 변화를 잘 수용할 수 있는 토대가 되는 것이다. 마오쩌둥이 지적한 대로 "가난한 이들이 변화를 생각하고, 행동과 혁명을 필요로 한다. 한 장의 백지야말로 부담 없이 가장 새롭고 가장 아름다운 문자를 쓰기에 좋고, 가장 새롭고 가장 아름다운 그림을 그리기에 좋다."[23] 그러므로 중국의 후진성은 인민들에게 발전에 대한 갈급을 제공해주는 것이다.

그렇다면 당시의 정치적 맥락 안에서 「십대 관계를 논함」은 어떻게 해석되어야 하는 것일까? 첫째로 마오쩌둥은 중국의 사회적, 경제적 주요 모순들을 열거하고 분석함으로써 중국의 특수성에 걸맞은 사회주의로의 이행을 위한 이론적 토대를 마련하고 있었다는 것이다. 중국은 외국 모델을 비굴하게 따라 해서는 안 되고 자신의 경험과 상황에 의지해야 한다. 그리고 사회주의 국가인지 아닌지와 관계없이 다른 나라들의 강점을 비판적으로 흡수해야 한다. 둘째, 마오쩌둥은 이와 같은 분석을 통해 소비에트 연방 내에서 모순이 '소멸'되었다는 스탈린의 착오적 분석과 그로부터 도출된 모든

---

22 마오쩌둥의 사상에 있어 '첫째는 가난하고 둘째는 무지하다(一窮二白)'라는 은유에 대한 다양한 언급에 대해서는 *Selected Works of Mao Tse-tung*, V, 244, 265; Schram, ed., *Mao Tse-tung Unrehearsed*, 92, 231; Joint Publication Research Service, *Miscellany of Mao Tse-tung Thought (1949~1968)* (Arlington, Virginia: February 1974) Ⅰ, 122, 147; *Mao Zedong Sixiang Wansui* [Long Live Mao Zedong Thought] (n. p.: n. pub., 1969), 485; K. Fan, ed., *Mao Tse-tung and Lin Piao: Post-Revolutionary Writings* (Garden City, New York: Anchor Books, 1972), 261.

23 Schram, ed., *Mao Tse-tung Unrehearsed*, 83.

정치적인 문제에 있어 만장일치가 존재한다는 가정 때문에 발생한 권력 남용을 예방할 수 있기를 희망했다는 것이다. 마오쩌둥은 모순이 사회주의 사회의 지속적이고도 중요한 모습으로 남아 있을 것이기에 독재적인 방식으로 강요된 만장일치는 부정적인 결과를 초래할 것이라고 믿었다. 셋째, 중국 경제의 모순에 대한 마오쩌둥의 역설적인 해결책은 중국의 경제 정책자들에게 그들의 목표가 여전히 마오쩌둥 자신이 예상한 경제 변혁의 노선을 통해 실현될 것임을 설득시키기 위한 시도라는 것이다. 다시 말해 중공업을 강조한 소비에트 모델로부터의 이탈이 중공업의 효율성을 제고하는 데 효과가 있을 것이고, 경제에 대한 중앙 통제의 완화가 국가 전체에 이익이 되리라는 것이다.

결국 마오쩌둥은 사회주의 사회가 계속해서 모순들을 자신의 특징으로 삼을 것이며 그들의 존재―모순의 끊임없는 출현, 발전, 해결―가 사회를 진전시킬 것이기에 긍정적인 요소가 될 것이라고 믿었던 것이다. 모순 없이는 변혁과 발전은 불가능할 것이며, 변혁과 발전 없이는 사회주의와 공산주의는 불가능한 목표가 될 것이다. 만약 모순이 존재하고 있다면, 그것은 인식될 것이고 공개될 것이며 해결될 것이다. 하지만 모순을 무시하거나 억압하면 그러한 모순이 사회주의로의 이행을 위한 계기를 훼손할 수 있는 적대로까지 발전되게 할 것이다. 이것이 바로 1957년 2월 27일에 발표한 「인민 내부의 모순을 정확히 처리하는 문제에 관하여」라는 중요한 연설의 핵심 주제이다.[24] 자신이 「모순론」에서 적대와 모순을 구

---

24 *Selected Works of Mao Tse-tung* Ⅴ, 384~421. 본 연설의 원본은 Roderick Macfarquhar, Timothy Cheek, and Eugene Wu, eds., *The Secret Speeches of Chairman Mao:From the Hundred*

분한 것에 기반해, 마오쩌둥은 모순, 적대, 비(非)적대에 관한 서로 다른 두 종류의 범주를 구분하는 것이 가능하다고 주장했다.[25] 모순들은 '인민' 속에 존재하는가 아니면 적과 인민 사이에 존재하는가에 따라 그 유형이 달라진다. 비적대적 모순들은 평화적인 수단을 통해 처리되고 해결될 수 있으며, 반면 적대적 모순들은 폭력과 힘에 의해서만 해결될 수 있다. 인민 내부에 존재하는 모순들은 비적대적이지만, 적당히 다루어지지 않으면 적대적 형식으로 변환될 위험성이 존재한다. 1956년 헝가리에서 일어난 봉기는 사회주의 정부가 항상 이러한 위험에 직면해 있음을 보여주는 것이었다. 때문에 마오쩌둥은 사회주의 사회에서조차 정부와 인민 사이에 모순들이 존재할 수 있음을 인정한 것이다. 그리고 그러한 모순들에는 "국가 이익과 집단 이익, 개인의 이익 사이의 모순, 민주와 집중의 모순, 영도자와 피영도자 사이의 모순, 국가 기관에서 일하는 관료주의 성향과 대중 사이의 모순"[26]이 포함되어 있다. 하지만 그러한 모순들은 '인민 내부에 있으며' 그 자체로 비적대적이다. 그럼에도 불구하고 그러한 모순들이 적대적 형식으로 변환되는 것을 피할 수 있도록 노력해야 하는 것이다.

　　모순들이 적대적인 것으로 변하는 것을 피하기 위해 마오쩌둥

Flowers to the Great Leap Forward (Cambridge, Mass.: Harvard Contemporary China Series No. 6, 1989), 131~90.

25 마르크스주의적 관점에서 보았을 때 '비적대적 모순'이라는 개념은 얼마나 정통적이라고 할 수 있는가? 슬로모 아비네리(Shlomo Avineri)는 '비적대적 모순'이라는 용어가 "근본 없는(bastard)" 것이며 "마르크스의 인식론적 틀 안에서 의미 없는 것"이라고 주장했다. 그의 *The Social and Political Thought of Karl Marx* (Cambridge: Cambridge University Press, 1968), 175를 볼 것.

26 *Selected Works of Mao Tse-tung* V, 385~86.

은 서로 다른 의견들이 제기되고 경쟁할 수 있는 개방된 분위기를 허용하는 것이 필요하다고 생각했다. 이러한 분위기를 통해 사회주의 건설에 해를 입히지 않으면서도 모순들을 공개하고 그것들이 평가되고 해결될 수 있는 효과를 거둘 수 있다고 생각한 것이다. 이것은 부분적으로 마오쩌둥이 당원이 아닌 사람들도 당에 대한 비판적인 의견을 제기할 수 있는 중국공산당에 대한 '공개적' 정풍을 허락한 배경이기도 하다. '백화제방, 백가쟁명(百花齊放, 百家爭鳴)'이라는 슬로건은 1956년에 처음 제기되었지만, 1957년 5월에 이르러서야 '백화'는 비로소 '활짝 피고(齊放) 서로 경쟁(爭鳴)할 수 있었다.' 중국에서 사회주의가 기본적으로 공고화되었기 때문에 마오쩌둥은 이러한 운동이 "온화한 바람과 가랑비(和風細雨)"와 같이 부드러운 분위기 속에서 진행될 수 있다고 믿었다.[27] 하지만 운동의 결과는 비당원 지식인들의 중국공산당에 대한 예상치 못한 그리고 집중된 비판이었다. 더군다나 이 비판은 학생들의 불만으로부터 터져 나온 것이었다. 이로 인해 마오쩌둥은 경로를 수정할 수밖에 없었다. 6월 첫 번째 주에 이 운동은 반우파투쟁으로 뒤바뀌었고, 이 투쟁의 목표는 오히려 의견과 비판을 제시하라는 마오쩌둥의 요청에 응답한 이들이었다. '백화제방' 운동을 통해서 마오쩌둥은 비록 모순들 중의 일부분이 국가의 힘을 통해 강제적으로 해결되어야 하는 적대적 모순에 해당되지만, 중국 사회에 여전히 많은 모순이 존재하고 있다는 자신의 믿음을 재차 확신하게 되었다.

'백화제방' 운동에서 중요한 점은 전위당이라는 지위에도 불구

---

27 백화제방 운동에 대한 마오쩌둥의 견해에 대해서는 *Selected Works of Mao Tse-tung* V, 366~71, 408~14를 볼 것.

하고 마오쩌둥이 중국공산당을 비판으로부터 면제되어 있는 것으로 가정하지 않았다는 사실이다. 오히려 이와는 반대로 마오쩌둥은 당이 혁명적 공작 방식의 퇴보, 장기적인 혁명적 목표의 부정을 방지하기 위해 주기적인 정풍을 거쳐야 할 필요가 있다고 믿었다. 또한 '백화제방' 운동은 중국공산당이 자신의 임무를 수행하는 데 실패한 것으로 간주되면 지지를 얻기 위해 당 밖으로 나갈 수도 있다는 마오쩌둥의 의지를 보여주었다는 점에서도 중요하다. '백화제방' 운동이 보여준 이 두 측면은 정확한 혁명노선을 견지하지 못했다는 이유로 당에 대한 대중적 공격을 시작한 문화대혁명 기간 동안 마오쩌둥의 사상 속에서 다시 그 모습을 드러내게 된다. 결국 '백화제방' 운동은 공산당의 전위적 성격과 혁명투쟁에서 주도적 역할을 강조한 레닌주의의 주요 요소로부터 마오쩌둥이 이탈하려는 의지를 보여준 사건이라고 할 수 있을 것이다. 레닌의 이와 같은 당의 역할에 대한 강조는 대중의 자발성에 대한 그의 불신을 수반했다고 할 수 있다. 하지만 마오쩌둥은 종종 대중의 자발성을 통해 정치적 문제들을 해결하거나 경제적 목표를 달성하려 했다.[28]

부단한 혁명

모순들이 사회주의 사회 그리고 그 이후에도 존재할 수 있다는 마

---

28 V. I. Lenin, *What is to be Done?* (Peking: Foreign Languages Press, 1975), 25. 레닌주의에 있어 전위 정당의 중요성에 대한 유용한 분석에 관해서는 Marcel Liebman, *Leninism under Lenin,* trans. Brian Pearce (London: Jonathan Cape, 1975), 25~61을 볼 것. 마오쩌둥에 대한 레닌주의의 영향에 대한 분석에 관해서는 Stuart R. Schram, "Chinese and Leninist Component in the Personality of Mao Tse-tung," *Asian Survey* Ⅲ, no. 6 (1963): 259~73을 볼 것.

오쩌둥의 믿음은 그가 제기한 '부단한 혁명(不斷革命)'에 관한 이론의 중요한 전제가 되었다.[29] 이 이론은 1949년의 승리가 중국 혁명의 끝을 가리키는 것은 아니라고 주장했다. ('부단한 혁명'이라는 이론에 따르면 – 옮긴이) 오히려 중국이 현대화를 추진하고 강력한 사회주의 경제와 사회주의적 가치를 중심에 둔 사회를 구축하게 되면서 새로운 모순들(새로운 수요, 문제, 긴장 그리고 임무 등)이 등장하게 될 것이다.[30] 이렇게 계속하여 등장하게 될 모순들은 사회주의적 열정의 유지를 필요로 하게 되는바, 이것은 사회주의 건설이라는 것이 미래까지도 계속될 혁명의 한 페이지로 받아들여져야 하기 때문이다. 다시 말해 혁명에는 많은 단계가 존재하고 있으며 각 단계에는 그에 해당하는 임무와 목표들이 존재하는 것이다. 1958년 1월 최고국무회의에서 마오쩌둥은 다음과 같이 선언했다.

나는 부단한 혁명을 주장합니다. 이것을 트로츠키의 영구혁명과 같은 것이라고 생각해서는 안 됩니다. 혁명은 철이 달궈졌을 때 때려야 하는 것처럼, 하나의 혁명 뒤에 또 다른 혁명이 이어지는 것이고, 혁명은 부단히 전진해야 하는 것이지 중간에 찬물을 끼얹어서는 안 됩니다. 후난(湖南) 사람들은 종종 말합니다. "짚신에 정해진 모양은 없다. 만들어가면서 모양이 갖춰지는 것이다." 트로츠키는 민주혁명이 완성되지 않은 상태에서 곧바로 사회주의 혁명을 진행할 것을 주장했습니다만, 우리는 그렇지 않습니다. 1949년 해방이 되고 이어서 토지를 개혁하고, 토지개혁이 끝나자 곧바로 호조

29 '부단한 혁명'에 대한 마오쩌둥의 초기 언급과 트로츠키의 개념에 대한 거절에 관해서는 *Selected Works of Mao Tse-tung* Ⅰ, 290 그리고 *Selected Works of Mao Tse-tung* (London: Lawrence and Wishart, 1956) Ⅳ, 176을 볼 것.

30 Stuart R. Schram, "Mao Tse-tung and the Theory of the Permanent Revolution, 1958~1969," *China Quarterly* 46 (1971): 221~44.

조(互助組) 운동을 했고, 이어서 초급 합작사 운동을, 또 이어서 고급 합작사 운동을 했습니다. 7년에 걸쳐 합작화가 완성되었고 생산관계는 변했습니다. 이어서 정풍운동이 진행됐고, 때를 맞추어 정풍운동 이후 기술혁명이 시작되었습니다.[31]

마오쩌둥은 "혁명은 아직 끝나지 않았다. 동지들은 여전히 노력을 경주해야 한다."[32]는 중국 혁명의 아버지 쑨원(孫文)의 말을 인용하며 본 연설을 마치고 있다. 마오쩌둥은 1958년 1월에 발표된 주요 문건 「공작방법 60조(초안)[工作方法六十條(草案)]」에서 '부단한 혁명'이라는 개념에 관한 공식을 반복하고 있다.

> 우리의 혁명은 계속 이어지는 것이다. 1949년 전국에서 정권을 쟁취한 이후, 곧이어 반봉건 토지개혁을 했고, 토지개혁이 완성된 이후 곧바로 농업합작사 운동을 시작했으며, 또 이어서 사영 공상업과 수공업에 대한 사회주의 개조를 진행하였다. … 우리의 혁명은 싸움과 똑같이 싸움에서 이긴 후 곧바로 새로운 임무가 제기되는 것이다. 이렇게 해야 간부와 대중으로 하여금 줄곧 혁명의 열정을 품게 할 수 있으며, 오만한 정서를 잦아들게 할 수 있으며, 오만하려 해도 오만할 시간도 없게 되는 것이다.[33]

이와 같은 언급으로부터 우리는 마오쩌둥이 중국에서의 혁명적 투쟁에서 중단이란 없을 것이라고 예상하고 있었음을 확인할 수 있다. 혁명적 임무 하나가 완성되고 나면, 또 다른 임무가 등장

중국적 사회주의 노선을 위한 마오쩌둥의 분투

---

31 Schram, ed., *Mao Tse-tung Unrehearsed*, 94.

32 Schram, ed., *Mao Tse-tung Unrehearsed*, 95.

33 Jerome Ch'en, ed., *Mao Papers: Anthology and Bibliography* (London: Oxford University Press, 1970), 62~63.

하게 되어 혁명가들의 이목을 집중시키고 에너지를 이끌어내게 된다. 이것은 중단 없이 계속될 것이며, 나아가 혁명이라는 상태는 '영원할' 것이다. 혁명에 대한 이와 같은 관점은 마오쩌둥의 미래와 역사적 시간에 관한 관점에 대해 상당한 함의를 내포하고 있었다. 그렇다면 '부단한 혁명'이라는 개념은 그가 공산주의의 성취 이후에도 혁명이 계속될 것이라고 보았다는 것을 의미하는 것일까? 모순들의 편재성과 보편성에 관한 마오쩌둥 이론의 논리는 필연적으로 모순들이 여전히 존재하고 있고 혁명적 투쟁들—계급투쟁은 아닐지라도—이 지속되고 있는 공산주의 사회에 대한 개념으로 이어진다. "세계의 모든 제국주의자가 타도되고 계급이 소멸된 미래에도 혁명이 존재할 것인가? 어떻게 생각하는가? 내 생각에는 여전히 혁명의 필요성이 존재할 것이다. 사회체제는 여전히 변혁되어야 할 것이고 '혁명'이라는 용어는 여전히 유효할 것이다."[34] 9장에서 보게 될 것처럼, 1955년 이후, 영구적인 평화와 조화를 갖춘 안정된 사회라는 공산주의에 관한 개념(옌안 시대의 인식)은 마오쩌둥의 사유 안에서 발전이 지속되는 사회, 투쟁과 모순으로 특징지어지는 사회, 시간에 따른 부단한 진보라는 토대 위에서 '많은 단계와 혁명들'을 거쳐야 하는 사회라는 개념으로 대체된다.[35]

대약진운동

'부단한 혁명' 이론이 등장한 것은 1958년 초로, 당시는 중국이 막

---

34 Ch'en, ed., *Mao Papers*, 65.

35 Mao Tse-tung, *A Critique of Soviet Economics*, translated by Moss Roberts, with an introduction by James Peck (New York and London: Monthly Review Press, 1977), 71.

대약진운동에 접어들 때였다. 마오에게 있어 대약진운동은 부단한 혁명을 구축하는 또 다른 '혁명'을 상징하는 것이었다. 이 운동을 통해 마오쩌둥은 짧은 시간 안에 중국을 저발전 상태에서 현대화된 상태로, 산업적으로 발전한 상태로 발전시키고 싶어했다. 그렇다면 왜 마오쩌둥은 대약진운동을 통해 이와 같은 야심 찬 목표를 성취할 수 있다고 생각한 것일까? 결론적으로 말해, 일반적인 마르크스주의 이론에 따르면 생산과 상부구조에 반영되어 있는 계급관계 안에서 혁명적인 체제 변혁을 일으키는 것은 생산력의 발전이기 때문이다. 예컨대 (마르크스주의의 인식론 안에서 – 옮긴이) 봉건제에서 자본주의로의 이행 체계의 변화는 생산력—산업, 상업, 무역—의 발전과 확대에 의존한다고 가정된다. 그리고 그러한 발전과 확대야말로 역사적으로 규정된 자본주의 단계의 독창적 모델이다. 그렇다면 어떤 의미에서 마오쩌둥은 마르크스주의자로서 계급과 노동관계, 중국 인민대중의 이데올로기를 변화시키기 위한 운동에 기초한 산업화된 사회주의로의 이행을 예상했던 것일까? 이 문제에 대한 대답은 마르크스주의 정치경제학의 범주에 관한 마오쩌둥의 독특한 이해방식과 운용방식에 놓여 있다고 할 수 있는데,[36] 마오쩌둥이 대약진운동으로부터 이끌어내고자 한 급격한 경제적 발전을 정당화한 방법이 바로 마르크스주의 이론이었기 때문이다.[37]

---

36 Reglar, "Mao Zedong as a Marxist Political Economist."를 볼 것. 또한 Richard Levy, "Mao, Marx, Political Economy and the Chinese Revolution: Good Questions, Poor Answers," in *Critical Perspectives on Mao Zedong's Thought,* eds. Arif Dirlik, Paul Healy and Nick Knight (Atlantic Highlands, NJ: Humanities Press, 1997), 154~83을 볼 것.

37 이는 마오쩌둥의 소비에트 경제학에 대한 비판적 평론에서 분명하게 드러나고 있다. *Mao Tse-tung, A Critique of Soviet Economics*.

마오쩌둥이 마르크스주의의 유물론적 전제를 포기해 버렸다는 공인된 주장에도 불구하고, 그는 생산력이 역사적 변화 발전의 과정에 있어 궁극적으로 결정적인 요소라고 믿고 있었다. 1950년대와 1960년대 초반에 생산된 그의 텍스트들을 자세히 연구해 보면 이러한 점을 알 수 있다.[38] 그리고 이와 같은 믿음으로부터 생산력의 우선적 발전이 완전히 결여된 상태에서는 정치적, 이데올로기적 수단을 통해서도 산업 사회주의로 이행해 가는 중국의 정치경제(political economy)의 근본적 발전을 성취할 수 없다는 결론이 필연적으로 도출된다. 하지만 정치적 수단을 통한 생산력의 확대 및 발전이 성취되기 전에 어느 정도의 생산력 발전이 요구된다는 말인가? 마오쩌둥은 만약 적절한 정치적, 이데올로기적 변화를 통해서 수행되기만 한다면, 당시 중국 경제가 이미 성취한 정도의 산업화 수준과 같이 상대적으로 소규모의 변화와 발전으로도 급격한 경제적 발전과정을 추동할 수 있다고 믿고 있었다. 사회주의 노선에 따라 급격하게 중국의 생산관계와 상부구조를 재구축할 수 있다면, 그것이 중국 인민들의 경제적 변화와 개선을 향한 열정을 동원할 수 있고, 또한 생산력을 위한 '대약진'을 만들어낼 수 있는 조건을 창출해 낼 수 있으리라는 것이다. 그리고 마오쩌둥은 적절치 못한 정치, 경제적 기구들과 보수적인 이데올로기들 때문에 저해되고 있는 1950년대 초의 경제적 성취의 잠재력이 일종의 상승효과

378

---

38 Paul Healy, "A Paragon of Marxit Orthodoxy: Mao Zedong on the Social Formation and Social Change," in *Critical Perspectives on Mao Zedong's Thought*, eds. Arif Dirlik, Paul Healy, and Nick Knight (Atlantic Highlands, NJ: Humanities Press, 1997), 117~53을 볼 것. 또한 Nicholas James Knight, *Mao and History: An Interpretive Essay on Some Problems in Mao Zedong's Philosophy of History* (London: University of London, unpublished PhD thesis, 1983), chapter 4를 볼 것.

를 일으켜 급격한 팽창을 가능케 할 수 있을 것이라고 생각했다. 또한 상대적으로 적은 양의 자본—본래 중국이 별로 가지고 있지도 않았던—을 투입해도, 생산관계와 상부구조의 변화를 추구할 수 있다고 생각했다. 그리고 그러한 변화에는 일정한 생산 수준과 이데올로기적 수준에 놓여 있는 인민들 사이의 관계 변화까지도 포함된다. 따라서 마오쩌둥은 생산력의 '대약진'을 위한 변화를 순전히 기술적이고 경제적인 차원에서 받아들였다기보다는 인간적, 이데올로기적 차원에서 받아들였다고 할 수 있다.(비록 그가 급격한 경제적 발전이 발생하는 경제적 토대를 완전히 무시해 버린 것은 아니었다고 할지라도 말이다.) 중국은 농업 부문에서 대량의 자본을 끌어들여 그것을 확대된 중공업 분야로 보내주는 소비에트식의 발전 패턴을 추구할 수 있는 재정적 자원을 갖추지 못하고 있었을 것이다. 중국이 가지고 있었던 것은 사회주의 산업화로의 급속한 발전을 위한 변화에 순응적인 방대한 인구였다. 작업 조건과 수많은 인간관계의 재조직화, 그들의 이데올로기적 전환을 통해 산업 발전, 나아가 공산주의로의 이행을 위한 전제 조건이 성취될 수 있는 것이었다.

이러한 측면에서 마오쩌둥의 마르크스주의와 스탈린의 마르크스주의 사이에는 기본적인 차이점이 존재하고 있다. 스탈린 치하에서는 공산주의로의 이행에 있어 무엇보다도 현대적인 경제 기구들, 중공업에 기반을 둔 광범위한 산업화, 세련된 기술적 인프라, 기계화된 농업 분야와 같은 생산력의 발전이 필요하다는 공인된 가정이 존재하고 있었다.[39] 이와 같은 노선을 따라서 생산력이 발전하게

---

39 예컨대 J. V. Stalin, "The results of the first five-year plan," in J. V. Stalin, *Problems of Leninism*, 578~630을 볼 것.

되고, 그러한 변화는 공산주의로 이행하게 될 사회의 다른 영역, 특히 생산관계에 영향을 끼치게 된다는 것이다. 공산주의의 성취에 있어 생산력의 광범위한 발전은 결정적이다. 경제 분야에서 공산주의적 경제의 질적인 변화들이 실현되면서 생산의 공산주의적 관계와 공산주의적 이데올로기가 등장하게 되는 것이다.

마오쩌둥은 이와는 다른 시각을 통해 발전과정을 인식했다. 그는 순수한 기술적 차원 혹은 협소한 경제적 차원이 아닌 사회적, 경제적 발전의 인간적 측면을 좀 더 강조했다. 마오쩌둥의 이와 같은 시각은 "그는 사람이 아니라 사물만 본다."는 스탈린에 대한 간결한 비판을 통해 드러난다.[40] 『소비에트 정치경제학 교과서』를 통해서도 이와 같은 시각이 드러나는데, 이 교과서는 공산주의로의 이행이 성취되기 이전에 생산력의 충분한 발전이 필수적이라고 주장하고 있다.

> 여기(소비에트 정치경제학 교과서 – 옮긴이)에서는 대공업의 발전이 경제의 사회주의적 전환의 기초라고 주장하고 있는데 이것은 완전하지 않다. 모든 혁명의 역사가 증명하고 있는 것은 **충분히 발전된** 새로운 생산력이 우선 존재하고 그 이후에 낙후된 생산관계를 개조한다는 것이 아니라, 먼저 여론을 조성하고, 혁명을 진행해 정권을 쟁취한 후, 비로소 이전의 생산관계를 소멸시킬 수 있는 것이다. 이전의 생산관계를 소멸시키고 새로운 생산관계를 확립함으로써 새로운 생산관계를 위한 길을 열 수 있게 된다.[41]

그러므로 생산력의 충분한 발전이 생산관계의 변화를 위해 필

---

40 *Mao Zedong sixiang wansui* [Long live Mao Zedong Thought] (Taiwan: n.p., 1967), 156.

41 Mao Tse-tung, *A Critique of Soviet Economics*, 51. 강조는 인용자.

수적인 것은 아니다. 생산관계와 상부구조의 변화가 이미 성취된 상대적으로 작은 규모의 생산력 발전을 급격하게, 또 대규모로 확장시킬 수 있다. 마오쩌둥은 이와 같은 역사적 변화에 관한 관점에 근거하여 대약진운동에 관한 자신의 관점을 제시한 것이다. 결론적으로 말해, 인민공사의 조직을 통해 생산관계는 전환될 것이고, 이데올로기 선전을 통해 공산주의와 맞지 않는 태도와 가치 역시 전환되는 것이다.

좀 더 구체적으로 말한다면, 마오쩌둥은 대약진운동을 경제와 산업 관리에 대한 대안적 접근을 전개함으로써 목표를 달성하는 과정으로 인식한 것이다. (마오쩌둥의 관점에 따르면 – 옮긴이) 대형 기업에 의존하는 소비에트 모델은 중소기업을 좀 더 균형적으로 이용하는 방식으로 대체되어야 한다. 그리고 이러한 전환은 다음과 같은 몇 가지 이점을 가지고 있다. 첫째, 인적 자원을 좀 더 합리적으로 사용할 수 있고, 기업은 탈집중화되며, 노동력이 풍부한 지역에 위치할 수 있다. 둘째, 이와 같은 정책은 현대적인 산업과 결합해 좀 더 방대한 범위의 중국 노동자들에게 기술 교육을 시행하는 데 도움을 줄 수 있다. 셋째, 산업의 탈집중화를 통해 중국 인민들의 주관적 열정(마오쩌둥이 1955년 합작사의 성공으로부터 분명하게 확인할 수 있었던)이 좀 더 순조롭게 고취될 수 있다. 넷째, 중소기업의 설립은 대기업의 설립보다 덜 자본집약적이다. 이 정책은 작지만 여전히 경제적으로 성공할 가능성이 있는 기업들을 희생시키고 대형 기업에 의존하는 정책을 거부했기 때문에 '두 다리로 걷는(兩條腿走路)' 정책이라고 일컬어졌다.[42]

중국적 사회주의 노선을 위한 마오쩌둥의 분투

---

[42] *Peking Review* 48 (27 November, 1970): 14~17을 볼 것.

마오쩌둥의 대안적 경제전략은 또한 자립을 강조했으며, 이와 같은 자립노선은 거대한 자본 투입이 필요한 발전된 기술 대신 중하(中下) 수준의 기술을 발전시키는 것을 의미했다. 중국은 생산의 모든 영역에서 발전된 기술을 사용할 수 있는 경제적 능력을 가지고 있지 않았다. 이 때문에 중하 수준의 기술을 대량의 노동 투입과 결합시키는 정책을 채택할 필요가 있었다. 그리고 중국이 풍부하게 가지고 있는 자원(노동)을 최대한 배치시킴으로써 급격한 경제 성장을 이룰 수 있었던 것이다.

결국 대약진운동이 성공할 수 있으리라는 기대는 생산관계와 상부구조의 변화가 경제 발전을 위한 대안적 전략과 결합해 중국 경제의 급속한 발전을 가져올 것이라는 마오쩌둥의 믿음에 근거한 것이었다고 할 수 있다. 하지만 그는 그러한 수단들을 통해 지속적으로 높은 성장률을 유지하는 것이 가능할 것이라고 믿지는 않았다. 차라리 그는 사회와 경제의 발전이 마치 파도의 형태처럼 진행될 것이라고 믿고 있었다. 다시 말해 급속한 발전의 시기는 그 시기에 얻게 된 소득이 강화되고 확대되는 공고화의 시기로 교체되는 것이다. 그러므로 대약진운동은 급속한 발전의 시기이며, 이 시기 이후 공고화의 시기가 필연적으로 뒤따라 나오게 될 것이다. 1958년 청두(成都) 회의에서 마오쩌둥은 파도와도 같은 형식의 발전에 대해 다음과 같이 언급했다.

더 많이, 더 빨리, 더 좋게, 더 절약하며, 열의를 북돋우고 좀 더 높은 목표를 위해 노력하는 총노선 아래에서 파도처럼 앞으로 나아가는 것은 완급(緩急)의 대립 통일이다. 오직 급함과 수고로움만 있다면 그것은 일면적인 것이다. 오직 노동 강도에만 신경을 쓰고 쉬지 않는다면 그것이 어찌 가능하겠는가? … 매사에는 항상 완급이 함께 있는 것이다. … 격렬한 전투와 전투 후의 휴식 역시 마찬가지이다.[43]

대약진운동의 경제적 차원에서의 실패와 인간적 차원에서의 참혹한 결과는 대약진운동에 영감을 불어넣었던 정치적 경제에 관한 관점이 심각하게 잘못되었음을 보여준다.[44] 만약 대약진운동의 발발과 진행을 뒷받침한 것이 경제적 발전에 관한 마오쩌둥의 관념이었다고 가정할 수 있다면(그리고 이와 같은 가정에 대한 합의는 존재하지 않는다.)[45] 과연 주로 어떠한 차원에서 그의 사상은 비판받아야 하는 것일까? 특정한 마르크스주의적 관점에서 바라본다면, 생산력의 '충분한 발전'이 경제 발전의 전제조건이 아니라는 마오쩌둥의 믿음은 타당한 것인지도 모른다.[46] 하지만 이러한 믿음은 급속한 경제 발전을 달성하기 위한 정치적 운동이 성공할 수 있게 되기 전에, 얼마만큼의 확대된 생산력의 발전이 필요한가라는 질문을 남겨놓게 된다. 마르크스주의 이론 안에 이 문제에 대한 분명한 해답은 없다. 그리고 소비에트와 여타 지역의 사회주의가 겪은 역사

중국적 사회주의 노선을 위한 마오쩌둥의 분투

---

43 Schram, ed., *Mao Tse-tung Unrehearsed*, 106.

44 대약진운동으로 접어드는 정치적 맥락에 대한 분석에 관해서는 Frederick C. Teiwes with Warren Sun, *China's Road to Disaster: Mao, Central Politicians, and Provincial Leaders in the Unfolding of the Great Leap Forward, 1955~1959* (Armonk, New York: M. E. Sharpe, 1999)를 볼 것.

45 모든 학자가 마오쩌둥과 그의 사상만이 대약진운동에 책임이 있다고 생각하는 것은 아니다. 대약진운동의 실패에는 다른 요소들, 특히 운동이 저층부에서 수행되는 방식에서의 문제점들도 존재하고 있다. 예컨대 Levy, "Mao, Marx and Political Economy"를 볼 것.

46 Corrigan, Ramsay, and Sayer, *For Mao: Essays on Historical Materialism*, and Chan, *Chinese Marxism*을 볼 것.

적 경험도 이 문제에 대해 아무런 가이드라인도 제공해 주지 않았다. 마오쩌둥은 현대화되고 산업화된 경제의 부분적 초석을 마련한 1950년대 초에서 중반까지의 경제적 전환과 공고화가 생산력의 '충분한 발전'을 구축한 것은 아니라는 점을 인식하고 있었다. 하지만 그럼에도 불구하고 마오쩌둥이 보기에, 1950년대 초에서 중반까지의 경제적 전환과 공고화는 (정치적 – 옮긴이) 운동을 통해 경제 성장에 방해가 되는 사회적, 이데올로기적 장애물들을 제거할 수 있고 그로써 급격한 경제 발전을 성취할 수 있다고 생각하게 할 만큼 충분한 것이었다. 농업 집산화의 성공으로 고무된 이와 같은 판단은 마오쩌둥으로 하여금 자신이 보기에 뒤뚱거리고 점점 더 비사회주의적인 모습으로 변해가는 소비에트식 경제 발전 모델을 중국이 경제적으로 피해가고 또 앞지를 수 있을 것이며, 이와 동시에 중국이 좀 더 발전된 사회주의의 형태로 다가갈 수 있을 것이라고 생각하게 만들었다. 이 문제에 대한 마오쩌둥의 반응은 과감하게 시도해 보고 무슨 일이 벌어지는지 두고보자는 것이었다. 하지만 대약진운동의 실패는 중국이 그와 같은 대담한 실험에 준비가 되어 있지 않다는 사실을 확인시켜 주었다. 그것은 또한 마오쩌둥이 (대약진운동 – 옮긴이) 이전의 경제적 성공을 지나치게 높이 평가했고, 중국의 경제 발전이 정치적으로 추동된 급격한 팽창에 대비되어 있지 않았다는 사실을 확인시켜 주었다.

1950년대와 1960년대 마오쩌둥의 마르크스주의

1950년대와 1960년대 마오쩌둥의 저술로부터 우리는 그가 마르크스주의가 중국적 맥락에서 효용성을 갖추기 위해서는 그것의 보편적 진리가 중국의 현실과 결합되어야 함을 여전히 믿고 있었음을 분명하게 확인할 수 있다. 이것은 '중국적 사회주의 노선'을 위한 중요한 전제였다. 1956년 4월 마오쩌둥이 재차 확인한 것처럼, "보편 진리에 대한 탐구는 반드시 중국의 현실과 결합되어야 한다. 우리의 이론은 중국의 구체적 현실과 결합한 마르크스–레닌주의의 보편적 진리로 만들어져 있다."[47] 「문예 공작자들과의 대담(同音樂 工作者的談話)」(1956년 8월)에서도 마오쩌둥은 「새로운 단계를 논함」 (1938)에서 제기한 문제로 되돌아가 중국은 역사적 발전 속의 특수한 예로서 자신만의 독특한 방식으로 역사적 보편법칙을 드러낸다고 언급했다. 그는 이와 같은 보편법칙이 특수한 사례로 나타나는 변주를 나뭇잎에 비유한 바 있다. "겉으로 보기에는 대체적으로 같아 보이지만, 자세히 보면 각각의 잎은 모두 서로 다르다. 공통적인 성질도 있고 개성도 있는 것이다. 서로 통하는 측면이 있으면서 서로 다른 측면도 있는 것이다."[48] 마찬가지로 제8회 중앙위원회 제9차 전체회의 보고(1961)에서 마오쩌둥은 이 '나무'의 비유를 마르크스주의에 직접적으로 적용하면서, 다시 한 번 자신이 말하고자 하는 것은 마르크스주의의 보편법칙이 특수한 역사적 맥락에서 어떠한 구체적인 형태를 띨 것인지를 전제하고 있지 않으며, 또 할 수도 없음을 밝히고 있다. "마르크스–레닌주의는 근본적으로 하나이다. 하지만 그 가지와 이파리는 서로 다른데, 이것은 나무에 서로 다른 가지와 나뭇잎이 있는 것과 같다. 각 나라의 조건은 서로 다르고, 과거 우리는 오직 보편 진리에만 주의를 기울여 고생을 했고 그것

47 Schram, ed., *Mao Tse-tung Unrehearsed*, 82.

48 Schram, ed., *Mao Tse-tung Unrehearsed*, 84.

을 조사하고 연구하는 데 주의를 기울이지 않았다."[49]

중국의 예가 보편적으로 유효한 역사적 법칙의 특별한 실현태가 되어야 한다고 주장하면서 마오쩌둥은 다시 한 번 중국의 마르크스주의가 (그것이 비록 중국에서 성공을 거두었음에도 불구하고) 다른 역사적 맥락들 안에서도 필연적인 연관성을 가지고 있다고 가정할 수 없음을 주장했다. 비록 중국의 마르크스주의가 다른 나라의 마르크스주의자들이 유용하게 사용할 수 있는 경험을 포함하고 있는 것은 사실이지만, 중국의 경험이 민족적 특수성과는 관계없는 보편적 진리를 구축해 다른 나라의 맥락에서도 자동적으로 적용될 수 있다고 생각해서는 안 된다는 것이다. 1956년 9월 라틴 아메리카 각국의 공산당 대표자들과 대화를 나누면서 마오쩌둥은 그들이 중국의 경험을 선택적으로 사용해야 하며, 그것도 오직 중국의 경험이 그들 각각의 나라들의 특성과 분명하게 호응할 때에만 그렇게 해야 함을 강조했다.

> 중국 혁명의 경험은 농촌 근거지를 구축하고, 농촌으로 도시를 포위해 마지막으로 도시를 탈취하는 경험으로, 여러분들 나라에 전적으로 적용될 수 있는 것은 아닙니다. 하지만 참고가 될 수는 있습니다. 나는 여러분에게 중국의 경험을 그대로 사용하지 말 것을 강력하게 권고하는 바입니다. 외국의 그 어떠한 경험도 참고가 될 수 있을 뿐 교리가 될 수는 없습니다. 반드시 마르크스주의의 보편 원리와 본국의 구체적 상황을 결합시켜야 합니다.[50]

---

49 *Mao Zedong sixiang wansui* (1967), 262.

50 *Selected Works of Mao Tse-tung* V, 326.

결국 마오쩌둥은 마르크스주의가 완전한 이데올로기적 체계로서, 보편법칙이라는 몸체에 각각의 역사적 상황에 들어맞는 특수한 '법칙들'이 더해져 만들어진 것이라고 계속해서 믿고 있었던 것이다. 이 특수한 '법칙들'은 맥락이 변하면서 함께 변하게 된다. 하지만 마르크스주의의 보편법칙은 바뀔 수 없다.(7장을 볼 것.)

마오쩌둥과 소비에트의 지도자 흐루쇼프의 차이는 여러 역사적 요소들이 복합적으로 얽히면서 비롯된 것이고, 그러한 요소들 중 하나는 무엇이 마르크스주의의 보편적이고 불변하는 법칙을 구성하는가에 관한 의견의 불일치였다. 소련공산당 제20차 대회에서 흐루쇼프는 세계적 상황의 변화 때문에 현재 자본주의에서 사회주의로의 이행은 비폭력적 수단을 통해 성취될 수 있다고 주장했다. 혁명은 더 이상 이행이 성취되는 과정에서 반드시 거쳐야 하는 매개체가 아니라는 것이다. 이 때문에 몇몇 자본주의 국가와 식민지를 경험한 국가에서 사회주의로의 평화적 이행 가능성이 생겨났고, 이러한 평화적 이행은 사회주의 및 공산주의 정당들이 의회에서 다수를 차지함으로써 가능하다는 주장이 제기되었다.[51]

의회에서 다수를 차지함으로써 사회주의로의 평화적 이행을 가능케 할 수 있다는 흐루쇼프의 생각은 몇 가지 측면에서 마오쩌둥의 마르크스주의와 대치되는 것이었다. 첫째, 자본주의 국가들의 의회체제에 대한 흐루쇼프의 의존은 자본주의 국가가 계급적 국가이며 지배계급의 경제적 이익을 보호하기 위한 기능을 수행한다는 마르크스주의의 보편법칙을 폐기하는 것과 다름없었다. 그것은 또한 자본주의 체제 속에서 의회가 갖는 역사적 의미에 대한 오해를

---

51 Carrère d'Encausse and Schram, *Marxism and Asia*, 282~87.

드러내는 것이었다. 의회는 권력의 내핵이 아니며, 의회가 반드시 국가 기구의 지배적인 특징을 구성하는 것도 아니다. 마오쩌둥은 설사 사회주의 혹은 공산주의 정당이 결국 의회에서 다수를 확보한다고 해도, 지배계급은 개량 세력의 공허한 승리를 지켜내기 위해 게임의 규칙을 즉각적으로 수정할 것이라고 믿고 있었다. 1964년 일본공산당 대표단과의 대화에서 마오쩌둥은 일본공산당이 의회적 수단을 통해서는 결코 권력을 쟁취하지 못할 것이며, 마치 그들이 권력을 쟁취할 수 있을 것처럼 보인다고 할지라도 지배계급은 일본공산당이 권력을 잡지 못하게 하기 위해 무슨 수단을 써서라도 선거구와 헌법을 바꾸고, 일본공산당이 불법적인 정당임을 선포할 것이라고 주장했다. 때문에 자본주의 체제의 '구조적 개혁'을 위해 국가를 이용한다는 것은 쓸모없는 소리인 것이다. 왜냐하면 국가는 지배계급의 이해를 위협하는 그 어떠한 가능성도 부셔버릴 수 있는 무장권력을 가지고 있기 때문이다.

> 상부구조의 첫 번째, 근본적이고 주요한 부분은 군대이다. 만약 상부구조를 개혁하고자 한다면 어떻게 개혁할 것인가? 어느 이탈리아인(마오쩌둥은 톨리아티(Togliatti)를 언급하는 듯하다.)은 이에 대한 이론을 하나 발명했는데, 구조개혁 이론이라고 부른다. 이탈리아에는 수만 명의 군경(軍警)이 존재하는데 어떻게 법을 바꿀 것인가? … 우리는 모두 구조개혁 이론을 신뢰하지 않는다.[52]

둘째, 마오쩌둥이 보기에 흐루쇼프의 이행의 평화적 본성에 대

---

52 *Mao Zedong sixiang wansui* (1967), 156.

한 강조는 그 어떠한 사회의 지배계급도 강렬한 계급투쟁 없이는 권력을 포기하지 않는다는 마르크스의 관점에서 이탈하는 것이었다. 마오쩌둥은 이에 대해 "부르주아는 결코 스스로 정권을 내놓지 않을 것이며 폭력을 사용할 것"[53]이라고 언명했다. 결과적으로 정권의 탈취는 폭력혁명을 필요로 한다는 것이다. 또한 권력의 평화적 이양이 가능하다는 생각도 받아들일 수 없는 것이다. 마찬가지로 마오쩌둥은 사회주의의 궁극적인 세계적 차원의 승리가 사회주의 진영과 자본주의 진영의 '평화적 경쟁'을 통해 도래할 것이라는 흐루쇼프의 믿음이 마르크스주의에 대한 명백한 수정주의적 개량이라고 믿었다. (마오쩌둥이 보기에는 – 옮긴이) 본질적으로 적대적인 두 진영 사이에는 결국 무장충돌이 있을 수밖에 없는 것이다.

이 때문에 마오쩌둥은 의회제 노선을 통한 사회주의로의 평화적 이행이라는 개념을 거절할 수밖에 없었다. 왜냐하면 그것은 마르크스주의의 보편법칙으로부터의 이탈을 의미하는 것이었기 때문이다. 흐루쇼프는 보편적이기에 함부로 바꿀 수 없는 법칙에 손을 댔기 때문에 '수정주의'라는 비난을 받아 마땅했다. 그리고 말할 것도 없이 흐루쇼프에 의해 '수정된' 마르크스주의 법칙은 마오쩌둥 자신에 의해 보편적인 법칙으로 다시 수정되어야 했으며, 흐루쇼프가 수정할 수 없는 보편법칙을 받아들이지 않았다는 문제는 논점에서 벗어난 것이었다. 흐루쇼프의 입장에서 마오쩌둥은 역사가 더 이상 유효하지 않다고 증명한 마르크스주의의 이행에 관한 차원들을 곧이곧대로 실행하고 싶어하는 '교조주의자'에 불과했다. 특히 핵무기의 발전이 자본주의와 공산주의의 폭력적 충돌을 만들

---

[53] *Selected Works of Mao Tse-tung* V, 495.

어낸다는 관점은 정말로 생각할 수도 없는 것이었다.[54] 결국 마오쩌둥과 흐루쇼프 사이의 견해차는 무엇이 마르크스의 보편법칙을 구축하느냐에 관한 것이었다고 할 수 있다. 그리고 마오쩌둥은 분명 자신이 그러한 핵심적 진실을 정확하게 이해하고 있다고 생각했다. 흐루쇼프가 마르크스주의의 보편법칙을 '수정'하게 되면서 마오쩌둥은 자신이야말로 마르크스주의가 남긴 이데올로기적 유산의 순수성을 충실하게 지키고 있는 유일한 공산주의 지도자라고 생각하게 되었던 것이다.

마오쩌둥의 마르크스주의와 '문화대혁명'

우리는 앞서 마오쩌둥이 중국 사회에 대한 이해에 접근하는 데 모순이라는 개념이 매우 중요한 요소가 되고 있다는 사실을 확인했다. 그리고 모순은 두 가지 유형―적대적 모순과 비적대적 모순―으로 구분되는데, 만약 제대로 다루어지지 않는다면 후자는 전자로 발전할 가능성이 있다. 그러므로 중국의 '인민' 내부에는 다양한 계급이 존재하고 있으며, 여기에는 비적대적 모순이 적대적 모순으로 변화될 가능성이 존재하고 그것의 해결을 위해서는 폭력투쟁이 필요할 수도 있는 것이다. 마오쩌둥이 이와 같은 적대적 모순의 잠재적 가능성을 받아들였다는 사실은 백화제방 운동에 대한 그의 반응을 통해 확인할 수 있다. 마오쩌둥은 중국공산당과 중국 지식인들 사이의 모순이 제대로 다루어지지 않았기 때문에 모순이 적대적으로 변했고, 결국 폭력투쟁으로 귀결될 수밖에 없었다고 생각했

---

54 Khrushchev, *Khrushchev Remembers*, 469~71.

다. 그리고 모순에 관한 이론에 기반을 두고 구축된 '부단한 혁명'이라는 개념 역시 사회주의 사회가 공산주의로 발전해 나가면서 그 안에 지속적인 봉기와 투쟁의 기간이 존재할 수 있다는 믿음을 포함하고 있는 역사적 발전에 관한 개념을 제시하고 있는 것이기도 했다.

때문에 사회의 본성과 역사적 발전에 대한 마오쩌둥의 인식은 사회적 전환의 기간 동안 대규모의 투쟁이 존재할 수도 있음을 받아들이게 했다. 더군다나 마오쩌둥은 1960년대 초반 다음과 같은 중국 사회의 몇몇 특정한 측면에 대한 분석을 통해 중국 혁명의 목표가 손상되지 않도록 하기 위해서는 혁명적 차원의 투쟁이 불가피하다는 확신을 품게 됐다. 첫째, 마오쩌둥은 사회 내에서 상부구조가 차지하는 역할에 대한 독특한 관점을 가지고 있었다. 마오쩌둥이 언급하고 있는 '상부구조'라는 개념은 사회의 정치적, 이데올로기적, 문화적 차원을 가리키는 것으로, 그러한 차원들은 대체적으로 경제적 토대의 반영이라고 할 수 있다. 예컨대 생산 및 계급 관계의 봉건적 형식은 봉건적 이데올로기, 특히 봉건적 정치제도를 낳게 된다. 하지만 마오쩌둥은 경제적 토대의 발전에 대한 상부구조의 반영이 반드시 직접적이거나 완전히 자동적이지는 않다고 믿게 되었다. 1950년대 말까지 중국 경제를 구성하고 있던 대부분의 소유제(경제적 토대의 원칙적 측면)는 사회주의 혹은 준사회주의적 형태로 바뀌어 있었다. 정통 마르크스주의 이론에 따르면 중국 사회의 상부구조는 이와 같은 경제적 토대의 근본적 변형을 반영하여 변해 있어야 했다. 그러나 마오쩌둥은 이러한 과정이 만족스러울 정도로 성취되지는 못했음을 깨닫게 되었다. 마오쩌둥은 이 문제에 대해 경제적 토대의 발전과 그에 따른 상부구조의 변화 사이에 시간차가 존재하는 경향이 있다고 설명했다.[55] 몇몇 사람은 과거의 관념과 태도에 고집스럽게 매달리고 있었고, 정치적 기구들은 관료적인 태도를 띤 보수적인 집단이 되어 경제적 발전에 반응하지 않고 있었다. 이데올로기적 보수주의와 제도적 타성 탓에 상부구조의 몇몇 영역은 경제적 토대의 발전을 방해하는 장애물이 되어 있었다. 하지만 경제적 토대의 발전을 이데올로기적으로 충실하게 반영하고 있는 이들도 존재하고 있었다. 그리고 그들의 임무는 바로 다른 이들의 보수적인 이데올로기에 도전하고 정치적 변화를 만들어내는 것이었다. 그러므로 경제적 토대의 발전은 상부구조에 불균등하게 반영되어 있는 것이며 그러한 불균등성이 결과적으로 투쟁의 영역이 되는 것이다. 오직 그러한 투쟁에 대한 만족할 만한 수준의 해결책을 통해서만 상부구조는 그 경제적 토대와 보조를 맞출 수 있게 된다. 그리고 경제적 토대에 대한 충실한 상부구조적 반영을 확보하는 이와 같은 과정은 경제적 발전이 상부구조의 보수적 측면에 대한 새로운 공격을 불가피한 것으로 만들면서 끊임없이 계속된다.

결국 마오쩌둥은 상부구조를 사회주의 사회를 성취하기 위한 투쟁에 중요한 영역으로, 때에 따라서는 필수적인 영역으로 인식한 것이다. 1960년대 초반, 마오쩌둥은 중국 봉건사회의 부정적인 이데올로기적, 문화적 모습들이 많은 인민들 사이에서 굳건하게 버티고 있고, 이 때문에 중국 사회에 만연해 있는 이와 같은 습관적 힘

---

55 마오쩌둥은 여기서 마르크스의 권위에 기대고 있는지도 모른다. 마르크스는, 다소 모호하게, "경제적 토대의 변화는 조만간 전체 상부구조의 변화로 이어지게 된다."고 주장했다. Karl Marx, *A Contribution to the Critique of Political Economy* (London: Lawrence and Wishart, 1971), 21. 강조는 인용자.

을 약화시키기 위해서 확대된 이데올로기적 운동이 필요하다는 것을 깨닫게 되었다. 그리고 이와 같은 이데올로기적 운동은 경제적 차원에서의 계급 충돌이 주된 형태를 차지했던 과거의 투쟁과는 다른 양태의 것이었다. 마오쩌둥이 지적한 것처럼,

> 시대가 다르기에 그 투쟁에도 다름이 있을 뿐이다. 현재에 관해 말하자면, 사회제도가 변했지만 구시대가 남겨놓은 반동사상이 많은 사람의 머릿속에 여전히 잔존해 있는 것이다. 부르주아 계급 사상과 쁘띠 부르주아 계급 사상도 한 번에 바뀌지 못한다. 바뀌는 데는 시간이 필요하고, 게다가 긴 시간이 필요하다.[56]

둘째, 혁명적 차원의 투쟁이 필요하다는 마오쩌둥의 믿음은 또한 중국 사회에 '새로운 부르주아'가 나타나고 있다는 인식에 의해 강화되었다. '새로운 부르주아'의 등장에 대한 마오쩌둥의 집착은 1960년대 초반에 심화된 것이었다. 1962년 1월 마오쩌둥은 "사회주의 사회에 새로운 부르주아적 요소가 계속해서 등장하고 있다."[57]고 주장했으며, 「전십조(前十條)」(즉, 「최근 농촌 공작에서의 몇 가지 문제에 관한 결정(關於目前農村工作中若干問題的決定-草案)」)(1963)에서 그는 "이전 시대의 부르주아들이 여전히 투기매매를 하고 폭리를 취하고 있는데, 오늘날의 사회에서도 역시 새로운 부르주아가 등장해 투기매매를 통해 치부하고 있다."[58]며 불만을 터트리고 있다.

---

56 Ch'en, ed., *Mao Papers*, 144~45.

57 Schram, ed., *Mao Tse-tung Unrehearsed*, 168.

58 Richard Baum and Frederick C. Teiwes, *Ssu-ch'ing: The Socialist Education Movement of 1962~66* (Berkeley: Chinese Research Monographs, University of California, 1968), 61.

또한 1964년 4월 알제리 문화 대표단과의 회담에서 마오쩌둥은 중국공산당 내부에도 많은 '부르주아적 요소들'이 있다고 말한 바 있다.[59]

사회주의 사회 내부에서 '새로운 부르주아'가 등장할 수 있다는 마오쩌둥의 믿음은 마르크스주의 이론에서 중요한 함의를 갖는다. 만약 소유제가 기본적으로 사회주의적인 것으로 바뀌었다면, 어떻게 그러한 계급이 등장하는 것이 가능하다는 말인가? 이에 대한 마오쩌둥의 대답은 '새로운 부르주아'의 등장이 대체적으로 생산관계와 소유제의 산물이기 때문에 마르크스주의 이론으로 설명될 수 있다는 것이다. 중국의 소유제는 여전히 완전한 사회주의의 그것이 아니며, 다음과 같은 세 가지 유형의 소유 형태를 그 특징으로 하고 있다. 국가에 의한 소유, 집단 소유, 개인적 소유. 마오쩌둥은 소유제의 이러한 분화가 '새로운 부르주아'를 등장시키는 중요한 요소가 된다고 생각했다. 그가 지적한 대로 "만약 세 종류의 소유제가 존재하고 있다면 반드시 모순과 투쟁이 있게 되는 것이다."[60] 하지만 이 문제에 대한 마오쩌둥의 입장을 충분히 이해하기 위해서는 중국 농민의 '이중적 본성'에 대한 그의 관점을 참조해 볼 필요가 있다. 농민들은 그들의 경제적 입장과 계급적 전망 때문에 쁘띠 부르주아적 특징을 띨 수밖에 없다.[61] 소생산자로서 그들은 재산의 사회화에 대해 이중적인 태도(또는 '이중적 본성')을 지니고

---

59 *Mao Zedong sixiang wansui* (1969), 488. 또한 424쪽에서 마오쩌둥은 "부르주아가 다시 나타날 수 있으며 소비에트에서는 이러한 현상이 일어난 바 있다(有會新生的資産階級出現, 這也正是蘇聯所發生的)."라고 언급하고 있다.

60 Mao Tse-tung, *A Critique of Soviet Economics*, 107.

61 *Selected Works of Mao Tse-tung* V, 474.

있으며, 이러한 이중성은 농촌 지역에서 전체 인민에 의한(다시 말해 국가에 의한) 소유제가 실현될 때까지 지속될 것이다. 이에 대해 마오쩌둥은 비꼬는 말투로 그때까지 농민은 "여전히 농민으로 남아 있을 것"[62]이라고 말한 바 있다. 또한 1962년 9월 중국공산당 제9회 십중전회(十中全會)의 공식 보고문에서 이러한 소생산자들 중 몇몇은 "자발적인 자본주의적 성향"을 가지고 있는 것으로 언급되었다.[63] 마오쩌둥은 전체회의 보고에서 쁘띠 부르주아의 계속적인 잔존(소유제의 지속적인 분화에 의해 가능하게 된)[64]이 '새로운 부르주아'의 등장에 중요한 요소가 된다고 명확하게 언급하고 있다.

> 현재 사회주의 국가에 계급이 존재하며 계급투쟁이 존재하고 있다고 확신할 수 있다. 레닌은 일찍이 혁명이 승리한 후 국제적으로 부르주아 계급이 존재하고 있기 때문에 국내에도 부르주아 계급의 잔여 세력이 존재할 수 있고, 쁘띠 부르주아는 계속해서 쁘띠 부르주아를 만들어내기 때문에 타도된 계급은 오래도록 잔존하고, 심지어 되돌아올 수도 있다고 말했다.[65]

그러므로 '새로운 부르주아'의 등장에 대한 마오쩌둥의 인식은 농민을 특정한 계급이자 '이중적 성격'을 갖춘 존재로 묶어두는 분화된 소유제가 존재하고 있는 상황에서, 초기 부르주아의 경제적 행동양식의 형태—이윤 추구, 투기, 고용인의 착취, 고리대금업에의 가담, 토지의 매매—로 이끌리는 개인들에게 내재된, 수세대에

62 *Mao Zedong sixiang wansui* (1969), 247.

63 Baum and Teiwes, *Ssu-ch'ing*, 60. 또한 *Selected Works of Mao Tse-tung* V, 260~61.

64 *Peking Review* 25 (21 June 1963), 17.

65 Schram, ed., *Mao Tse-tung Unrehearsed*, 189.

걸친 사회경제적 요인들이 존재하고 있다는 믿음에서 비롯된다고 할 수 있을 것이다.[66]

또한 '새로운 부르주아'의 등장에 대한 마오쩌둥의 견해는 계급과 계급투쟁이 사회주의 이행 기간 동안에도 계속해서 존재할 수 있다는 믿음과 밀접하게 연계되어 있다. 계급들 사이의 투쟁은 경제적 토대 혹은 상부구조 어디에서든 다양한 전선에 걸쳐 펼쳐질 것이다. 이 때문에 적대적 관계가 될 수 있는 계급의 형성과 대체적으로 경제적 토대의 발전으로부터 이탈한 상부구조와 같은 혁명적 투쟁을 불러일으킬 수 있는 원인들이 중국 사회 내에 존재하고 있는 것이다. '부단한 혁명'에 관한 그의 견해와 더불어, 이와 같은 원인들에 대한 마오쩌둥의 생각은 프롤레타리아 독재 하에서 혁명을 계속할 필요가 있다는 그의 믿음을 뒷받침해 주었다. '계속혁명(繼續革命)' 이론은 마오쩌둥에 의해 발전된 것은 아니지만, 그의 몇몇 급진적인 지지자들(마오쩌둥 사후 이른바 '사인방'으로 이름 붙여진)에 의해 세공되었고, '문화대혁명'(이하 '문혁') 기간 동안 추구한 급진적인 정책들을 정당화하는 데 사용되었다. 특히 장춘차오(張春橋)는 사회주의 이행 기간 동안 '부르주아의 권리'를 제한하는 것이 필요하다고 주장했다.[67] '부르주아의 권리'에 대한 제한 없이는 사회적 불평등이 사라지지 않고 오히려 증대될 것이며, 프롤레타리아 독재 하의 계속혁명이 없다면 부르주아가 나타나 혁명의

---

66 Baum and Teiwes, *Ssu-ch'ing*, 61. '새로운 부르주아'에 관한 마오쩌둥의 관점에 대한 대안적 해석은 Joseph Esherick, "On the 'Restoration of Capitalism': Mao and Marxist Theory," *Modern China* 5, no. 1 (January 1979): 41~78을 볼 것.

67 Chang Chun-chiao, "On Exercising All-Round Dictatorship over the Bourgeoisie," *Peking Review* 14 (4 April 1975): 5~11.

목표를 부정하고 중국을 자본주의의 길로 인도하리라는 것이다. 자본주의적 성향과 지속적인 불평등을 계속해서 억압하고 '주자파(走資派)'를 쫓아내야만 자본주의로의 복귀를 막을 수 있고 사회주의를 성취할 수 있으며, '계속혁명'이라는 상태는 경제적 토대가 완전한 사회주의 형식으로 전환될 때까지 유지되어야 하는 것이다.[68]

1960년대 마오쩌둥은 중국 사회의 모순이 적대적으로 변해간다고 갈수록 확신하게 되었다. 특히 그는 만약 제대로 관리되지 않는다면 점차 확대되어 궁극적으로는 혁명의 결실들을 부정하고 중국을 자본주의의 길로 인도하게 될 자본주의적 수단들을 당 지도부의 특정 분파가 끌어들이고 있다고 믿고 있었다. 만약 이것이 그대로 방치된다면 혁명은 헛수고가 될 것임이 틀림없었다. 이것은 마오쩌둥이 결코 받아들일 수 없는 것이었으므로 그는 대약진운동의 물결 속에서 등장하게 된 적대적 모순들을 해결하기 위해 집중적이고도, 혹은 필요하다면, 폭력적인 투쟁의 가능성을 염두에 두게 되었다. 마오쩌둥이 이해한 바대로, 만약 당이 사회주의 노선을 지키지 못한다면 당은 반드시 투쟁의 주요한 대상이 되어야 했다.

1966년에 발발한 '문혁'은 다음과 같은 몇 가지 이유에서 마오쩌둥의 사상을 논하는 맥락에서 중요하다. 첫째, (그리고 백화제방운동의 이론 및 실천과 함께) 당에 대한 공격을 통해서만이 아니라 그러한 공격의 선봉대로서 당 외부의 요소들을 동원함으로써 마오쩌둥은 레닌주의의 중심 원칙으로부터 이탈하려는 의지를 보여주었

중국적 사회주의 노선을 위한 마오쩌둥의 분투

---

68 이에 대한 자세한 논의로는 John Bryan Starr, "Conceptual Foundations of Mao Tse-tung's Theory of Continuous Revolution," *Asian Survey* 11, no. 6 (June 1971): 610~28을 볼 것. 또한 John Bryan Starr, *Continuing the Revolution: The Political Thought of Mao* (Princeton: Princeton University Press, 1979), 300~307도 볼 것.

다. 레닌에게 공산당은 노동계급의 전위를 대표하는 것이었고, 가장 선진적이고 정치적으로 의식화된 부분이었다. 레닌주의의 개념 안에 전위당이 노동계급의 혁명적 목표를 달성하는 데 위협을 가할 수 있는 퇴행적인 사상, 정책, 행동의 주체가 될 수 있다는 생각은 존재하지 않는다. 하지만 마오쩌둥은 중국공산당이 사회 속의 투쟁에 있어 그것을 넘어선 존재라고 가정하지 않았다. 계급적 본성으로부터 비롯된 모순들과 이데올로기들은 필연적으로 중국공산당 내에 반영되고, 부정적이고 반(反)혁명적인 요소들에 의해 고착화될 수 있다. 그러한 요소들은 투쟁의 대상이 되어야 하고 만약 그들의 중국공산당 내에서의 위치가 매우 강력해서 당 내부의 투쟁으로 척결되지 않는다면, 그것들을 패퇴시키기 위해 좀 더 확대된 공동체로부터 진보적인 역량들을 동원해야 한다. '문혁' 기간 동안 마오쩌둥은 중국공산당 내에서 '자본주의 노선'을 택한 것으로 여겨지는 이들에 대한 공격을 위해 당 외부의 요소들(학생, 청년, 군대, 노동계급 분파) 간의 연합을 이끌었다. 하지만 비록 마오쩌둥이 공산당의 전위적 지위에 대해 레닌과는 다른 평가를 내렸다고 할지라도, 그는 중국공산당의 광범위한 실패에도 불구하고 중국공산당의 완전한 파괴를 결코 허용하지는 않았다. 1967년 2월 마오주의 급진주의자들은 중국을 파리 코뮌을 본뜬 코뮌으로 재조직할 것을 제안했지만 마오쩌둥은 그것을 거절했다. 왜냐하면 마오쩌둥이 보기에 만약 그러한 코뮌들 간의 연합이 형성된다면 중국공산당의 역할이 무엇인지가 불분명해지기 때문이다.[69] 더불어 1969년 4월

---

69 *Mao Zedong sixiang wansui* (1969), 671~72; Schram, ed., *Mao Tse-tung Unrehearsed*, 278. 또한 Stuart R. Schram, "The Marxist," in *Mao Tse-tung in the Scales of History*, ed. Dick Wilson

제9차 당대회에서 마오쩌둥은 정통 레닌주의 노선에 따라 중국공산당의 재건을 시작했다.[70]

둘째, '문혁'과 1960년대 초반 소비에트에 대한 그의 격렬한 비판이라는 맥락에서 마오쩌둥은 사회주의 체제가 자본주의적 형식으로 퇴행할 가능성이 있으며 이러한 퇴행이 '평화적 전환'의 과정을 통해서 발생할 수 있다고 주장했다.[71] 사회주의 (혹은 기본적으로 사회주의적인) 사회에서 자본주의로의 '평화적 전환'이라는 개념은 마오쩌둥이 더 이상 사회주의에서 공산주의로의 이행을 필연적인 것으로 보고 있지 않았음을 드러내준다. 실제로 우리는 '문혁' 기간 동안 마오쩌둥의 연설과 저술들을 통해 옌안 시기에 그가 보여준 역사적 낙관주의가 소멸했다는 것을 확인할 수 있다.(9장을 볼 것.) 이제 미래는 결과를 예측할 수 없는 엄청난 투쟁으로 그려지고 있다. "혁명에서 누가 승리하고 실패할 것인지는 오랜 역사적 시간이 흐른 뒤에야 비로소 해결될 수 있을 것이다. 모든 당원과 인민은 한두 차례, 서너 차례의 '문화대혁명'으로 태평성세가 올 것이라고 생각하지 말아야 한다. 절대로 경계를 늦추지 말아야 한다."[72] 사회주의에서 자본주의로의 '평화적 전환'이라는 개념은 모순에 대한 마오쩌둥의 이론과 잘 들어맞지 않는다. '평화적 전환'이 자본주의의

(Cambridge: Cambridge University Press, 1977), 47~48을 볼 것.

70 중국공산당 제9차 전국대표대회 당장(黨章)이 규정하고 있는 것처럼 "당 조직의 원칙은 민주집중제이며 … 전당(全黨)은 반드시 다음의 통일된 기율을 따라야 한다. 개인은 조직에 복종하고, 소수는 다수에 복종하며, 하부는 상부에 복종하고, 전당은 중앙에 복종한다." *The Ninth National Congress of the Communist Party of China (Documents)* (Peking: Foreign Languages Press, 1969), 119~20.

71 Baum and Teiwes, *Ssu-Ch'ing*, 119.

72 Ch'en, ed., *Mao Papers*, 139.

회복으로 이어질 수 있다는 것은 곧 사회의 주요한 변화가 모순의 적대적 측면 사이의 관계로 특징지어지는 투쟁이 아니라 단지 점진적인 변화를 통해서만 일어날 수 있다는 것을 의미한다. 실상 '평화적 전환'이라는 개념은 역사에 관한 마르크스주의적 패러다임에 잘 들어맞지 않는 우연적인 요소들을 설명하기 위해 급조된 공식으로 보인다. 앞서 살펴본 것처럼, 마오쩌둥은 자본주의에서 사회주의로의 평화적 이행이 있을 수 있다는 개념을 거부한 바 있으며, 흐루쇼프가 그러한 가능성을 제시했다는 이유로 그를 '수정주의자'라고 비난했다. 하지만 마오쩌둥이 제기하고 있는 가능성 역시 역사에 관한 마르크스주의 이론과 잘 들어맞지 않아 보인다.

셋째, '문혁' 시대의 문건들은 마오쩌둥이 계속해서 자신의 마르크스주의에 대한 공헌이 단지 중국 사회의 특수한 '법칙들'을 발견하고 분석하는 데 그쳤다고 믿었는지에 대해 의문을 제기하고 있다. '문혁' 이전, 마오쩌둥은 마르크스주의의 보편법칙에 자신이 아무것도 보탠 것이 없다고 주장했다. 그리고 그는 중국을 방문한 혁명가들에게 중국의 혁명 경험을 자신들의 나라에 기계적으로 적용하지 말라고 충고했다. 설사 중국의 경험이 성공적이었다고 할지라도, 중국 사회의 특수한 성격 탓에 다른 맥락에서 그것이 정확하게 복제될 수는 없다는 것이다. 그러므로 중국 혁명의 '법칙들'에 대한 마오쩌둥의 분석은 보편적인 지위를 갖지 못하며, 다른 나라들은 자국의 특징에 대한 세심한 주의를 기울인 후에야 적용할 수 있는 것이었다. 하지만 '문혁' 시기의 담론이 마오쩌둥의 마르크스주의에 대한 공헌이 이미 중국적 기원을 넘어섰으며 보편적인 타당성을 가지고 있다는 인상을 남기고 있는 것은 부정할 수 없는 사실이다.[73] 의심의 여지 없이, 마오쩌둥의 사상이 보편적인 타당성을 가지고 있다는 주장은 당시 진행 중이던 소비에트와 중국의 격렬한 논쟁에서 비롯된 것이었다. 마오쩌둥 사상의 보편성을 주장함으로써 중국은 1956년 이전 모스크바가 차지하고 있던 마르크스주의에 대한 특권적 위치를 자신이 차지하려고 했던 것이다. 흐루쇼프의 '수정주의'와 함께 중국공산당과 소련공산당 사이의 분기가 발생하면서, 마르크스주의를 진정으로 수호하는 (혹은 그렇게 여겨지는) 계승자가 이제 둘로 나뉘었기 때문이다.

결론

(마오쩌둥 사후 5년이 지난) 1981년 6월 중국공산당 제11기 중앙위원회 제6차 전체회의는 '문혁' 기간 마오쩌둥의 사상과 행동을 강력하게 비난했다. 마오쩌둥이 '실사구시'라는 자신의 명령을 무시하고, 사회주의 사회 속 계급투쟁의 격렬함을 지나치게 과장해 중국을 혼란으로 몰아넣었다는 것이다. 마찬가지로 1950년대 후반 마오쩌둥이 중국의 사회주의 노선을 무리하게 몰아붙였다는 가혹한 결론 역시 제기되었다. 그가 "객관적인 경제법칙"을 무시하고 "빨리 성과를 내는 데 급급해 주관 의지와 주관 노력의 작용을 과대평가했다."[74]는 것이다.

25년이 지난 지금, 제6차 전체회의의 판단은 마오쩌둥의 사회주의 노선에 대한 권위적인 관점으로 남아 있다. 중국공산당과 지도부는 사실상 모든 측면에서 1950년대와 1960년대 마오쩌둥의 정

---

73 1968년 말까지 회람된 당장에서 특히 마오쩌둥 사상에 대한 언급을 볼 것. 본 당장의 내용은 *China Quarterly* 37 (January~March 1969): 169~73에 실려 있다.

74 *Resolution on CPC History*, 32~46.

책들을 뒷받침한 생각들이 근본적으로 착오였다는 관점에서 조금도 물러서지 않고 있다. 그들은 과거 사회주의 정책으로부터 후퇴해 자본주의의 국내적, 국제적 영향에 그들의 경제를 개방했다.[75] 가장 조심스러워 보였던 개혁은 21세기 처음 10년의 시간 동안 중국을 마오쩌둥의 중국과는 완전히 다른 모습으로 바꾸어놓을 정도로 확대되었다.[76] 마오쩌둥은 경제의 급속한 성장과 향상된 수준, 군사 능력의 제고와 큰 폭으로 향상된 국내 및 국제 정치에서의 영향력 등 개혁의 몇몇 결과를 반겼을 것임이 틀림없다. 또한 마오쩌둥은 분명 지난날의 개혁가들과 마찬가지로 자신 역시 민족의 부와 권력을 추구했던바, 중국의 산업화와 현대화를 욕망했을 것이다. 하지만 마오쩌둥은 엄청난 불평등, 만연한 부패, 증대되는 도시와 농촌 간의 격차, 중국 사회 전반에 걸친 자본주의적 영향력의 확대와 같은 개혁의 사회적, 정치적 충격에 경악했을 것이다. 그리고 그는 자신의 관점에 대한 정당화를 시도하면서 중국공산당이 혁명적, 반자본주의적 노선으로부터 벗어나고 있으며, 만약 이러한 추세가 계속될 경우 중국에 자본주의가 회복될 것이라는 1960년대 초반의 자신의 관점을 근거로 삼아 개혁의 부정적 결과들을 지적했을 것이다. 실제로 '문혁'에 이르는 기간 동안 마오쩌둥이 두려워

75 세계화(globalization)를 중국공산당의 이데올로기에 포함시키려는 최근의 시도에 대한 분석에 관해서는 Nick Knight, "Contemporary Chinese Marxsim and the Marxist Tradition: Globalisation, Socialism and the Search for Ideological Coherence," *Asian Studies Review* 30, no. 1 (March 2006): 19~39; Nick Knight, "Imagining Globalisation: The World and Nation in Chinese Communist Party Ideology," *Journal of Contemporary Asia* 33, no. 3 (2003): 318~37을 볼 것.

76 중국의 사회주의로부터의 후퇴에 대해서는 Nick Knight, "From the 2nd Plenum to the 6th NPC: The Retreat Gathers Speed," *The Australian Journal of Chinese Affairs* 12 (July 1984): 177~94를 볼 것.

한 일들은 그가 사망한 후 얼마 지나지 않아 대체로 모두 발생했다. 하지만 지금의 시각에서 마오쩌둥이 제기한 중국 사회주의 프로젝트의 위험 요인에 대한 분석이 몇몇 근본적인 토대를 놓았다 할지라도, 그가 추동한 방책들은 결국 자신이 두려워한 변화들을 초래하는 것 말고는 별다른 역할을 하지 못한 것이 사실이다. 왜냐하면 결과적으로 '문혁'의 혼란과 폭력, 그에 따른 경제적 손실이 사회주의 프로젝트에 대한 지지를 불러일으키지 못했고, 오히려 계속되는 정치운동에 대한 폭넓은 반감과 무관심, 피로감을 만들어냈을 뿐이기 때문이다. 그리고 이는 결국 마오쩌둥의 후계자들이—중국 사회주의의 조종(弔鐘)까지는 아니라고 할지라도—중국의 쇠락을 막기 위해 급진적인 경제정책 전환의 실행을 결정하는 데에 별달리 반대할 수 없는 상황을 만들어놓았다. 그럼에도 불구하고 잔존하고 있는 사회주의 정신은 마오쩌둥이 1921년 창건에 참여한 중국공산당 내에 여전히 남아 있다고 할 수 있을 것이며, 사회주의 노선으로부터의 급진적 이탈에 의한 최악의 결과를 어느 정도 완화시켜 주고 있다고 할 수 있다.[77] 후진타오의 통치 하에서 중국이 '조화로운 사회(和諧社會)'로의 발전을 추구하고 있는 것처럼, 마오쩌둥의 유산의 메아리는 희미하게나마 여전히 울려 퍼지고 있는 것이다.[78]

---

77 예컨대 2005년 포춘 글로벌 포럼(Fortune Global Forum)에서의 후진타오의 연설을 볼 것. 〈http://english.peopledaily.com.cn/200505/17/print20050217_185302.htm〉 (17 May 2005)

78 '조화로운 사회'라는 개념은 사회적 평등, 고용 증대, 사회 안전 체제의 향상에 대한 강조를 포함하고 있다. 그것은 또한 중국의 가난한 농촌 거주자들과 이주 노동자들의 고통 경감을 강조하고 있기도 하다. "China Strives for Harmonious Society, Central Economic Conference," *People's Daily Online*, 6 December 2004, 〈http://english.people.com.cn/200412/06/eng20041206_166180.html〉 (15 March 2006).

9장

조화에서 투쟁으로, 영구적인 평화에서 문화대혁명으로: 마오쩌둥 사상 속의 변화하는 미래들

마오쩌둥의 인생이 막바지로 치달아가던 1966년에 발발한 '문혁' 은 종종 사회적, 정치적 변화에 대한 마오주의적 접근방식의 정수 로 표상되어 왔다.[1] 이러한 관점에서 보았을 때 홍위병들의 열광적

---

1 예컨대 다음의 예들을 볼 것. C. L. Chiou, *Maoism in Action: The Cultural Revolution* (St. Lucia: University of Queensland Press, 1974); Richard Baum with Lousie B. Bennett, eds., *China in Ferment: Perspective on the Cultural Revolution* (Englewood Cliffs, N. J.: Prentice-Hall, 1971); Maurice Meisner, *Mao's China and After: A History of the People's Republic* (New York: The Free Press, 1986), part 5; Joan Robinson, *The Cultural Revolution in China* (Harmondsworth: Penguin, 1969, 1970); Stuart R. Schram, "The Cultural Revolution in Historical Perspective," in *Authority, Participation and Cultural Change in China*, ed. Stuart R. Schram (Cambridge: Cambridge University Press, 1973), 1~108; Robert Jay Lifton, *Revolutionary Immorality: Mao Tse-tung and the Chinese Cultural Revolution* (New York: W. W. Norton and Co., 1976); Jack Gray and Patrick Cavendish, *Chinese Communism in Crisis: Maoism and the Cultural Revolution* (London: Pall Mall Press, 1968); Jean Esmain, *The Cultural Revolution* (London: Andre Deutsch, 1975); Hong Ying Lee, *The Politics of the Chinese Cultural Revolution: A Case Study* (Berkeley: University of California Press, 1978); An Tai Sung, *Mao Tse-tung's Cultural Revolution* (Indianapolis, Pegasus, 1972); Ito Kikazo and Shibata Minoru, "The Dilemma of Mao Tse-tung," *China Quarterly* 35 (July~September 1968): 58~77; Richard Solomon, *Mao's Revolution and the Chinese Political Culture* (Berkeley: University of California Press, 1971); Tang Tsou, "The Cultural Revolution and the Chinese Political System," *China Quarterly* 38 (April~June 1969): 63~91; Stanley

인 그리고 종종 폭력적인 양태를 띤 행동들은 마오쩌둥의 정치적 윤리가 논리적으로 표현된 것이었으며, 그것은 자본주의 사회와 사회주의 사회를 막론하고 사회 속에서의 광범위한 투쟁과 모순을 전제로 삼는 것이기도 했다. 그리고 이러한 관점에는 '문혁' 기간 동안의 마오쩌둥의 개인적 역할과 그의 사상 및 정치적 이력에서 '문혁'이 갖는 중요성에 대해 곡해를 불러일으키는 몇몇 가정이 내포되어 있다. 그것들 중 첫 번째 것은 홍위병들의 행동과 '문혁' 이후 일련의 과정을 마오쩌둥 자신이 사전에 계획했다는 것이다. 다시 말해 마오쩌둥이야말로 '문혁'과 같이 오랜 기간 지속된 정치적, 사회적 혼란을 초래한 유일한 설계자이자 전략가였으며, 그것은 오직 마오쩌둥만이 그가 자신의 반대자들로부터 박탈한 권력을 통해 모종의 이익을 쟁취했기 때문이라는 것이다. 하지만 '문혁' 기간 중에 작성된 '편집되지 않은(unrehearsed)' 마오쩌둥의 텍스트로부터 드러나는 그림들은 '문혁'이 전능한 연출자에 의해 그려진 것이 아니며, 또한 예정된 종결을 향해 독단적으로 나아가는 과정이 아니었음을 보여준다. 차라리 그 그림은 자신의 행동에 의해 좀 어리벙벙해진 지도자의 모습을 담고 있다. 예컨대 1966년 10월 24일 마오쩌둥은 "대자보, 홍위병, 대관련(大串聯), 그 누구도, 심지어 우리조차도 이러한 활동들이 모든 성(省)과 도시를 혼란으로 몰아넣을 것

Karnow, *Mao and China: Inside China's Cultural Revolution* (New York: Viking Penguin, 1984); Wang Xizhe, "Mao Zedong and the Cultural Revolution," in *On Socialist Democracy and the Chinese Legal System: The Li Yizhe Debates*, eds., Anita Chan, Stanely Rosen, and Jonathan Unger (Armonk, New York: M. E. Sharpe, 1985). '문혁'에 관한 문학 비평에 대해서는 Mobo C. F. Gao, "Maoist Discourse and Critique of the Present Assessment of the Cultural Revolution," *Bulletin of Concerned Asian Scholars* 26, no. 3 (July~September 1994): 13~32를 볼 것.

을 예상하지 못했다. 학생들 역시 몇몇 실수를 저지르기는 했지만, 실수는 주로 우리 늙은이들(老爺)에 의해 범해졌다."[2]라고 언급했다. 그는 이튿날 중앙공작회의에서 또다시 비슷한 논조로 언급하고 있다. "시간이 매우 짧았고 정세는 매우 맹렬했다. 나조차도 베이징 대학에 내걸린 한 장의 대자보가 전국을 흔들 줄은 예상하지 못했다."[3] 마찬가지로 마오쩌둥은 '문혁'을 가까이서 지도하기보다는, 최소한 초기 단계에서는, 중앙으로부터의 간섭과 지도로부터 방해를 받지 않고 진행되게 할 심산이었다. 1966년 8월 마오쩌둥은 "우리는 혼란이 몇 달 정도는 지속되도록 놔두어야 한다. … 당분간은 간섭하지 말라."[4]고 주장하고 있다. 마오쩌둥이 중앙으로부터의 지도를 최소화하려 한 동기는 분명 중국 사회에 내재된 적대적 모순들을 그 자체로서 충분히 드러나게 하고, 그러한 적대적 모순들 사이의 투쟁 속에서 미래 정책을 위한 선택지들이 좀 더 분명해지게 하기 위해서였다. 예컨대 1967년 초 상하이에서 전개된 상황들에 대한 마오쩌둥의 반응은 그러한 동기를 분명하게 보여주고 있는데, 당시 마오쩌둥은 전(全) 중국이 상하이의 인민공사(人民公社) 건립을 모방해야 한다는 제의를 거절했다.[5] 이 때문에 마오쩌둥은 그의 연설과 담화에서 종종 '문혁' 초기 단계의 급박한 사건들을 직접

---

2 Stuart R. Schram, ed., *Mao Tse-tung Unrehearsed: Talks and Letters, 1956~1971* (Harmondsworth: Penguin, 1974), 265, 268. 중국어 판본은 *Mao Zedong sixiang wansui* [Long Live Mao Zedong Thought] (n. p.: n. pub., 1969), 654, 656.

3 Stuart R. Schram, ed., *Mao Tse-tung Unrehearsed*, 271; *Mao Zedong sixiang wansui*(1969), 658.

4 Jerome Ch'en, ed., *Mao Papers: Anthology and Bibliography* (London: Oxford University Press, 1970), 35. 중국어 판본은 *Mao Zedong sixiang wansui* [Long Live Mao Zedong Thought] (n. p.: n. pub., 1967), 40.

5 Joint Publication Research Service, *Miscellany of Mao Tse-tung Thought (1949~1968)* (Arlington, Virginia: Februrary 1974) Ⅱ, 453~54; *Mao Zedong sixiang wansui* (1969), 670~71.

일으킨 당사자라기보다는 그러한 사건들에 간접적으로 대응하고 있는 것처럼 보이는 것이 사실이다.[6] 비록 '문혁'의 발발과 전개에 있어 마오쩌둥이 분명 힘없는 방관자는 아니었음에도 불구하고, 역사 속에서 전능하고 예지력이 있는 신적 존재처럼 그려지는 마오쩌둥의 이미지는 마오쩌둥 자신에 의해 탄생된 것은 아니다.

본 장의 좀 더 중요한 주제라고 할 수 있는 두 번째 쟁점은 마오쩌둥과 '문혁'에 대한 평가에서 '문혁'을 마오쩌둥 사상의 궁극적 정수, 정수 중의 정수로 표현하는 매우 문제적인 경향성이 존재해 왔다는 사실이다. 다시 말해 만약 우리가 마오쩌둥의 사상과 그의 정치에 대한 접근방식을 이해하고자 한다면 우리는 반드시 '문혁'에서부터 시작해야 하는데, 왜냐하면 '문혁'이 곧 마오쩌둥의 인생에서 궁극적인 정치적 순간이며, 그의 인생과 사상의 흐름이 논리적으로 흐르게 되는 결정적 순간이기 때문이라는 것이다.[7] 이러한 관점이 지니고 있는 목적론적 위험성은 분명하다고 할 수 있는데, 여기서 '문혁' 기간 동안의 마오쩌둥은 그의 초기 사상과 인생이 투사되어야 하는 일종의 프리즘으로 표상되고 있으며 표면적으로 '문혁'의 실현과 별다른 관련이 없어 보이는 초기 단계의 몇몇 특징은 저평가되거나 완전히 무시되어 버리기 때문이다. 하지

6 이와 비슷한 관점으로는 Edward Rice, *Mao's Way* (Berkeley: University of California Press, 1972, 1974).

7 주석 1)을 볼 것. 또한 Leslie R. Marchant, *To Phoenix Seat: An Introductory Study of Maoism and the Chinese Communist Quest for a Paradise on Earth* (Sydney: Angus and Robertson, 1973); John Bryan Starr, *Continuing the Revolution: The Political Thought of Mao* (Princeton: Princeton University Press, 1979); Raymond L. Whitehead, *Love and Struggle in Mao's Thought* (New York: Orbis Books, 1977); Harrison E. Salisbury, *The New Emperors: Mao and Deng—A Dual Biography* (London: HarperCollins, 1993)를 볼 것.

만 옌안 시기(1936~1947)의 마오쩌둥 또는 중국공산당 초기 시절 (1921~1927)의 마오쩌둥은 그의 인생과 사상의 궁극적, 결정적 시기로 여겨지는 '문혁'을 향한 필연적인 전조(前兆)가 아니었을 뿐만 아니라 그렇게 여겨져서도 안 된다.

마오쩌둥 사상의 각 단계를 구분함으로써 우리는 옌안 시기와 '문혁'의 발동으로 이어지는 시기 사이에 미래에 관한 확연히 다른 개념이 내재되어 있음을 알 수 있다. 그리고 그러한 구분은 '문혁'을 마오쩌둥 사상의 정점으로 보는 목적론적 접근방식에 머물러 있다면 파악할 수 없는 것이기도 하다. 5장에서 살펴본 것처럼, 마오쩌둥 사상에 대한 기존의 평가는 옌안 시기 마오쩌둥 사상의 특징이라고 할 수 있는 종말론적이고 유토피아적인 주제들과 영구적인 평화와 조화의 시기가 곧 도래할 것이라는 주제들을 대체로 무시해 왔다. 그러한 종말론적이고 유토피아적인 주제들은 1950년대와 1960년대 마오쩌둥의 사상에서 모습을 감췄고, 만년의 마오쩌둥이 가지고 있던 미래에 대한 개념과는 별다른 연관 관계를 가지고 있지 않은 것처럼 보인다. 이 때문에 '문혁' 직전과 '문혁' 기간 동안 마오쩌둥의 정치와 역사에 관한 관점을 규정한 투쟁, 모순, 충돌에 관한 급진적인 윤리에 초점이 모아지면서 마오쩌둥의 초기 사상에 담겨 있던 이상주의는 경시되었던 것이다.

본 장은 5장의 내용을 기반으로 '문혁' 기간에 이르는 마오쩌둥의 미래에 대한 개념을 탐구함으로써, 마오쩌둥의 텍스트 안에 담겨 있는 옌안 시기의 낙관주의로부터 '문혁' 시기의 비관주의로의 변화와 조화에서 투쟁으로의 변화를 살펴볼 것이다. 그리고 나는 1950년대와 1960년대 초반 마오쩌둥의 미래에 대한 확신을 점차 추락시키고 영구적인 평화와 조화의 시기가 즉각 실현될 것이라는 그의 이전 기대를 상실하게 만든 주된 이유는 마오쩌둥이 정통 마르크스주의로부터 추출한 몇 가지 중요한 이론적 전제들을 절대적으로 받아들였기 때문이라고 주장하려 한다. 몇 가지 이론적 전제들 중 첫 번째 것은 생산력 발전 능력의 무제한성에 대한 마오쩌둥의 믿음이다. 마오쩌둥은 생산력 발전 능력의 무제한성이 인간 역사가 전개되는 데 결정적인 요소가 될 것이라고 믿었다. 여기서 아이러니한 것은 생산력을 계속 발전시킬 것으로 기대되는 인류의 잠재력에 대한 마오쩌둥의 긍정적인 평가가 그가 일찍이 가지고 있던 낙관주의를 상쇄시키고, 결국에는 아예 증발시켜 버리는 주된 원인이 되었다는 점이다. 두 번째 것은 모순의 보편성, 즉 공산주의 사회를 비롯해 그 어떤 사회도 피해갈 수 없는 법칙에 대한 마오쩌둥의 믿음이다. 마오쩌둥은 미래에 대한 확신을 갖게 되기보다는 생산력 발전의 무한한 능력, 사회의 모든 영역에서 불거질 수밖에 없는 모순들과 그에 따른 투쟁들을 받아들임으로써 미래의 어느 때—그것이 얼마나 먼 미래일 것인가와는 상관없이—에 평화와 조화, 평형의 상태가 성취될 수 있을 것이라는 가능성은 배제시켜 버리게 되었다.

이러한 주장은 매우 중요하다고 할 수 있는데, 그것은 비단 이러한 주장을 통해 마오쩌둥이 한 차례의 문화혁명이 아닌 여러 차례의 문화혁명'들'의 가능성을 기꺼이 받아들인 이유를 알 수 있게 되기 때문만이 아니라, 마오쩌둥이 생산력을 역사의 신(demiurge)으로 여기는 정통 마르크스주의의 중심 강령을 방기해 버렸다는 견해—이것은 또한 서구와 중국을 막론하고 마오쩌둥 사상에 대한 독해에서 널리 퍼져 있는 견해이기도 하다—에 도전할 수 있게 되기 때문이기도 하다. 마찬가지로 모순들이 필연적으로 미래의 공산주의 사회로까지 지속될 것임을 마오쩌둥이 받아들였다는 것은 그의 미래에 대한 개념에 특정한 논리가 스며들어 있었다는 것을 보여준다. 그리고 그 논리는—그것의 적용에 있어서가 아니라면—그 연원에 있어 정통 마르크스주의의 이론적, 철학적 차원에 크게 의존하는 것이었다. 위와 같은 주장은 또한 '문혁'이 마오쩌둥의 '이상주의'에 의한 것이라는 일반적 관점에 도전하기 때문에 중요하다고 할 수 있을 것이다. 밑에서 보게 될 것처럼, '문혁'에 이르는 마오쩌둥의 사상은 '이상주의'에 대한 급격한 믿음의 상실, 점증하는 미래에 대한 비관주의적 관점을 특징으로 하고 있었다.

비관주의와 혁명적 투쟁: 1950년대와 1960년대 초반

5장에서 본 것처럼, 옌안 시기 마오쩌둥은 역사에 관한 두 종류의 시기 구분법을 사용하고 있었다. 첫 번째 것은 마르크스주의에 대한 대체적으로 일반적인 해석방식으로서, 레닌과 스탈린 치하에서 법칙이 되어버린 다섯 단계 구분법이다. 이러한 도식에 따르면 사회는 고대의 원시적이고 무계급적 공산사회에서 여러 가지 형태의 계급 사회(노예제 사회, 봉건 사회, 자본주의 사회)를 거쳐, 이행기의 사회주의적 국면을 따라 역사의 최종 목적지이며 이전 사회에서 배태되었던 계급들과 투쟁들이 사라진 공산주의라는 좀 더 높은 단계로 이행하게 된다.[8] 결과적으로 공산주의라는 좀 더 높은 국

---

[8] Takeuchi Minoru, ed., *Mao Zedong Ji* [Collected Writings of Mao Zedong] (Tokyo: Hokubosha, 1970~1972) Ⅵ, 49~145. 수정 판본은 *Selected Works of Mao Tse-tung* (Peking: FLP, 1967) Ⅱ, 113~94. 그리고 *Mao Zedong Xuanji* [Selected Works of Mao Zedong] (Beijing: Renmin chubanshe, 1966) Ⅱ, 407~84. 또한 "The Chinese Revolution and the Chinese Communist

면은 인간의 역사에서 일종의 안정기와도 같이 그려지는데, 그것은 이 시기에 변화와 진보를 향한 충동은 그 자체로 소모되고 결국에는 없어져버리기 때문이다.[9] 마오쩌둥이 사용하고 있는 또 다른 시기 구분법은 중국 전통사상의 '삼세(三世)'라는 개념에 근거해 있다.[10] 이 '삼세'라는 개념에서 미래의 '대동(大同)'사회는 '이기심이 멈추고', '질서가 자리를 잡으며', '모두가 공공선을 위해 노력하는' 사회이다.[11] 인간의 역사에서 세 번째 단계이자 마지막 단계는 '태평함'을 그 특징으로 하고 있는데, 사회는 '부패와 혼란'의 시대로부터 '평화로 접근하는' 시대를 거쳐 '태평'의 시대에 이르게 된다.[12]

마르크스주의와 중국 전통사상 속의 유토피아적인 주제에 근거해, 미래에 대한 마오쩌둥의 개념은 옌안 시기 내내 매우 낙관적이었다. 마르크스주의와 중국 전통사상의 역사적 전통 모두 역사의 마지막 국면을 매우 평화로운 사회로 인식하고 있다. 더군다나 마

Party," in Takeuchi, ed., *Mao Zedong Ji* Ⅶ, 97~139; *Selected Works of Mao Tse-tung* Ⅱ, 305~34; *Mao Zedong Xuanji* Ⅱ, 584~617을 볼 것.

9 마르크스주의의 이와 같은 차원에 대한 비판에 대해서는 Gustav A. Wetter, *Dialectical Materialism: A Historical and Systematic Study of Philosophy in the Soviet Union* (New York: Praeger, 1958)을 볼 것.

10 Timoteus Pokora, "On the Origins of T'ai-p'ing and Ta-t'ung in Chinese Philosophy," *Archiv Orientalni* 29 (1961): 448~54를 볼 것.

11 Liang Ch'i-ch'ao, *History of Chinese Political Thought During the Early Tsin Period* (London: Kegan Paul, Trench, Trubner and Co. Ltd., 1930), 44를 볼 것. 또한 Laurence G. Thompson, *Ta Tung Shu: The One-World Philosophy of Kang Yu-wei* (London: Geroge Allen and Unwin, 1958), 27을 볼 것.

12 Frederic Wakeman Jr., *History and Will: Philosophical Perspectives on Mao Tse-tung's Thought* (Berkeley: University of California Press, 1973), 106~7; Fung Yu-lan, *A Short History of Chinese Philosophy* (New York: The Free Press, 1948), 201.

오쩌둥은 이 평화의 시기가 즉각적으로 실현 가능하며, 인간의 역사는 전쟁의 시기와 평화의 마지막 시기 사이에 서 있다고 말했다. 그러므로 평화의 시기인 세 번째 시대가 목전에 와 있는 것이다. 마오쩌둥에게 "영원한 평화와 영원한 광명의 신시대는 이미 우리 눈앞에 놓여 있는 것"[13]이었다.

마오쩌둥의 이상주의가 쇠락해 가고 있음을 보여주는 초기 증거는 『마오쩌둥 선집』의 출판을 위해 1950년대 진행된 1949년 이전 저술들에 대한 수정 작업에서 찾아볼 수 있다. 종말론적 주제가 완전히 삭제된 것은 아니었지만, '삼세'에 관한 분명한 언급들이 삭제되었고 마르크스주의 이론에 발맞추어 평화롭고 조화로운 미래의 도래가 자본주의와 계급, 국가의 소멸에 달렸다는 언급이 좀 더 명확해졌다.[14] 또한 평화롭고 조화로운 유토피아적 미래는 이제 더이상 가까운 미래에 실현될 수 있는 것이 아니게 되었고, 그 가능성 역시 거의 언급되지 않게 되었다.[15] 결국 마오쩌둥의 사상에 있어 낙관주의에서 비관주의로의 변화는 1949년 이후 곧바로 시작된 것은 아니었던 셈이다. 대약진운동 초기 사람을 도취시켰던 분위기가 잠시 동안의 낙관적인 정서를 만들어낸 것을 제외하면, 비록 마오쩌둥은 공산주의가 조기에 실현될 수 있을 것이라는 것에 대해 점차 비관적인 태도를 취하게 되었음에도 불구하고 여전히 인류의

조화에서 투쟁으로, 영구적인 평화에서 문화대혁명으로

---

13 Takeuchi, ed., *Mao Zedong Ji* Ⅵ, 96.

14 Cf. Takeuchi, ed., *Mao Zedong Ji* Ⅵ, 95; *Selected Works of Mao Tse-tung* Ⅱ, 149; *Mao Zedong Xuanji* Ⅱ, 443.

15 잘 알려지지 않은 언급에 대해서는 Joint Publication Research Service, *Miscellany of Mao Tse-tung Thought* Ⅰ, 108~9를 볼 것. 하지만 여기서 평화로운 미래의 시기에 대한 언급은 '사물의 우울한 측면'에 관한 논의의 맥락에 놓여져 있었다. 또한 그러한 언급 역시 마오쩌둥의 초기 언급에 담겨 있던 낙관주의와 확신을 결여하고 있었다.

역사가 공산주의의 시기로 접어들 수 있을 것이라는 믿음을 유지하고 있었다. 1950년대에 들어서면서, 공산주의의 실현에 관한 마오쩌둥의 공개적인 예견은 점차 의례적인 성격을 띠게 되었고,[16] 사적인 대화에서도 마오쩌둥은 점차 그가 초기에 보인 확신에 찬 어조를 상실한 채로 미래의 공산주의 사회를 언급하게 되었다.[17] 미래에 대한 비전이 갈수록 암울해지면서 낙관주의는 확연히 감퇴되었고, 결국 비관주의와 낙관주의가 마오쩌둥의 사상 안에 공존하게 된 것이다.

우리는 1950년대와 1960년대 저술들과 연설들로부터 점차 낙관주의적 색채를 잃어가고 있던 마오쩌둥의 미래에 관한 개념의 세 가지 측면을 확인할 수 있다. 첫 번째 측면은 자본주의와 공산주의 사이의 이행의 국면인 사회주의가 매우 긴 과정이 될 것이라는 점을 인정했다는 것이다. 이제 마오쩌둥은 그 과정이 "굉장히 오랜 시간 동안"[18] 지속될 것임을 인정했다. 1957년 10월 그는 "현재 이행의 기간이 얼마나 오래 걸릴지 확신할 수 없다."고 말했다. 하지만 그는 그 기간이 "몇 년 정도 걸릴 것"[19]이라는 말을 덧붙이고 있다. 마찬가지로 1962년 제10기 8중전회의 공보(公報)는 과도 시기가 "몇십 년 혹은 그보다도 더 오래"[20] 지속될 수도 있다고 말하고 있다. 그리고 1960년대 초의 다른 텍스트에서도 사회주의는 사회

16 예컨대 *Long Live Leninism* (Peking: FLP, 1960), 34~35를 볼 것.

17 예컨대 Schram, ed., *Mao Tse-tung Unrehearsed*, 228을 볼 것.

18 *Selected Works of Mao Tse-tung* (Peking: FLP, 1977) V, 475, 409, 423; *Mao Zedong Xuanji* [Selected Works of Mao Zedong] (Beijing Renmin chubanshe, 1977) V, 458, 390, 404.

19 *Selected Works of Mao Tse-tung* V, 500; *Mao Zedong Xuanji* V, 482.

20 Richard Baum and Frederick C. Teiwes, *Ssu-ch'ing: The Socialist Education Movement of 1962~66* (Berkeley: Chinese Research Monographs, University of California, 1968), 60.

발전에 있어 "비교적 장시간에 걸친 역사적 단계"[21]로 묘사되어 있다.

두 번째 측면은 비록 마오쩌둥이 공산주의의 궁극적 실현을 계속해서 주장했음에도 불구하고, 그러한 미래 사회의 특징에 대한 그의 개념이 옌안 시기의 그것과는 완전히 달랐다는 것이다. 1950년대와 1960년대 초반, 공산주의는 평화롭고 조화로운 사회가 아니라 투쟁, 심지어 혁명이 지속되는 사회로 그려지고 있다. 또한 이러한 투쟁과 혁명은 생산력 발전의 무한한 능력과 생산력에 의해 만들어지는 모순들에 의해 활기를 띠게 된다. 예컨대 1956년 마오쩌둥이 지지를 표하고 직접 수정을 가하기도 한 한 문건은 "사회주의 혹은 공산주의 사회에서 사회 시스템 속의 기술 혁신과 변화는 계속해서 일어날 것이다. 그렇지 않으면 사회의 발전은 정지하게 될 것이며 사회는 더 이상 진보하지 않게 될 것이다. 인류는 여전히 유년 시절에 머물러 있다. 이 길은 더욱 오래 계속될 것이며 몇 차례나 더 걷게 될지는 아무도 모른다."[22]고 언급하고 있다. 이후 같은 해에 마오쩌둥은 미래의 공산주의 사회 역시 생산력에 내재되어 있는 발전 능력으로부터 자유롭지 않을 것이며 실제로 '혁명들'이 계속해서 일어날 것이라고 강조하고 있다.

장래에 세계의 제국주의는 모두 타도될 것이고 계급은 소멸될 것이다. 그

---

21 Point Ⅱ of "The First Ten Points" in Baum and Teiwes, *Ssu-ch'ing*, 60을 볼 것.

22 "On the Historical Experience of the Dictatorship of the Proletariat," *New China News Agency* 1531 (5 April 1956), supplement 238, 5. 이제 마오쩌둥이 1956년의 문건을 읽고 수정했다는 것이 명백해졌다. *Jianguo yilai Mao Zedong wengao* [The Mao texts following the establishment of the People's Republic of China] (Beijing: Zhongyang wenxian chubanshe, 1992) 6, 59~67.

렇다면 그때에 이르러서도 혁명은 존재할 것인가? 내가 보기에 혁명은 존재할 것이다. 사회제도는 여전히 개혁해야 할 것이고 여전히 '혁명'이라는 단어를 사용할 것이다. 물론 그 시기의 혁명의 성질은 계급투쟁 시대의 혁명과는 다르다. 그때에도 생산관계와 생산력 사이의 모순은 존재할 것이고 상부구조와 경제적 토대 사이에 모순이 존재할 것이다. 생산관계가 들어맞지 않는다면 그것을 뒤집어엎어야 한다. 상부구조(여기에는 사상과 여론이 포함되어 있다.)가 만약 인민이 좋아하지 않는 생산관계를 보호하려 한다면 인민은 그것을 개혁해야 한다.[23]

마찬가지로 「공작방법 60조(초안)〔工作方法六十條(草案)〕」(1958)에서 마오쩌둥은 미래의 공산주의 사회에서도 "사람과 사람 사이의 사상투쟁, 정치투쟁, 혁명은 계속 존재할 것이며 없어질 수 없다. … 투쟁과 혁명의 성질은 과거와 달라질 것인데, 계급투쟁이 아니라 인민 내부, 사회제도, 과학기술의 선진적인 부분과 낙후된 부분 사이의 투쟁이 될 것이다."라고 재차 강조하고 있다.[24] 다른 문건에도 "공산주의 시기에도 부단한 발전이 있을 것이며" "기술혁명과 문화혁명 역시 일어나게 될 것이다."라는 마오쩌둥의 전망이 기록되어 있다. 다시 말해 "공산주의는 분명 여러 단계와 혁명을 거쳐야 한다는 것이다."[25]

세 번째 측면은 마오쩌둥이 더 이상 공산주의를 인간 역사 발전의 마지막 단계로 간주하지 않았다는 것이다. 마오쩌둥은 공산주

---

23 *Selected Works of Mao Tse-tung* Ⅴ, 338, *Mao Zedong Xuanji* Ⅴ, 318~19.

24 Ch'en, ed., *Mao Papers*, 65.

25 Mao Tsetung, *A Critique of Soviet Economics*, trans. Moss Roberts (New York and London: Monthly Review Press, 1977), 57~58, 71; *Mao Zedong sixiang wansui* (1969), 339, 350~51.

의 사회 내에서도 계속된 변화와 발전의 여러 단계가 존재할 것이라고 믿고 있었고, 이러한 믿음은 공산주의 그 자체도 궁극적으로는 사라질 것이며, 좀 더 발전된 사회적, 경제적 조직에 의해 대체될 것이라는 인식으로 이어졌다. 공산주의는 사회 내부의 생산적인 충동이 최종적으로 소멸될 때 도래하는 일시적인 정점을 나타낸다기보다는, 그 중요성에도 불구하고, 인류 역사의 또 다른 하나의 단계에 불과한 것이다. 이 때문에 공산주의는 "수천 년 동안" 지속될 것이지만 결국에는 종결될 것이다.[26] 청두(成都) 회의(1958)에서 마오쩌둥은 그의 미래에 대한 개념이 공산주의와 그 소멸에 국한되어 있지 않고 태양계의 소멸에까지 확장되어 있음을 보여주는 흥미로운 발언을 한 바 있다.

> 우주 역시 변하며 영원한 것이 아니다. 자본주의는 사회주의로, 사회주의는 공산주의로 변할 것이고 공산주의 사회 역시 변할 것이며 시작과 끝이 있을 것이다. 반드시 계급이 분화될 것이고, 혹 다른 이름을 붙일 수도 있겠지만, 고정되지는 않을 것이다. … 세상에 생산, 발전, 소멸을 거치지 않는 것은 없다. 유인원이 인류가 되어서 인류가 탄생됐다. 하지만 최후에 인류는 소멸할 것이며 또 다른 것으로 변화될 것이다. 그때가 되면 지구는 더 이상 존재하지 않을 것이다. 지구가 결국 멸망한다면 태양 역시 식게 될 것이다. … 사물은 항상 그 시작과 끝이 있는 것이다.[27]

이와 비슷한 예언적 성격의 미래에 대한 개념은 마오쩌둥의 「철학문제에 관한 연설(關於哲學問題的講話)」(1964년 8월)에서도 나

---

26 Schram, ed., *Mao Tse-tung Unrehearsed*, 227, *Mao Zedong sixiang wansui* (1969), 559.

27 Schram, ed., *Mao Tse-tung Unrehearsed*, 110, *Mao Zedong sixiang wansui* (1969), 170.

타나는데, 여기서 마오쩌둥은 인류의 궁극적 종말과 '좀 더 발전된 무언가'가 나타날 것이라고 재차 예고하고 있다. "인류는 결국 종말을 맞이할 것이다. 종교인들이 말하는 종말은 비관주의적인 것이고 사람들을 놀라게 하는 것이다. 우리가 말하는 멸망은 인류보다 더욱 진보된 무언가가 나타난다는 것이다. 현재 인류는 아직 유아기에 머물러 있다."[28]

모순의 보편성과 생산력의 무한한 능력

때문에 1950년대와 1960년대 초반 마오쩌둥의 미래에 관한 관점은 인류의 역사가 가차없이 향하게 되는 최종적 유토피아이자 그곳에 한 번 도달하게 되면 이전 사회들을 특징짓던 투쟁과 모순들이 사라지는 공산주의 사회라는 개념에 전혀 얽매이지 않았다고 할 수 있다. 비록 공산주의는 여전히 인류 미래의 중요한 단계로 남아 있긴 했지만, 옌안 시기에 그려지던 것과 같은 유토피아는 아니었다. 옌안 시기의 낙관주의는 대체적으로 사라졌을 뿐만 아니라, 조화롭고 평화로운 사회가 역사의 최종 목적이라는 주장 역시 사라져버렸다. 오히려 사람들 사이의 모순과 투쟁이 사회의 지배적인 모티프가 되었고, 과거 현재 또는 미래를 막론하고 그 어떤 사회도 모순을 피할 수 없었다. 왜냐하면 그것이 곧 우주에 존재하는 모든 물질의 특성이기 때문이다. 공산주의 역시 쪼개질 것이라는 마오쩌둥의 확신은 결국 예외 없이 모든 사물과 과정이 모순들을 품고 있다는 존재론적 믿음에 기반을 두고 있다고 할 수 있을 것이다.

---

[28] Schram, ed., *Mao Tse-tung Unrehearsed*, 228, *Mao Zedong sixiang wansui* (1969), 559.

1950년대와 1960년대 초반의 저술들 속에 담겨 있는 마오쩌둥의 이러한 존재론은 그가 여러 차례에 걸쳐 언급하고 있는 대립·통일에 관한 법칙을 통해 잘 드러난다. 아마도 마오쩌둥의 가장 유명한 저술이라고 할 수 있는「모순론」에서 그는 "간단한 운동의 형식이든 복잡한 운동의 형식이든, 객관적 현상이든 사상적 현상이든, 모순은 보편적으로 존재하고 있으며, 모순은 일체의 과정 속에 존재하고 있다."[29]고 말한 바 있다. 비록 마오쩌둥의 세계관이 1937년 당시의 이와 같은 그의 믿음에 상당한 영향을 받고 있었다는 것은 의심의 여지가 없지만,[30] 1950년대 그는 단지 모순의 보편성에 관한 규칙에 담겨 있는 원칙적 함의만을 충실히 받아들이고 있을 뿐, 미래의 공산주의 사회 역시 모순들로부터 자유로울 수 없다는 점을 받아들이게 되었다.「인민 내부의 모순을 정확히 처리하는 문제에 관하여(關於正確處理人民內部矛盾的問題)」(1957년 2월)에서 마오쩌둥은 "마르크스주의 철학은 대립·통일의 규칙이 우주의 근본 규칙이며 이 규칙은 자연계, 인간 사회, 사람들의 사상을 막론하고 보편적으로 존재하는 것이다."[31]라는 그의 초기 관점을 재확인했다. 원자

---

29 *Selected Works of Mao Tse-tung* Ⅰ, 317.「모순론」원본 완역과 이 문건의 원본, 1949년 이후 공식 판본 사이의 모든 변화를 보여주는 주석은 Nick Knight, ed., *Mao Zedong on Dialectical Materialism: Writings on Philosophy, 1937* (Armonk, New York: M. E. Sharpe, 1990), 154~229를 볼 것. 마오쩌둥의 철학 저술과 1930년대 소비에트 철학으로부터의 유래에 대해서는 Nick Knight, *Marxist Philosophy in China: From Qu Qiubai to Mao Zedong, 1923~1945* (Dordrecht: Springer, 2005), chapter 9와 10을 볼 것.

30 Nick Knight, "Mao Zedong's *On Contradiction* and *On Practice*: Pre-Liberation Texts," *China Quarterly* 84 (December 1980): 641~68.

31 *Selected Works of Mao Tse-tung* Ⅴ, 392. *Mao Zedong Xuanji* Ⅴ, 372. 번역은 수정. 본 문건의 원본 번역에 대해서는 Roderick Macfarquhar, Timothy Cheek, and Eugene Wu, eds., *The Secret Speeches of Chairman Mao: From the Hundred Flowers to the Great Leap Forward* (Cambridge, Mass.: Harvard Contemporary China Series No. 6, 1989), 131~90을 볼 것.

에서 사회주의 사회 속의 계급투쟁을 거쳐 좀 더 넓은 국제적 영역과 우주 너머에 이르기까지, 마오쩌둥의 생각 속에서 모든 것은 모순과 대립·통일로 이루어져 있었다.[32] 그리고 이것은 앞으로도 계속될 것인데, 왜냐하면 만물 속에 모순과 투쟁이 없다면 우주의 모든 움직임은 멈추게 될 것이고 우주 자체도 존재할 수 없을 것이기 때문이다. 우주 속 물질의 특징을 관장하는 이러한 자연법칙으로부터 공산주의를 떼어내려는 그 어떤 시도도 완전히 비논리적인 것일 뿐이다. 대립·통일의 법칙이 공산주의로까지 이어질 것이라는 것을 인정함으로써 역사와 미래에 대한 마오쩌둥의 관점은 특정한 논리를 갖추게 되는데, 만약 그러한 논리가 인류에 대한 전망에 있어 절망적이고도 비관적인 것이라고 할 수 있다면 그 이유는 마오쩌둥이 공산주의 사회에서 등장한 모순들과 그러한 모순들 사이의 투쟁이 궁극적으로는 소멸에 이를 것이며 공산주의 역시 다른 무언가에 의해 대체될 것이라는 믿음을 가지고 있었기 때문이다. 인간의 역사에 완성 혹은 최후의 단계란 있을 수 없다. 만약 시간이 완성된다면 인류는 그 자체로 사라질 것이고 '좀 더 발전된 무엇'에 의해 대체될 것이다.

하지만 인간 역사의 전개에 있어 모든 모순이 동등하게 중요한 것인가? 아니면 미래 공산주의 사회의 투쟁들의 특징을 결정짓는 특별한 모순이 있는 것인가? 1950년대와 1960년대의 저술들을 보았을 때, 마오쩌둥이 정통 마르크스주의의 노선을 따라 생산력을 인간 사회의 변화와 발전에 가장 중요한 요소로 여겼다는 것은 분명해 보인다.[33] 마르크스가 그런 것처럼, 마오쩌둥은 생산력이 세

---

32 *Selected Works of Mao Tse-tung* Ⅴ, 382~83, 392, 516, *Mao Zedong Xuanji* Ⅴ, 362, 372, 498.

가지 요소로 이루어져 있다고 규정했다. "인간, 노동수단 … 그리고 노동대상이 생산력의 세 가지 주요 요소를 구성한다."[34] 각각의 경우에 대해 마오쩌둥은 생산력에 관한 규정을 부여하고 있는데, 인간을 그러한 요소들 중 하나에 포함시키고 있으며,[35] 실제로 인간은 "생산력의 가장 중요한 요소"라고 주장하고 있다.[36] 1956년 11월 마오쩌둥은 생산력이야말로 "가장 혁명적인 요소이다. 생산력이 발전하면 혁명이 나타나게 된다."[37]고 언급한 바 있다. 또한 마오쩌둥은 이후 생산력 발전의 필연성, 그리고 이러한 필연성이 만들어내는 생산력과 생산관계, 상부구조의 불균형을 언급했다. 이러한 불균형이 주요 모순을 만들어내고 그것이 만들어내는 투쟁의 해소가 사회를 앞으로 나아가게 하는 것이다. "생산력은 언제나 발전한다. 그러므로 언제나 불균형이 있게 되는 것이다."[38] 마오쩌둥은 생산력 안에 내포된 인적 요소의 발전에는 무제한의 능력이 있기 때문에 투쟁과 변화가 멈출 가능성은 없다고 믿었다. "생산과 과학 실험을 위한 투쟁의 분야에서 인간은 지속적인 진보를 만들어내고 자연은 계속된 변화를 거치게 된다. 그것들은 결코 같은 수준에 머

---

33 마오쩌둥 사상에 있어 본 주제에 대한 자세한 분석에 대해서는 Paul Healy, "A Paragon of Marxist Orthodoxy: Mao Zedong on the Social Formation and Social Change," in *Critical Perspectives on Mao Zedong's Thoughts*, eds. Arif Dirlik, Paul Healy, and Nick Knight (Atlantic Highlands, NJ: Humanities Press, 1997), 117~53을 볼 것.

34 Joint Publication Research Service, *Miscellany of Mao Tse-tung Thought* Ⅱ, 435, *Mao Zedong sixiang wansui* (1969), 604. Cf. Karl Marx, *Capital Volume 1* (Harmondsworth: Penguin, 1976), 284.

35 예컨대 *Selected Works of Mao Tse-tung* Ⅴ, 337~38; *Mao Zedong Xuanji* Ⅴ, 317~19를 볼 것.

36 *Selected Works of Mao Tse-tung* Ⅴ, 337~38; *Mao Zedong Xuanji* Ⅴ, 317~19.

37 *Selected Works of Mao Tse-tung* Ⅴ, 337~38; *Mao Zedong Xuanji* Ⅴ, 317~19.

38 Mao Tse-tung, *A Critique of Soviet Economics*, 81; *Mao Zedong sixiang wansui* (1969), 359~60.

물지 않는다. 때문에 인간은 계속해서 경험을 종합하고 탐구를 진행하고 발명하고 창조하고 진보한다."[39] 생산력의 끊임없는 발전은, 마오쩌둥이 보기에, 재능과 도구, 간단히 말해 기술을 발전시킬 수 있는 무한한 잠재력을 지닌 인간의 주요 기능이다. 그리고 그러한 기술은 자연에 대한 인간의 지배를 점차 확대시켜 나간다. "자연을 변화시킬 수 있는 인간의 지식과 능력에는 한계가 없다. … 지금 해낼 수 없는 것은 미래에 해낼 수 있게 될 것이다."[40]

마오쩌둥에게 생산관계 및 상부구조보다 생산력이 더욱 빨리 발전하는 경향은 생산력 안에서 인간의 창조적 역할이 갖는 기능으로부터 비롯된 것이다. 그리고 결과적으로 사회 안에서 가장 중요한 모순들과 투쟁들을 만들어내는 것은 바로 인간이라는 영역이라고 할 수 있다. 왜냐하면 인간이야말로 직접적인 생산과정에 참여하자마자, 생산력의 발전을 지체시키는 요소들이 변해야만 한다는 필연성을 받아들이는 존재이기 때문이다. 그러므로 노동자인 인간의 인지를 통해서야 비로소 변화의 필요성이 사회의 여타 다른 영역과 생산관계 및 상부구조로 전달되고, 그러한 영역 내에서의 투쟁─그것이 모종의 변화를 성취하기 위한 것이든 막기 위한 것이든─이 생산력 발전의 궁극적인 결과가 되는 것이다. 1956년에 마오쩌둥이 지적한 것처럼, "생산력은 두 가지 요소로 이루어져 있다. 하나는 인간이고 다른 하나는 도구이다. 도구는 인간이 만드는 것이다. 도구가 혁명이 필요할 때 인간을 통해, 노동자를 통해 오래된 생산관계, 오래된 사회관계를 파괴시키라고 말한다."[41] 자연의

39 *Peking Review* 26 (23 June 1967), 2.

40 Mao Tse-tung, *A Critique of Soviet Economics*, 137; *Mao Zedong sixiang wansui* (1967), 157.

변화를 초래할 수 있는 기술 발전을 위한 인간의 능력에는 '한계가 없기' 때문에, 마찬가지로 생산력 발전의 능력도 그 한계를 알지 못하며 공산주의로의 발전에 의해서도 소모되지 않는다. 생산과 발전을 위한 기본적 충동 그리고 이러한 충동이 좀 더 많은 변화로 이어지는 모순들과 투쟁을 만들어내는 데 필요한 메커니즘들은 인간이 자연을 지배하기 위해 분투하는 이상 지속될 것이다. 인간이기에 그들에게 또 다른 선택지는 없다. 1957년 마오쩌둥이 주장한 것처럼 결과적으로 "지금으로부터 수천 년이 지나도"[42] 여전히 투쟁은 존재할 것이다.

대약진운동의 '이상주의'

1950년대와 1960년대 초반 미래에 대한 마오쩌둥의 개념은 갈수록 비관적인 것이 되어갔고, 옌안 시기의 이상주의적인 특성은, 완전히는 아니라고 할지라도, 그의 생각에서 현저하게 퇴색되었다. 하지만 서구와 중국의 연구자들 모두에 의해 일반적으로 마오쩌둥의 이상주의가 표현된 것이라고 여겨지는 대약진운동은 어떠한가? 예컨대 브라이언 스타는 "마오쩌둥의 인생에 있어 특별히 성취감을 느끼고 있던 1958년에서 1959년" 사이에 "마오쩌둥의 저술 안에서 분명하게 이상주의적인 특징이 드러난다."[43]고 주장한 바 있다. 이와 비슷하게 모리스 마이스너는 대약진운동 시기 마오쩌둥의 "공

---

41 *Selected Works of Mao Tse-tung* V, 338, *Mao Zedong Xuanji* V, 319.

42 Macfarquhar, Cheek and Wu, eds., *The Secret Speeches of Chairman Mao*, 319, 422.

43 John Bryan Starr, "Maoism and Marxist Utopianism," *Problems of Communism* (July~August 1977): 58.

산주의에 대한 이상주의적 전망"과 "공산주의의 즉각적 실현"[44]에 대한 그의 믿음을 언급했다. 마찬가지로 스튜어트 슈람도 대약진운동 시기의 이상주의를 마오쩌둥의 "혁명적 낭만주의"[45]가 발현된 것이라고 보았다. 포스트 마오쩌둥 시대의 대약진운동과 마오쩌둥의 역할에 대한 판단 역시 비슷한 관점을 가지고 있다.[46] 대약진운동 시기 마오쩌둥의 사상이 '이상주의'적이었다는 데에는 거의 만장일치의 판단이 내려져온 셈이다. 하지만 정말 그랬을까? 당시 마오쩌둥은 공산주의의 즉각적인 실현을 믿었던 것일까? 그리고 만약 그렇다면 그는 계속해서 공산주의를 "이상적이며 결점 없는 국가"이자 인류 역사의 마지막 단계라고 여겼던 것일까?[47]

대약진운동 시기 마오쩌둥의 이상주의는—만약 이상주의적이었다고 할 수 있다면—대체로 당시 시행되고 있던 야심찬 사회적, 이데올로기적 변화에서 비롯된 급격한 경제적 성장에 대한 조급하고도 비현실적인 기대로 이루어져 있었다. 실제로 마오쩌둥이 중국의 산업적, 농업적 발전이 매우 짧은 시간 내에 주요 자본주의 경제체제들을 뛰어넘을 수 있다고 믿었다는 것은 분명하다. 예를 들어, 1958년 마오쩌둥은 중국이 철강 생산을 5년 안에 1100만 톤에서 4000만 톤으로 늘릴 수 있으며, 영국과 미국의 철강 생산을 각각 7년과 15년 안에 따라잡을 수 있다고 주장했다.[48] 이와 마찬가지로

44 Meisner, *Mao's China and After*, 231, 235.

45 Stuart R. Schram, "Mao Tse-tung as a Charismatic Leader," *Asian Survey* VII, no. 6 (1967): 386.

46 *Resolution on CPC History (1949~81)* (Beijing: FLP, 1981)을 볼 것.

47 Northrop Frye, "Varieties of Literary Utopias," in *Utopias and Utopian Thought*, ed. Frank E. Manuel (Boston: Souvenir Press, 1965, 1966), 31을 볼 것.

48 Joint Publication Research Service, *Miscellany of Mao Tse-tung Thought* I, 123.

11월에는 중국의 1인당 곡물 생산량이 3년 안에 두 배가 될 수 있다고 예언했다.[49] 이와 같은 급격한 생산 증대의 결과 중국이 확실히 15년 안에 "현대화되고 산업화되며 고도로 문명화된 대국"이 된다고 기대해도 좋다는 것이다.[50] 이와 같은 경솔한 예언은 당시 마오쩌둥의 조급한 기질을 잘 보여주고 있다.

하지만 공산주의의 즉각적인 실현 가능성이 눈앞에 다가왔을 때 마오쩌둥의 입장은 오히려 더 모호해졌다. 1958년 8월 베이다이허(北戴河) 회의에서 마오쩌둥은 "공산주의의 첫 번째 전제조건은 풍요로움"이라고 주장함으로써 공산주의로의 이행이 "3년, 4년, 5년 혹은 6년 아니면 이보다 약간 더 긴 시간" 안에 성취될 수 있다는 주장을 누그러뜨렸다. 공산주의로의 이행은 "(1) 생산물의 극단적인 풍요로움 (2) 공산주의 이데올로기, 의식, 도덕성의 제고 (3) 문화와 교육의 대중화와 제고 (4) 3대 차별과 잔존해 있는 부르주아 이데올로기의 소멸 (5) 대외 관계를 제외한 국가 기능의 점진적 소멸"[51]이라는 전제조건의 성취를 필요로 하는 것이었다. 결과적으로 "지금은 공산주의라고 할 수 없다. 그 수준이 너무 낮다. 단지 공산주의의 몇몇 요소와 맹아들만을 말할 수 있을 뿐이다. 공산주의를 판별하는 수준을 낮춰서는 안 된다."[52] 마오쩌둥은 공산주의로의 이행을 위한 중요한 두 가지 전제—상품 생산 소멸과 부르주아 권리의 폐지—는 당시의 조건 속에서는 생각할 수 없는 것이

---

49 Joint Publication Research Service, *Miscellany of Mao Tse-tung Thought* Ⅰ, 134~35. 또한 Schram, ed., *Mao Tse-tung Unrehearsed*, 105. 여기서 마오쩌둥은 중국의 농업이 8~10년 사이에 변화할 것이라고 예언하고 있다.

50 Joint Publication Research Service, *Miscellany of Mao Tse-tung Thought* Ⅰ, 97, 158.

51 Macfarquhar, Cheek, and Wu, eds., *The Secret Speeches of Chairman Mao*, 434, 484.

52 Macfarquhar, Cheek, and Wu, eds., *The Secret Speeches of Chairman Mao*, 447.

라는 데 동의했다. 실제로 그는 상품 생산이 사회주의의 발전을 위해 확장되어야 한다는 점을 인정했다.[53] 베이다이허 회의와 그 이후 분명하게 표명된 공산주의의 성취를 위해 필요한 일련의 전제조건들로부터 우리는 설사 대약진운동이 경제적인 차원에서 성공했다고 하더라도(물론 실제로는 그렇지 않았다. 오히려 그 반대였다.)[54] 마오쩌둥은 중국이 공산주의로 이행할 준비가 되어 있지 않다고 생각했음을 알 수 있다. 그가 보기에 공산주의로의 이행은 "한 발 한 발 점진적으로 도래하는 것"[55]이었다.

대약진운동 시기 마오쩌둥의 저술들 속에는 이상주의적인 주장이 아닌 공산주의의 현실화가 당시 중국의 능력을 넘어서는 여러 가지 전제조건을 성취할 수 있는지 여부에 달려 있다는 주장들이 산재되어 있을 뿐만 아니라, 점증하고 있던 마오쩌둥의 비관주의에 관한 증거도 존재하고 있다. 1958년 중국공산당 제8회 대표회의 2차 회의에서 마오쩌둥은 두서없는 연설을 통해 '마지막 재난'을 준비할 필요성을 언급한 바 있다.

이제 나는 어두운 면을 논해보고 싶다. 우리는 대재난에 대비해야 한다. 재해로 황폐해진 땅에 가뭄과 홍수가 닥쳐올 것이다. 또 큰 싸움을 준비해야 한다. 전쟁광들이 원자탄을 떨어뜨리면 어찌할 것인가? 떨어뜨리고 싶다면 떨어뜨리라고 해라! 전쟁광이 존재하고 있는 이상 그러할 가능성은 있다. 당이 제대로 하지 못하고 분열할 가능성도 대비해야 한다. … 만약 당

53 Macfarquhar, Cheek, and Wu, eds., *The Secret Speeches of Chairman Mao*, 458, 465.

54 Frederick C. Teiwes with Warren Sun, *China's Road to Disaster: Mao, Central Politicians, and Provincial Leaders in the Unfolding of the Great Leap Forward, 1955~1959* (Armonk, New York: M. E. Sharpe, 1999)을 볼 것.

55 Macfarquhar, Cheek, and Wu, eds., *The Secret Speeches of Chairman Mao*, 465.

이 분열된다면 한동안 혼란스러울 것이다.[56]

흥미롭게도 이렇게 '우울한' 징후—심각한 자연재해, 당의 분열 그리고 전쟁에 관한—는 영구적인 평화의 가능성에 대한 마오쩌둥의 마지막 언급과 동시에 나타나고 있다.[57] 하지만 여기서 그러한 언급은 영구적인 평화를 세계 인구의 3분의 2가 사라지고 자본주의가 완전히 사라지고 마는 엄청난 핵폭풍의 결과로 보는 시나리오에 삽입되어 있는 것이다. 마오쩌둥이 일찍이 가지고 있던 낙관주의가 다소 남아 있는 것은 사실이지만, 그가 이제 점차 비관주의에 지배당하고 있는 것은 분명하다. 크레이그 디트리히(Craig Dietrich)가 주장한 것처럼, 대약진운동 기간 동안 마오쩌둥의 성격은 "비현실적인 낙관주의"[58]로 특징지어지지 않는다. 당시 그의 성격은 비관주의와 낙관주의의 복잡한 혼합이었으며, 그러한 혼합에서 비관주의가 지배적인 위치를 차지하게 되었다. 비록 대약진운동을 통해서 미래에 대한 마오쩌둥의 신념에 잠시나마 다시 불이 붙었던 것을 확인할 수 있지만, 그것 역시 옌안 시기의 순수한 낙관주의는 결여한 것이었다. 더군다나 스타가 지적한 것처럼 이 시기 마오쩌둥의 '낙관주의'에의 도취는 짧았고 빠르게 포기되었다.[59]

---

56 Joint Publication Research Service, *Miscellany of Mao Tse-tung Thought* Ⅰ, 108~9.

57 Joint Publication Research Service, *Miscellany of Mao Tse-tung Thought* Ⅰ, 109.

58 Craig Dietrich, *People's China: A Brief History* (New York and Oxford: Oxford University Press, 1986), 122.

59 Starr, "Maoism and Marxist Utopianism," 56, 58~59.

'문화대혁명': 유토피아에의 고별

1966년 '문혁'의 발발과 함께 1950년대와 1960년대 초반 마오쩌둥의 제한된 그리고 감퇴되고 있던 낙관주의는 완전히 끝났다. 희미하게 빛나고 있던 이상주의가 사라짐에 따라 이제 미래는 마오쩌둥에게 일련의 투쟁들로 보이게 되었다. 그리고 이 투쟁들은 낙관적인 미래를 위한 확실한 보장이 아니라, 혁명과 사회주의적 전환의 과정에서 얻은 성과들의 완전한 전도를 막기 위해 계속되어야하는 것이었다. 때때로 마오쩌둥은 '문혁'이 계속 지속된다고 할지라도 마지막 투쟁이 되지 않을 가능성을 제기하곤 했다. 다시 말해여러 차례의 '문혁'이 있어야 한다는 것이고 '평화와 고요' 같은 것은 있을 수 없다는 것이다.

> 혁명의 승패는 오랜 역사적 시간이 흐른 뒤에야 비로소 결정된다. 만약 잘하지 못하면 자본주의는 언제든지 돌아올 수 있다. 전체 당원과 인민은 한두 차례, 서너 차례의 '문혁'으로 태평무사할 것이라고 생각하면 안 된다. 절대로 경계를 늦춰서는 안 된다.[60]

이와 비슷하게 1967년 5월 마오쩌둥은 가까운 미래에 '문혁'의 중요성은 다시 제기될 수 있다고 반복해서 말하고 있다.

> 세계관이 개조되지 않는다면 프롤레타리아 '문혁'이 어떻게 승리했다고 말할 수 있겠는가? 세계관이 개조되지 않는다면, 이번 '문혁'에서 2000명의

---

60 Ch'en, ed., *Mao Papers*, 139.

자본주의 노선을 걷는 주자파가 나타났지만, 다음 번에는 4000명이 나타날 수도 있다. 이번 '문혁'의 대가는 매우 컸다. 비록 두 계급, 두 노선의 투쟁 문제는 한두 차례, 서너 차례의 '문혁'으로 해결될 수 있는 것이 아니다. 하지만 이번 '문혁' 이후 최소한 10년은 공고해졌을 것이다. 이번 세기 안에 두세 차례의 '문혁'을 일으킬 필요가 있다.[61]

이외에도 마오쩌둥은 '문혁'에 관한 어느 '지시'에서 "패퇴한 일파도 계속해서 투쟁할 수 있다. 그들은 일군(一群)을 이루고 있으며, 여전히 존재하고 있다. 때문에 우리는 최후의 승리가 불과 몇십 년 남았다고 말할 수 없다. 우리는 방심할 수 없다. … 우리 나라에서 혁명의 최후 승리를 마음 놓고 말하는 것은 옳지 않다. 그것은 레닌주의에 위배되는 것이고 또 실제에도 부합하지 않는다."[62]고 말했다.

조화에서 투쟁으로, 영구적인 평화에서 '문화대혁명'으로

미래에 대한 마오쩌둥의 개념은 옌안 시기와 '문혁' 시기에 있어 극명한 대조를 이루고 있다. 그리고 이러한 변화—낙관주의에서 비관주의로, 영구적인 평화가 즉각적으로 실현 가능한 미래에서 문화대혁명이 반복적으로 일어나는 미래로—는 매우 선명하다. 이처럼 마오쩌둥의 사상에서 낙관주의가 점차 퇴색됐고 궁극적으로는 없어져버렸다는 사실은 '문혁'이 공산주의의 보다 빠른 실현을 위

---

61 Joint Publication Research Service, *Miscellany of Mao Tse-tung Thought* II, 459; *Mao Zedong sixiang wansui* (1969), 676~77. 또한 Schram, ed., *Mao Tse-tung Unrehearsed*, 283을 볼 것.

62 Ch'en, ed., *Mao Papers*, 159.

해 역사적 과정을 가속시킬 수 있다고 간주한 마오쩌둥의 이상주의적 기대 때문에 발생됐다고 보는 견해가 잘못되었음을 보여준다. 차라리 마오쩌둥의 생각 속에서 '문혁'은 불가피한 것이었는데, 그것은 바로 공산주의로의 이행이 매우 먼 미래에나 가능하며, 또한 그것이 가능하다고 할지라도 어렵게 얻어낸 혁명의 성과들을 쉽사리 뒤엎어버릴 수 있는 적대적 힘들에 의해 위태롭게 될 것이기 때문이었다. 또한 만약 공산주의가 실현된다고 할지라도 그것은 과연 어떠한 의미에서 현재와 다르다는 것인가? 계급적 본성에 의한 모순들과 투쟁들이 아니라고 할지라도 그것들은 여전히 광범위하게 존재하고 있을 것이다. 그리고 공산주의 자체는 과거와 현재의 사회들과 마찬가지로 결국 모든 것을 부식시키는 시간의 힘에 굴복하게 될 것이며, 또 다른 무언가에 의해 대체될 것이다. 궁극적으로 지구가 사라지고 태양이 식게 되면서 인류 역시 함께 사라질 것이다.[63] 그렇다면 이렇게 소름끼치게 우울한 전망 앞에서 그 어떤 정치적 전략이 계속해서 중요하다고 할 수 있을 것인가?

때문에 마오쩌둥에게 '문혁'은 불완전한 현재를 미래에 달성될 사회의 '이상적이고 흠결 없는 상태'로 연계시키는 일관된 전략이라기보다는, 이전까지 성취된 것을 방어하기 위한 현재적 행동이었다고 할 수 있다. '문혁'의 발동과 그러한 파괴적 운동의 반복 가능성에 대한 그의 의지는 마오쩌둥의 사상에서 이상주의가 사라지고 있음을 알려주고 있는 것이었다. 마오쩌둥의 정치적 행동은 더 이상 당장의 정치적 행동이 지향하고 있는 완전하고 완결된 상태의 사회라는 전망에 의해서 추동되지 않았고, 1949년 이전의 전략들에

63 Schram, ed., *Mao Tse-tung Unrehearsed*, 110, 228.

내포되어 있던 미래 지향적인 이성과 일관성을 점차 잃어가고 있었다. 폴 틸리치(Paul Tillich)가 지적한 것처럼, 마오쩌둥은 그의 이상주의적 견해를 잃게 되면서 "현재에 갇히게 되었고 빠르게 과거로 물러나게 되었다."[64] '문혁' 당시 마오쩌둥은 중국을 "정체되고 창백한 현재"[65]로부터 빼내줄 효과적인 지침에 관한 전망을 잃어버리면서, 지나치게 이상주의적이기보다는 오히려 충분히 이상주의적이지 않았으며, 실제로는 전혀 이상주의적이지 않았다.

따라서 '문혁' 당시 마오쩌둥의 이상주의의 상실에 저급한 수준의 실용주의가 수반된 것은 우연이 아니었다. 실용주의는 이상주의와 반대되는 것이 아니다. 그것들은 차라리 일관된 미래 지향적 정치행동에 있어 필수적인 보충물이었다. 이상이 사라지면서 정치운동은 현재가 지향해야 할 아무런 목표도 갖지 않게 된다. 또한 현재의 정치운동을 지도할 지침도 사라지게 되며, 사회의 진보를 평가할 수 있는 좋은 사회에 대한 전망 역시 존재하지 않게 된다.[66] 결국 마오쩌둥 사상에 있어 이상주의의 감퇴와 궁극적 소멸은 현재의 정치행동에 대한 일관된 전략을 구축할 가능성을 없애버린다. 이러한 이유로 마오쩌둥은 마지막 10년 동안 문제에 대응할 수 있을 뿐 그것을 지도할 수는 없었다. 이와 반대로 옌안 시기의 이상주의는 매우 높은 수준의 실용주의를 수반하고 있었다. 당시 마오쩌둥은 매우 예리한 통찰력으로 현재의 제약 조건들을 인식하고 있

---

64 Paul Tillich, "Critique and Justification of Utopia," in *Utopias and Utopian Thought*, ed. Frank E, Manuel (Boston: Souvenir Press, 1965), 296~309.

65 Frank E. Manuel, "Introduction," in *Utopias and Utopian Thought*, ed. Manuel, xxi.

66 Sheldon Wolin, *Politics and Vision: Continuity and Innovation in Western Political Thought* (Princeton: Princeton University Press, 2004)를 볼 것.

었다. 그리고 그는 착취와 억압, 그로부터 비롯되는 충돌이 사라진 평화롭고 조화로운 이상주의적 세계관을 그러한 인식에 결합시켰다. 그의 정치적 전략들은 이상주의적 전망으로 형성되어 있었으며, 그러한 기준에 비추어 그 발전 여부가 평가되었다. 이상주의야말로 정치적 전략들에 일관성을 부여해 주는 것이었으며, 현재에 대한 제약들─그리고 이러한 제약들은 사회를 바람직하고 확신에 찬 목표들로 이동시키기 위한 탐색에서 발생하는 것이기도 했다─을 검증하는 실용적이고도 이성적인 대응을 가능케 해주었다.

비록 1949년 이후 점차 쇠퇴하고 궁극적으로 소멸해 버린 마오쩌둥 사상의 이상주의는 그의 정치적 전략들에 있어 미래 지향적인 일관성의 상실을 초래했지만, 몇몇 논자들이 언급했던 것처럼,[67] 이것이 그의 사상에 있어 논리 혹은 일관성이 모두 사라졌다는 것을 의미하지는 않는다. 실상 내가 본 장에서 언급한 것처럼, 마오쩌둥 사상에서 낙관주의의 소멸은 다소 역설적이게도 자연을 완전히 정복할 수 있을 정도로 생산력을 발전시킬 수 있는 인간 능력의 무한함에 대한 그의 확신과 연계되어 있다. 마오쩌둥에게 의식적으로 인간을 생산해 내는 것을 가장 중요한 차원으로 삼는 생산력의 발전이야말로 사회적 변화를 위한 가장 혁명적인 힘이었다. 생산력의 변화는, 설사 그것이 작은 부분이라고 할지라도, 필연적으로 생산관계와 상부구조의 모순들 및 투쟁들로 이어진다. 그리고 그러한

67 Benjamin Schwartz, "Thoughts on the Late Mao: Between Total Redemption and Utter Frustration," in *The Secret Speeches of Chairman Mao*, eds. Macfarquhar, Cheek, and Wu, 21; Lucien W. Pye, *Mao Tse-tung: The Man in the Leader* (New York: Basic Books, 1976), 44; Ross Terrill, *Mao: A Biography* (New York: Touchstone, Simon & Schuster 1993, revised ed.), 451을 볼 것.

모순들과 투쟁들의 해소는 완결된 시간 속에서 생산력의 변화와 발전을 가능케 한다. 이러한 순환은 끝이 없이 다시 일어나게 되는데, 이것은 인간 혹은 그들의 사회에는 생산력을 발전시키고자 하는 인간의 근본적인 충동을 없앨 수 있는 내재적인 기제가 존재하지 않기 때문이다. 몇몇 예외적인 경우를 제외하고,[68] 대다수의 마오쩌둥 연구자들은 마오쩌둥의 생산관계와 상부구조, 특히 후자에 대한 표면적인 강조에 집중하면서, 그가 사회적 변화의 원인을 설명함에 있어 생산력의 지배를 주장했음을 무시해 왔다.[69] 하지만 마오쩌둥에게 전체적인 역사적 전환의 과정을 추동하는 것은 생산관계와 상부구조와 같은 영역들이 아니었다. 그것들은 분명 투쟁이 벌어지는 장임이 틀림없지만, 역사를 움직이는 신은 아니었다. 그것들은 역사 드라마의 토대를 형성하는 기반이 아니었다. 확장을 위한 무한한 능력을 갖춘 생산력만이 그와 같은 중심적인 역할을 떠맡을 수 있었다. 이것이야말로 역사의 근본적인 법칙이며, 모든 사회, 과거·현재·미래까지 확장될 수 있는 것이었다. 공산주의 역시 현재의 계급사회와 마찬가지로 변화와 발전을 위한 이와 같은 충동을 피해갈 수 없다.

마찬가지로 마오쩌둥 사상에 있어 이상주의의 쇠퇴와 소멸은 논리적으로 마오쩌둥이 우주의 모든 사물과 과정이 예외 없이 모순들—그리고 이러한 모순 안에는 운동과 변화로 이어지는 필연적

---

68 Paul Healy, "A Paragon of Marxist Orthodoxy"를 볼 것. 또한 Nicholas James Knight, *Mao and History: An Interpretive Essay on Some Problems in Mao Zedong's Philosophy of History* (London: University of London, Unpublished PhD thesis, 1983), chapter 4를 볼 것.

69 예컨대 Stuart R. Schram, *The Thought of Mao Tse-tung* (Cambridge: Cambridge University Press, 1989), 5, 17, 54~55, 67, 96, 113, 168, 200을 볼 것.

인 투쟁이 존재하고 있다—을 만들어낸다는 존재론을 받아들였다는 사실과 연계되어 있다. 인간 사회의 변화와 발전을 포함한 우주의 모든 움직임은 사물의 이와 같은 가장 근본적인 질적 특성의 발현이라고 할 수 있다. 만약 그렇다면 미래의 공산주의 사회가 이러한 보편적인 법칙으로부터 면제되어 있다고 할 수 있단 말인가? 충분히 논리적으로 마오쩌둥의 이에 대한 응답은 미래의 공산주의 사회 역시 모순들과 투쟁들을 그 특징으로 한다는 것이다. 이러한 관점에서 보았을 때 미래 사회에 대한 마오쩌둥의 전망이 이상주의적 광채를 잃었다는 것이 무엇이 이상하다는 말인가?

내친김에 정통 마르크스주의와의 상당한 친연성이 마오쩌둥의 이상주의가 쇠퇴하는 논리적 근거가 되었다는 점을 언급해 둘 필요가 있겠다. 사회 변화에 있어 생산력의 우위 그리고 모순의 보편성에 대한 존재론적 믿음에 대한 강조에 있어 마오쩌둥 사상은 마르크스주의 교리의 특정 판본과 매우 유사하다.[70] 마오쩌둥의 사상이 전체적으로 정통적이었음을 주장함으로써 이 점을 장황하게 논의할 필요는 없다. 그것은 정통 교리에 내재되어 있는 생산력의 우위, 모순의 보편성이라는 두 가지 근본적인 교리에서 마오쩌둥이 비정통적이지 않았다는 사실을 보여주는 것만으로도 충분하다. 마오쩌둥 사상의 이단성에만 주목하기로 결정함으로써, 많은 마오쩌둥 연구자는 마오쩌둥 사상의 위와 같은 차원의 정통적 특징들을 무시해 버렸고, 결과적으로 그의 쇠퇴하는 낙관주의와 그에 대한

---

70 마르크스주의 철학의 '정통성'에 관한 문제와 중국 내에서의 마르크스주의에 대한 평가의 특징에 관한 논의에 대해서는 Knight, *Marxist Philosophy in China*, chapter 2를 볼 것.

이유를 제대로 인식하는 데 실패하고 말았다. 그 결과 마오쩌둥은 '문혁'과 같은 일을 벌인 '이상주의자'가 되었던 것이다. 하지만 그 반대가 더욱 타당하다고 해야 할 것이다. 마오쩌둥은 오히려 이상 주의의 결핍에 의해 '문혁'을 발발시켰으며 이것은 마르크스주의 교리의 핵심적 요소들에 대한 믿음에 의해 촉발된 것이었다. 인류 종말에 대한 마오쩌둥의 암울한 예언들이 그 자체로 마르크스주의 의 정초자들이 쓴 저술들 속에서 이미 예견되고 있다는 사실은 프 리드리히 엥겔스의 『자연변증법』을 보기만 해도 충분히 인식할 수 있다.[71]

최소한 시간적인 차원에서 마오쩌둥 인생의 마지막 장이라고 할 수 있는 '문혁'을 그의 정치적 경력의 결정적인 순간 혹은 그의 사상의 정수라고 간주할 수 없다는 것은 분명하다. 그것이 매우 중 요한 순간이라는 것은 의심의 여지가 없지만, 결정적인 순간이라고 할 수는 없으며 그의 인생과 정치적 경력에서 계속된 일련의 과정 이 '마오주의적 윤리'의 최종적 완성인 '문혁'을 향한 필연적인 과 정에 불과했다고 말할 수는 없다. 또한 옌안 시기에서 '문혁'에 이 르기까지 마오쩌둥 사상 속에서 확연히 쇠퇴하고 있던 낙관주의가 그의 사상적 조류가 최종적이고도 핵심적인 형식을 향해 필연적으

---

71 Friedrich Engels, *Dialectics of Nature* (Moscow: FLPH, 1954), 49~50. 여기서 엥겔스는 "수 백만 년이 지나면서, 수십만 세대가 태어나고 죽는다. 하지만 극점으로부터 얼음을 녹여낼 수 있을 만큼 태양의 온기가 더 이상 충분하지 않게 될 때가 올 것이다. 그때 가 되면 인류는 점점 더 많은 사람이 적도 부근에 모이게 될 것이고 거기서도 더 이 상 삶을 위한 충분한 열을 얻지 못하게 될 것이다. 그러면 점차 유기체 삶의 마지막 흔적도 사라질 것이다. 그러면 달과 같이 얼어붙은 행성이 된 지구는 깊고 깊은 어둠 속에서 마찬가지로 사라져버린 태양의 좁은 궤도를 회전하다가 결국 그 안으로 빠져 들게 될 것이다."라고 언급하고 있다.

로 발전해 간 목적론적 과정이라고 할 수는 없다. 낙관주의에서 비관주의로의 변화는 차라리 인간 행동을 통해 유토피아를 얻어낼 수 있는 가능성에 대한 이론적, 이데올로기적 인식의 전환에서 비롯된 것이다. 옌안 시기 동안 전쟁에서 영감을 얻은 마오쩌둥의 종말론은 영원한 평화와 조화의 시대가 즉각 실현될 것을 약속하는 중국 전통사상과 마르크스주의 전통의 테제들에 의해 더욱 강화되었다. 하지만 다른 한편으로 1950년대와 1960년대 초 생산력 발전을 위한 무한한 능력에 대한 마오쩌둥의 깊이 있는 수용은 그 어떠한 사회—심지어 그것이 공산주의 사회라고 할지라도—도 모순들로부터 자유로울 수 없다는 인식과 짝을 이루었고, 이것은 꽤 논리적인 방식을 통해 마오쩌둥으로 하여금 공산주의 역시 모순들로부터 자유로울 수 없으며 그것이 일단 실현되면 이전 사회를 지배했던 근본적인 법칙들을 드러내게 될 것이라는 점을 받아들이게 했다.

그러므로 미래에 대한 탐색에 있어 마오쩌둥은 공산주의라는 것이 그곳에 도착하게 되면 시간의 완성 속에서 인간마저 완전히 사라질 것이기에 모든 모순과 투쟁이 사라지는 역사의 마지막 종착역, 최후의 항구가 될 수 없다는 것을 간파해 냈다. 일찍이 청년 마오쩌둥에 의해 선뜻 수용되었던 역사의 밝은 미래에 대한 약속은 노년의 마오쩌둥이 그의 존재적 내핵에서 모든 사물의 덧없음을 받아들이면서 증발해 버렸다. 이로써 낙관주의에서 비관주의로의 전환이 완성된 것이다. 그리고 남게 된 것은 결국 투쟁뿐이었다.

역자 후기

마오쩌둥은 우리에게 어떻게 기억되고 있을까? 실상 가장 일반적인 수준에서 생각했을 때 그간 한국에서 마오쩌둥에 관한 이미지는 그리 좋았다고 할 수 없다. 좀 더 노골적으로 말하면 지난 세기 극단적인 냉전 체제 속에서 '마오쩌둥'이라는 이름은 '공산주의 중국의 괴수(魁首)' 정도로 인식되었는지도 모르겠다. 중국이 '중공(中共)'이라 불리고 대만이 '자유중국'이라고 불리던 시절, 중국 병음이 아닌 우리식 한자 발음을 그대로 적용해 '모택동'이라고 회자되던 이름은 공산국가의 독재자 혹은 김일성의 후견인 정도로 인식되고 있었다. 이러한 상황 속에서 한국 내의 마오쩌둥에 대한 연구 역시 관심 있는 소수의 연구자들에 의해 제한적인 범위 안에서만 진행되었을 뿐, 그에 대한 심도 깊은 연구는 제대로 이루어지지 못했다. 이러한 상황은 국내에 출간된 마오쩌둥에 관한 서적들의 종류가 방증하고 있는데, 국내에서 마오쩌둥을 다룬 대부분의 서적들은 그의 인생을 다룬 '평전(評傳)'류가 절대다수를 차지하고 있는 것이다. 물론 '평전' 자체의 의미와 가치를 폄하할 수는 없을 테지만, 마오쩌둥에 대한 본격적인 '학술적 접근'이 국내에서 부족한 상황이라는 것을 부정할 수는 없다.

역자가 본서의 번역을 결심한 근본적인 이유 역시 이와 무관치 않다. '마오쩌둥을 다시 생각한다'는 제목을 통해서도 드러나듯, 본서의 기본적인 출발점은 마오쩌둥을 '다시' 생각하는 것이다. 당연히 마오쩌둥을 '다시' 생각한다는 것은 곧 '이미' 사유되어 있던 마오쩌둥을 새롭게 생각한다는 것을 의미한다. 이것은 또한 본서 이전 마오쩌둥을 생각했던 지식의 지층이 상당한 두께로 축적되어 있음을 의미하는 것이기도 하다.(실제로 서구에서는 이미 마오쩌둥이 본격적으로 활동하던 당시부터 마오쩌둥이라는 혁명가이자 통치자에 대한 학술적 연구가 거의 동시대적으로 이루어지고 있었다.) 결국 본서는 마오쩌둥 연구사에 관한 일종의 매개적 개입이라고 할 수 있을지도 모른다. 다시 말해 본서는 과거의 연구를 비판적으로 검토하면서 그와 동시에 앞으로 마오쩌둥 연구가 나아가야 할 방향을 새롭게 모색하고 있는 책인 셈이다. 때문에 본서를 읽음으로써 우리는 마오쩌둥 연구의 과거와 현재를 살펴보고 또 그 미래를 가늠해 볼 수도 있다. 이에 역자는 본서의 번역이 국내의 마오쩌둥 연구에 대한 진지하고도 새로운 입각점을 마련할 수 있는 계기가 될 수 있을 것이라고 생각하게 된 것이다.

본서의 저자 닉 나이트(Nick Knight) 교수는 오랜 시간 동안 마오쩌둥을 비롯한 중국 마르크스주의자들의 사상을 연구해 온 학자로서, '마오쩌둥을 다시 사유함(Rethinking Mao)'으로써 기존에 축적되어 있던 마오쩌둥에 관한 지식의 지층을 비판적으로 분석하고 그러한 과정 속에서 마오쩌둥에 관한 새로운 입각점을 구축해 내고 있다. 앞서 언급했던 것처럼, 나이트 교수는 마오쩌둥을 '다시'

생각하고자 했다. 때문에 그가 가장 주안점을 두고 있는 것은 기존 연구의 입각점을 비판적으로 분석한 후, 그 임계점을 넘어서기 위한 새로운 입각점을 모색하는 것이었다. 이러한 근본적인 문제의식 탓에 본서는 다소 특이하게도 방법론의 문제를 두 개의 장에 걸쳐 논하고 있다. 통상 방법론에 관한 부분이 한 장 정도에 그친다는 점을 고려하면, 저자가 방법론적인 측면에 상당한 공을 들였다는 점을 알 수 있다. 이는 또한 마오쩌둥을 다시 사유한다는 과제가 그리 간단치 않음을 예고하고 있는 것이기도 하다.

본서의 방법론적 전환은 크게 두 가지 차원에서 수행되고 있다. 저자는 우선 마오쩌둥이라는 연구대상을 대하는 태도 자체를 비판적으로 검토한다. 그의 관점에 따르면 마오쩌둥을 연구하는 기존의 시각은 '실체로서의 마오쩌둥'을 규명하는 데 방점을 두고 있었다. 다시 말해 기존의 연구들은 마오쩌둥이라는 인물이 실제로 행한 바, 말한 바가 무엇인가를 매우 실증주의적인 태도로 추적함으로써 '실체로서의 마오쩌둥'을 그려내는 데 주력하고 있었던 것이다. 하지만 마오쩌둥에 대한 실증적인 연구에만 치중했던 연구자들은 결국 경쟁적으로 —저자의 표현을 빌려 표현한다면— '사실들을 내던짐'으로써 '누가 더 사실에 근접했는가'라는 끝나지 않는 악순환에 빠지고 말았다. 요컨대 이들은 '실증주의적 악순환', 즉 '무엇이 사실(fact)인가'에만 몰두하게 되었고 그 결과 '누가 더 많은 사실을 수집했는가'라는 문제에 매몰되어 버리고 말았던 것이다. 저자는 이러한 경험주의적 한계를 극복하기 위해서는 독자의 역할, 즉 '텍스트'를 읽는 이의 능동적인 '해석학적 도전'이 필요함을 역설하고 있다.

방법론적 전환의 또 다른 차원은 바로 '마르크스주의' 자체에 관한 것이다. 쉽게 예상할 수 있듯 마오쩌둥을 연구하는 데 있어 마르크스주의의 문제는 결코 피해갈 수 없는 관문이다. 마오쩌둥 스스로 자신이 마르크스주의자였음을 고백했을 뿐만 아니라, 실제로 그가 자신의 사상과 실천을 이끌어감에 있어 마르크스주의의 영향력은 거의 절대적이었다고 해도 과언이 아닐 것이다. 하지만 마오쩌둥 스스로 아무리 마르크스주의자로 자처했다고 할지라도, 마오쩌둥을 연구하는 '패러다임으로서의 마르크스주의'는 또 다른 문제라고 해야 할 것이다. '연구 패러다임으로서의 마르크스주의'는 말 그대로 마오쩌둥이라는 연구대상을 바라보는 시각 자체로서, 그 시각이 반드시 마오쩌둥의 그것과 일치해야 할 필요성은 없기 때문이다.

앞서 '실증주의의 악순환'에 빠져버렸던 사례들을 통해서도 확인할 수 있었듯, 만약 보다 근본적으로 중요한 것이 패러다임, 즉 입각점 그 자체라면 '마오쩌둥의 마르크스주의'와는 별개인 '패러다임'이라는 차원에서의 마르크스주의는 그 자체로 비판적 검토의 대상이 된다고 할 수 있을 것이다. 이에 저자는 기존의 연구 성과들이 이른바 '정통 마르크스주의(orthodox Marxism)'라는 기준에 매몰된 채 마오쩌둥을 연구해 왔으며, 때문에 그 결과 마오쩌둥 자체에 대한 평가 역시 상당히 협소하고 편향된 방향으로 이루어져 왔음을 지적하고 있다. 이에 저자는 마르크스주의 자체에 대한 이론적 혁신(예컨대 알튀세르의 교조적 마르크스주의에 대한 비판 등)이 마오쩌둥 연구에 있어서도 반영되어야 함을 주장하고 있다.

방법론에 대한 비판적 검토를 수행한 이후 저자는 본격적으로 마오쩌둥의 텍스트들을 파고들면서 기존의 견해에 균열을 내기 위해 노력한다. 거시적 관점에서 축약해 보면 본서는 크게 '혁명 주체의 문제(4장)', '시간의 문제(5장)', '마오쩌둥의 인식론과 그에 기반한 정체(政體) 구상의 문제(6, 7장)', 그리고 '건국 이후 마오쩌둥의 인식론 문제(8, 9장)'라는 네 가지 주제로 분류된다.

'혁명 주체의 문제'를 다룬 4장에서 저자가 비판의 날을 겨누고 있는 지점은 '마오쩌둥＝농민혁명가'라는 통상적인 이해 방식이다. 마오쩌둥 연구의 비조(鼻祖)라고 할 수 있는 슈람(Stuart Schram)을 비롯해, 마이스너(Maurice Meisner)와 같은 대표적인 중국학 학자들은 마오쩌둥을 농민혁명가로 규정해 왔다. 하지만 본서의 저자 닉 나이트 교수는 마오쩌둥이 농민혁명가였다는 주장을 정면으로 반박하고 있다. 저자는 마오쩌둥의 텍스트를 폭넓게 소화하면서, 마오쩌둥은 오히려 농민에 대해 상당한 반감과 비판적 시각을 가지고 있었으며 이는 곧 마오쩌둥이 농민의 본래적인 성격과 세계관을 그대로 인정하고 따르는 '농민 추수주의적 혁명가'가 아니라 현대적인 가치관을 지향하는 '반(反)봉건적 혁명가'였음을 의미하는 것이라고 주장하고 있다.

우선 저자의 이러한 주장은 마오쩌둥 텍스트에 대한 세밀한 독해에 기반하고 있다는 점에서 설득력을 갖추고 있다고 할 수 있을 것이다. 또한 마오쩌둥이 농민 추수주의적인 혁명가가 아니었다는 주장은 그가 현대적인 국민국가 건설을 추구한 '건국자'였다는 점을 고려했을 때 더욱 중요한 의미를 갖는다. 주지하듯 마오쩌둥은 비단 '혁명가'였을 뿐만 아니라 중화인민공화국을 세운 '건국자'이자 '통치자'였다. 때문에 마오쩌둥의 사유와 실천 속에서 현대적인 국가 건설이라는 목표는 한시도 흔들린 적이 없었다. 이러한 측면에서 보았을 때, 마오쩌둥이 봉건적인 농민이 아니라, 규율과 질서 의식을 갖춘 노동자(즉 프롤레타리아)를 혁명의 주체로 보았다는 저자의 관점은 매우 중요하고도 새로운 사유의 지점을 포착해 내고 있다고 볼 수 있다.

5장에서 다루고 있는 '시간의 문제' 역시 중요한 주제다. 본 장에서 저자는 중국적 시간관과 서구적 시간관을 비교하면서 마오쩌둥의 사유 안에서 '혁명의 시간표'가 어떻게 구축되고 또 적용되었는지를 살피고 있다. 마오쩌둥에게 절대적인 영향력을 끼쳤던 마르크스주의에 있어 '혁명의 시간표'는 매우 중요한 문제다. 마르크스는 봉건제 시대에서 자본주의 시대로 역사가 이행했던 것처럼, 생산력의 증대와 함께 인간의 역사가 자본주의 단계로부터 사회주의 단계를 거쳐 공산주의 단계에 이르게 될 것이라고 주장했다. 이러한 '혁명의 시간표'는 수많은 마르크스주의자들에게 역사가 좀 더 나은 단계로 이행할 수 있을 것이라는 기대를 품게 했고 마오쩌둥 역시 예외가 아니었다.

저자에 따르면 마오쩌둥은 마르크스주의를 수용한 이후, 마르크스가 설정해 놓은 역사 단계에 대한 구상에 입각해 중국의 역사를 해석하고 혁명의 미래를 전망하려고 했다. 인류의 역사가 미래, 즉 공산주의를 향해 필연적으로 진보한다는 마르크스주의의 도식에 따라 마오쩌둥은 자신과 중국공산당이 처해 있던 당시의 상황을 분석했을 뿐만 아니라, 현재의 투쟁이 반드시 유토피아적인 미래에 가 닿을 것이라는 낙관적 전망을 내놓음으로써 투쟁의 동력을 확보하기도 했다.

또한 마오쩌둥의 시간관과 관련된 문제는 본서의 마지막 장인 9장에서 제기되고 있는 '문화대혁명'의 문제와도 연계되어 있는 주제다. 마오쩌둥은 '문화대혁명'을 일으킨 후 말년에 이르기까지 마르크스주의가 제시한 '역사의 완성'이라는 문제와 씨름했다. 어찌

보면—별도의 논의가 필요한 문제이긴 하지만—'문화대혁명'이라는 사건은 가장 근본적인 차원에서 마르크스주의에 내재된 혁명과 역사의 완성이라는 문제와 연계되어 있는 것이기도 하다. 5장에서 논의되고 있는 마오쩌둥과 그의 '시간관의 문제'는 곧 마오쩌둥으로 하여금 '혁명'에 투신하게 하고 또 '문화대혁명'을 일으키게 한 인식론의 뿌리를 엿볼 수 있는 계기가 된다고 할 수 있을 것이다.

이어서 6장에서 저자는 마오쩌둥의 인식론을 세밀하게 고찰하는 한편 그러한 인식론에 근간하여 마오쩌둥이 어떠한 정치 체제를 구상했는지를 밝히고 있다. 마오쩌둥은 상부구조와 토대 이 두 가지 범주 사이의 관계를 기계적으로 사유하지 않았다. 그는 '경제'라는 토대를 매우 중시하면서도 '문화'라고 통칭되는 상부구조가 토대에 의해 일방적으로 규정되는 것은 아니며, 오히려 '문화'가 자율적으로 작동하면서 토대에 영향을 끼칠 수 있다고 생각했다. 이후 '문화'라는 개념은 '정치'라는 개념으로 대체되면서 '정치'가 상부구조를 대변하는 개념으로 자리매김하게 된다.

본 장에서 가장 눈에 띄는 부분은 저자가 마오쩌둥의 '정체'에 대한 구상을 담은 글로서 「연합정부를 논함」을 분석하고 있는 대목이다. 실상 최근까지도 마오쩌둥은 주로 '혁명'의 관점에서 해석되어 왔다. 하지만 앞서 언급했던 것처럼, 그는 '혁명가'인 동시에 '건국자'이자 '통치자'였다. 때문에 마오쩌둥을 해석함에 있어 '통치'는 반드시 고려되어야 하는 차원인바, 저자는 토대와 상부구조에 대한 마오쩌둥의 독특한 관점에 대한 분석을 바탕으로 마오쩌둥이 '정부 체제' 혹은 '국가 체제'에 관해 어떠한 구상을 가지고 있었는지를 분석하고 있다. 이 부분 역시 기존에 잘 다루어지지 않았던 문제로서 마오쩌둥을 '다시' 사유한 저자의 독특한 관점이 잘 드러나는 부분이라고 할 수 있을 것이다.

7장에서 다루어지고 있는 '마르크스주의의 중국화'라는 테제는 비단 마오쩌둥의 사유방식을 설정했던 틀일 뿐만 아니라 그가 자신의 사유를 직접적인 실천으로 연계시키는 방식과 관련된 것이기도 하다. 마오쩌둥은 지식욕이 매우 강한 사람이었지만 또한 실용적인 측면을 매우 강조한 사람이기도 했다. 그는 추상적인 이론에만 매몰된 채 중국의 실제적인 상황에 무지한 이론가들을 싫어하고 또 무시했다. 물론 그의 이러한 성향은 현장 속에서 실제로 혁명을 이끌어야 했던 자신의 위치에서 비롯된 것이다. 이러한 상황 속에서 마오쩌둥은 마르크스주의라는 보편 이론과 중국의 실제적인 상황이라는 특수성을 동시에 고려해야 했는데, '마르크스주의의 중국화'라는 테제는 바로 이러한 양가적인 상황 속에서 탄생된 것이다.

'마르크스주의의 중국화'를 다루고 있는 7장에서 주목해야 하는 부분은 오늘날의 중국에서 흔히 운위되고 있는 '마르크스주의의 중국화'와 마오쩌둥이 본래 의도했던 '마르크스주의의 중국화' 사이의 질적 차이이다. 최근 중국에서는 이른바 '중국 특색'(예컨대 '중국 특색의 사회주의'와 같은)이라는 말이 자주 언급되고 있다. 하지만 실상 '중국 특색'이라는 개념이 도출될 수 있었던 사상적 연원은 마오쩌둥이 제시한 '마르크스주의의 중국화'라는 테제이다. 물론 마오쩌둥이 중국의 실제적인 상황을 무시한 채 추상적인 이론만을 들먹이는 '이론가'들에 저항하기 위해 '마르크스주의의 중국화'라는 테제를 제시한 것은 사실이다.

하지만, 7장의 내용을 통해 드러나고 있는 것처럼, '마르크스주의의 중국화'라는 테제가 단순히 중국의 특수성만을 고집했던 것은 아니다. 오히려 마오쩌둥은 중국의 특수성에 대한 면밀한 관찰을 진행하면서도 그것이 '마르크스주의의 보편 법칙' 즉 역사의 진보와 완성에 관한 법칙과 어떻게 연계될 것인가를 부단히 고민했다. 또한 '문화대혁명'이라는 사건을 통해 분출되었던 것처럼, 현재 상태에 대한 부단한 혁명적 지양이라는 도식은 '마르크스주의의 중국화'라는 테제 속에서 결코 포기되지 않았던 핵심이기도 하다. 7장은 '마르크스주의의 중국화'라는 테제의 사유 구조가 어떻게 구축되었으며, 그것이 '중국 특색의 사회주의'라는 개념과 대비하여 오늘날 중국에서 갖는 의미가 무엇인지를 비판적으로 고민해 볼 수 있는 계기가 될 수 있을 것이다.

8장과 9장은 건국 이후, 즉 1949년 이후의 마오쩌둥을 다룬다. 8장에서 가장 눈에 띄는 부분은 '대약진운동'에 대한 저자의 분석이다. '대약진운동'은 통상 마오쩌둥의 정책적 실패를 대표하는 사례로 언급되곤 한다. 물론 결과만 놓고 보자면 '대약진운동'은 분명 실패한 정책임이 틀림없다. 하지만 저자는 마오쩌둥이 물적 토대를 무시했기 때문에 '대약진운동'이 발생했고 또 실패한 것이라는 기존의 견해에는 동의하지 않고 있다. 저자가 보기에 마오쩌둥은 결코 '생산력'의 문제를 방기하지 않았다. 다만 사회, 경제적 발전의 인간적 측면을 강조함으로써, 물질적 측면의 변화만을 강조한 스탈린주의와는 다른 스타일의 발전 전략을 취하고자 했을 뿐이다. 다시 말해 마오쩌둥은 인간적인 측면에 대한 혁신과 개조를 통해 생산력을 비약적으로 끌어올릴 수 있다고 생각했던 것이다.

저자의 이러한 관점은 '대약진운동'이 생산력을 무시했기 때문에 실패한 것이었다고 규정하는 기존의 시각과는 다른 각도에서 그것의 의미를 음미하게 한다. 만약 저자의 주장대로 '대약진운동'

이 실패한 궁극적인 원인이 물질적 측면에 대한 방기가 아니라 오히려 인간적인 측면에 대한 과도한 개입이었다면, '대약진운동'이 만들어내는 알레고리는 관방의 그것과는 다른 것이 된다. 좀 더 구체적으로 말해, 현재 중국공산당은 '대약진운동'과 같은 사건이 발생한 것은 '생산력'을 무시했기 때문이라고 주장하면서 '생산력' 우선주의 정책 노선을 취하고 있다. 하지만 만약 저자의 주장대로 '대약진운동'이 물질적 측면에만 집착한 경제 발전 방식을 비판적으로 바라보려 했던 시도였다면 그것이 가진 의미가 모두 '실패'로 환원될 수는 없을 것이다.

마지막 장인 9장은 마오쩌둥 인생의 대단원인 '문화대혁명'이다. 물론 본 장에서 저자가 '문화대혁명'의 발발과 전개를 사실의 차원에서 세밀하게 추적하고 있는 것은 아니다. 대신 저자는, 5장에서 이미 제기되기도 했던, 미래에 대한 전망이라는 각도에서 '문화대혁명'을 다루고 있다. 저자의 분석에 따르면 '문화대혁명'은 마오쩌둥의 미래에 대한 전망이 점차 비관적으로 바뀌면서 발발한 사건이다. 건국 이전 마오쩌둥은 마르크스주의가 제시한 낙관적 미래, 즉 공산주의의 실현과 인민의 전면적인 해방에 대해 낙관적인 전망을 품고 있었다. 하지만 노년에 접어들면서 마오쩌둥은 공산주의의 실현에 대해 점차 비관적인 시각을 갖게 되었고, 그러한 비관적 시각을 초극하기 위해 촉발시킨 정치운동이 바로 '문화대혁명'인 것이다.

마오쩌둥의 미래관이라는 각도에서 '문화대혁명'을 해석하고 있는 저자의 시각은 그것을 단순히 '대중혁명'의 차원에서 다루어 온 시각과는 다른 것이다. '문화대혁명'에 관한 대다수의 논의는 '문화대혁명'을 대중봉기의 차원에서 다루어왔다. 하지만 저자가 제시하고 있는 것처럼 완전한 미래에 대한 불확실한 혹은 비관적 전망에서 '문화대혁명'이 추동된 것이라면 그것은 권력으로부터의 해방이 아닌, 근원적 폭력(즉 '신학적 폭력')을 수반한 '사회주의적 주체성의 창출'이라는 각도에서 다루어져야 할 문제이기도 하다.(실제로 한국의 리영희는 이러한 견해를 피력한 바 있다. 이에 대한 자세한 설명은 별도의 지면을 통해 심도 깊게 논의해야 할 문제로 여기서는 추후의 과제로 남기고자 한다.)

마오쩌둥을 '다시' 생각한다는 표제를 내세운 본서가 출간된 것은 2007년이다. 지금으로부터 12년 전의 일이다. 지난 12년 동안 세상의 흐름은 노년의 마오쩌둥이 어렴풋하게 예상했던 것처럼, 그의 바람과는 정반대의 방향으로 진행되어 왔다. 또한 마오쩌둥을 생각한다는 사실 자체 역시 12년 전보다 더욱 희한한 일이 되어버리고 말았다. 하지만 생각해 보면 마오쩌둥이 자신의 사유를 구축하고 실천에 옮겼던 당시의 상황 역시 그에게 그리 호의적이지 않았다. 차라리 마오쩌둥은 시대의 흐름을 거스르면서 자신의 사유를 구축하고 그것을 실천에 옮겼다.

때문에 오늘날의 상황 속에서 마오쩌둥을 다시 생각한다는 것은 지난날 세상의 흐름에 저항했던 자의 사유를 오늘날에도 역시 세상의 흐름에 저항하면서 읽는다는 것을 뜻하는 것인지도 모른다. 또한 이것은 지난날의 세상과 오늘날의 세상을 관통해 우리가 저항해야 하는 무엇인가가 남아 있다는 것을 의미하는 것이기도 하다. 지난날의 과제는 여전히 해결되지 않았고, 오히려 더욱 복잡하고 뒤엉킨 상태로 남게 되었다. 마오쩌둥을 다시 고민해야 하는 이유는 바로 이것이다. 마오쩌둥이 세상을 거슬러 분투했지만 완성하지 못했고, 그 미완의 과제는 이제 좀 더 복잡해진 양태로 우리 앞에 남게 되었다. 만약 좀 더 나은 세상에 대한 열망이 여전히 필요한 것이라면, 우리는 마오쩌둥이 남긴 그 미완의 과제를 '다시' 사유해야 하는 것이다.

본서의 번역을 본격적으로 시작한 것은 지난 2017년 겨울 즈음이다. 완역까지 대략 2년 정도 걸린 셈이다. 책을 구입하고 읽은 지는 꽤 되었지만, 단순하게 읽는 것과 이해한 내용을 적절한 우리말로 옮기는 것은 완전히 차원이 다른 일이었다. 부족한 영어 실력과 더불어, 번역 과정에서 모국어 실력의 한계 역시 절감할 수밖에 없었다. 하지만 이 한계를 절감하는 것 역시 번역이 선사해 주는 즐거움 중의 일부라고 생각한다.

또한 책의 출판을 위해 도와주신 분들에 대한 감사의 인사를 빼놓을 수 없을 것이다. 출판사를 소개시켜 주신 임춘성 선생님, 어려운 여건 속에서도 본서의 번역 출판을 흔쾌히 허락해 주신 손자희 선생님, 책의 교정과 편집을 맡아주신 문화과학사 박진영 선생님께 깊은 감사의 말씀을 올린다. 그리고 언제나 본인의 옆에서 묵묵히 학문 활동을 지원해 주는 아내와 딸에게 감사의 마음을 전한다. 최선을 다했지만, 분명 많은 부분에 문제가 존재할 것이다. 모든 번역상의 착오와 오류는 옮긴이의 책임임을 밝히면서 본서의 번역을 마치고자 한다.

2019년 9월
옮긴이 피경훈

참고문헌

Althusser, Louis. *For Marx*. London: Verso, 1969.

Althusser, Louis, and Étienne Balibar. *Reading Capital*, translated by Ben Brewster. London: NLB, 1970.

Amin, Samir. *The Future of Maoism*. New York: Monthly Review Press, 1983.

Andors, Steve. *China's Industrial Revolution: Politics, Planning, and Management, 1949 to the Present*. London: Martin Robertson, 1977.

_____. "Hobbes & Weber vs. Marx & Mao: The Political Economy of Decentralization in China." *Bulletin of Concerned Asian Scholars* 6, no. 3 (1974): 19-34.

Andreski, Stanislav, ed. *The Essential Comte*. London: Croom Helm, 1974.

Apter, David E., and Tony Saich. *Revolutionary Discourse in Mao's Republic*. Cambridge, Mass.: Harvard University Press, 1994.

Avineri, Shlomo. *The Social and Political Thought of Karl Marx*. Cambridge: Cambridge University Press, 1968.

Baum, Richard, with Louise B. Bennett, eds., *China in Ferment: Perspectives on the Cultural Revolution*. Englewood Cliffs, N. J.: Prentice-Hall, 1971.

Baum, Richard, and Frederick C. Teiwes. *Ssu-ch'ing: The Socialist Education Movement of 1962-66*. Berkeley: Chinese Research Monographs, University of California, 1968.

Bettelheim, Charles. *Economic Calculation and Forms of Property*, translated by John Taylor, introduction by Barry Hindess. London: Routledge and Kegan Paul, 1976.

Bi Jianheng. *Mao Zedong yu Zhongguo zhexue chuantong* [Mao Zedong and the Chinese philosophical tradition]. Chengdu: Sichuan renmin chubanshe, 1990.

Boorman, Howard L. "Mao Tse-tung as Historian." *China Quarterly* 28 (October-

December 1966): 82-105.

Bottomore, Tom, ed. *Modern Interpretations of Marx*. Oxford: Basil Blackwell, 1981.

Braun, Otto. *A Comintern Agent in China, 1932-1939*, translated from the German by Jeanne Moore, with an introduction by Dick Wilson. St. Lucia, Queensland: University of Queensland Press, 1982.

Bulkeley, Rip. "On 'On Practice'," *Radical Philosophy* 18 (Autumn 1977): 3-9, 15.

Burton, Neil G., and Charles Bettelheim, *China Since Mao*. New York: Monthly Review Press, 1978.

Butler, W. E., ed. *The Legal System of the Chinese Soviet Republic, 1931-1934*. Dobbs Ferry NY: Transnational Publishers 1983.

Callinicos, Alex. *Is There a Future for Marxism?* London: Macmillan, 1982.

Carr, E. H. *What is History?* Harmondsworth: Penguin Books, 1964.

Carrère d'Encausse, Hélène, and Stuart R. Schram. *Marxism and Asia: An Introduction with Readings*. London: Allen Lane The Penguin Press, 1969.

Chalmers, A. F. *What Is This Thing Called Science?* St. Lucia: University of Queensland Press, 1982, second ed.

Chan, Adrian. *Chinese Marxism*. London and New York: Continuum, 2003.

Chang Chun-chiao. "On Exercising All-Round Dictatorship over the Bourgeoisie." *Peking Rerview* 14 (4 April 1975): 5-11.

Chang, Jung, and Jon Halliday. *Mao: The Unknown Story*. London: Jonathan Cape, 2005.

Chang Ruisen, Zhang Wenru, and Ran Changuang. *Mao Zedong zhexue sixiang gailun* [An introduction to the philosophical thought of Mao Zedong]. Beijing: Zhongguo renmin daxue chubanshe, 1985.

Chen Boda. "Lun xin Qimeng Yundong" [On the new enlightenment]. Pp. 67-89 in *Xian jieduan de Zhongguo sixiang yundong* [The Chinese thought movement in the current stage], edited by Xia Zhengnong. Shanghai: Yiban shudian, 1937.

Chen, Chi-yun. *Hsun Yueh (A.D. 148-209): The Life and Reflections of an Early Medieval Confucianist*. Cambridge: Cambridge University Press, 1975.

Ch'en, Jerome. *Mao and the Chinese Revolution*. London: Oxford University Press, 1965.

_____, ed. *Mao Papers: Anthology and Bibliography*. London Oxford University Press, 1970.

Chin, Steve S. K. *The Thought of Mao Tse-tung: Form and Content.* Translated by Alfred H. Y. Lin. Hong Kong: Centre of Asian Studies Papers and Monographs, 1979.

"China Strives for Harmonious Society, Central Economic Conference." *People's Daily Online*, 6 December 2004. english.people.com.cn/200412/06/eng2004l2o6_166180.html (15 March 2006).

Chiou, C. L. *Maoism in Action: The Cultural Revolution.* St. Lucia: University of Queensland Press, 1974.

Chossudovsky, Michel. *Towards Capitalist Restoration: Chinese Socialism After Mao.* London: Macmillan, 1986.

Cohen, Arthur A. *The Communism or Mao Tse-tung.* Chicago: University of Chicago Press, 1964.

Collier. Andrew. "In Defence of Epistemology." Pp. 55-106 in *Issues in Marxist Philosophy: Volume III – Epistemology, Science, Ideology,* edited by John Mepham and David-Hillel Ruben. Brighton: Harvester, 1979.

Corrigan, Philip, Harvie Ramsay, and Derek Sayer. *For Mao: Essays in Historical Materialism.* London: Macmillan, 1979.

A Critique of Mao Tse-tung's Theoretical Conceptions. Moscow: Progress Publishers, 1972.

Cutler. Anthony, Barry Hindess, Paul Hirst, and Athar Hussain. *Marx's "Capital" and Capitalism Today.* London: Routledge and Kegan Paul, 1977. Vol. I.

Day. M. Henri. *Máo Zédōng, 1917-1927: Documents.* Stockholm: Skriftserien für Orientaliska Studier, no. 14, 1975.

De Bary, Wm. Theodore, ed. *Sources of Chinese Tradition.* New York and London: Columbia University Press, 1960.

Demieville, P. "Chang Hsueh-ch'eng and His Historiography." Pp. 167-85 in *Historians of China and Japan,* edited by W. G. Beasley and E. G. Pulleyblank. London: Oxford University Press, 1961.

De Romilly, Jacqueline. *The Rise and Fall of States According to Greek Authors.* Ann Arbor: University of Michigan Press, 1977.

Deutscher, Isaac. *Ironies of History.* London: Oxford University Press, 1966.

Dietrich, Craig. *People's China: A Brief History.* New York and Oxford: Oxford University Press, 1986.

Dirlik, Arif. "Mao Zedong and Chinese Marxism." In *Companion Encyclopedia of Asian Philosophy,* edited by Indira Mahalingam and Brian Carr. London:

Routledge, 1997.

_____. *The Origins of Chinese Communism*. New York: Oxford University Press, 1989.

_____. "The Predicament of Marxist Revolutionary Consciousness: Mao Zedong, Antonio Gramsci and the Reformulation of Marxist Revolutionary Theory." *Modern China* 9, no. 2 (April 1983): 182–211.

_____. *Revolution and History: Origins of Marxist Historiography in China, 1919-1937*. Berkeley: University of California Press, 1978.

Dirlik, Arif, Paul Healy, and Nick Knight, eds. *Critical Perspectives on Mao Zedong's Thought*. Atlantic Highlands, New Jersey: Humanities Press, 1997.

"Draft Party Constitution." *China Quarterly* 37 (January–March 1969): 169-73.

Dunn, John. *Modern Revolutions: An Introduction to the Analysis of a Political Phenomenon*. Cambridge: Cambridge University Press, 1972.

Dunn, Stephen P. *The Fall and Rise of the Asiatic Mode of Production*. London: Routledge & Kegan Paul, 1982.

Dutton, Michael. *Streetlife China*. Melbourne: Cambridge University Press, 1998.

Dutton, Michael, and Paul Healy. "Marxist Theory and Socialist Transition: The Construction of an Epistemological Relation." Pp. 13-66 in *Chinese Marxism in Flux, 1978-84: Essays on Epistemology, Ideology and Political Economy*, edited by Bill Brugger. Armonk, New York: M. E. Sharpe, 1985.

Eckstein, Alexander. *China's Economic Revolution*. Cambridge: Cambridge University Press, 1977.

Eco, Umberto. *The Role of the Reader: Explorations in the Semiotics of Texts*. Bloomington and London: University of Indiana Press, 1979.

_____. *Semiotics and the Philosophy of Language*. Bloomington and London: University of Indiana Press, 1979.

Engels, Friedrich. *Dialectics of Nature*. Moscow: FLPH, 1954.

Esherick, Joseph. "On the Restoration of Capitalism: Mao and Marxist Theory." *Modern China* 5, no. 1 (January 1979): 41-78.

Esmain, Jean. *The Cultural Revolution*. London: Andre Deutsch, 1975.

Fan Hao. *Mao Zedong he ta de guwen* [Mao Zedong and his adviser]. Beijing: Renmin chubanshe, 1993.

Fan, K., ed. *Mao Tse-tung and Lin Piao: Post-Revolutionary Writings*. Garden City, New York: Anchor Books, 1972.

Fann, K. T. "Mao's Revolutionary Humanism." *Studies in Soviet Thought* 19, no. 2

(March 1979): 143-54.

Femia, Joseph. *Gramsci's Political Thought: Hegemony, Consciousness and the Revolutionary Process.* Oxford: Clarendon Press, 1987.

Foucault, Michel. *The Archaeology of Knowledge.* London: Tavistock, 1972.

_____. "What Is an Author?" Pp. 103-13 in *The Foucault Reader,* edited by Paul Rabinow. New York: Pantheon Books, 1984.

Friedman, Edward. "After Mao: Maoism and Post-Mao China." *Telos* 65 (Fall 1985): 23-46.

Frye, Northrop. "Varieties of Literary Utopias." *In Utopias and Utopian Thought,* ed. Frank E. Manuel. Boston: Souvenir Press, 1965, 1966.

Fu, Charles Wei-Hsun. "Confucianism, Marxism-Leninism and Mao: A Critical Study." *Journal of Chinese Philosophy* 1 (1974): 339-71.

Fung Yu-lan. *A Short History of Chinese Philosophy.* New York: The Free Press, 1948.

Gao, Mobo C. F. "Maoist Discourse and Critique of the Present Assessments of the Cultural Revolution." *Bulletin of Concerned Asian Scholars* 26, no. 3 (July-September, 1994): 13-32.

Gayn, Mark. "Mao Tse-tung Reassessed." Pp. 91-107 in *China Readings 3: Communist China,* edited by Franz Schurmann and Orville Schell (Harmondsworth: Penguin), 1967.

Gramsci, Antonio. *Selections from Prison Notebooks.* Edited and translated by Quinton Hoare and Geoffrey Nowell Smith. London: Lawrence and Wishart, 1971.

Gray, J. "History Writing in Twentieth Century China: Notes on Its Background and Development." Pp. 180-203 in *Historians of China and Japan,* edited by W. G. Beasley and E. G. Pulleyblank. London: Oxford University Press, 1961.

_____. *Mao Tse-tung.* Guildford and London: Lutterworth Press, 1973.

Gray, Jack. and Patrick Cavendish. *Chinese Communism in Crisis: Maoism and the Cultural Revolution.* London: Pall Mall Press, 1968.

Gurley, John G. *Challengers to Capitalism: Marx, Lenin and Mao.* San Francisco: San Francisco Book Co., 1976.

_____. "The Symposium Papers: Discussion and Comment." *Modern China* 3, no. 4 (October 1977): 443-63.

Hak, Han, and Erik Van Ree. "Was the Older Mao a Maoist?" *Journal of*

Contemporary. Asia 14, no. 1 (1984): 85.

Halfpenny, Peter. *Positivism and Sociology: Explaining Social Life*. London: Allen & Unwin, 1982.

Healy, Paul. "A Paragon of Marxist Orthodoxy: Mao Zedong on the Social Formation and Social Change." Pp. 117–53 in *Critical Perspectives on Mao Zedong's Thought*, edited by Arif Dirlik, Paul Healy, and Nick Knight. Atlantic Highlands, New Jersey: Humanities Press, 1997.

_____. "Reading the Mao Texts: The Question of Epistemology." *Journal of Contemporary Asia* 20, no. 3 (1990): 330–58.

Healy, Paul, and Nick Knight, "Mao Zedong's Thought and Critical Scholarship." Pp. 3–20 in *Critical Perspectives on Mao Zedong's Thought*, edited by Arif Dirlik, Paul Healy, and Nick Knight. Atlantic Highlands, New Jersey: Humanities Press, 1997.

Hindess, Barry. *Philosophy and Methodology of the Social Sciences*. Sussex: Harvester, 1977.

Hindess, Barry, and Paul Hirst. *Pre-Capitalist Modes of Production*. London: Routledge & Kegan Paul, 1975.

_____. *Mode of Production and Social Formation: An AutoCritique of Pre-Capitalist Modes of Production*. London: Macmillan, 1977.

Hirst, Paul. "The Necessity of Theory." *Economy and Society* 8, no. 4 (November 1979): 417–45.

Hoffheinz, Roy, Jr. *The Broken Wave: The Chinese Communist Peasant Movement, 1922-1928*. Cambridge, Mass.: Harvard University Press, 1977.

Hollingworth, Clare. *Mao and the Men against Him*. London: Jonathan Cape, 1985.

Holubnychy, Vsevolod. "Mao Tse-tung's Materialist Dialectics." *China Quarterly* 19 (1964): 3–37.

Hsiao, Tso-Liang. *Power Relations within the Chinese Communist Movement, 1930-1934: A Study of Documents*. Seattle: University of Washington Press, 1961.

Hsiung, James Chieh. *Ideology and Practice: The Evolution of Chinese Communism*. New York: Praeger, 1970.

Hu Jintao, "Speech at the 2005 Fortune Global Forum." english.peopledaily. com.cn/200505/17/print20050517_185302. htm (17 May 2005).

Huang, Philip C. C. "Mao Tse-tung and the Middle Peasants, 1925-1928," *Modern China* 1, no. 3 (July 1975): 271–96.

Ito Kikazo and Shibata Minoru. "The Dilemma of Mao Tse-tung." *China*

Quarterly 35 (July–September, 1968): 58–77.

Jacobs, Dan N., ed. _From Marx to Mao and Marchais._ New York and London: Longman, 1979.

Jianguo yilai Mao Zedong wengao [Draft documents by Mao Zedong since the establishment of the People's Republic]. Beijing: Zhongyang wenxian chubanshe, 1987–1992. 6 volumes.

Johnson, Chalmers. "The Failure of Socialism in China." _Issues and Studies_ 21, no.1 (July 1979): 22–33.

Joint Publication Research Service, _Miscellany of Mao Tse-tung Thought (1949-1968)._ Arlington, Virginia: February 1974.

Joravsky, David. _Soviet Marxism and Natural Science, 1917-1932._ New York: Columbia University Press, 1961.

Karnow, Stanley. _Mao and China: Inside China's Cultural Revolution._ New York: Viking Penguin, 1984.

Kau, Michael Y. M., and John K. Leung, eds. _The Writings of Mao Zedong, 1949-1976 (September 1949-December 1955)._ Armonk, New York: M. E. Sharpe, 1986.

_____, eds. _The Writings of Mao Zedong, 1949-1976 (January 1956-December 1957)._ Armonk, New York: M. E. Sharpe, 1992.

Keith, Ronald C. "The Relevance of Border–Region Experience to Nation–Building in China, 1949–52." _China Quarterly_ 78 (1979): 274–95.

Khrushchev, Nikita. _Khrushchev Remembers,_ with an introduction, commentary and notes by Edward Crankshaw. London: André Deursch, 1971.

Kim, Ilpyong J. "Mass Mobilization Policies and Techniques Developed in the Period of the Chinese Soviet Republic." Pp. 78–98 in _Chinese Communist Politics in Action,_ edited by A. Doak Barnett. Seattle and London: University of Washington Press, 1969.

_____. _The Politics of Chinese Communism: Kiangsi under the Soviets._ Berkeley: University of California Press, 1973.

Knight, Nicholas James. _Mao and History: An Interpretive Essay on Some Problems in Mao Zedong's Philosophy of History._ London: University of London, unpublished PhD thesis, 1983.

Knight, Nick. "Contemporary Chinese Marxism and the Marxist Tradition: Globalisation, Socialism and the Search for Ideological Coherence." _Asian Studies Review_ 30, no. 1 (March 2006): 19–39.

_____. "From the 2nd Plenum to the 6th NPC: The Retreat Gathers Speed." *The Australian Journal of Chinese Affairs* 12 (July 1984): 177-94.

_____. "Herman Gorter and the Origins of Marxism in China." *China Information* XIX, no. 3 (November 2005): 381-412.

_____. "Imagining Globalisation: The World and Nation in Chinese Communist Party Ideology." *Journal of Contemporary Asia* 33, no. 3 (2003): 318-37.

_____. "The Laws of Dialectical Materialism in Mao Zedong's Thought - The Question of 'Orthodoxy'." Pp. 84-116 in *Critical Perspectives on Mao Zedong's Thought*, edited by Arif Dirlik, Paul Healy, and Nick Knight. Atlantic Highlands, New Jersey: Humanities Press, 1997.

_____. "Leninism, Stalinism and the Comintern." Pp. 24-61 in *Marxism in Asia*, edited by Colin Mackerras and Nick Knight. London and Sydney: Croom Helm, 1985.

_____. *Li Da and Marxist Philosophy in China*. Boulder, Colorado: Westview Press, 1996.

_____. "Lun Mao Zedong yunyong 'fouding zhi fouding' guilü de 'zhengtongxing'" [The 'orthodoxy' of Mao Zedong's handling of the law of the 'negation of the negation']. Pp. 1549-55 in *Mao Zedong de zhihui* [The Wisdom of Mao Zedong], edited by Zhang Jingru. Dalian: Dalian chubanshe, 1993.

_____. "Mao Studies in China: A Review of *Research on Mao Zedong Thought*." *CCP Research Newsletter* 2 (Spring 1989): 13-16.

_____, ed. *Mao Zedong on Dialectical Materialism: Writings on Philosophy, 1937*. Armonk, New York: M. E. Sharpe. 1990.

_____. "Mao Zedong's *On Contradiction*: An Annotated Translation of the Pre-Liberation Text." *Griffith Asian Papers No. 3*. Nathan: School of Modern Asian Studies, Griffith University, 1981.

_____. "Mao Zedong's *On Contradiction* and *On Practice*: Pre-Liberation Texts." *China Quarterly* 84 (December 1980): 641-68.

_____. "Mao Zedong's Thought and Chinese Marxism: Recent Documents and Interpretations." *Bulletin of Concerned Asian Scholars* 25, no. 2 (April-June 1993): 54-63.

_____. *Marxist Philosophy in China: From Qu Qiubai to Mao Zedong, 1923-1945*. Dordrecht: Springer, 2005.

_____. ed. *The Philosophical Thought of Mao Zedong: Studies from China, 1981-1989*. Armonk, New York: M. E. Sharpe, *Chinese Studies in Philosophy*, 1992.

_____. ed. *Philosophy and Politics in Mao Texts of the Yan 'an Period*. Armonk, New York: M. E. Sharpe, *Chinese Studies in Philosophy*, Winter 1987-88.

_____. "Soviet Philosophy and Mao Zedong's 'Sinification of Marxism'." *Journal of Contemporary Asia* 20, no. 1 (1990): 80-109.

Koller, John M. "Philosophical Aspects of Maoist Thought." *Studies in Soviet Thought* 14 (1974): 47-59.

Korsch, Karl. *Marxism and Philosophy*. London: NLB, 1970.

Kuhn, Thomas. *The Structure of Scientific Revolutions*. Chicago and London: University of Chicago Press, 1970, second ed.

Kuo, Warren. *Analytical History of the Chinese Communist Party*. Taipei: Institute of International Relations, 1968, second edition. Volume 2.

Lee, Hong Ying. *The Politics of the Chinese Cultural Revolution: A Case Study*. Berkeley: University of California Press, 1978.

Legge, James. *The Four Books*. Hong Kong: Wei Tung Book Store, 1973.

Lenin, V. I. *Collected Works*. London: Lawrence & Wishart, 1963, 1964.

_____. *Selected Works in Three Volumes*. Moscow: Progress Publishers, 1975, 1976.

_____. *What is to be Done?* Peking: Foreign Languages Press (hereafter FLP), 1975.

Levy, Richard. "Mao, Marx, Political Economy and the Chinese Revolution: Good Questions, Poor Answers." Pp. 154-83 in *Critical Perspectives on Mao Zedong's Thought*, edited by Arif Dirlik, Paul Healy, and Nick Knight. Atlantic Highlands, New Jersey: Humanities Press, 1997.

Lew, Roland. "Maoism and the Chinese Revolution" *Socialist Register* (1975): 115-59.

Liang Ch'i-ch'ao. *History of Chinese Political Thought During the Early Tsin Period*. London: Kegan Paul, Trench, Trubner and Co. Ltd., 1930.

_____. *Intellectual Trends in the Ch'ing Period*. Cambridge, Mass.: Harvard University Press, 1959.

Lichtheim, George. *Marxism: An Historical and Critical Study*. London: Routledge and Kegan Paul, 1961.

Liebman, Marcel. *Leninism under Lenin*, translated by Brian Pearce. London: Jonathan Cape, 1975.

Lifton, Robert Jay. *Revolutionary Immortality: Mao Tse-tung and the Chinese Cultural*

Revolution. New York: W. W. Norton and Co., 1976.

Liu Rong. *Mao Zedong zhexue sixiang gaishu* [A commentary on Mao Zedong's philosophical thought]. Guangdong: Guangdong renimin chubanshe, 1983.

Li Zhanping and Li Shuqin. *Mao Zedong lixianji* [A chronicle of dangers experienced by Mao Zedong]. Beijing: Zhongguo shuji chubanshe, 1993.

Li Zhisui. *The Private life of Chairman Mao*. London: Random House. 1996.

Long Live Leninism. Peking: FLP, 1960.

Lötviet, Trygve. *Chinese Communism, 1931-1934: Experience in Civil Government*. Stockholm: Scandinavian Institute of Asian Studies Monograph Series, 1973.

Lowe, Donald M. *The Function of "China" in Marx, Lenin and Mao*. Berkeley and Los Angeles: University of California Press, 1966.

Lowith, Karl. *Meaning in History*. Chicago: University of Chicago Press, 1949.

Lukács, Georg. *History and Class Consciousness: Studies in Marxist Dialectics*. London: Merlin Press, 1971.

Macfarquhar, Roderick, Timothy Cheek, and Eugene Wu, eds. *The Secret Speeches of Chairman Mao: From the Hundred Flowers to the Great Leap Forward*. Cambridge, Mass.: Harvard Contemporary China Series No.6, 1989.

Machovec, Milan. *A Marxist Looks at Jesus*. London: Dorton, Longman and Todd, 1976.

Manuel, Frank E. "Introduction." In *Utopias and Utopian Thought*, edited by Frank E. Manuel. Boston: Souvenir Press, 1965, 1966.

Mao Tse-tung. *Basic Tactics*. Translated and with an Introduction by Stuart R. Schram. New York: Frederick A. Praeger. 1966.

_____. Mao Tsetung. *A Critique of Soviet Economics, translated by Moss Roberts*. New York: Monthly Review Press, 1977.

_____. *Four Essays on Philosophy*. Peking: FLP, 1966.

_____. *Selected Works of Mao Tsetung*. Beijing: Foreign Languages Press, 1977. Vol. V

_____. *Selected Works of Mao Tse-tung*. London: Lawrence and Wishart, 1956.

_____. *Selected Works of Mao Tse-tung*. Peking: FLP, 1967. Volumes I-IV.

Mao Zedong junshi wenji [Collected military writings of Mao Zedong]. Beijing: Junshi kexue chubanshe, Zhongyang wenxian chubanshe, 1993. 6 volumes.

Mao Zedong. *Report from Xunwu*, translated, with an introduction and notes, by Roger R. Thompson. Stanford: Stanford University Press, 1990.

Mao Zedong shuxin xuanji [selected letters of Mao Zedong]. Beijing: Renmin chubanshe, 1983.

Mao Zedong sixiang wansui [Long live the thought of Mao Zedong]. N.p.: n.p., 1967.

Mao Zedong sixiang wansui [Long live Mao Zedong Thought]. Taiwan: n.p., 1967.

Mao Zedong sixiang wansui [Long live the thought of Mao Zedong]. N.p.: n.p., 1969.

Mao Zedong wenji [Collected writings of Mao Zedong]. Beijing: Renmin chubanshe, 1993-1999). 8 volumes.

Mao Zedong xinwen gongzuo wenxuan [Selected writings of Mao Zedong on journalism]. Beijing: Xinhua chubanshe, 1983.

Mao Zedong Xuanji [Selected Works of Mao Zedong]. Beijing: Renmin chubanshe. 1966. Volumes I-IV.

Mao Zedong zhexue pizhuji [The philosophical annotations of Mao Zedong]. Beijing: Zhongyang wenxian chubanshe, 1988.

Mao Zedong zhuzuo xuandu [Selected readings from the works of Mao Zedong]. Beijing: Renmin chubanshe, 1986. 2 volumes.

Marchant, Leslie R. *To Phoenix Seat: An Introductory Study of Maoism and the Chinese Communist Quest for a Paradise on Earth*. Sydney: Angus and Robertson, 1973.

Marks, Robert. "The State of the China Field: Or, the China Field and the State." *Modern China* 11. no. 4 (1985): 461-509.

Marx, Karl. *Capital Volume 1*. Harmondsworth: Penguin, 1976.

_____. *A Contribution to the Critique of Political Economy*. London: Lawrence and Wishart, 1971.

_____. *Early Writings*. Harmondsworth: Penguin, 1975.

_____. *The First International and After*. Harmondsworth: Penguin, 1974.

_____. *The Poverty of Philosophy*. Moscow: Progress Publishers, 1955.

_____. *Pre-Capitalist Economic Formations*. London: Lawrence and Wishart, 1964.

Marx, Karl, and Friedrich Engels. *The German Ideology*. London: Lawrence and Wishart. 1974.

_____. *The Holy Family, or Critique of Critical Criticism*. Moscow. Progress Publishers, 1975, second ed.

McBride, William Leon. *The Philosophy of Karl Marx*. London: Hutchinson, 1977.

참고문헌

McDougall, Bonnie S. *"Talks at the Yan'an Conference on Literature and Art": A Translation of the 1943 Text with Commentary*. Ann Arbor: Michigan Papers in China Studies, no. 39, 1980.

Meisner, Maurice. *The Deng Xiaoping Era: An Inquiry into the Fate of Chinese Socialism, 1978-1994*. New York: Hill and Wang, 1996.

―――. "Mao and Marx in the Scholastic Tradition." *Modern China* 3, no. 4 (October 1977): 401-6.

―――. *Mao's China and After: A History of the People's Republic*. New York: The Free Press, 1977, 1986.

―――. *Marxism, Maoism and Utopianism: Eight Essays*. Madison: University of Wisconsin Press, 1982.

Meissner, Werner. *Philosophy and Politics in China: The Controversy over Dialectical Materialism in the 1930s*. London: Hurst and Co., 1990.

Melotti, Umberto. *Marx and the Third World*. London: Macmillan, 1977.

The Ninth National Congress of the Communist Party of China (Documents). Peking: Foreign Languages Press, 1969.

North, Robert. *Moscow and Chinese Communists*. Stanford: Stanford University Press, 1953, 1963.

Ogden, Susanne. *China's Unresolved Issues: Politics, Development, and Culture*. Englewood Cliffs, N.J.: Prentice Hall, 1989.

"On Questions of Party History: Resolution on Certain Questions in the History of our Party since the Founding of the People's Republic of China." *Beijing Review* XXIV, no. 27 (6 July 1981).

"On the Historical Experience of the Dictatorship of the Proletariat." *New China News Agency* 1531 (5 April 1956), supplement 238.

Pang Xianzhi. *Mao Zedong he tade mishu Tian Jiaying* [Mao Zedong and his secretary Tian Jiaying]. Beijing: Zhongguo wenxian chubanshe, 1989.

Paolucci, Henry, ed. *The Political Writings of St. Augustine*. Chicago: Henry Regnery & Co., 1962.

Peking Review 26 (23 June 1967).

Pfeffer, Richard M. "Mao and Marx in the Marxist-Leninist Tradition: A Critique of 'The China Field' and a Contribution to a Preliminary Reappraisal." *Modern China* 3, no. 4 (October 1976): 421-60.

―――. "Mao and Marx: Understanding, Scholarship, and Ideology — a Response." *Modern China* 2, no. 4 (October 1977): 379-86.

Plamenatz, John. *German Marxism and Russian Communism*. London: Longmans, 1961.

Plekhanov, George. *The Materialist Conception of History*. New York: International Publishers, 1940.

Pokora, Timoteus. "Book Review of Laurence G. Thompson's *Ta Tung Shu*." *Archiv Orientalni* 29 (1961): 169.

_____. "On the Origins of the Notions *T'ai-p'ing* and *Ta-t'ung* in Chinese Philosophy." *Archiv Orientalni* 29 (1961): 448-54.

Popper, Karl R. *The Logic of Scientific Discovery*. London: Hutchinson, 1972.

Pulleyblank, E. J. "Chinese Historical Criticism: Liu Chih-Chi and Ssu-ma Kuang." In *Historians of China and Japan*, edited by W. G. Beasley and E. G. Pulleyblank. London: Oxford University Press, 1961.

Pye, Lucien W. *Mao Tse-tung: The Man in the Leader*. New York: Basic Books, 1976.

_____. *The Spirit of Chinese Politics: A Psychocultural Study of the Authority Crisis in Political Development*. Cambridge, Mass.: M. I. T Press, 1968.

Rabinow, Paul, ed. *The Foucault Reader*. New York: Pantheon Books, 1984.

Reglar, Steve. "Mao Zedong as a Marxist Political Economist: A Critique." *Journal of Contemporary Asia* 17, no. 2 (1987): 208-33.

Resolution on CPC History (1949-81). Beijing: Foreign Languages Press, 1981

Rice, Edward. *Mao's Way*. Berkeley: University of California Press, 1972, 1974.

Robinson, Joan. *The Cultural Revolution in China*. Harmondsworth: Penguin, 1969, 1970.

Rossanda, Rossana. "Mao's Marxism." *Socialist Register* (1971): 53-80.

Rue, John E. *Mao Tse-tung in Opposition, 1927-1935*. Stanford: Stanford University Press, 1966.

Saich, Tony, ed., with a contribution by Benjamin Yang. *The Rise to Power of the Chinese Communist Party: Documents and Analysis*. Armonk, New York: M. E. Sharpe, 1996.

Salisbury, Harrison E. *The New Emperors: Mao and Deng — A Dual Biography*. London: HarperCollins, 1993.

Sawer, Marian. "The Politics of Historiography: Russian Socialism and the Question of the Asiatic Mode of Production 1906-1931." *Critique* (Winter-Spring 1978-1979): 16-35.

Sayer, Derek. *The Violence of Abstraction: The Analytic Foundations of Historical Materialism*. Cambridge: Basil Blackwell, 1987.

참고문헌

Schaffer, Lynda. *Mao and the Workers: The Hunan Labor Movement, 1920-1923*. Armonk, New York: M. L Sharpe, 1982.

_____. "Mao Zedong and the October 1922 Changsha Construction Workers' Strike: Marxism in Preindustrial China." *Modern China* 4, no. 4 (October 1978): 379-418.

Scharping, Thomas. "The Man, the Myth, the Message – New Trends in Mao-Literature from China." *China Quarterly* 137 (March 1994): 168-79.

Schram, Stuart R. "Chairman Hua edits Mao's Literary Heritage: 'On the Ten Great Relationships'," *China Quarterly* 69 (March 1977): 126-35.

_____. "Chinese and Leninist Components in the Personality of Mao Tse-tung." *Asian Survey* III, no. 6 (1963): 259-73.

_____. "The Cultural Revolution in Historical Perspective," pp. 1-108 in *Authority, Participation and Cultural Change in China*, edited by Stuart Schram. Cambridge: Cambridge University Press, 1973.

_____. "Introduction" to Li Jui, *The Early Revolutionary Activities of Mao Tse-tung*. White Plains, New York: M. E. Sharpe, 1977.

_____, ed., *Mao's Road to Power; Revolutionary Writings 1912-1949: Volume I, The Pre-Marxist Period, 1912-1920*. Armonk, New York: M. E. Sharpe, 1992.

_____. "Mao Studies: Retrospect and Prospect." *China Quarterly* 97 (March 1984): 95-125.

_____. *Mao Tse-tung*. Harmondswonth: Penguin, 1966.

_____. "Mao Tse-tung and Secret Societies." *China Quarterly* 27 (July–September 1966): 1-13.

_____. "Mao Tse-tung and the Theory of the Permanent Revolution, 1958-1969." *China Quarterly* 46 (1971): 221-44.

_____. "Mao Tse-tung as Charismatic Leader." *Asian Survey* VII, no. 6 (June 1967): 383-88.

_____. "Mao Tse-tung as Marxist Dialectician." *China Quarterly* 29 (January–March, 1967): 155-65.

_____. "Mao Tse-tung's Thought to 1949." In *An Intellectual History of Modern China*, edited by Merle Goldman and Leo Ou-Fan Lee. Cambridge: Cambridge University Press, 2002.

_____, ed. *Mao Tse-tung Unrehearsed: Talks and Letters, 1957-71*. Harmondsworth: Penguin, 1974.

_____. *Mao Zedong: A Preliminary Reappraisal*. Hong Kong: The Chinese University

Press, 1983.

_____. "Mao Zedong and the Role of Various Classes in the Chinese Revolution, 1923–1927." Pp. 227–39 in *The Polity and Economy of China: The Late Professor Yuji Muramatsu Commemoration Volume*. Tokyo: Tokyo Keizai Shinposha, 1975.

_____. "The Marxist." Pp. 35–69 in *Mao Tse-tung in the Scales of History*, edited by Dick Wilson. Cambridge: Cambridge University Press, 1977.

_____. "Modernization and the Maoist Vision." *Bulletin (International House of Japan)* 26 (1979): 1–22.

_____. *The Political Thought of Mao Tse-tung*. Harmondsworth: Penguin, 1969, revised ed.

_____. "Some Reflections on the Pfeffer–Walder 'Revolution' in China Studies." *Modern China* 3, no. 4 (April 1977): 169–84.

_____. *The Thought of Mao Tse-tung*. Cambridge: Cambridge University Press, 1989.

Schram, Stuart R., ed., and Nancy J. Hodes, associate ed. *Mao's Road to Power: Revolutionary Writings 1912–1949: Volume II, National Revolution and Social Revolution, December 1920–June 1927*. Armonk, New York: M. E. Sharpe, 1994.

_____, eds. *Mao's Road to Power: Revolutionary Writings, 1912–1949: Volume III – From the Jinggangshan to the Establishment of the Jiangxi Soviets, July 1927–December 1930*. Armonk, New York: M. E. Sharpe. 1995.

_____, eds. *Mao's Road to Power: Revolutionary Writings, 1912–1949: Volume IV – The Rise and Fall of the Chinese Soviet Republic*. Armonk, New York: M. E. Sharpe, 1997.

_____, eds. *Mao's Road to Power: Revolutionary Writings, 1912–1949: Volume VI – New Stage, August 1937–1938*. Armonk, New York: M. E. Sharpe, 2004.

_____, eds. *Mao's Road to Power: Revolutionary Writings, 1912–1949: Volume VII – New Democracy, 1939–1941*. Armonk, New York: M. E. Sharpe, 2005.

Schrift, Melissa. *Biography of a Chairman Mao Badge: The Creation and Mass Consumption of a Personality Cult*. New Brunswick: Rutgers University Press, 2001.

Schurmann, Franz. *Ideology and Organization in Communist China*. Berkeley: University of California Press, 1971, second edition.

Schwartz, Benjamin I. "China and the West in the 'Thought of Mao Tse-tung'." Pp. 365–79 in *China in Crisis*, edited by Ho Ping-ti and Tsou

Tang. Chicago: University of Chicago Press, 1968. Vol. 1, book 1.

_____. *Chinese Communism and the Rise of Mao*. Cambridge: Harvard University, 1951.

_____. *Communism and China: Ideology in Flux*. New York: Atheneum, 1970.

_____. "The Essence of Marxism Revisited: A Response." *Modern China* 2, no. 4 (1976): 461-72.

_____. "The Legend of the 'Legend of "Maoism"'." *China Quarterly* 2 (April-June1960): 35-42.

_____. "On the 'Originality' of Mao Tse-tung." *Foreign Affairs* 34, no. 1 (October 1955): 67-76.

_____. "A Personal View of Some Thoughts of Mao Tse-tung." Pp. 352-72 in *Ideology and Politics in Contemporary China*, edited by Chalmers Johnson. Seattle and London: University of Washington Press, 1973.

_____. "Presidential Address: Area Studies as a Critical Discipline." *Journal of Asian Studies* 40, no. 1 (November 1980): 15-25.

_____. "Thoughts on the Late Mao: Between Total Redemption and Utter Frustration." Pp. 19-38 in *The Secret Speeches of Chairman Mao: From the Hundred Flowers to the Great Leap Forward*, edited by Roderick Macfarquhar, Timothy Cheek, and Eugene Wu. Cambridge, Mass.: Harvard University Press, 1989.

Selden, Mark. *The Yenan Way in Revolutionary China*. Cambridge, Mass.: Harvard University Press, 1971.

Sheridan, James E. *Chinese Warlord: The Career of Feng Yü-hsiang*. Stanford: Stanford University Press, 1966.

Sivin, Nathan. "Chinese Conceptions of Time." *Earlham Review* 1 (1966): 82-92.

Snow, Edgar. *Red Star over China*. Harmondsworth: Penguin, 1972.

Socialist Upsurge in China's Countryside. Peking: Foreign Languages Press, 1957.

Solomon, Richard H. *Mao's Revolution and the Chinese Political Culture*. Berkeley: University of California Press, 1971.

_____. "On Activism and Activists: Maoist Conceptions of Motivation and Political Role Linking State to Society." *China Quarterly* 39 (July-September 1969): 76-114.

Stalin, J. V. *Problems of Leninism*. Peking: FLP, 1976.

Starr, John Bryan. "Conceptual Foundations of Mao Tse-tung's Theory of Continuous Revolution." *Asian Survey* XI, no. 6 (June 1971): 610-28.

_____. *Continuing the Revolution: The Political Thought of Mao*. Princeton: Princeton University Press, 1979.

_____. "'Good Mao,' 'Bad Mao': Mao Studies and the Re-evaluation of Mao's Political Thought." *Australian Journal of Chinese Affairs* 16 (July 1986): 1-6.

_____. "Maoism and Marxist Utopianism." *Problems of Communism* (July-August 1977): 56-62.

_____. "Mao Tse-tung and the Sinification of Marxism: Theory, Ideology and Phylactery." *Studies in Comparative Communism* 3, no. 2 (April 1970): 149-57.

Sudama, Trevor. "Analysis of Classes by Mao Tse-tung, 1929-39." *Journal of Contemporary Asia* 8, no. 3 (1978): 355-73.

Sung, An Tai. *Mao Tse-tung's Cultural Revolution*. Indianapolis: Pegasus, 1972.

Takeuchi Minoru, ed. *Mao Zedong Ji* [Collected Writings of Mao Zedong]. Tokyo: Hokubasha, 1970-72. Ten volumes.

_____, ed. *Mao Zedong Ji. Bujuan* [Supplement to the Collected Writings of Mao Zedong]. Tokyo: Sōsōsha, 1983-1986. Ten volumes.

Tang Tsou. "The Cultural Revolution and the Chinese Political System." *China Quarterly* 38 (April-June, 1969): 63-91.

_____. "Mao Tse-tung Thought, the Last Struggle for Succession and the Post Mao Era." *China Quarterly* 71 (September 1979): 498-527.

Teiwes, Frederick C., with Warren Sun. *China's Road to Disaster: Mao, Central Politicians, and Provincial Leaders in the Unfolding of the Great Leap Forward, 1955-1959*. Armonk, New York: M. E. Sharpe, 1999.

Teng, S. Y. "Wang Fu-chih's Views on History and Historical Writing." *Journal of Asian Studies* XXVIII, no. 1 (November 1968): 111-23.

Terrill, Ross. *Mao: A Biography*. New York: Touchstone, Simon and Schuster, 1980, 1993.

Thompson, Laurence G. *Ta Tung Shu: The One-World Philosophy of Kang Yu-wei*. London: George Allen & Unwin, 1958.

Thornton, Richard C. *China: The Struggle for Power, 1917-1972*. Bloomington and London: Indiana University Press, 1973.

Tillich, Paul "Critique and Justification of Utopia." Pp. 296-309 in *Utopias and Utopian Thought*, edited by Frank E. Manuel. Boston: Souvenir Press, 1965, 1966.

Townsend, James R. "Chinese Populism and the Legacy of Mao Tse-tung."

Asian Survey 17, no. 11 (November 1977): 1003–15.

Van der Kroef, Justus M. "Lenin, Mao and Aidit." *China Quarterly* 10 (April–June 1962): 23–44.

Wakeman, Frederic, Jr. *History and Will: Philosophical Perspectives Mao Tse-tung's Thought.* Berkeley: University of California Press, 1973.

_____. "A Response." *Modern China* 3, no. 4 (October 1977): 161–68.

Walder, Andrew. "Actually Existing Maoism." *The Australian Journal of Chinese Affairs* 18 (July 1987): 155–66.

_____. "Marxism, Maoism and Social Change." *Modern China* 3, no. 1 (January 1977): 101–18; and 3, no. 2 (April 1977): 125–59.

_____. "A Response." *Modem China* 3, no. 4 (October 1977): 387–89.

Waller, Derek J. *The Kiangsi Soviet Republic: Mao and the National Congresses of 1931 and 1934.* Berkeley: Center for China Studies, University of California, 1973.

Wang Xizhe. "Mao Zedong and the Cultural Revolution." In *On Socialist Democracy and the Chinese Legal System: The Li Yizhe Debates*, edited by Anita Chan, Stanley Rosen, and Jonathan Unger. Armonk, New York: M. E. Sharpe, 1985.

Watson. Andrew, ed. *Mao Zedong and the Political Economy of the Border Region.* Cambridge: Cambridge University Press, 1980.

Watson, Burton. *Ssu-ma Ch'ien: Grand Historian of China.* New York: Columbia University Press, 1958.

Weber, Max. *The Methodology of the Social Sciences.* New York: The Free Press, 1949.

Wetter, Gustav A. *Dialectical Materialism: A Historical and Systematic Study of Philosophy in the Soviet Union.* New York: Praeger, 1958.

Whitehead, Raymond L. *Love and Struggle in Mao's Thought.* New York: Orbis Books, 1977.

Wittfogel, Karl A. "The Legend of 'Maoism'." *China Quarterly* 1 (January–March 1960), part 1: 72–86; and *China Quarterly* 2 (April–June 1960), part 2: 16–34.

_____. "The Marxist View of China (part 2)." *China Quarterly* 12 (1962): 154–69.

Wolf. Eric R. *Peasant Wars of the Twentieth Century.* London: Faber and Faber, 1973.

Wolin, Sheldin S. "Paradigms and Political Theories." Pp. 125–52 in *Politics and Experience*, edited by P. King and B. C. Parekh. Cambridge: Cambridge University Press, 1968.

_____. *Politics and Vision: Continuity and Innovation in Western Political Thought*. Princeton: Princeton University Press, 2004.

Womack, Brantly. *The Foundations of Mao Zedong's Thought, 1917-1935*. Honolulu: University of Hawaii Press, 1982.

_____. "The Historical Shaping of Mao Zedong's Political Thought." Pp. 27-62 in *Contemporary Chinese Philosophy*, edited by F. J. Adelman. The Hague: Martin Nijhoff Publishers, 1982.

_____. "Theory and Practice in the Thought of Mao Tse-tung." Pp. 1-36 in *The Logic of 'Maoism': Critiques and Explication*, edited by James Chieh Hsiung. New York: Praeger, 1974.

_____. "Where Mao Went Wrong: Epistemology and Ideology in Mao's Leftist Politics." *Australian Journal of Chinese Affairs* 16 (July 1986): 23-40.

Womack, John, Jr. *Zapata and the Mexican Revolution*. Harmondsworth: Penguin, 1968.

Wylie, Raymond F. *The Emergence of Maoism: Mao Tse-tung, Ch'en Po-ta and the Search for Chinese Theory, 1935-1945*. Stanford: Stanford University Press, 1980.

_____. "Mao Tse-tung, Ch'en Po-ta and the 'Sinification of Marxism,' 1936-38." *China Quarterly* 79 (September 1979): 447-80.

Zheng Yi and Jia Mei, eds. *Mao Zedong shenghuo shilu* [Records of Mao Zedong's Life]. Nanjing: Jiangsu wenyi chubanshe, 1989.

Zhonggong zhongyang wenxian yanjiushi. *Mao Zedong nongcun diaocha wenji* [Collected rural investigations of Mao Zedong]. Beijing: Zhonggong zhongyang wenxian chubanshe, 1982.

Zhonggong zhongyang wenxian yanjiu shibian. *Mao Zedong nianpu* [Chronology of Mao Zedong]. Beijing: Renmin chubanshe, Zhongyang wenxian chubanshe, 1993.

Zongli Tang and Bing Zuo. *Maoism and Chinese Culture*. New York: Nova Science, 1996.

찾아보기

474

476

문화과학 이론신서 77

마오쩌둥을 다시 생각한다

초판 1쇄 발행 2019년 11월 30일
글 닉 나이트
옮김 피경훈

펴냄 박진영
편집 이상호
디자인 이애란

펴낸곳 문학과학사
등록 1995년 6월 12일 제406-3120000251001995000032호
주소 경기도 파주시 심학산로 12 302호
전화 02-335-0461
팩스 031-902-0920
이메일 moongwa@naver.com

값 25,000원
ISBN 978-89-97305-17-9 93300

이 도서의 국립중앙도서관 출판예정도서목록(CIP)은 서지정보유통지원시스템 홈페이지
(http://seoji.nl.go.kr)와 국가자료종합목록 구축시스템(http://kolis-net.nl.go.kr)에서 이용하실
수 있습니다. (CIP제어번호 : CIP2019040537)